LA
POLITIQUE D'ARISTOTE

St-Ouen (Seine). — Imprimerie JULES BOYER.

(Société générale d'Imprimerie).

ARISTOTE

LA POLITIQUE

TRADUCTION FRANÇAISE

DE THUROT

NOUVELLE ÉDITION

REVUE PAR A. BASTIEN

Agrégé de l'Université, ancien Proviseur

ET

PRÉCÉDÉE D'UNE INTRODUCTION

Par Ed. LABOULAYE

MEMBRE DE L'INSTITUT

PARIS

GARNIER FRÈRES, LIBRAIRES-ÉDITEURS

5, RUE DES SAINTS-PÈRES, 6

INTRODUCTION

Parmi les ouvrages qui portent le nom d'Aristote, il n'en est aucun qui ait traversé des fortunes plus diverses que ne l'a fait la *Politique*. Tandis que les écrivains grecs parlent sans cesse de la *République* de Platon, soit pour la critiquer, soit pour la louer, ils ne font pas même allusion à l'œuvre d'Aristote. Et cependant une grande partie de la *Politique* est consacrée à la réfutation de la *République* et des *Lois* de Platon.

Comment expliquer ce silence ? Faut-il supposer que la *Politique* était un simple texte d'enseignement, ou peut-être un cahier d'école, rédigé par des disciples et nullement destiné à la publicité ?

Cette dernière opinion a été mise en avant par Scaliger. Tout ce qu'on peut dire à l'appui de cette hypothèse, c'est qu'il y a dans la *Politique* comme dans l'*Ethique* à Nicomaque, certaines phrases qui semblent faites pour un auditoire, et qui sont mieux à leur place dans un enseignement que dans un livre ; par exemple : « Nous parlerons de cela une autre fois ». « Comme nous l'avons dit d'abord... ».

« Voici le moment d'examiner la question ». Ces façons de
parler familières sont fréquentes dans la *Politique*, mais
elles n'expliquent pas pourquoi les copies du livre ne se
seraient pas multipliées.

Autre supposition, Aristote, si l'on en croit Strabon
(xiii, 54), laissa son école et ses livres à Théophraste, son
disciple favori. Il est permis de croire que la *Politique*
figurait dans cette collection, et même qu'elle finit par y
être inscrite sous le nom de Théophraste. On expliquerait
ainsi le passage où Diogène Laerce cite *huit livres de lec-
tures politiques* comme étant un écrit d'Aristote, et
ajoute : ἡ Θεοφράστου. Suivant toute apparence, ceci est
une glose, une note marginale passée dans le texte, mais
elle doit reposer tout au moins sur une opinion qui
attribuait à Théophraste une *Politique* en huit livres, ce
qui serait, il faut l'avouer, une coïncidence singulière, si
la chose ne s'expliquait tout naturellement par une
confusion.

Théophraste légua sa bibliothèque, qui comprenait celle
d'Aristote, à Nélée, son disciple. Ce dernier emporta le
legs à Scepsis en Troade, sa patrie. Il laissa ce précieux
trésor à ses héritiers, gens illettrés et grossiers qui n'en
prirent aucun souci. Ils ne s'en occupèrent que pour l'en-
fouir, quand les princes de la famille d'Attale firent rechercher pour la bibliothèque de Pergame, des livres qu'ils
oubliaient de payer. C'est dans une cachette humide que,
pendant près de deux siècles, les manuscrits d'Aristote et
de Théophraste auraient été abandonnés aux vers. C'est
de là que les aurait tirés, pour les porter à Athènes, un

certain Apellicon, de Téos, *plus bibliophile que philosophe*, dit Strabon [1].

A peine Apellicon venait-il de mourir que Sylla prit Athènes, mit la main sur la collection et en enrichit sa propre bibliothèque à Rome. Le grammairien Tyrannion, péripatéticien passionné, obtint du bibliothécaire de Sylla la communication de ces manuscrits, et un philosophe grec, contemporain de Cicéron, Andronicus de Rhodes, qui vivait à Rome, entreprit de les copier et de les corriger [2].

On a traité de légende le récit de Strabon ; on a soutenu, en s'appuyant sur un passage d'Athénée, que Nélée avait vendu les manuscrits d'Aristote à Ptolémée Philadelphe, qui les aurait mis dans la Bibliothèque d'Alexandrie ; mais, en ce cas, comment expliquer qu'on se soit si peu occupé de ces écrits précieux ? Et quand Strabon ajoute que les successeurs immédiats de Théophraste n'ayant plus à leur disposition qu'un petit nombre de traités, *exotériques* pour la plupart, se perdirent en vaines déclamations, et qu'au contraire, après l'acquisition faite par Apellicon, il y eut une espèce de renaissance aristotélique et un retour à la méthode du maître, comment croire que Strabon, auteur exact et en général bien informé, ait avancé, sans autorité suffisante, un fait littéraire aussi curieux et aussi facile à vérifier ?

Quoi qu'il en soit, c'est au lendemain de ce réveil aristotélique que Cicéron, dans ses traités de rhétorique, de

1. Strabon, xiii, 54.
2. Plut. *Vie de Sylla.*

philosophie et de politique, essaya de mettre les idées et
les théories des Grecs à la portée des Romains. A-t-il connu
la *Politique* d'Aristote, il est permis d'en douter, surtout quand on lit le Traité *de Republica*. Presque à chaque
page Cicéron cite ou traduit Platon, mais il ne parle
qu'incidemment de son rival ; il cite Aristote à propos
d'un traité de la justice, livre perdu aujourd'hui : *alter
autem de ipsa justitia quatuor implevit sane grandes
libros* [1], mais la *Politique* n'est ni nommée, ni indi-
quée. Dans les autres écrits de Cicéron, où l'on a cru reconnaître des allusions à la *Politique*, rien ne prouve que
le grand orateur n'eût pas simplement sous les yeux
quelque dialogue politique d'Aristote. Le texte qui
paraît à certains critiques le plus concluant, est celui-là
même qui, à mon avis, démontre que Cicéron n'a jamais
eu entre les mains la *Politique*.

Voici ce passage ; il est dans le Traité *de Finibus*,
v., 4 :

Omnium fere civitatum non Græciæ solum, sed etiam Bar-
bariæ, ab Aristotele mores, instituta, disciplinas, a Theophrasto
leges etiam cognovimus. Cumque uterque eorum docuisset,
qualem in re publica principem esse conveniret, pluribus
præterea conscripsisset qui esset optimus reipublicæ status, *hoc
amplius Theophrastus quæ essent in republica rerum inclinationes et momenta temporum, quibus esset moderandum ut cumque res postularet.*

La première phrase de ce passage paraît se référer aux
Politiques ou recueil de 158 constitutions, fait par Aristote,
et au traité des Lois de Théophraste. La seconde vise les

---

1. Cic., *de Rep.*, III, 6.

dialogues politiques et le traité περὶ τῆς ἀρίστης πολιτείας que nous trouvons dans la liste des œuvres de Théophraste, donnée par Diogène Laerce, liste qui pourrait bien n'être que le catalogue de la bibliothèque de Théophraste unie à celle d'Aristote. Mais la dernière phrase, à quoi fait-elle allusion? Est-ce au livre du πολιτικὸν πρὸς τοὺς καιροὺς, qui figure dans la même énumération? Est-ce à quelque autre ouvrage de Théophraste que nous n'avons plus?

Maintenant, je le demande à quiconque a lu la *Politique* d'Aristote, est-il possible de dire que Théophraste seul a étudié les révolutions, *rerum inclinationes*, et le moyen de les prévenir par des réformes faites à temps? Mais c'est l'objet unique du livre V d'Aristote. Il n'y a qu'à ouvrir les yeux pour en être convaincu. Comment un esprit aussi vif que Cicéron s'y serait-il trompé?

D'une façon générale, on peut dire que l'Aristote de Cicéron n'est pas celui que nous connaissons. Aristote a eu deux manières, l'une comme disciple de Platon, l'autre comme fondateur du Lycée. Dans son premier séjour à Athènes, qui dura près de vingt ans, Aristote, à l'exemple de son maître, écrivit pour le grand public une suite de dialogues aujourd'hui perdus, et dont nous ne connaissons que le titre. Quel était le caractère de ces entretiens? Nous en pouvons juger par deux passages que Cicéron a traduits ou abrégés dans le traité *de Natura Deorum* (II, 37) et dans celui *de Divinatione* (I, 25). C'est une imitation, sinon même un souvenir de Platon. Les éloges que Cicéron donne à Aristote, qu'il appelle le premier des philosophes, Platon toujours excepté, prouvent jusqu'à l'évidence qu'il avait sous les yeux des ouvrages différents de ceux que nous possédons. Il loue l'éloquence, la richesse et la grâce du discours, il parle du *flumen orationis aureum*[1], toutes qualités qui ne conviennent guère au style que nous connaissons, style exact et nerveux, véritable langage de la science qui ne cherche point à émouvoir et s'adresse à la seule raison. Quand il rencontre sur son chemin un livre de la seconde époque, l'Ethique, qu'il attribue à Nicomaque, fils d'Aristote, Cicéron prend un autre ton, c'est, dit-il, un livre *accurate scriptus;* c'est bien là l'éloge qu'on peut donner à une œuvre scientifique.

De retour à Athènes après l'éducation d'Alexandre, Aristote ouvre le Lycée. Parvenu à la maturité de l'âge et du talent, il ne prend plus Platon pour modèle, c'est sa doctrine propre qu'il enseigne. Et c'est alors, suivant toute apparence, qu'il résume dans une suite de traités cette encyclopédie des connaissances humaines, dont la grandeur nous frappe d'étonnement. Là, point d'éloquence, point de fictions, point de temps perdu, mais une langue précise, une concision extrême, pas un mot de plus qu'il n'en faut pour exprimer la pensée.

C'est à cette seconde manière qu'appartiennent la *Politique*, l'*Ethique* et presque tout ce qui nous est resté d'Aristote ; il semble que Cicéron n'en ait connu que la moindre partie.

Depuis Cicéron jusqu'au treizième siècle de notre ère,

---

1. *De Orat,* i, 49; *Acad.* ii, 119.

on trouve dans quelques scoliastes et rhéteurs grecs des citations ou des allusions à la *Politique* qui prouvent l'existence du livre, mais aucun écrivain n'expose les idées du maître ou ne s'appuie sur sa doctrine. L'œuvre n'est connue que de quelques curieux. Et tandis que les traductions latines de Boèce conservent dans les écoles d'Occident la logique et la métaphysique d'Aristote et enfantent la scolastique, tandis que les traductions syriaques et arabes et les commentaires d'Avicenne et d'Averroès portent au loin les connaissances naturelles que nous devons à Aristote, la *Politique* reste ensevelie dans l'oubli, jusqu'au jour où, sur les instances de saint Thomas d'Aquin, il viendra un moine dominicain pour la tirer du tombeau.

C'est dans la dernière moitié du treizième siècle qu'un frère prêcheur, originaire du Brabant, Guillaume de Moerbecke, entreprit de donner une version latine d'Aristote. Quoiqu'il soit mort en 1281 archevêque de Corinthe, on ne voit pas qu'il fût grand connaisseur de la langue grecque. Sa traduction de la *Politique* est un mot à mot servile, qui a aujourd'hui cet avantage de nous rendre en quelque façon le manuscrit grec qui est perdu. La *Vetusta translatio*, comme on la nomme, a été souvent réimprimée. La meilleure édition est celle que Susemihl a donnée à Leipzig en 1872.

Saint Thomas d'Aquin et après lui Albert le Grand commentèrent aussitôt la *Politique* et firent entrer les idées d'Aristote dans l'École. L'influence de saint Thomas d'Aquin fut énorme; il a christianisé la morale et la politique de celui qu'il appelle par excellence le Philosophe ; c'est une erreur de croire qu'il ait fallu attendre la Renaissance pour apprécier à sa juste valeur celui que Dante appelle *il maestro di color chi sanno*, le maître de la science.

L'action d'Aristote fut d'autant plus grande que, dans les idées du temps, son autorité était regardée comme infaillible. Le moyen âge n'étudiait pas et ne raisonnait pas de la même façon que nous. Tandis que nous remontons aux faits, que nous recommençons sans cesse à les observer et à les vérifier, que nous en tirons chaque jour des conclusions nouvelles, le moyen âge canonisait un certain nombre de livres qui étaient pour lui la vérité démontrée, et par cela même il réduisait toute science au syllogisme ; il y avait toujours un texte pour lui donner une *majeure* que personne ne songeait à critiquer. De cette façon, toute vérité religieuse était dans la Bible, toute vérité juridique dans le *Corpus juris*, toute vérité naturelle ou politique dans les œuvres d'Aristote.

Cette conception de la vérité est visible dans deux ouvrages considérables, tous deux inspirés par la *Politique* d'Aristote, vue au travers des commentaires de saint Thomas d'Aquin.

Le premier est le traité *de Regimine principum*, écrit par Egidius Colonna, ou Gilles de Rome, frère de l'ordre des Augustins, archevêque de Bourges, qui fut le précepteur de Philippe le Bel. Elève de saint Thomas, non moins imbu des doctrines d'Aristote qu'il enseigna à Paris, Gilles de Rome, pour proposer au roi de France le modèle d'un prince accompli, n'a imaginé rien de mieux que de coudre bout à bout des centons empruntés à l'Ethique et à la Politique d'Aristote, le tout terminé par un traité de l'art militaire pris de Vegèce. Pour qui le lit aujourd'hui, ce livre n'a qu'un intérêt de curiosité, et ne peut convenir qu'à des érudits de profession; mais pour qui veut y chercher l'idéal politique du quatorzième siècle, cet ouvrage a une importance particulière, car il nous montre que l'esprit humain reprenait goût à l'antiquité et choisissait pour guide Aristote.

Le second ouvrage, également inspiré par Aristote, mais écrit avec plus d'indépendance et de portée d'esprit, c'est le *Traité de la première invention des monnaies*, de *Nicole Oresme*, que M. Wolowski a fait imprimer en 1864. Nicole Oresme, mort évêque et comte de Lisieux, en 1382, fut le conseiller de notre sage roi Charles V, pour lequel il traduisit la Morale et la Politique d'Aristote, ainsi que les livres du Ciel et du Monde [1].

Le traité des monnaies nous montre un homme qui connaît bien son Aristote, mais qui de plus a beaucoup réfléchi, et qui cherche dans la parole du maître la raison de penser comme lui, bien plutôt qu'une autorité qu'on ne discute pas. C'est un des livres les plus judicieux qu'on ait écrits dans notre langue sur la question des monnaies. Oresme est en avance sur Montesquieu, et il ne faut pas oublier qu'il vit dans un temps de confusion où nos rois

1. La Morale et la Politique ont été imprimées à Bruges, chez Colard Mansion, vers 1488. On ne les a jamais réimprimées.

comptent parmi les privilèges de leur couronne le droit de faire de la fausse monnaie. Altérer le titre de la monnaie au quatorzième siècle, c'est la façon royale d'emprunter sans rendre, ou de doubler l'impôt sans le faire voter par les États. A l'exception d'Oresme, personne ne semble douter de ce privilège régalien; on blâme l'abus mais non pas le droit.

Sous le couvert de la doctrine de saint Thomas, les théories d'Aristote se sont maintenues dans l'enseignement théologique bien plus longtemps qu'on ne l'imagine communément. C'est ainsi que jusqu'à la fin du siècle dernier les jésuites, qui n'avaient pas d'autre morale que celle de saint Thomas, ont défendu non pas le régicide, comme on le leur reproche communément, mais le tyrannicide, c'est-à-dire le meurtre de l'usurpateur. C'est l'opinion antique, celle que Montesquieu évoque avec une sympathie peu dissimulée [1].

On trouverait aisément d'autres traces de la pensée d'Aristote, conservées par la tradition et passées des œuvres de saint Thomas dans la théologie moderne, qui n'est que l'écho fidèle des anciens maîtres, mais c'en est assez sur ce sujet. Reste maintenant à dire comment à la Renaissance la *Politique* fut envisagée de façon plus mondaine, et comment son étude prit un nouvel essor.

C'est au commencement du xv⁰ siècle que Leonardo Aretino, c'est-à-dire Léonard Bruni d'Arezzo, élève de Manuel Chrysoloras, traduisit la *Politque* sur un manus-

----

1, *Grandeur et décadence des Romains*, ch. xi.

crit venu de Constantinople et qui se trouvait en la possession de Palla de Strozzi, à Florence.

Cette traduction, écrite en meilleur latin que le mot à
mot de Guillaume de Moerbecke et reproduite par l'imprimerie dès 1492, suscita des admirateurs à Aristote parmi
les beaux esprits du temps. Au premier rang il faut citer
Machiavel. Le portrait du *Prince* est une copie du tyran
d'Aristote. Les querelles politiques et religieuses du
xvi⁰ siècle, les dissensions des villes d'Italie, ne donnaient
que trop de facilité pour comprendre ce qu'Aristote a
écrit sur les révolutions des empires et les agitations de
la démocratie ; aussi ne faut-il pas s'étonner qu'à une
époque où tous les esprits étaient en mouvement, on ait
vu paraître treize éditions de la *Politique*, six commentaires et douze traductions ou paraphrases latines[1], parmi
lesquelles il faut distinguer celles de Lambin, de Ramus
et de Sépulvéda. Pour la France, il y faut joindre la
République de Bodin, inspirée d'Aristote, et la traduction française de Louis Leroy, ou *Regius*, professeur au
Collège Royal, plus curieuse par les notes que par la version faite sur le latin.

Le siècle de Richelieu et de Louis XIV ressemble par
un côté à celui d'Auguste. Fatigués par de longues discordes, les esprits acceptent sans répugnance la paix qu'un
maître leur impose. On prend haleine pour se remettre
en route au siècle suivant. Au milieu de ce repos univer-
sel la *Politique* d'Aristote serait mal venue. Elle ne ré-

---

1. W. Oncken, *Die Staatslehre des Aristoteles*, t. I, p. 79.

pond ni aux idées ni aux besoins du jour. Point de recherches originales sur Aristote, deux réimpressions pour
les études ; c'est tout.

Avec le xviii° siècle, l'esprit humain se remet en marche. Mais il rompt avec l'antiquité. Il dédaigne tout ce qui
l'a précédé ; il s'imagine qu'il saisira la vérité par simple
intuition. Adieu l'expérience, on n'a que du dédain
pour le passé. Je ne vois guère que Montesquieu qui se
soit servi d'Aristote ; j'y joindrais Rousseau si, suivant
toute apparence, il n'avait pris de seconde main toute son
érudition, et elle ne va pas loin.

C'est seulement après la Révolution, qu'au seuil du
xixᵉ siècle, le citoyen Champagne qui a laissé un nom
des plus honorables dans l'enseignement, traduit du grec
et publie la *Politique d'Aristote ou la science des*
gouvernements (Paris, 1797. 2 vol. in-8°). Ce qui a déterminé le traducteur à entreprendre cette œuvre délicate,
c'est, nous dit-il, l'étonnante ressemblance qu'il trouve
entre la marche de la Révolution française et celle des
révolutions des cités grecques dont Aristote nous parle
dans le cinquième livre de la *Politique;* c'est encore (et
ceci paraîtra moins topique) que la Constitution de l'an
III, répond à la parfaite République d'Aristote ; c'est enfin
que, « pour traduire et interpréter la Politique, il a trois
grands et profonds commentaires que ses devanciers
n'ont pu consulter. Ce sont l'*Esprit des Lois*, le *Contrat*
social et notre Révolution, le plus étendu et le plus ins-
tructif de tous » [1].

1. *Discours préliminaire*, p. 62.

En 1803, Charles Millon, professeur de législation et de langues anciennes à l'École centrale du Panthéon à Paris, publia une nouvelle traduction en trois volumes in-8º, elle fit peu de bruit. Il n'en fut pas de même de celle que donna, en 1823, Fr. Thurot, professeur au Collège de France[1]. C'était l'époque des luttes héroïques de la Grèce, et dans l'Europe entière l'opinion se passionnait pour tout ce qui touchait aux Hellènes.

Après M. Thurot est venu M. Barthélemy Saint-Hilaire qui a publié en 1837 une traduction nouvelle, arrivée aujourd'hui à la troisième édition. Voici enfin M. Bastien qui descend à son tour dans l'arène, et qui en serrant de près le texte, essaye lui aussi de lutter avec un aussi rude jouteur qu'Aristote. Rendre en français un ouvrage où chaque mot a, pour ainsi dire, une valeur juridique, c'est une des entreprises les plus difficiles; il faut l'avoir tentée pour comprendre tout le mérite de ceux qui parviennent à y réussir.

Cinq traductions françaises en moins d'un siècle, c'est la preuve que dans notre pays on n'est pas indifférent aux idées grecques, mais chez tous les peuples civilisés on trouve la même curiosité.

En Allemagne, Schneider, Goettling, Stahr, Spengel, Oncken, Bernays, Susemihl; en Angleterre, Eaton, Congreve, sir Alexandre Grant; en Danemark, Madvig; en Italie, Matteo Ricci ont traduit, annoté, commenté l'œuvre

---

1. *La Morale et la Politique d'Aristote.* Paris, 1823, 2 vol. in-8º. Il y faut joindre les excellentes *études* de son fils Ch. Thurot. Paris, 1860, in-8º.

du maître, si bien qu'on peut dire sans paradoxe que jamais Aristote n'a été plus en faveur qu'aujourd'hui. C'est à vingt-deux siècles de distance qu'il trouve ses plus chauds admirateurs.

D'où vient cette faveur ? On peut en donner plus d'une raison.

Il y a d'abord une cause générale, c'est le retour marqué vers les Grecs. L'intérêt que les Romains ont longtemps inspiré est à peu près épuisé, et d'ailleurs on en est venu à considérer les écrits des Romains comme une littérature de reflet et d'imitation. Qui veut saisir le beau sous toutes ses formes, dans toute son originalité et sa fraîcheur, doit le chercher non pas à Rome mais à Athènes. Ajoutez que les études orientales, les progrès de la philologie, la nouvelle science de la mythologie comparée, ont entièrement modifié le point de vue, et renouvelé les méthodes. Rien de plus neuf aujourd'hui que l'antiquité.

Aristote a profité de ce regain de popularité ; il a profité plus encore de la révolution qui s'est faite dans l'esprit des jurisconsultes, des publicistes, des législateurs. Pour régénérer le monde, nos pères s'en fiaient à une philosophie nouvelle qui les a cruellement trompés. Jamais ses adeptes n'ont pu se mettre d'accord sur les principes de ce droit naturel qui allait renouveler la face de la terre ; jamais on n'a été plus fou, plus téméraire qu'en se réclamant de la seule raison.

Après tant d'échecs, on commence à comprendre que l'histoire est la véritable école de la politique. Pour savoir ce qu'il faut faire aujourd'hui, et ce qu'on peut attendre de demain, le plus sage est d'étudier la courbe du passé dont aujourd'hui et demain ne seront que le prolongement.

C'est ce qu'avait compris Montesquieu, lorsqu'il écrivit l'*Esprit des Lois*, mais il avait eu un devancier et un rival.

La *Politique* est l'*Esprit des Lois* tel que pouvait le concevoir et l'exécuter un homme de génie, écrivant vers l'an 330 avant J.-C. et n'ayant eu pour champ d'observation que les cités grecques, la royauté macédonienne et les villes d'Ionie.

On pourrait pousser assez loin la comparaison de la *Politique* et de l'*Esprit des lois*. Les ressemblances sont d'autant plus grandes que Montesquieu a pris pour modèle Aristote. Non seulement c'est à lui qu'il emprunte presque tous ses jugements sur les républiques grecques, mais encore il y a entre ces deux grands esprits une affinité visible. Tous deux ont eu de bonne heure le goût des études naturelles, tous deux ont appliqué à la politique une même méthode, la méthode d'observation, la seule qui ne fasse pas de la politique un roman ; tous deux ont fait de la modération le fondement de la science, et ont entendu par modération, non pas comme le disent les gens de passion, je ne sais quelle transaction entre le mensonge et la vérité, la justice et la force, mais tout au contraire ce ménagement des personnes, des choses, des idées, que les esprits supérieurs sont seuls à comprendre, parce que seuls ils embrassent d'un coup d'œil la diversité des principes qui se croisent, la multiplicité des points de vue, la variété et l'opposition des intérêts. Tous deux sont de grands observateurs, mais Aristote a été mieux placé pour voir, et il a vu plus loin et plus profondément. Né dans un siècle paisible, Montesquieu a trouvé sur tout le continent la même monarchie traditionnelle, le même pouvoir absolu, mais tempéré par les mœurs. L'Angleterre seule lui a présenté un spectacle nouveau. C'est aux livres que Montesquieu doit le plus clair de son expérience.

Il en est tout autrement d'Aristote. Grec d'origine, mais sujet du roi de Macédoine, et étranger par sa naissance aux cités grecques, Aristote a vécu au milieu des agitations d'Athènes, à l'époque la plus critique, mais il y a vécu en philosophe, sans être mêlé aux émotions du moment. Il a étudié sur place, en spectateur, le jeu des intérêts et des passions ; il a vu de près la force et la faiblesse de la démocratie, et, chose singulière, il a été plus juste et plus indulgent pour le peuple d'Athènes, que ne l'ont été Platon et Xénophon. Platon n'a pas assez d'anathèmes pour la démagogie, Xénophon n'admire que Sparte, et s'éloigne de sa patrie pour vieillir et mourir sous la protection d'une aristocratie étrangère. Aristote, au contraire, est plus sévère pour Sparte que pour Athènes ; il n'en fait pas un idéal de vertu pour l'opposer aux vices des Athéniens. De tous les historiens de l'antiquité, il est le seul qui nous permette de juger froidement ce couvent de soldats, qui n'a rien fait pour la civilisation, qui n'a jamais su que tuer ou mourir.

C'est donc sur le vif des choses qu'Aristote a travaillé ;
ce qu'il nous donne est le fruit de ses observations direc-
tes, et c'est pour cela peut-être que, malgré son antiquité, la *Politique* a moins vieilli que l'*Esprit des lois*.
Elle vaut comme histoire, alors même que le progrès du
temps en a ébranlé les conclusions scientifiques.

Il est encore un côté par lequel la *Politique* a un intérêt actuel. Nous voyons renaître ces théories commu-
nistes qui ont charmé l'imagination de Platon. Personne
n'a mieux réfuté ce système qu'Aristote, personne n'a
mieux montré ce qu'il y a d'absurde et d'impraticable
dans la communauté des femmes, des enfants et des biens.
S'il est visible qu'après plus de deux mille ans les partisans de ces chimères en sont restés aux mêmes illusions,
il n'est pas moins clair que l'expérience de toutes les nations de la terre n'a fait que confirmer la sagesse d'Aristote.

Enfin, c'est dans le premier livre de la *Politique* qu'on
trouvera les réflexions les plus justes sur l'origine de la société et le caractère de la famille. C'est là également qu'on
lira les plus anciennes observations sur la nature de la monnaie. L'économie politique, tout aussi bien que la politique
et la législation comparée reconnaissent Aristote pour
leur premier maître, et peut-être pour leur fondateur.

J'en ai dit assez pour faire sentir le prix de l'œuvre
aristotélique, mais je dois ajouter que le texte est serré
et demande une certaine attention pour être compris.
L'ordre même des livres a quelque chose de confus et on
a pu le changer sans inconvénient.

Magna etiam animi contentio adhibenda est in explicando Aristotele si legeris, disait Cicéron dans un traité philosophique aujourd'hui perdu, et qui était intitulé *Hortensius*. Ce jugement de Cicéron est vrai de la *Politique*. En la lisant, il faut en méditer les phrases et les mots. Ce n'est pas une lecture facile, je l'avoue, mais j'en connais peu qui fassent réfléchir davantage, et qui puissent, au même degré, attacher un esprit sérieux. Une œuvre philosophique et politique s'adresse à ceux qui cherchent dans un livre, non pas un plaisir futile, mais une instruction solide ; en fait de solidité et de profondeur, rien n'est comparable aux leçons qu'on peut tirer d'Aristote.

ED. LABOULAYE.

L'ordre logique des huit livres de la Politique, tel qu'Aristote l'établit lui-même sans le numéroter, a été altéré, comme celui de plusieurs autres de ses ouvrages, par l'incapacité des copistes et rétabli définitivement par M. Barthélemy Saint-Hilaire.

Les deux lignes suivantes indiquent la correspondance entre l'ordre véritable et l'ordre altéré :

Ordre altéré :   I, II, III, VII, VIII, IV, VI, V.
Ordre véritable : 1, 2, 3, 4, 5, 6, 7, 8.

LA
POLITIQUE

LIVRE PREMIER

ARGUMENT ANALYTIQUE

Début. — Objet et limites de la science politique. — Éléments
de la cité. — Son fondement dans la famille. — Société domestique : maître, esclave. — Art d'acquérir la richesse. —
Application de cette théorie. — Société paternelle et conjugale. — Si la vertu peut être exigée de ceux qui obéissent,
ou seulement de ceux qui commandent.

CHAPITRE PREMIER

§ 1. Nous voyons que toute cité est une sorte d'association, et que toute association se forme en vue de quelque bien ; car l'homme ne fait rien que pour ce qu'il
regarde comme un bien. Toutes les associations se proposent donc quelque avantage, surtout la plus importante
de toutes, puisqu'elle vise au bien le plus important et
qu'elle comprend toutes les autres associations. Telle est
celle qu'on nomme cité ou association politique.

§ 2. Tous ceux donc qui croient que le gouvernement
politique et royal, économique et despotique est le même,
n'ont pas raison[1] ; car ils pensent que chacun de ces gou-

---

1. Allusion à l'opinion de Platon, exposée particulièrement
dans le dialogue intitulé : Politicus.

vernements ne diffère que par le nombre plus ou moins grand des sujets qu'il comprend, et non par l'espèce ; par exemple, si celui qui gouverne ne commande qu'à un petit nombre d'hommes, ils l'appellent maître (despote) ; économe, s'il commande à un plus grand nombre ; chef politique ou roi, s'il commande à un plus grand nombre encore, comme s'il n'y avait pas de différence entre une grande famille politique et une petite cité. Quant au gouvernement politique et royal, ils disent que lorsqu'un homme gouverne seul et par sa propre autorité, c'est le gouvernement royal ; et que d'après les termes de la constitution de l'État, il est tour à tour chef et sujet ; c'est le gouvernement politique ; mais cela n'est pas vrai.

§ 3. On s'en convaincra si l'on examine la question suivant la méthode analytique qui nous a guidé [1]. De même que dans les autres sujets on est obligé de diviser le composé jusqu'à ce qu'on arrive à des éléments entièrement simples, comme étant les plus petites parties du tout, ainsi en examinant la cité dans les éléments dont elle se compose, nous verrons mieux en quoi ils diffèrent les uns des autres, et s'il est possible de réunir ces connaissances isolées pour en former un art. Examinons, dans ce sujet comme dans les autres, l'origine et le développement des êtres : c'est la plus belle de toutes les méthodes.

§ 4. Il faut d'abord unir deux à deux les êtres qui ne peuvent pas être l'un sans l'autre, comme l'homme et la femme, en vue de la génération. Et ce n'est pas en eux l'effet d'une détermination réfléchie ; mais la nature leur inspire comme à tous les autres animaux, et même aux plantes, le désir de laisser après eux un autre être qui leur ressemble. Il y a aussi, par le fait de la nature et

1. Il s'agit du traité qui précède celui-ci, et qui est intitulé: la Morale.

pour la conservation des espèces, un être qui commande,
et un être qui obéit; car celui que son intelligence rend
capable de prévoyance a naturellement l'autorité et le
pouvoir de maître ; celui qui n'a que la force du corps
pour exécuter doit naturellement obéir et servir, de sorte
que l'intérêt du maître est le même que celui de l'esclave.

§ 5. Ainsi la nature a mis une différence essentielle
entre la femme et l'esclave ; car la nature ne procède pas
mesquinement comme les couteliers de Delphes, dont les
couteaux servent à plusieurs usages, mais pièce par pièce ;
le plus parfait de ses instruments n'est pas celui qui sert
à plusieurs travaux, mais à un seul. Chez les Barbares, la
femme et l'esclave sont confondus dans la même classe :
cela tient à ce que la nature ne leur a point donné l'instinct du commandement, et à ce que l'union conjugale
est celle d'une esclave avec un esclave. C'est ce qui a fait
dire aux poètes :

Les Grecs ont droit de commander aux Barbares...[1]

comme si, dans la nature, barbare et esclave n'étaient
qu'une même chose.

§ 6. Cette double réunion de l'homme et de la femme,
du maître et de l'esclave, constitue d'abord la famille ;
Hésiode a dit avec raison que la première famille[2] fut
composée de la femme et du bœuf fait pour le labourage.
En effet, le bœuf tient lieu d'esclave aux pauvres. Ainsi,
naturellement, l'association qui se forme pour les besoins
de chaque jour est la famille, composée de ceux que
Charondas[3] appelle homosipyens (prenant du pain à la

1. Iphigénie en Aulide, vers 1400.
2. Les Œuvres et les Jours, v. 402 ou 376,
3. Les Siciliens, chez lesquels Charondas était né, appelaient
σιπύη, la huche où l'on serre le pain, et les Crétois appelaient
πάπη, la crèche.

même huche), et qu'Épiménide, de Crète, nomme homo-
capiens (mangeant à la même crèche).

§ 7. La première association composée de plusieurs
familles, en vue d'une utilité commune, mais non journalière, est la bourgade ; elle semble être naturellement
comme une colonie de la famille ; quelques-uns appellent
homogalactiens (nourris du même lait) les enfants de la
première famille, et les enfants des enfants. C'est pourquoi les cités étaient d'abord gouvernées par des rois,
comme le sont encore aujourd'hui les grandes nations ;
car elles s'étaient formées de peuplades soumises à l'autorité royale. En effet, une maison est administrée par
le plus âgé, qui a une sorte de pouvoir royal, et les colonies ont conservé le gouvernement de la parenté. C'est
ce que dit Homère :

> Chacun maître absolu de ses fils, de ses femmes,
> Leur donne à tous des lois [1].......

car ils étaient disséminés : c'est ainsi que les hommes
vivaient dans les temps anciens. On s'accorde encore
pour la même raison à dire que les dieux sont soumis à
un roi parce que parmi les hommes les uns sont encore
aujourd'hui gouvernés de cette manière, et que les autres l'étaient anciennement. L'homme a fait les dieux à
son image : il leur donne aussi ses mœurs.

§ 8. L'association composée de plusieurs bourgades
forme dès lors une cité parfaite, possédant tous les moyens
de se suffire à elle-même, et ayant atteint, pour ainsi
dire, le but ; née en quelque sorte du besoin de vivre,
elle existe pour vivre heureuse. C'est pourquoi toute cité
est dans la nature, puisque c'est la nature qui a formé
les premières associations : or, la nature était la fin de

---

1. Odyssée, ch. IX, v. 114.

ces associations, et la nature est la vraie fin de toutes choses. Ainsi nous disons des différents êtres, par exemple, d'un homme, d'un cheval, d'une famille, qu'ils sont dans la nature [1], lorsqu'ils ont atteint le développement complet qui leur est propre. De plus, le but pour lequel chaque être a été créé, et la fin est ce qu'il y a de meilleur pour lui : or, la condition de se suffire à soi-même est la fin de tout être, et ce qu'il y a de meilleur pour lui.

§ 9. Il est donc évident que la cité est du nombre des choses qui sont dans la nature, que l'homme est naturellement un animal politique, destiné à vivre en société, et que celui qui, par sa nature et non par l'effet de quelque circonstance, ne fait partie d'aucune cité, est une créature dégradée ou supérieure à l'homme. Il mérite, comme dit Homère, le reproche sanglant d'être sans famille, sans lois, sans foyers ; car celui qui a une telle nature est avide de combats, et, comme les oiseaux de proie, incapable de se soumettre à aucun joug.

§ 10. On voit d'une manière évidente pourquoi l'homme est un animal sociable à un plus haut degré que les abeilles et tous les animaux qui vivent réunis. La nature, comme nous disons, ne fait rien en vain. Seul, entre les animaux, l'homme a l'usage de la parole ; la voix est le signe de la douleur et du plaisir, et c'est pour cela qu'elle a été donnée aussi aux autres animaux. Leur organisation va jusqu'à éprouver des sensations de douleur et de plaisir, et à se le faire comprendre les uns aux autres ; mais la parole a pour but de faire comprendre ce qui est utile ou nuisible, et, par conséquent aussi, ce qui est juste ou injuste. Ce qui dis-

---

1. La nature, c'est-à-dire l'ensemble des conditions d'existence, des facultés et des moyens, est la fin des êtres ; elle détermine le mode et le dernier degré de développement qu'ils sont destinés à atteindre.

tingue l'homme d'une manière spéciale, c'est qu'il per-
çoit le bien et le mal, le juste et l'injuste, et tous les
sentiments de même ordre dont la communication constitue précisément la famille et l'État.

§ 11. Dans l'ordre de la nature, l'État est avant la
famille et avant chaque individu, car le tout doit nécessairement être avant la partie. Enlevez le tout; il ne restera plus ni pied ni main, que nominativement, comme
on dit une main de pierre; car une main séparée du
corps ne sera plus une main que de nom. Toutes les
choses se définissent par les actes qu'elles accomplissent
et ceux qu'elles peuvent accomplir, en sorte que, du moment qu'elles perdent les caractères qui leur sont propres,
on ne peut plus dire qu'elles sont les mêmes; elles sont
seulement comprises sous un même nom. Évidemment
l'État est dans l'ordre de la nature et avant l'individu;
car, si chaque individu isolé ne peut se suffire à lui-même,
il en sera ainsi pour les autres parties à l'égard du tout.
Or, celui qui ne peut pas vivre en société, ou qui n'a besoin de rien parce qu'il se suffit à lui-même, ne fait point
partie de l'État; c'est une brute ou un dieu. La nature
pousse donc tous les hommes vers une telle association :
mais celui qui l'établit le premier, fut la cause des plus
grands biens; car si l'homme, quand il a atteint sa perfection, est le plus excellent des animaux, il en est le
pire quand il vit dans l'isolement, sans lois et sans code.
Quel plus terrible fléau que l'injustice qui a les armes à
la main! Les armes que la nature donne à l'homme
sont la prudence et la vertu, pour combattre surtout
leurs contraires. Sans vertu, il est le plus impie et le plus
féroce de tous les êtres : il ne sait, à sa honte, qu'aimer
et manger. La justice est la base de la société; le jugement constitue l'ordre de la société. Or, le jugement est
l'application de ce qui est juste.

CHAPITRE II

§ 1. Maintenant que l'on connaît positivement les parties dont l'État s'est formé, il faut parler d'abord de l'économie domestique, puisque l'État est composé de familles. Les éléments de l'économie domestique sont précisément ceux de la famille, qui, pour être complète, doit comprendre des esclaves et des individus libres; mais comme il faut soumettre à un examen séparé les parties primitives et indécomposables, et que les parties primitives et indécomposables de la famille sont le maître et l'esclave, l'époux et l'épouse, le père et les enfants. il faudrait étudier séparément ces trois ordres d'individus pour voir ce qu'est chacun d'eux et ce qu'il doit être.

§ 2. C'est, d'une part, l'autorité du maître, ensuite l'autorité maritale (nous n'avons pas de mot[1] particulier pour exprimer le rapport à l'homme et à la femme), en troisième lieu la production des enfants, pour laquelle nous n'avons pas non plus de terme propre. On ne compte ordinairement que ces trois éléments de la famille. Il y en a cependant un quatrième que les uns confondent avec l'administration domestique, et qui, selon les autres, en est une branche très importante. Il faut aussi l'étudier; je veux parler de ce qu'on appelle l'art d'amasser une fortune. Parlons d'abord du maître et de l'esclave, afin de connaître les besoins nécessaires qui les unissent, et de voir si nous ne pourrons pas trouver sur ce sujet des idées plus justes que celles qui sont reçues aujourd'hui.

§ 3. Les uns prétendent qu'il y a une science du maî-

---

1. Πόσις n'a pas d'adjectif qui lui corresponde comme ἡ δεσποτική répond à δεσπότης.

tre, laquelle est la même que l'économie domestique, la
même que l'autorité royale ou politique, comme nous
l'avons dit au commencement; d'autres soutiennent que
le pouvoir du maître sur l'esclave est contre nature. La
loi, disent-ils, établit seule la différence entre l'homme
libre et l'esclave; la nature n'y est pour rien. Cette différence est injuste, puisque c'est la violence qui l'a produite. Or, puisque les biens qu'on possède servent en
partie à l'existence de la famille, l'art d'acquérir est
aussi une partie de l'économie; car, sans les choses de
première nécessité, les hommes ne sauraient vivre et
vivre heureux.

§ 4. Si les différents arts ont besoin d'instruments
spéciaux pour accomplir leur œuvre, la science de l'économie domestique doit aussi avoir les siens. Parmi les
instruments, les uns sont inanimés, les autres animés;
par exemple, pour le pilote, le gouvernail est un instrument sans vie, et le matelot qui veille à la proue est un
instrument vivant, l'ouvrier, dans les arts, étant considéré comme un instrument. De même la propriété est un
instrument essentiel à la vie, la richesse une multiplicité
d'instruments, et l'esclave une propriété vivante; seulement, comme instrument, un ouvrier quelconque est le
premier de tous.

§ 5. En effet, si chaque instrument pouvait, sur un
ordre donné, ou même pressenti, exécuter la tâche qui
lui est propre, comme on le dit des statues de Dédale[1]
ou des trépieds[2] de Vulcain, qui se rendaient seuls, dit
le poète, aux assemblées des dieux, si les navettes tis-

1. Dédale fut le premier qui donna, en quelque sorte, à ses
statues du mouvement et de la vie, par les attitudes variées
des bras et des jambes, tandis que, avant lui, les statuaires ne
savaient qu'appliquer les bras contre le corps et les jambes
l'une contre l'autre.
2. Iliade, XVIII, v. 376.

saient d'elles-mêmes la toile, si l'archet tirait spontané-
ment des sons de la cithare, alors les architectes n'auraient pas besoin d'ouvriers, ni les maîtres d'esclaves.

§ 6. Les instruments, proprement dits, sont des instruments de production; la propriété, au contraire, est
simplement d'usage. Ainsi, la navette produit plus que
l'usage qu'on en fait; mais un vêtement, un lit, ne donnent rien au delà de l'usage. Comme la production et
l'usage diffèrent quant à l'espèce, et que ces deux choses
ont des instruments qui leur sont propres, il faut bien
que les instruments qui leur servent aient la même différence. La vie est usage, et non pas production; voilà
pourquoi l'esclave ne sert qu'à faciliter l'usage. Propriété
est un mot qu'il faut entendre comme le mot partie : la
partie fait non-seulement partie d'un tout, mais encore
elle appartient d'une manière absolue à une chose autre
qu'elle-même. Il en est de même de la propriété. Aussi
le maître est simplement maître de l'esclave, mais il n'en
fait pas partie essentielle; au contraire, l'esclave est non
seulement l'esclave du maître, mais il lui appartient d'une
manière absolue.

§ 7. Voilà qui montre clairement ce que l'esclave est
en soi et ce qu'il peut être. Celui qui ne s'appartient pas
à lui-même; mais qui appartient à un autre, et qui pourtant est homme, celui-là est esclave par nature. Or, un
homme appartient à un autre lorsqu'il est chose possédée,
quoique étant homme; une chose possédée est un instrument qui sert à l'usage et qui est séparé du corps auquel
il appartient.

§ 8. Mais y a-t-il des hommes de cette nature, ou n'y
en a-t-il point? Y a-t-il quelqu'un pour qui il soit juste et
avantageux d'être esclave, ou bien toute servitude est-elle
contre nature? C'est ce qu'il faut maintenant examiner.
Il n'est pas difficile avec le raisonnement et les faits de

1.

résoudre ces questions. L'autorité et l'obéissance ne sont pas seulement des choses nécessaires, mais elles sont encore des choses utiles. Dès le moment de leur naissance, quelques êtres sont destinés, les uns à obéir, les autres à commander, et ils forment, les uns et les autres, des espèces nombreuses. L'autorité est d'autant plus relevée que ceux qui y sont soumis sont plus parfaits. Celle qui régit l'homme, par exemple, est supérieure à celle qui régit l'animal; car l'œuvre accomplie par des créatures plus parfaites a plus de perfection; or, il y a œuvre, dès qu'il y a d'une part commandement, et de l'autre obéissance.

§ 9. Dans toutes les choses qui sont composées de plusieurs parties, et qui, séparées ou continues, aboutissent à un résultat commun, se manifestent l'autorité et l'obéissance; c'est ce qu'on observe dans tous les êtres animés, quelle que soit leur nature. On trouve même une sorte d'autorité dans les objets inanimés, comme dans l'harmonie. Mais cette question est peut-être trop étrangère à notre sujet.

§ 10. D'abord, tout être vivant est composé d'une âme et d'un corps, que la nature a destinés, l'une à commander, l'autre à obéir. Il faut observer la nature dans les êtres qui se sont développés suivant ces lois, plutôt que dans les êtres dégradés. Supposons donc un homme parfaitement sain d'esprit et de corps, un homme dans lequel l'empreinte de la nature soit visible; car je ne parle pas des hommes corrompus ou disposés à se corrompre, chez lesquels le corps semble souvent commander à l'âme, parce qu'ils sont vicieux et constitués contre le vœu de la nature.

§ 11. Il faut donc d'abord, comme nous le disons, reconnaître dans un animal vivant un double commandement, celui du maître et celui du magistrat. L'âme commande au corps, comme un maître à son esclave. L'entendement commande à l'instinct, comme un magistrat à des citoyens, et un monarque à des sujets. Ainsi, il est évident que l'obéissance du corps à l'âme, et la soumission de la partie affective à l'intelligence et à la partie raisonnable, est une chose utile et conforme à la nature. L'égalité ou le droit de commander tour à tour serait funeste à tous les deux.

§ 12. Le même rapport existe entre l'homme et les autres animaux. La nature a été plus libérale pour l'animal qui vit sous l'empire de l'homme qu'à l'égard de la bête sauvage, et il est avantageux à tous les animaux de vivre dans la dépendance de l'homme : ils y trouvent leur sûreté. De plus, les animaux sont mâles ou femelles. Le mâle est plus parfait, il commande; la femelle l'est moins, elle obéit. La même loi s'applique nécessairement à tous les hommes.

§ 13. Il y a dans l'espèce humaine des individus aussi inférieurs aux autres que le corps l'est à l'âme, ou que la bête l'est à l'homme; ce sont les hommes chez qui l'emploi des forces corporelles est le meilleur parti qu'on puisse en tirer. En partant des principes que nous avons posés, ces individus sont destinés par la nature à l'esclavage, parce qu'il n'y a rien de meilleur pour eux que d'obéir. Car celui-là est esclave par nature, qui peut appartenir à un autre (aussi lui appartient-il en effet), et qui ne participe à la raison que dans le degré nécessaire pour éprouver un sentiment vague, mais sans avoir la plénitude de la raison. Les autres animaux, dépourvus de raison, obéissent aux impressions du dehors.

§ 14. Du reste l'utilité des esclaves et des animaux privés est à peu près la même; ils nous aident également par les forces du corps à satisfaire les besoins nécessaires de notre existence. La nature elle-même veut marquer

d'un caractère différent les corps des hommes libres et
ceux des esclaves ; les uns en effet sont forts pour les travaux auxquels ils sont destinés ; les autres ont une atti-
tude droite et inutile pour de pareils travaux, mais utile
pour la vie civile, qui se trouve ainsi partagée entre les
travaux de la guerre et ceux de la paix. Cependant le contraire arrive souvent : certains individus n'ont que le corps
d'un homme libre, tandis que d'autres n'en ont que l'âme.

§ 15. Du reste, il est évident que si cette différence
purement extérieure entre les hommes était aussi grande
qu'elle l'est à l'égard des statues des dieux, tout le
monde conviendrait que ceux qui ont l'infériorité méritent
d'être les esclaves des autres. Or, si cela est vrai du
corps, la distinction sera encore bien plus juste à l'égard
de l'âme ; mais il n'est pas aussi facile de voir la beauté
de l'âme que celle du corps. Il est donc évident que
parmi les hommes les uns sont libres, et les autres esclaves, pour lesquels il est utile et juste de demeurer dans la
servitude.

§ 16. Il est facile de voir que ceux qui soutiennent le
contraire n'ont pas tout à fait tort ; car les mots d'esclavage et d'esclave sont pris dans deux sens différents.
Selon la loi il y a esclave et homme réduit en esclavage :
la loi est une convention d'après laquelle tout homme
vaincu à la guerre se reconnaît la propriété du vainqueur.
Mais bien des légistes accusent ce prétendu droit, comme
on accuse d'illégalité[1] un orateur, parce que c'est une
chose horrible que celui qui peut employer la violence et
se rendre le plus fort fasse son esclave et soumette à ses
caprices celui qu'il est parvenu à contraindre. Les deux
opinions sont également soutenues par des sages.

---

1. Cette sorte d'action, qui était admise chez les Athéniens,
s'appelait γραφή Παρανόμων.

§ 17. La cause de ce dissentiment, et ce qui fait que les raisons apportées de part et d'autre varient, c'est que la force, quand elle parvient d'une manière quelconque à se procurer des ressources, se porte surtout à la violence, et que la force victorieuse suppose toujours une supériorité d'avantage en quelque chose, de sorte qu'il semble que la violence n'existe pas sans vertu, et que le dissentiment ne porte ici que sur la notion du juste. C'est pourquoi les uns s'imaginent que la justice réside dans la bienveillance, tandis que d'autres la regardent comme le principe même qui attribue le commandement à celui qui a la supériorité. Au reste, si l'on isole ces opinions et qu'on les sépare, les arguments contraires n'ont plus rien de fort et de persuasif, quand on veut prouver que la supériorité de la vertu ne donne pas le droit de commander et de dominer.

§ 18. Enfin, il y a des personnes qui, obstinément attachées à ce qu'elles croient juste sous un certain rapport (et la loi a toujours quelque chose de juste), affirment que la servitude qui résulte de la guerre est légitime, et en même temps elles le nient; car il est possible que la cause de la guerre ne soit pas juste, et jamais on ne pourra dire qu'un homme qui ne mérite pas la servitude soit esclave. Autrement, disent-elles, il pourra arriver que des hommes qui paraissent issus du sang le plus illustre soient esclaves et nés d'esclaves, s'ils sont vendus après qu'on les aura faits prisonniers. Aussi les partisans de cette opinion ne veulent-ils pas se donner à eux-mêmes le nom d'esclaves; ils ne le donnent qu'aux barbares. Quand ils parlent ainsi, ils réduisent la question à chercher ce que c'est que d'être esclave par nature, ainsi que nous l'avons dit au commencement.

§ 19. Il faut nécessairement qu'ils admettent qu'il y a certains hommes qui sont esclaves partout, et d'autres qui ne le sont nulle part. Ils appliquent le même principe à la noblesse, et ils pensent qu'ils sont nobles non-seulement chez eux, mais encore partout, au lieu que les barbares ne le sont que chez eux : comme s'il y avait quelque race qui fût noble et libre dans un sens absolu, et quelque autre qui ne le fût pas. C'est l'Hélène de Théodecte [1] qui s'écrie :

> De la race des dieux de tous côtés issue,
> Qui donc du nom d'esclave oserait me flétrir?

S'exprimer ainsi c'est n'admettre d'autre différence que la vertu et le vice entre l'homme libre et l'esclave, entre le noble et celui qui ne l'est pas; c'est dire que, de même que l'homme naît de l'homme, et l'animal de l'animal, ainsi l'homme vertueux ne peut naître que de parents vertueux. Or, c'est souvent le vœu de la nature qu'il en soit ainsi, mais elle ne peut pas toujours ce qu'elle veut.

§ 20. On voit donc que la discussion que nous venons de soutenir a quelque fondement, qu'il existe des esclaves et des hommes libres par le fait même de la nature, que cette distinction subsiste dans certains êtres toutes les fois qu'il est également juste et utile pour l'un d'être esclave, pour l'autre de commander, qu'il faut que celui-là obéisse et que celui-ci commande selon son droit naturel, c'est-à-dire avec une autorité absolue; le vice de l'obéissance ou du commandement est également nuisible à tous les deux. Car ce qui est utile à la partie l'est au tout; ce qui est utile au corps l'est à l'âme. Or, l'esclave fait partie du maître, comme un membre vivant fait partie du corps, seulement cette partie est séparée.

---

1. Théodecte était un poète tragique, ami et disciple d'Aristote. Il ne reste de lui qu'un petit nombre de fragments.

§ 21. C'est pour cela qu'il y a un intérêt commun et une amitié réciproque entre le maître et l'esclave, quand c'est la nature elle-même qui les a jugés dignes l'un de l'autre; c'est tout le contraire quand la chose n'a pas lieu de cette manière, mais seulement en vertu d'une loi, et par l'effet de violence.

§ 22. Il suit de là que le pouvoir du maître et celui du magistrat ne sont pas les mêmes, et qu'en général toutes les espèces de pouvoir ne se ressemblent pas, comme quelques-uns le prétendent; l'une se rapporte aux hommes libres, l'autre aux esclaves par nature. L'autorité domestique est monarchie, puisque toute famille est gouvernée par un seul; l'autorité civile ou politique est celle qui gouverne des hommes libres et égaux. Le pouvoir du maître ne s'enseigne pas; il est tel que la nature l'a fait, et il s'applique également à l'homme libre et à l'esclave. Il pourrait bien y avoir aussi une science du maître et une science de l'esclave : une science de l'esclave comme celle qu'enseignait l'instituteur de Syracuse, qui moyennant un salaire, instruisait les enfants de tous les détails du service domestique. Il pourrait même y avoir encore un apprentissage de choses semblables, comme la cuisine et les autres parties du service de la maison. En effet, certains travaux sont plus estimés ou plus nécessaires les uns que les autres, et il y a, selon le proverbe, esclave et esclave, maître et maître.

§ 23. Toutefois, ce ne sont là que des sciences d'esclave; la science du maître consiste dans l'emploi qu'il fait des esclaves; il est maître, non en tant qu'il possède des esclaves, mais en tant qu'il se sert d'esclaves. Cette science du maître n'a d'ailleurs rien de bien grand ni de bien relevé; elle se réduit à savoir commander ce que l'esclave doit savoir faire. Aussi tous ceux qui peuvent s'épargner cette peine en laissent-ils l'honneur à un intendant, et vont se livrer à la politique ou à la philosophie. La science de l'acquisition, mais de l'acquisition juste et légitime, diffère de ces deux sciences, celle du maître et celle de l'esclave ; elle a tout à la fois quelque chose de la guerre et quelque chose de la chasse.

En voilà assez sur le maître et sur l'esclave.

CHAPITRE III

§ 1. Puisque l'esclave fait partie de la propriété, étudions maintenant, selon la méthode qui nous dirige, la propriété en général et l'acquisition des biens. D'abord on pourrait demander si l'acquisition des richesses est une partie de l'économie domestique, ou si elle n'en est que l'auxiliaire ; on pourrait demander encore si elle a avec l'économie le même rapport que l'art de faire les navettes avec celui de tisserand, ou que l'art du fondeur avec celui du statuaire. Les services rendus par ces deux arts ne sont pas les mêmes : l'un fournit les instruments, l'autre la matière. J'appelle matière ce avec quoi une œuvre se fait, comme la laine pour le tisserand, et l'airain pour le statuaire.

§ 2. Il est donc évident que la science d'acquérir n'est pas la même que celle de l'économie, puisque l'une a pour caractère de fournir les moyens et l'autre d'en faire usage. A qui, en effet, appartiendra-t-il d'employer les biens de la maison, si ce n'est à l'administration domestique ? Cette science de l'acquisition des richesses est-elle une partie de l'économie, ou bien est-elle une espèce différente ? C'est encore là une question. Car si l'industriel doit connaître les sources de la possession et de la richesse (et le nom de possession comme celui de la richesse comprend beaucoup de parties), d'abord l'agriculture est-elle une partie de la science des richesses, ou est-elle une espèce différente? En général, le soin qui regarde la subsistance est-il le même que l'art d'acquérir?

§ 3. Il y a bien des espèces d'aliments, et par conséquent bien des manières différentes de vivre, tant parmi les animaux que parmi les hommes, dont aucun ne peut vivre sans aliments, de sorte que les différences d'alimentation établissent des différences correspondantes dans les mœurs des animaux. En effet, les uns vivent en troupe, les autres disséminés, selon qu'il convient à leur genre de nourriture; ceux-ci sont carnivores, ceux-là frugivores, ceux-là enfin omnivores. C'est pour faciliter la recherche et le choix des aliments que la nature elle-même distingue et sépare leurs genres de vie. D'ailleurs, elle ne leur a pas donné les mêmes goûts ; mais les uns préfèrent certains aliments, les autres en préfèrent d'autres, et même les carnivores et les frugivores ont relativement de grandes différences.

§ 4. Il en est de même des hommes ; leurs mœurs varient beaucoup. Les uns, et c'est la classe la plus oisive, sont nomades ; la nourriture qui leur est fournie par les animaux qu'ils élèvent leur arrive sans peine et sans effort; mais comme les animaux sont forcés de changer de place pour trouver leur pâture, les hommes aussi sont forcés de les suivre, comme des laboureurs qui cultivent un champ vivant. D'autres vivent de chasse, mais d'une manière différente; on comprend sous le nom de chasseurs ceux qui enlèvent [1] des troupeaux, ceux qui s'occupent de pêche, lorsque le hasard les a placés dans le voisinage d'étangs, de marais, de rivières ou d'une mer abondante

1. Hercule était chasseur dans ce sens. Il enleva, dit Pindare, cité par Platon dans le Gorgias, les troupeaux de Géryon, et il se les appropria par le droit du plus fort.

en poissons, enfin ceux qui se nourrissent d'oiseaux ou
d'animaux sauvages ; mais la plus grande partie des
hommes vit des productions de la terre et des fruits que
leur art a fait naître.

§ 5. Voilà donc à peu près les genres de vie des peuples
qui ne connaissent encore que leur travail individuel et
qui ne demandent pas aux échanges et au commerce
leurs moyens de subsistance : nomade, agriculteur,
pillard, pêcheur, chasseur. Ceux qui font un mélange de
ces différents genres vivent dans une heureuse aisance et
remplissent les vides de la vie la plus nécessiteuse en
empruntant à un autre genre de vie ce qui lui manque
pour satisfaire aux besoins les plus pressants, comme font
ceux qui joignent le pillage à la vie nomade, la chasse
à l'agriculture ; et ainsi des autres qui ont aussi recours
à tel autre genre que la nécessité leur impose.

§ 6. Ce moyen de se procurer les aliments nécessaires
est évidemment un don que la nature fait à tous les
êtres animés, non-seulement dès les premiers moments
de leur naissance, mais encore lorsqu'ils ont atteint leur
développement ; en effet, au moment même où ils donnent
la naissance à leurs petits, certains animaux produisent
en même temps la nourriture qui doit leur suffire jusqu'à
ce que le nouveau-né soit en état de se la procurer par
lui-même ; telles sont les classes des vermipares [1] et
des ovipares. Les vivipares ont pendant un certain temps
en eux-mêmes la nourriture de leurs petits : c'est cette
substance qu'on appelle lait.

§ 7. Dès lors on est évidemment autorisé à croire qu'il
en est de même quand les animaux sont parvenus à leur

---

1. Les mouches et tous les insectes étaient compris sous
cette dénomination. On ignorait encore du temps d'Aristote
que les insectes sont ovipares comme tous les animaux, à l'exception des mammifères. (Hœfer.)

développement, que les plantes existent pour les animaux et les animaux pour l'homme. Ceux qui sont susceptibles d'être apprivoisés sont destinés à son usage et à sa nourriture, et parmi ceux qui sont sauvages, la plupart du moins, sinon tous, lui fournissent des aliments et d'autres ressources, comme des vêtements et une foule d'objets d'utilité. Si donc la nature ne fait rien en vain et sans but, il faut nécessairement que la nature ait fait tout cela en vue de l'espèce humaine.

§ 8. Il suit de là que l'art de la guerre est en quelque sorte un moyen naturel d'acquérir ; car l'art de la chasse n'en est qu'une partie, celle dont il faut se servir contre les bêtes fauves, ou contre les hommes qui, destinés par la nature à obéir, refusent de se soumettre, en sorte que la nature même déclare qu'une telle guerre est juste. Voilà donc une première espèce d'acquisition naturelle, qui est une partie de la science économique ; il faut que cette partie existe, ou que la science économique fournisse comme un trésor de ressources nécessaires ou utiles à la vie dans toute association civile ou domestique.

§ 9. C'est même là ce qui constitue la véritable richesse, et la qualité nécessaire pour suffire aux exigences et au bonheur de la vie n'est pas infinie comme le prétend Solon dans ses poésies :

> Mais l'homme ne connaît ni terme ni limites,
> Qu'à l'art de s'enrichir la nature ait prescrites.

Au contraire, elle lui en a prescrit comme à tous les autres arts. Aucun d'eux n'a à sa disposition des moyens infinis en nombre et en grandeur ; or, la richesse est la quantité des moyens ou instruments que possède l'administration d'une famille ou d'un État. Il est donc évident qu'il existe un certain art d'acquisition naturelle pour les chefs de la famille et pour ceux de l'Etat, et l'on voit quelle en est la cause.

§ 10. Mais il existe un autre mode d'acquisition, qu'on appelle surtout, et avec raison, l'art d'acquérir, c'est celui-là qui ne met point de limites à la richesse et à l'acquisition, et que l'on croit généralement être le même que celui dont je viens de parler à cause du voisinage qui les rapproche. Il n'est pas le même et il n'en est pas non plus très éloigné ; l'un est naturel, l'autre ne vient pas de la nature, et il est plutôt le résultat d'une industrie et d'un certain art. Essayons d'en saisir le principe et l'origine.

§ 11. Toute propriété a deux usages qui tous deux lui sont inhérents, mais non de la même manière : l'un est propre et direct, l'autre ne l'est pas, par exemple, la chaussure ; on peut la mettre à ses pieds ou s'en servir comme d'un moyen d'échange : voilà deux manières d'en faire usage. Celui qui échange une chaussure contre de la monnaie ou contre des aliments avec celui qui a besoin de chaussure en fait bien usage, en tant que chaussure, mais non pas un usage propre et direct, car elle n'a pas été faite pour l'échange. Il en est de même de toutes les autres choses que l'on possède, car il n'y en a aucune qui ne puisse devenir l'objet d'un échange ; et l'échange a son principe et son fondement dans la nature, parce que les hommes ont en plus ou moins grande quantité les choses nécessaires à la vie.

§ 12. Ce qui prouve encore que le commerce de détail n'appartient pas naturellement à la science d'acquérir la richesse, c'est que d'abord l'échange ne pouvait se faire que dans la juste proportion du nécessaire. On voit donc que dans la première association, celle de la famille, le commerce de détail était inutile ; le besoin ne s'en fit sentir que quand la société devint plus nombreuse. Dans la famille tout était commun à tous ; après qu'on se fut séparé, une communauté [1] nouvelle s'établit pour des objets non moins nombreux que les premiers, mais différents, et on fut obligé de s'en faire part selon les besoins, et par la voie des échanges, comme font encore beaucoup de nations barbares. On y échange des objets utiles contre d'autres objets utiles, mais rien de plus : par exemple, on donne et on reçoit du vin pour du blé, et ainsi de suite pour tous les autres objets.

§ 13. Ce genre d'échange n'est donc pas contre la nature, et il ne constitue pas non plus une espèce nouvelle dans l'art d'acquérir des richesses, car il n'avait dans l'origine d'autre but que la satisfaction du vœu de la nature. Cependant c'est de lui, selon toutes les apparences, que la science de la richesse a dû naître. A mesure que les rapports de secours mutuel se développèrent par l'importation des choses dont on manquait, et par l'exportation de celles qu'on avait en surabondance, l'usage de la monnaie dut nécessairement s'introduire, car les objets dont la nature nous fait un besoin ne sont pas toujours d'un transport facile.

§ 14. On convint de donner et de recevoir dans les échanges une matière qui, utile par elle-même, fût facile à manier dans les différents usages de la vie, comme le fer, l'argent et toute autre substance dont on détermina d'abord simplement la dimension et le poids, et qu'on finit par marquer d'une empreinte pour s'éviter l'embarras de mesurages continuels ; l'empreinte y fut mise comme signe de la qualité.

---

1. Ces petites colonies sorties de la famille établirent la communauté de biens comme dans la première association (πάλιν). Cette communauté s'étendit à des objets nouveaux (ἑτέρων), et les deux familles formées par le démembrement de la première (κεχωρισμένοι) se les communiquèrent par échange.

§ 15. Lorsque la nécessité des échanges eut amené l'invention de la monnaie, il parut une autre espèce dans la science de la richesse : c'est le commerce de détail, qui se fit d'abord peut-être d'une manière fort simple, mais où l'expérience introduisit ensuite plus d'art, lorsqu'on sut mieux où il fallait prendre les objets d'échange et ce qu'il fallait faire pour avoir le gain le plus considérable. Voilà pourquoi la science de la richesse semble avoir pour objet l'argent monnayé, et son principal but est d'aviser aux moyens de s'en [1] procurer une grande quantité ; c'est, en effet, cette science qui produit l'opulence et les grandes fortunes.

§ 16. Souvent on considère comme richesse l'abondance des métaux monnayés, parce que cette abondance est le but de la science de la richesse et du petit commerce. D'un autre côté, on regarde la monnaie et toute loi qui l'établit comme une plaisanterie absolument vaine et sans aucun fondement dans la nature, parce que ceux qui en font usage venant à faire d'autres conventions, la monnaie n'a plus ni valeur, ni utilité pour l'acquisition des choses nécessaires, et que souvent un homme riche en métaux monnayés manquera des aliments de première nécessité. C'est une étrange richesse que celle dont le possesseur, quelque grande qu'elle soit, mourra de faim : comme ce Midas de la fable, dont le vœu cupide changeait en or tous les mets qui lui étaient servis.

§ 17. Aussi est-ce avec raison que l'on cherche s'il n'y a pas quelque autre richesse et quelque autre science d'acquérir la richesse ; en effet la richesse et l'acquisition naturelle sont autre chose. C'est la science économique, différente du petit négoce qui produit à la vérité de

---

1. Egregia est, ut mihi quidem videtur, Giphanii ad hæc observatio, monentis rectius omitti χρημάτων, ut Πλῆθος intelligatur νομίσματος. (Schneider.)

l'argent, mais pas dans tous les cas, seulement quand
l'argent est le but définitif de l'échange. La monnaie est
l'élément et le but de l'échange, et la richesse qui résulte
de cet art d'acquérir n'a point de limites. La médecine a
pour but de multiplier les guérisons à l'infini, et chaque
art se propose de multiplier indéfiniment, ce qui est son
but et sa fin (car c'est surtout à cela qu'il aspire ; mais
ses moyens d'arriver au but ne sont pas infinis, et la limite de ces moyens est la fin pour tous les arts).

De même, dans cet art de la richesse, il n'y a point de
limite des moyens propres à la fin qu'il se propose ; mais
cette fin est la richesse, telle qu'elle a été définie, et
l'acquisition de l'argent.

§ 18. Au contraire, la science économique, bien différente de l'art d'acquérir, a une limite ; car l'affaire de
l'économie n'est pas la même que celle de la science de
la richesse. Aussi paraît-il nécessaire que l'économie ait
un terme à toute richesse, quoique, d'après ce qui se
passe, il arrive ordinairement le contraire ; en effet, tous
ceux qui cherchent à devenir riches accroissent indéfiniment la quantité d'argent monnayé qu'ils possèdent.
Cela vient de l'affinité de ces deux sciences, car l'emploi
des mêmes moyens n'est pas le même pour chacune
d'elles. L'une et l'autre ont, à la vérité, la jouissance des
mêmes fonds, mais non pas de la même manière ; le but
de l'une est la possession, et celui de l'autre est l'augmentation : de telle sorte que certaines gens s'imaginent
que l'augmentation est l'objet de la science économique,
et ils persistent à croire qu'il faut ou conserver ou accroître indéfiniment tout ce qu'on possède de métaux
monnayés.

§ 19. La cause de cette disposition d'esprit, c'est qu'on
s'attache à vivre, et non à bien vivre, et comme ce désir
est infini, on souhaite aussi de multiplier à l'infini les

moyens de le satisfaire. Ceux mêmes qui aspirent à bien vivre recherchent aussi ce qui peut contribuer aux jouissances du corps, de sorte que comme ces jouissances semblent se trouver dans l'acquisition de la richesse, ils n'ont d'autre occupation que de se les procurer : et voilà comment est venue cette autre espèce de la science des richesses. Comme les jouissances du corps se trouvent dans une extrême abondance, ils cherchent les moyens de produire l'abondance, qui donne les jouissances, et quand ils ne peuvent pas se les procurer par la science de la richesse, ils tâchent de le pouvoir par une autre cause, et ils font de toutes leurs facultés un usage qui n'est plus conforme à la nature.

§ 20. En effet, le courage n'est pas destiné à nous procurer des richesses, mais il doit nous donner une généreuse audace. Ce n'est pas non plus l'objet de la science militaire ni de la médecine qui doivent nous donner la victoire ou la santé : et cependant on fait de toutes les professions une affaire d'argent, comme si tel devait être leur but, et que tout dût y concourir.

Voilà ce que j'avais à dire sur l'espèce de science de la richesse, qui traite du superflu ; j'ai dit ce qu'elle est, et quelle cause en a introduit l'usage. J'ai parlé aussi de l'espèce qui a pour objet le nécessaire, et qui est tout autre que celle-là. Quant à la science économique, celle qui se rapporte à la nature ne s'occupe que de la subsistance ; elle n'est pas, comme l'autre, sans limites, mais elle a des bornes.

§ 21. Ceci donne en même temps la solution de la question posée au commencement, savoir : si la science de la richesse fait ou non partie de celle de l'économie ou de l'administration des États ; mais il faut avant tout que cette science existe. Car de même que la politique ne fait pas les hommes, et qu'elle les emploie tels que la

nature les lui donne, ainsi il faut que la nature leur fournisse dans les productions de la terre, de la mer, ou de
toute autre façon, les premiers aliments ; c'est ensuite au
chef de famille à en tirer le parti qui convient. L'art du
tisserand n'est pas de produire la laine, mais de s'en
servir et de connaître si elle est de bonne ou de mauvaise
qualité, si elle convient ou si elle n'est pas convenable.

§ 22. On pourrait demander pourquoi la science de
la richesse est une partie de l'économie, tandis que la
médecine n'en fait pas partie, bien que les membres de
la famille aient besoin de santé autant que de nourriture
ou de toute autre chose nécessaire. Sous certains rapports,
le chef de famille et le chef de l'État doivent surveiller la
santé de leurs administrés, et sous d'autres rapports ils
ne le doivent pas, mais c'est l'affaire du médecin. De
même, en ce qui concerne la richesse, il y a des soins
qui regardent l'économe, et d'autres qui ne sont pas de
son ressort, mais qui appartiennent à l'industrie qui agit
sous ses ordres. Cependant, je le répète encore, c'est la
nature surtout qui doit fournir le premier fonds ; car c'est
à elle à donner la nourriture à l'être qu'elle a fait naître.
Tout être reçoit de sa mère la vie et, comme suite nécessaire, la nourriture ; voilà pourquoi la richesse qui
provient des fruits de la terre et des animaux, est pour
tous les êtres une richesse conforme à la nature.

§ 23. Il y a, comme nous l'avons déjà dit, deux sortes
d'art ou de science de la richesse, l'une qui a le trafic
pour objet, et l'autre l'économie ; celle-ci est louable et
nécessaire, celle-là est blâmée avec raison, car elle n'est
pas conforme à la nature, mais elle provient du bénéfice
des échanges réciproques. C'est avec beaucoup de raison
qu'on a une grande aversion pour l'usure, parce qu'elle
procure une richesse provenant de la monnaie elle-même,
et qui n'est plus appliquée à l'emploi pour lequel on

2

se l'était procurée. On ne l'avait créée que pour les échanges, tandis que l'usure la multiplie elle-même : c'est de là que l'usure a pris son nom[1], parce que les êtres produits sont semblables à ceux qui leur donnent la naissance. L'intérêt est l'argent de l'argent : et c'est de toutes les acquisitions la plus contraire à la nature.

CHAPITRE IV

§ 1. Maintenant que nous avons suffisamment déterminé tout ce qui regarde la connaissance théorique de notre sujet, il faut en développer les applications. Tous les sujets de ce genre laissent une grande liberté à la théorie, mais ils enchaînent la pratique dans la nécessité de l'expérience. Les parties utiles de la science de la richesse font connaître par la pratique la nature des choses qu'on possède, leur utilité relative, le lieu où elles se trouvent, la manière de les employer, l'élevage des chevaux, des bœufs, des brebis et de tous les autres animaux ; il faut savoir par la pratique quelles sont les espèces les plus profitables et quelles sont celles qui conviennent le mieux à telle ou telle localité, les unes réussissant à merveille dans certaines positions défavorables aux autres. Ensuite viennent l'agriculture qui embrasse le défrichement et la plantation, l'éducation des abeilles et le soin de tous les autres animaux, poissons ou oiseaux, dont on peut tirer quelques ressources.

§ 2. Tels sont, dans leur sens le plus propre, les premiers éléments de la science de la richesse. Quant à l'art qui a pour objet les échanges, sa principale partie est le commerce, qui se partage en trois espèces : transport

---

1. Il y a dans le texte grec un jeu de mots intraduisible en français : τόχος signifie à la fois enfant et intérêt.

sur mer, transport sur terre, vente sur place. Mais chacune d'elles diffère des autres en ce que les unes offrent plus de sûreté, et que les autres produisent un bénéfice plus considérable. Une seconde partie de la science de la richesse est l'usure, et une troisième, le salaire. Cette dernière branche comprend les arts mécaniques et les travaux exécutés par des hommes qui, impropres aux arts, ne sont utiles que par leurs forces corporelles.

Il y a une troisième espèce de la science de la richesse, intermédiaire entre celle-ci (l'industrie du commerce) et la première (l'industrie agricole) ; elle tient quelque chose de l'une et de l'autre, puisqu'elle comprend toutes les productions qui naissent de la terre, et toutes les richesses qu'on tire de son sein, richesses qui, pour n'être pas des fruits, ont néanmoins leur utilité ; c'est l'exploitation des bois ; c'est l'exploitation des mines, dont les divisions sont déjà aussi nombreuses que les métaux qu'on tire de la terre.

§ 3. Nous avons parlé en général de chacune de ces sciences : quant aux détails plus précis, ils sont utiles sans doute pour l'exécution des travaux, mais il serait ennuyeux et fatigant de s'y arrêter. Parmi les métiers, ceux qui exigent le plus d'art et de talent sont ceux où l y a le moins de hasard ; les plus mécaniques, ceux qui déforment le plus le corps de l'ouvrier ; les plus serviles, ceux qui ont le plus grand besoin des forces corporelles ; les plus vils, ceux qui réclament le moins de force morale.

§ 4. D'ailleurs, comme plusieurs auteurs ont écrit sur ces matières, par exemple Charès de Paros et Apollodore de Lemnos sur l'agriculture, le défrichement et la plantation, ainsi que d'autres sur les différents genres de travaux[1], c'est dans leurs ouvrages que devront étudier

---

1. Aucun de ces ouvrages n'est parvenu jusqu'à nous. Apollodore de Lemnos est cité par Varron, de Re rustica, I, VIII.

ceux qui aiment ces sortes de sujets. Il faut aussi recueillir les traditions éparses sur les moyens qui ont conduit quelques personnes à la fortune ; car tous ces renseignements sont utiles à ceux qui prisent la science de la richesse.

§ 5. Voici ce que l'on raconte de Thalès de Milet : c'est une spéculation lucrative, qu'on lui attribue à cause de sa grande sagesse, mais qui n'a rien que d'ordinaire et de réel. On lui reprochait sa pauvreté, et l'on disait que la philosophie ne sert à rien. Il avait prévu, dit-on, par ses connaissances astronomiques, qu'il y aurait une abondante récolte d'olives : on était encore en hiver ; il se procura l'argent nécessaire, loua tous les pressoirs à huile de Milet et de Chio et donna des arrhes ; il les afferma tous à un prix très modéré, attendu qu'il n'y avait pas d'enchérisseurs. Quand la récolte fut venue, les pressoirs étant recherchés tout à coup par la foule des demandeurs, il les loua au prix qu'il voulut, réalisa de gros bénéfices, et montra qu'il est facile aux philosophes de s'enrichir quand ils le veulent, mais que ce n'est pas là le but de leurs études.

§ 6. C'est ainsi, dit-on, que Thalès prouva son habileté ; mais, je le répète, cette spéculation appartient en général à tous ceux qui peuvent se créer un monopole. Aussi quelques États ont recours à cette ressource quand ils manquent d'argent, et ils se font un monopole de la vente des denrées.

§ 7. Un Sicilien employa l'argent qu'il avait en dépôt à acheter tout le fer qui provenait des mines ; ensuite, lorsque les négociants arrivaient de tous les marchés, il fut le seul en état de leur en vendre, et sans même trop élever le prix, il fit un bénéfice de cent talents sur cinquante. Denis en fut informé, et tout en lui permettant d'emporter sa fortune, il ne lui permit pas de rester à

Syracuse, parce qu'il avait imaginé, pour s'enrichir, des moyens contraires à l'intérêt du prince. Cependant la spéculation du Sicilien est la même que celle de Thalès ; car tous deux s'étaient fait un art du monopole.

Il est même utile à ceux qui gouvernent de connaître ces spéculations ; car il y a bien des États qui ont aussi besoin d'argent et des moyens d'en acquérir que les familles, et même plus. Aussi, parmi ceux qui s'occupent de l'administration des États, il y en a quelques-uns qui s'appliquent uniquement à la recherche de ces moyens.

Nous avons reconnu trois parties dans l'administration de la famille : l'autorité du maître, dont nous avons déjà parlé, celle du père et celle de l'époux. Cette autorité s'étend à la femme et aux enfants, mais considérés les uns et les autres comme libres. Aussi ne s'exerce-t-elle pas de la même manière ; elle est, pour la femme, un pouvoir politique ou civil, et pour les enfants, un pouvoir royal. Naturellement l'homme est plus fait pour commander que la femme, à moins d'exceptions contre la nature, comme l'être le plus âgé et le plus accompli doit avoir l'autorité sur l'être incomplet et plus jeune.

§ 8. Toutefois, dans la plupart des magistratures civiles, on passe ordinairement par une alternative d'autorité et d'obéissance, parce que tous les membres doivent être naturellement égaux et semblables. Cependant au milieu de cette alternative de commandement et d'obéissance, on cherche à établir quelque distinction par la forme des habits, par le langage et par les honneurs, comme Amasis[1] le fit entendre dans son discours aux

---

1. Amasis, après avoir vaincu Apriès, roi d'Égypte, était méprisé de ses sujets à cause de l'obscurié de sa naissance. Il fit fondre, pour en faire la statue d'un dieu, un bassin d'or qui lui servait aux bains de pieds. Les Égyptiens vinrent en foule adorer la nouvelle statue. Alors Amasis assembla le peu-

Égyptiens sur le bassin à laver les pieds. Au reste, le rapport de supériorité existe constamment de l'espèce mâle à l'espèce femelle ; mais l'autorité du père sur les enfants est royale, parce qu'il est père, parce qu'il commande avec amour, parce qu'il a la prééminence de l'âge, caractères distinctifs de l'autorité royale. C'est pourquoi Homère, en nommant Jupiter père des dieux et des hommes, l'appelle avec raison le roi de tous ces êtres. Car il faut que le roi tienne de la nature des qualités qui le distinguent de ses sujets, et qu'il soit de la même espèce : or, telle est la relation du plus vieux au plus jeune, et du père à l'enfant..

Il est donc évident qu'on doit s'occuper plus de l'administration qui regarde les hommes que de l'acquisition des choses inanimées, plus de leur perfectionnement que de l'acquisition de ce qu'on appelle la richesse, enfin plus des hommes libres que des esclaves. Et d'abord, à l'égard des esclaves, la question est de savoir si, outre les qualités qui en font un instrument et le rendent propre au service, un esclave peut encore avoir quelque vertu d'un plus grand prix, comme la tempérance, le courage, la justice et quelque autre disposition de ce genre ; ou bien s'il n'a d'autre mérite que de rendre des services matériels. Des deux côtés la question est difficile à résoudre ; si les esclaves ont ces vertus, quelle différence y aura-t-il entre eux et les hommes libres ? D'un autre côté, dire qu'ils ne sont capables que de rendre des services matériels, bien qu'ils soient hommes, et qu'ils aient leur part de raison, c'est une absurdité.

§ 9. C'est à peu près la même question à faire pour la femme et pour l'enfant. Sont-ils, eux aussi, susceptibles

ple, lui fit connaître la première destination de l'or de la statue, s'appliqua la comparaison, et gagna ainsi l'affection de ses sujets,

de vertu? Faut-il que la femme soit tempérante, courageuse et juste? L'enfant doit-il être réglé ou déréglé? Et
en général, il s'agit d'examiner si l'être fait par la nature
pour commander, et l'être fait pour obéir doivent avoir
les mêmes vertus ou des vertus différentes. S'il faut que
l'honneur et la probité se rencontrent également dans
les deux êtres, pourquoi faudrait-il que l'un commandât
et que l'autre obéît en tout et partout? Il n'y a point ici
de différence du plus au moins ; commander et obéir sont
deux choses essentiellement distinctes qui ne permettent
en aucune manière d'établir le plus et le moins.

§ 10. Exiger des vertus de l'un, n'en point exiger de
l'autre, ce serait quelque chose de bien surprenant. Si
celui qui commande n'est ni tempérant ni juste, comment
pourra-t-il bien commander? Si celui qui obéit manque
de ces vertus, comment pourra-t-il bien obéir? Vicieux et
lâche, il ne remplira aucun de ses devoirs. Il est donc
évident qu'il faut que tous deux aient des vertus, mais
avec cette différence que la nature a mise dans les êtres
faits pour obéir. Et ceci nous ramène bientôt à l'âme.
Elle a deux parties, l'une qui commande, l'autre
qui obéit, et leurs qualités sont très diverses, l'une
étant raisonnable et l'autre déraisonnable. Cette harmonie se trouve évidemment dans les autres êtres, de
sorte que la nature a destiné la plupart d'entre eux à
commander et à obéir.

§ 11. L'homme libre commande à l'esclave autrement
que le mari à la femme, le père à l'enfant. Les parties de
l'âme sont dans chacun de ces êtres, mais elles y sont à
des degrés différents. L'esclave est entièrement privé de
la faculté de vouloir ; la femme l'a, mais faible ; celle de
l'enfant est incomplète.

§ 12. Nécessairement il en est de même des vertus
morales ; on est autorisé à croire que tous doivent y par-

ticiper, mais non de la même manière, seulement autant
qu'il le faut pour que chacun remplisse sa tâche. Voilà
pourquoi celui qui commande doit posséder la vertu
morale dans toute sa perfection ; car sa tâche est absolument celle de l'architecte. Or, ici l'architecte c'est la
raison ; mais parmi les autres, chacun ne doit avoir de
vertu morale qu'autant qu'il convient à sa destination.

§ 13. Il est donc visible que la vertu morale appartient
à tous les êtres dont nous venons de parler, et que ni la
température, ni le courage, ni la justice ne doivent être
les mêmes dans l'homme et dans la femme, comme le
croyait Socrate[1]. Dans l'homme, le courage sert à commander ; dans la femme, il sert à exécuter ce qu'un autre
prescrit. Il en est de même de leurs autres vertus. Au
reste, cela se fait mieux voir encore à ceux qui appliquent
cette règle aux cas particuliers ; car on se fait illusion à
soi-même quand on dit en général que la vertu consiste
dans une bonne disposition de l'âme, ou dans la pratique
de bonnes actions, ou tout autre propos semblable. Il
vaut beaucoup mieux énumérer les qualités particulières,
comme Gorgias, que de faire des définitions générales.
Aussi faut-il penser de même de tout, comme le poète
l'a dit d'une femme :

   Un silence[2] modeste ajoute à ses attraits ; »

mais ce n'est plus la même chose quand il s'agit d'un
homme.

§ 14. Puisque l'enfant est un être incomplet, il est évident que sa vertu ne lui appartient pas plus que le reste à
lui-même en toute propriété, mais qu'elle doit être rap-

---

1. Allusion à la doctrine exposée dans le cinquième livre de
la République de Platon et dans le Ménon (section 3), disciple
de Gorgias.
2. Ajax de Sophocle, v. 293.

portée à l'homme accompli qui le dirige. Il en est de
même de l'esclave à l'égard du maître. Nous avons établi
que l'esclave sert au maître pour les nécessités de la vie,
en sorte qu'il est évident qu'il ne lui faut que peu de
vertu, et seulement autant qu'il est nécessaire pour que
l'inconduite et le manque de courage ne lui fassent pas
négliger ses travaux.

§ 15. Mais en admettant ce qui vient d'être dit, on
nous demandera s'il faut que les artisans aussi aient de la
vertu ; car souvent par inconduite ils manquent à leurs
travaux. Mais n'y a-t-il point ici la plus grande différence ?
En effet l'esclave vit en commun avec son maître ; l'artisan vit plus indépendant et plus éloigné ; sa condition ne
comporte qu'une vertu proportionnelle à sa dépendance,
puisque, voué aux arts mécaniques, il n'a qu'une servitude
limitée. La nature fait l'esclave ; elle ne fait pas le cordonnier, ni tel autre artisan.

§ 16. Il est donc évident que c'est le maître qui doit
être pour l'esclave la cause de sa propre vertu et non
celui qui aurait l'autorité et le talent nécessaires pour
apprendre aux esclaves à bien faire leur travail. Aussi
est-ce à tort que l'on regarde quelquefois les esclaves
comme privés de raison, et que l'on prétend qu'il faut se
borner à leur donner des ordres ; au contraire, il faut les
reprendre avec plus d'indulgence [1] encore que les enfants.
Mais terminons ici notre discussion. Quant à ce qui
regarde le mari et la femme, le père et les enfants, les
vertus propres à chacun d'eux, les relations qui les unissent, leur honneur et leur déshonneur, le soin avec
lequel ils doivent rechercher l'un et éviter l'autre, c'est
ce qu'il faut nécessairement considérer dans un traité sur
la politique.

1, On croit qu'Aristote fait ici allusion à un passage de Platon (De Legibus, I, vi).

§ 17. Puisque chaque famille est une portion de l'État,
puisque les personnes dont nous venons de parler sont
les parties de la famille, et que la vertu de la partie doit
être en rapport avec celle du tout, il faut nécessairement
qu'on dirige l'éducation des femmes et des enfants en vue
de la forme particulière du gouvernement, s'il importe
réellement que l'État, les enfants et les femmes honorent
la vertu. Or, il importe nécessairement qu'il en soit ainsi ;
car les femmes sont une moitié des personnes libres, et
les enfants sont la pépinière de l'État.

Tels sont les principes que nous avons établis ; comme
il faudra revenir ailleurs sur ce qui nous reste à en dire,
laissons là une discussion qui est épuisée, et, prenant un
autre sujet, examinons d'abord les opinions émises sur la
meilleure forme de gouvernement [1].

1. Aristote n'a pas parlé des femmes ni de leurs vertus. Fabricius en conclut qu'Aristote n'a pas terminé sa Politique ;
mais il est bon de faire observer qu'Aristote emploie souvent
cette formule pour écarter une foule de questions même importantes qu'il ne veut pas traiter. Il a également promis un
traité sur l'esclavage, un autre sur les relations extérieures
avec les peuples voisins, un autre enfin sur les propriétés. Il
n'en a pas dit un mot. (Fabricius, Biblioth. gr., t. II, ch. vi.)

LIVRE DEUXIÈME

CHAPITRE PREMIER

§ 1. Nous entreprenons de chercher parmi les associations politiques la meilleure de toutes pour les hommes
qui ont d'ailleurs tous les moyens de vivre au gré de
leurs vœux. Il faut ainsi examiner non-seulement les
différentes formes de gouvernement en vigueur dans les
États qui passent pour être régis par de bonnes lois, mais
encore celles qui ont été imaginées par des philosophes,
et qui paraissent sagement combinées. Nous ferons voir
ce qu'elles ont de bon et d'utile, et nous montrerons en
même temps que, si nous cherchons une combinaison
différente de toutes celles-là, ce n'est pas pour faire
preuve d'une sage habileté, mais parce que le vice des
constitutions existantes nous pousse à cette recherche.

§ 2. Nous devons d'abord poser un principe qui sert
de base à cette étude ; il faut nécessairement que tous
les citoyens participent en commun à tout, ou à rien, à

certaines choses et non à d'autres. Ne participer à rien,
c'est évidemment impossible ; car la société politique est
une sorte de communauté. Le sol au moins doit être
commun à tous, l'unité de lieu constituant l'unité de cité
et la cité appartenant en commun à tous les citoyens.
Mais d'abord, pour toutes les choses qu'il est possible
d'avoir en commun, vaut-il mieux, pour que l'Etat soit
bien organisé, que cette communauté s'étende à tous les
objets, ou bien vaut-il mieux qu'elle s'applique à certains
objets, et pas à d'autres ? Ainsi les enfants, les femmes,
les biens peuvent être communs à tous les citoyens,
comme dans la République de Platon, ouvrage où Socrate
prétend que les enfants, les femmes, les biens doivent
être communs : mais notre sort n'est-il pas préférable à
celui que nous ferait la loi écrite dans la République?

§ 3. La communauté des femmes entre tous les citoyens entraîne bien d'autres difficultés, et le motif allé-
gué par Socrate pour légitimer cette institution ne paraît
pas être une conséquence rigoureusement déduite de son
raisonnement ; de plus, elle est incompatible avec le but
qu'il assigne à l'Etat, comme on vient de le dire ; quant
aux détails, il n'y a rien de déterminé. J'admets que
l'unité [1] parfaite de la cité entière soit pour elle le plus
grand des biens : c'est là l'hypothèse de Socrate.

§ 4. Cependant il est visible que la cité, à mesure
qu'elle se formera et qu'elle deviendra plus une, ne sera
plus cité ; car naturellement la cité est multitude ; si
elle est ramenée à l'unité, de cité elle deviendra famille,
et de famille individu ; car le mot un doit plutôt se dire
de la famille que de la cité, et de l'individu que de la
famille. On doit donc se garder d'admettre cette unité
absolue, puisqu'elle anéantirait la cité. D'ailleurs, la cité

---

1. République, livre V.

ne se compose pas seulement d'hommes réunis en plus
ou moins grand nombre, elle se compose encore d'hommes
spécifiquement différents : les éléments qui la forment
ne sont point semblables. Autre chose est une alliance
militaire, autre chose est une cité : celle-là doit sa force
et son avantage à la quantité, quand même les espèces
qui la constituent seraient les mêmes ; car d'après les lois
de la nature l'alliance ne se forme qu'en vue d'un secours mutuel ; c'est comme la balance : le poids le plus
fort entraîne le plus faible. Sous ce point de vue, une cité
sera au-dessus d'un peuple, si les individus qui le composent, au lieu d'être réunis par bourgades, vivent isolés,
comme les Arcadiens.

§ 5. Les éléments qui doivent former un tout sont
d'espèce différente ; aussi la réciprocité dans l'égalité
conservera-t-elle les États, comme nous l'avons dit, dans
la Morale[1].

C'est d'ailleurs ce qui doit nécessairement être parmi
des hommes libres et égaux ; car il n'est pas possible que
tous exercent l'autorité en même temps : ils ne peuvent
l'exercer que pendant un an, ou bien selon tout autre
arrangement ou temps déterminé. Il arrive de cette manière que tous parviennent au commandement, comme
si les cordonniers et les charpentiers alternaient entre
eux, et que les mêmes travaux ne fussent pas faits toujours par les mêmes mains.

§ 6. Comme il vaut mieux que les choses soient telles
qu'elles sont, il s'ensuit évidemment que, dans la société
civile, il vaudrait mieux aussi que les mêmes hommes
restassent toujours au pouvoir, si cela était possible. Mais
comme la perpétuité du pouvoir est incompatible avec
l'égalité naturelle, et d'ailleurs comme il est juste que

---

1. La Morale a été composée avant la Politique.

tous participent au pouvoir, soit qu'on le considère comme
un bien, soit qu'on le considère comme un mal, il faut
imiter cet alternat du pouvoir que les hommes égaux se
cèdent les uns aux autres de la même manière que
d'abord ils l'ont reçu eux-mêmes. Ainsi, les uns commandent et les autres obéissent tour à tour, comme s'ils deve-
naient d'autres hommes. De cette manière, les magistrats,
chaque fois qu'ils arrivent aux fonctions publiques, remplissent tantôt une charge, tantôt l'autre.

§ 7. Il est donc évident que la nature de la société
civile n'admet pas l'unité, comme le prétendent certains
politiques, et que ce qu'ils appellent le plus grand bien
pour l'État est précisément ce qui tend à sa perte. Et
pourtant le bien propre à chaque chose est ce qui en
assure l'existence.

Il y a encore une autre manière de démontrer que la
tendance exagérée vers l'unité n'est pas ce qu'il y a de
meilleur pour l'État. Une famille se suffit mieux à elle-
même qu'un individu, et un État mieux encore qu'une
famille. Or, l'État veut dire une association d'hommes
qui ont les moyens de suffire à leur existence. Si donc ce
qui est plus capable de se suffire à soi-même est préférable, ce qui est le moins un est préférable.

§ 8. Supposons que le plus grand bien de l'association
soit d'avoir l'unité absolue; cette unité ne paraît pas
prouvée par l'unanimité de tous les citoyens à dire :
« ceci est à moi et n'est pas à moi », paroles que Socrate
donne comme le signe infaillible de la parfaite unité de
l'État. Le mot tous, en effet, a ici un double sens. Si on
le prend comme désignant chaque individu en particulier,
cela conviendra peut-être mieux au but que se propose
Socrate ; car chacun dira en parlant d'un même enfant et
d'une même femme : « voilà mon fils, voilà ma femme » ;
il en dira autant des biens et de tout le reste.

§ 9. Mais ce n'est pas dans ce sens que le diront ceux
qui possèdent en commun les femmes et les enfants; le
mot tous les désignera collectivement, et non pas chacun d'eux en particulier : ils diront aussi : « mon bien »,
mais collectivement, et non comme individus. Il y a donc
un paralogisme, une équivoque évidente dans l'emploi de
ces mots : tous les deux, pair, impair, précisément parce
qu'ils renferment l'idée de deux, et ils sont propres, dans
les disputes, à la composition des arguments contentieux.
Voilà pourquoi cet accord de tous les citoyens à dire la
même chose en parlant du même objet est fort beau sans
doute, mais il est impossible, et, d'un autre côté, il n'a
rien qui prouve l'unanimité.

§ 10. Cette proposition : tout est mien, présente
encore un autre inconvénient : c'est que rien n'inspire
moins d'intérêt qu'une chose dont la possession est commune à un très grand nombre de personnes. On attache
une très grande importance à ce qui nous appartient en
propre, tandis qu'on ne s'attache aux possessions communes que dans la proportion de l'intérêt personnel.
Entre autres raisons, on les néglige davantage, parce
qu'on se repose sur les soins des autres. C'est ainsi que
le service domestique est d'autant plus en souffrance que
les valets sont en plus grand nombre.

§ 11. Si chaque citoyen a mille fils, non pas comme issus
de lui, mais comme nés de tels ou tels, sans distinction,
tous les citoyens négligeront également de pareils
enfants. Chacun dit d'un enfant qui réussit : « c'est le
mien, » et s'il ne réussit pas, chacun dit, d'après le
numéro de l'inscription : « c'est le mien, ou celui d'un
tel; » parlant ainsi des mille enfants, ou enfin de tous
ceux dont l'État se compose, sans pouvoir rien affirmer
avec certitude, puisqu'on ne sait pas quel est le citoyen
qui a eu un enfant, ni si l'enfant a vécu après sa naissance.

§ 12. Vaut-il mieux appeler *mien* le premier venu de
deux mille, dix mille enfants, et lui donner toujours le
même nom, ou conserver à ce mot *mien* l'usage reçu
aujourd'hui dans les différents États? Celui que l'un
appelle son fils, l'autre l'appelle son frère ou son cousin,
ou lui donne quelque autre nom selon les liens du sang,
de la parenté ou de l'affinité, contractés par lui directement ou par ses ancêtres ; tel autre encore lui donne le
nom de compagnon de phratrie ou de tribu : mieux
vaut être le dernier des cousins que le fils dans la République de Platon.

§ 13. Toutefois il n'est pas possible d'éviter que
quelques-uns ne soupçonnent quels sont leurs propres
frères, leurs enfants, leurs pères et leurs mères ; car les
ressemblances qui existent entre les enfants et leurs
parents fourniront nécessairement à quelques personnes
des indices presque certains sur les uns et sur les autres.
C'est ce que disent quelques-uns des auteurs qui ont écrit
des voyages autour du monde : ils racontent que la communauté des femmes existe dans la haute Libye, et qu'on
se partage les enfants d'après les ressemblances. Il se
trouve, même dans les autres espèces d'animaux, comme
les chevaux et les bœufs, des femelles qui ont la propriété toute spéciale de produire des petits semblables au
mâle, comme à Pharsale la jument appelée la juste[1] ou
fidèle.

§ 14. Il y a encore d'autres inconvénients qu'il n'est
pas facile d'éviter, quand on établit une pareille communauté : par exemple, les sévices, les meurtres involon-
taires ou volontaires, les rixes et les injures : toutes
choses beaucoup plus criminelles envers un père, une
mère ou de proches parents, qu'à l'égard des étrangers,

---

1. Aristote fait encore mention de cette jument de Pharsale
dans son Histoire des animaux, l. VII, ch. 6.

et qui nécessairement sont plus fréquentes entre gens qui ne se connaissent pas qu'entre ceux qui se connaissent. Et, quand on se connaît, on peut avoir recours aux expiations prescrites par la coutume ou par les lois, tandis que cela est impossible quand on ne se connaît pas.

§ 15. Il est absurde, quand on établit la communauté des enfants, de n'interdire que le commerce charnel aux amants, en leur laissant la liberté de s'aimer, et de ne pas empêcher entre un père et un fils, ou entre des frères, les familiarités les plus contraires à la décence, parce qu'on n'y voit que de l'amour. Oui, il est absurde de n'interdire aux amants le commerce charnel que pour empêcher l'excès de la volupté, tandis qu'on regarde comme une chose indifférente les rapports d'un père avec son fils, d'un frère avec son frère.

Peut-être eût-il mieux valu établir la communauté des femmes et des enfants dans la classe des laboureurs plutôt que dans celle des guerriers ; car l'amitié diminue lorsque les femmes et les enfants sont communs, et il faut qu'il en soit ainsi parmi des gens qui doivent obéir, au lieu de tenter des innovations.

§ 16. En général, cette loi devra nécessairement amener un résultat tout opposé à celui qu'on est en droit d'attendre de lois justes et sages, et cela précisément par la raison pour laquelle Socrate croit devoir régler, comme il le fait, ce qui regarde les femmes[1] et les enfants. Nous regardons l'amitié comme le plus grand de tous les biens qui puissent arriver à un État, et comme le meilleur moyen d'éviter les dissensions. Socrate lui-même approuve hautement que l'État soit un le plus qu'il est possible, et cette unité semble être, comme il en convient, l'œuvre de la bonne union entre les citoyens.

1. Cette théorie est exposée dans le cinquième livre de la République de Platon.

C'est ce qu'Aristophane dit dans son discours[1] sur l'amour, quand il représente les amoureux comme aspirant, par la violence de leur passion, à confondre leurs existences, et à ne faire de deux qu'un seul et même être.

§ 17. Ici il faut nécessairement que cette fusion entraîne l'anéantissement des deux êtres ou au moins de l'un des deux ; dans l'État, au contraire, la bienveillance réciproque est, par une suite nécessaire de la communauté, comme une matière délayée dans l'eau, et il devient tout à fait impossible qu'un père dise : Mon fils ; ou un fils : Mon père. Quand une substance d'une saveur douce se dissout dans une grande quantité d'eau, elle donne un mélange insipide. De même, les sentiments d'affection que font naître ces noms sacrés se dissipent et s'évanouissent dans un État où il est absolument inutile que le père songe à son fils, le fils à son père, le frère à son frère. Car il y a deux choses qui inspirent à l'homme l'intérêt et l'amour ; c'est la propriété et l'affection prévenante : or, l'une et l'autre sont impossibles dans la République de Platon.

§ 18. Et quand il s'agira de transporter[2] les enfants des laboureurs et des artisans dans la classe des guerriers, et les enfants des guerriers dans celle des laboureurs, quel embarras ! Quel désordre ! Il faut bien que ceux qui livrent ces enfants et ceux qui les transportent sachent quels sont ces enfants, et à qui ils les donnent. Il y a plus ; les crimes dont nous parlions tout à l'heure : les sévices, les amours, les meurtres deviendront encore plus fréquents. Car les enfants des guerriers ne leur donneront plus le nom de frère, ni de père, ni de mère, une fois qu'ils

1. Voyez dans le banquet de Platon la fable des Androgynes.
2. C'est le sujet que traite Platon à la fin du troisième et au commencement du quatrième livre de la République.

auront été confiés aux autres citoyens, pas plus que ceux qui sont chez les guerriers ne les appelleront de ces mêmes noms quand ils auront à leur tour été confiés à d'autres mains. Alors les liens de parenté ne pourront plus les préserver de toutes ces hontes.

Terminons ici ce que nous avions à dire sur la communauté des hommes et des enfants.

CHAPITRE II

§ 1. L'ordre naturel des idées amène la question de la propriété. Quelle sera la loi sur les propriétés dans le plan de la meilleure constitution? Seront-elles communes ou individuelles? Cette question est indépendante de la législation sur les femmes et les enfants. Je ne considère ici que les biens-fonds. Les fonds étant divisés en propriétés particulières, comme ils le sont aujourd'hui, il s'agit de savoir s'il vaut mieux que la communauté s'applique au fonds ou seulement à la récolte ; par exemple, s'il vaut mieux que les terres soient possédées par des particuliers, mais que l'on apporte et que l'on consomme les fruits en commun, comme le font quelques nations ; ou, au contraire, que la terre et la culture soient communes, mais que les fruits soient partagés selon les besoins particuliers, ainsi que plusieurs peuples barbares ont la réputation de le pratiquer ; ou bien enfin que les fonds de terre et les fruits soient mis en commun.

§ 2. Si les terres sont cultivées par d'autres que par les citoyens, la question sera autre et plus facile; mais si ceux qui cultivent le font pour leur propre compte, la raison d'intérêt suscitera de plus grands embarras. L'inégalité des travaux et des jouissances donnera lieu nécessairement à de vives réclamations de la part de ceux qui travaillent beaucoup et ne reçoivent que peu, contre ceux qui travaillent à peine et reçoivent beaucoup.

§ 3. En général, toutes les relations que la vie commune et les associations entraînent pour les hommes sont difficiles, surtout celles qui ont l'intérêt pour objet. Voyez les sociétés qui se forment pour des voyages lointains; une bagatelle, un rien amène souvent entre les voyageurs des dissensions et des querelles. De tous nos domestiques, ceux qui encourent le plus nos reproches et notre mauvaise humeur, ne sont-ce pas ceux dont le service personnel est le plus incessant? La communauté des biens entraîne donc ces embarras et d'autres à leur suite.

§ 4. Mais le mode actuel de possession qui se recommande de l'autorité des mœurs et des prescriptions de sages lois doit avoir un grand avantage. Il réunira les bienfaits des deux systèmes, je veux dire celui de la propriété possédée en commun et celui de la possession individuelle; car il faut que la propriété soit commune et particulière tout à la fois. Les soins de la culture étant partagés ne donneront pas lieu à des plaintes réciproques; ils augmenteront plutôt la valeur de la propriété, parce que chacun s'y donnera tout entier comme à son propre bien; et quant à l'emploi des fruits, la vertu des citoyens le rendra tel qu'il doit être, suivant le proverbe: Entre amis, tout est commun.

§ 5. Aujourd'hui encore, on voit des traces et comme une ébauche de ce mode de possession dans quelques États, ce qui fait voir qu'il n'est pas impraticable. Dans les États le mieux administrés, il existe à certains égards, et pourrait être établi sous d'autres rapports; car chaque citoyen y ayant sa propriété particulière la met en partie au service de ses amis, et s'en sert en partie comme d'un bien commun. Ainsi les Lacédémoniens se servent des esclaves les uns des autres comme des leurs pour ainsi dire. Ils en font autant pour les chevaux, les chiens et les provisions de bouche [1], dont ils ont besoin dans les champs, quand ils sont surpris en pleine campagne. Il est donc évident qu'il vaut mieux que les biens appartiennent aux particuliers, mais qu'ils deviennent propriété commune par l'usage qu'on en fait. C'est au législateur qu'il appartient d'inspirer aux citoyens les sentiments convenables pour établir un pareil ordre de choses.

§ 6. Du reste on ne saurait dire quel plaisir il y a de penser qu'une chose nous appartient en propre. Ce n'est pas une vaine illusion que l'amour de nous-mêmes; c'est au contraire un sentiment naturel; l'égoïsme, voilà ce qui est blâmé avec raison; car il ne consiste pas à s'aimer soi-même, mais à s'aimer plus qu'on ne doit. De même on blâme l'avarice [2]; cependant il est naturel à tous les hommes d'éprouver ces deux sentiments. La plus douce des jouissances est d'obliger et de secourir des amis, des hôtes, des compagnons, et on ne peut se la procurer qu'au moyen de la possession individuelle.

§ 7. On détruit cette jouissance quand on exagère le système de l'égalité politique, et, de plus, on anéantit évidemment la pratique de deux vertus: d'abord la continence, et cependant c'est une action belle et louable que de respecter par sagesse la femme d'un autre; et en second lieu la libéralité dans l'emploi de son bien. L'homme généreux ne pourra pas se produire au grand

---

1. Xénophon dit que ceux qui, après une chasse prolongée jusqu'au soir, auraient eu besoin de vivres, étaient autorisés à entrer dans une habitation et à prendre la nourriture dont ils auraient besoin. (De Rep. Laced., c. vi, § 4.)

2. Les éditions de Schneider et de Susemihl portent avec raison τὸ φιλοχρήματον au lieu de τὸν : la grammaire l'exige.

jour ni faire aucune action libérale, puisque la libéralité ne peut se montrer que dans l'usage qu'on fait de sa fortune.

§ 8. Une pareille législation a un aspect séduisant et semble empreinte de l'amour de l'humanité. Celui qui entend la lecture des dispositions qu'elle renferme les accepte avec joie, s'imaginant qu'il en doit résulter une merveilleuse bienveillance entre tous les citoyens, surtout lorsqu'on accuse les vices des gouvernements existants et qu'on les attribue uniquement à ce que la communauté des biens n'y est pas établie : je parle des procès pour les contrats, des condamnations pour faux témoignages, des viles flatteries qui s'adressent aux riches, tous vices qui proviennent de la perversité générale, et non de ce que la communauté des biens n'existe pas. Cependant nous voyons que les possesseurs de biens en commun ont plus souvent des procès entre eux que les propriétaires des biens séparés ; et nous observons encore que le nombre des procès entre les possesseurs associés est bien faible quand nous le comparons à celui des propriétaires de biens particuliers.

§ 9. S'il est juste de calculer les maux que la communauté préviendrait, il faut aussi compter les biens dont elle nous priverait. Mais avec elle l'existence paraît tout à fait impossible. La cause de l'erreur de Socrate doit être attribuée à ce qu'il part d'un faux principe. Sans doute il faut à certains égards l'unité dans la famille et dans l'État, mais ce n'est pas d'une manière absolue. Si l'État existe encore, c'est à la condition qu'il n'ira pas plus loin dans ses tendances vers l'unité ; s'il existe, c'est qu'il conserve encore un reste de vie, mais qu'étant près de le perdre il sera le pire[1] de tous les gouvernements.

---

1. Les éditions citées dans la note précédente établissent ainsi le texte : ἔσται χείρων πόλις.

C'est comme si l'on voulait faire un accord avec un seul son ou un rythme avec une seule mesure.

§ 10. Comme l'État se compose d'une multitude d'individus, ainsi que nous l'avons déjà dit, c'est par l'éducation qu'il convient de le ramener à la communauté et à l'unité. Mais, quand on veut lui donner un système d'éducation, il est étrange de penser que cela suffira pour rendre l'État vertueux, et de s'imaginer que la réforme pourra s'opérer par de tels moyens, et non par les mœurs, la philosophie et les lois ! C'est ainsi qu'à Lacédémone et dans la Crète le législateur a établi la communauté des biens par l'institution des repas publics.

Il ne faut pas non plus ignorer qu'on doit tenir compte de cette longue suite de siècles et d'années pendant lesquels ce système de communauté, s'il valait quelque chose, ne serait pas resté sans être découvert. Tout à peu près a été imaginé et trouvé ; mais telles idées n'ont pas été accueillies et telles autres ne sont pas mises en usage, bien qu'on les connaisse.

§ 11. Ce que nous avons dit paraîtrait dans son plus grand jour si l'on voyait cette forme de gouvernement établie en réalité. On ne pourra pas former un État sans partager et séparer la propriété, en affectant une portion aux repas publics et l'autre à l'entretien des phratries et des tribus ; en sorte que tout ce qui résultera de cette législation, c'est que les guerriers ne pourront plus cultiver ; abus qui commence de nos jours à s'introduire chez les Lacédémoniens. D'ailleurs Socrate n'a pas dit mot du gouvernement général de la communauté, et cela n'était pas facile. La masse des autres citoyens, pour lesquels il n'y a rien de déterminé, est cependant la masse des habitants de la cité. Les propriétés seront-elles communes entre les laboureurs, ou seront-elles distinctes pour chacun ? La communauté des femmes et des enfants existera-t-elle aussi pour eux ?

§ 12. Car si tout est commun à tous de la même manière, où sera la différence entre les laboureurs et les
guerriers ? Quel avantage auront les laboureurs à supporter la domination des guerriers ? Quel intérêt les portera
à la supporter ? à moins qu'on n'imagine un expédient
semblable à celui des Crétois qui, en permettant tout le
reste aux esclaves, ne leur ont interdit que deux choses,
les exercices du gymnase et le droit d'avoir des armes.
Si, au contraire, tous ces points sont réglés chez eux
comme ils le sont dans les autres États, quel sera donc le
moyen d'établir la communauté ? Car il y aura nécessairement deux États en un, et deux États hostiles l'un à
l'autre, car on veut que les guerriers soient exclusivement
les gardiens de l'État, et que les laboureurs, les artisans
et les autres soient de simples citoyens.

§ 13. Quant aux accusations, aux procès et aux autres
inconvénients que Socrate reproche aux autres gouvernements, ils n'existeront pas moins dans son système. Il
soutient que, grâce à l'éducation qu'ils auront reçue, les
citoyens n'auront besoin que d'un petit nombre de règlements sur la police, les marchés et autres choses semblables, et cependant il ne pourvoit qu'à l'éducation des
guerriers. Il laisse aux laboureurs la libre disposition de
cc qu'ils possèdent, à condition qu'ils apportent une partie des produits. Mais il est probable que ceux-ci seront
bien plus difficiles et bien plus fiers que ne le sont, dans
certains pays, les ilotes, les pénestes et les esclaves.

§ 14. Mais il ne dit pas, quant à présent du moins,
si telle sera nécessairement ou non la conséquence de
son système; il ne parle pas non plus des droits politiques des laboureurs, de leur éducation et des lois particulières à leur condition. Cependant il est aussi difficile
qu'important de fixer les rapports entre les laboureurs et

les guerriers, afin de maintenir la communauté de ceux-ci à côté de ceux-là. Si l'on admet dans la classe des laboureurs la communauté des femmes avec la distinction des propriétés, qui prendra soin de l'intérieur des maisons, comme les hommes sont chargés de la culture des champs, qui en prendra soin, si les femmes et les biens sont en communauté ?.

§ 15. Il est absurde d'établir une comparaison avec les animaux pour soutenir que les femmes doivent remplir les mêmes fonctions que les hommes, eux qui sont tout à fait étrangers aux soins domestiques. Il est dangereux aussi de constituer les magistratures[1], comme le fait Socrate ; il les confie toujours aux mêmes personnes.

C'est là une cause de sédition même parmi des hommes qui n'ont aucun sentiment de leur dignité, à plus forte raison parmi des hommes pleins de cœur et belliqueux. Mais il est évident que Socrate est obligé de maintenir dans les charges les mêmes magistrats ; car Dieu ne verse pas l'or tantôt dans les âmes des uns, tantôt dans celles des autres, mais toujours dans les mêmes âmes. Au moment même de la naissance, si l'on en croit Socrate, Dieu mêle l'or[2] à certaines âmes, l'argent à certaines autres, l'airain et le fer à toutes celles qui sont destinées à la classe des artisans et des laboureurs.

§ 16. D'un autre côté, tout en ôtant le bonheur aux guerriers, Socrate prétend que le législateur doit rendre heureux l'État tout entier. Or, il est impossible que l'État tout entier soit heureux, si la grande majorité, si tous les citoyens, si même quelques-uns ne jouissent pas du bonheur. Car il n'en est pas du bonheur comme des chiffres

1. Voyez la République, liv. III, ch. xix. — Ed. Tauchnitz.
2. République de Platon, liv. III, ch. xxi. — Ed. Tauchnitz.

qui composent le nombre pair [1]. Une somme peut être un nombre pair, sans qu'aucune de ses parties le soit; mais en fait de bonheur cela est impossible. Cependant, si les guerriers ne sont pas heureux, qui le sera? Assurément ce ne sont point les artisans ni la foule des ouvriers. Telles sont les difficultés que présente la République dont Socrate a tracé le plan; il y en a d'autres non moins graves.

CHAPITRE III

§ 1. J'ai à peu près les mêmes observations à présenter sur le traité des Lois composé postérieurement ; aussi sera-t-il plus convenable de ne m'y arrêter qu'un moment pour examiner la forme du gouvernement proposé. Dans la République, Socrate ne traite d'une manière précise que certains points en petit nombre sur la communauté des femmes et des enfants, la manière dont il faut l'établir, la propriété et l'ordre qui doit présider à l'administration de l'État. Il divise la multitude des habitants en deux parts, les laboureurs et les guerriers, et il forme parmi ceux-ci une troisième classe qui délibère sur les affaires de l'État et qui exerce l'autorité souveraine. Les laboureurs et les artisans sont-ils exclus de toutes les magistratures, ou ont-ils part à quelques-unes? Ont-ils le droit d'avoir des armes et de concourir à la défense de l'État? C'est ce que Socrate n'a pas décidé ; mais il pense que les femmes doivent partager les travaux de la guerre et recevoir la même éducation que les guerriers. Le reste du traité ne contient que des digres-

1. Un nombre pair peut être composé de nombres qui n'aient pas la propriété d'être pairs; ainsi 12 est un nombre pair et peut être composé de 3 répété 4 fois, ou de 7 et de 5, qui sont des nombres impairs.

sions étrangères au sujet où des détails sur l'éducation des guerriers.

§ 2. Le Traité des Lois, au contraire, ne contient, pour ainsi dire, que des dispositions législatives. Socrate ne dit que peu de choses du gouvernement proprement dit, et voulant que la forme qu'il propose soit plus applicable à tous les États en général, il est conduit peu à peu à reproduire le plan de sa première République. A l'exception de la communauté des femmes et des biens, il propose dans les deux traités les mêmes prescriptions : même éducation, même dispense à vie pour tous les guerriers de se livrer aux travaux nécessaires à la société, même règlement pour les repas publics. Seulement, dans le second projet, il dit qu'il faut que les femmes aussi aient des repas communs, et il porte à cinq mille le nombre des guerriers, qui, dans le premier, n'est que de mille.

§ 3. Les dialogues de Socrate sont donc éminents, pleins d'élégance, d'originalité et de recherches profondes ; mais il est peut-être difficile que tout y soit également beau. D'ailleurs il ne faut pas se dissimuler qu'une multitude aussi considérable aurait besoin des plaines de Babylone ou de tout autre territoire immense pour nourrir dans l'oisiveté cinq mille hommes, sans compter ces troupes de femmes et de gens de service qui forment un nombre je ne sais combien de fois plus considérable. Sans doute on peut tout supposer à souhait, excepté l'impossible.

§ 4. Socrate dit que le législateur, en composant ses lois, doit toujours avoir les yeux fixés sur deux choses, le pays et les hommes. Il fallait ajouter qu'il doit aussi étendre ses regards sur les pays voisins[1] s'il veut que la cité ait une existence politique ; car il est nécessaire

---

1. Platon l'indique néanmoins au VIᵉ livre des Lois et au Vᵉ.

qu'elle ait à sa disposition autant d'armes qu'il lui en faut, non seulement pour la guerre intérieure, mais encore pour la guerre étrangère. Et, en supposant qu'on ne veuille pas faire prendre des habitudes militaires aux citoyens, ni dans leur vie privée, ni dans leur vie publique, il n'en faudrait pas moins qu'ils fussent en état de se rendre redoutables à l'ennemi, non seulement quand il viendrait attaquer et envahir le pays, mais encore quand il serait forcé d'en sortir.

§ 5. On doit encore considérer s'il ne vaut pas mieux que l'étendue des propriétés soit fixée autrement et d'une manière plus intelligible. Socrate dit qu'il faut que chacun possède assez pour vivre avec tempérance, comme qui dirait pour vivre heureux, car cette expression est plus générale. Mais on peut mener une vie sobre et pourtant malheureuse. La définition eût été meilleure, s'il avait dit vivre sobrement et d'une manière libérale. Si l'on prend séparément chacune de ces deux conditions, la libéralité suivra l'opulence, et la tempérance suivra la misère. D'ailleurs il n'y a guère que ces sortes d'habitudes qui aient rapport à l'emploi de la fortune ; il ne demande ni la douceur de caractère, ni la force de courage, mais la modération et la libéralité, de telle sorte qu'il est nécessaire qu'elles seules règlent l'usage qu'on fait de la richesse.

§ 6. Il est encore bien étrange qu'en établissant l'égalité des propriétés on n'ait rien statué sur le nombre des citoyens, et qu'on les laisse se multiplier indéfiniment, comme si leur nombre devait rester à peu près le même par suite des unions stériles [1], qui font compensation avec le chiffre des naissances, quel qu'il soit, comme il semble en effet que cela arrive encore aujourd'hui dans les différents États. Il s'en faut bien que ce résultat soit

---

1. Platon, De Legibus, liv. V.

exact dans nos cités, telles qu'elles existent. Aujourd'hui
personne n'est dans le dénûment, parce que les propriétés sont partagées entre les enfants, quel qu'en soit
le nombre ; au lieu que, si les propriétés sont indivises,
il faut nécessairement que les enfants, plus ou moins
nombreux, qui seront en surnombre, ne possèdent absolument rien.

§ 7. On serait porté à croire que c'est l'accroissement
de la population qu'il aurait fallu contenir dans certaines
limites, plutôt que les propriétés, en sorte que les naissances ne dussent pas excéder un chiffre déterminé,
qu'il aurait fallu poser, en ayant égard au nombre éven-
tuel des enfants qui meurent et des unions qui sont
stériles. S'en rapporter au hasard, comme on le fait dans
la plupart des États, c'est une cause inévitable de pauvreté pour les citoyens; or, la pauvreté engendre les
séditions et les crimes. Aussi Phidon [1] de Corinthe, l'un
des plus anciens législateurs, était-il persuadé que le
nombre des familles et celui des citoyens devaient rester
fixes et invariables, quand même tous auraient commencé
par avoir des lots inégaux. Dans les Lois de Platon, c'est
précisément tout le contraire. Mais nous aurons à dire
plus tard quelle est notre opinion sur ce sujet.

§ 8. On a omis dans les Lois ce qui concerne les magistrats, ainsi que les différences qui existent entre eux et
les citoyens; il dit seulement que le rapport des uns aux
autres doit être comme celui de la chaîne à la trame,
dont la laine est différente. D'ailleurs, puisqu'il permet
l'accroissement de la fortune mobilière jusqu'au quin-
tuple, pourquoi ne permet-il pas aussi l'augmentation de
la propriété foncière jusqu'à une certaine limite ? Il faut

---

1. Il donna des lois à Corinthe 50 ans avant Lycurgue, qui
naquit 926 ans avant notre ère. Aristote parle encore d'un
autre Phidon, tyran d'Argos, liv. V, ch. VII.

aussi prendre garde que la séparation des maisons et leur emplacement n'aient des inconvénients pour l'économie. Socrate assigne deux habitations à chaque citoyen ; or, il est difficile de donner à deux maisons les soins convenables.

§ 9. L'ensemble de la constitution de Socrate n'est, à proprement parler, ni une démocratie, ni une oligarchie, mais un gouvernement mixte, parce qu'il est composé de citoyens armés. Si l'auteur de ce système le présente comme celui qui se rapproche le plus des gouvernements des autres peuples, il a eu peut-être raison ; mais s'il le donne comme le meilleur de tous après son premier projet de République, il a eu tort. On pourrait lui préférer la constitution de Lacédémone ou toute autre qui aurait plus de tendance à l'aristocratie.

§ 10. Quelques philosophes disent que le meilleur des gouvernements doit être un mélange de toutes les formes, et c'est par cette raison qu'ils approuvent la constitution de Lacédémone. Les uns la regardent comme une combinaison de l'oligarchie, de la monarchie et de la démocratie. Elle est, disent-ils, monarchique par ses rois, oligarchique par ses gérontes, démocratique par les éphores, qui sont toujours pris dans la classe du peuple. Les autres, au contraire, prétendent que cette magistrature des éphores est une tyrannie, et que les repas en commun, ainsi que les autres règlements de la vie journalière, constituent une véritable démocratie.

§ 11. Dans les Lois, on dit que le meilleur gouvernement doit se composer de démocratie et de tyrannie, deux formes que l'on est en droit de rejeter entièrement ou de considérer comme les plus mauvaises de toutes. L'opinion de ceux qui admettent le mélange d'un plus grand nombre de formes est donc préférable ; car la constitution qui résulte du plus grand mélange est la meilleure. Ensuite

le système proposé semble n'avoir rien de monarchique;
il est à la fois oligarchique et démocratique, ou plutôt, il
veut pencher vers l'oligarchie. Ce qui le prouve, c'est
l'élection des magistrats. Ils sont choisis au sort parmi
un certain nombre de candidats élus. C'est là un mode
qui appartient autant à la démocratie qu'à l'oligarchie.
Mais imposer aux plus riches l'obligation d'assister aux
assemblées, de proposer les magistrats et en dispenser les
autres, c'est quelque chose d'oligarchique. Prendre les
magistrats parmi les riches, et faire arriver aux charges
les plus importantes ceux qui ont le plus de revenu,
voilà aussi une tendance de l'oligarchie.

§ 12. La manière dont Socrate fait l'élection[1] du
Sénat est encore oligarchique. La loi oblige tous les
citoyens à voter, mais à prendre les candidats dans la
première classe du cens, à choisir un nombre égal dans la
seconde classe, ensuite dans la troisième; seulement ici
la loi n'oblige pas tous les citoyens de la troisième et
de la quatrième classe à déposer leur vote, et pour les
élections du quatrième cens et de la quatrième classe
des habitants, le vote n'est exigible que des citoyens
de la première et de la seconde classe. Enfin Socrate dit
qu'il faut rendre égal le nombre de tous ces élus pour
chacune des quatre classes du cens. Les citoyens des
classes où le cens est le plus considérable seront donc plus
nombreux et plus influents, parce que plusieurs citoyens
des classes populaires ne voteront pas s'ils n'y sont pas
obligés par la loi.

§ 13. Il est donc évident qu'une pareille constitution
ne doit pas être un mélange de démocratie et de monarchie. C'est ce qui a été prouvé et le sera encore, lorsque
l'occasion se présentera de revenir à l'examen de cette

1. Platon, VI° livre des Lois, page 168, édition Tauchnitz.

sorte de gouvernement. D'ailleurs ce mode d'élection, qui consiste à prendre les magistrats sur une liste de candidats élus, n'est pas sans danger. Si quelques citoyens, même en petit nombre, veulent se liguer; les choix se feront toujours suivant leur volonté.

Tel est le système de gouvernement exposé dans le traité des Lois.

CHAPITRE IV

§ 1. Il y a encore d'autres modes de gouvernement imaginés soit par de simples citoyens, soit par des philosophes ou des hommes d'État. Ils se rapprochent tous des formes établies et actuellement en vigueur, plus que ces deux traités de Platon que nous avons examinés. Aucun de ces législateurs n'a eu la fantaisie d'admettre, ni la communauté des femmes et des enfants, ni les banquets publics des femmes ; mais ils débutent de préférence par des principes essentiels. Quelques-uns pensent que le plus important est de régler convenablement ce qui regarde les propriétés : c'est là qu'ils voient la source de toutes les révolutions. Phaléas[1] de Chalcédoine est le premier qui ait traité ce sujet : il veut l'égalité de fortune pour tous les citoyens.

§ 2. Il pensait qu'au moment même de la fondation des États il n'était pas difficile de l'établir, qu'une fois les États constitués, on aurait plus de peine à y arriver, mais que cependant on l'obtiendrait en très peu de temps, si l'on prescrivait aux riches de donner des dots sans en recevoir, et aux pauvres d'en recevoir sans en donner. Platon, dans

1. Phaléas ne nous est connu que par ce passage ; on croit qu'il vivait dans le quatrième siècle avant notre ère. Arétin le fait naître à Carthage; cependant Aristote n'en parle pas dans la Constitution de Carthage. (Politique, liv. II, c. VII.)

son traité des Lois, pensait qu'il fallait laisser une certaine latitude, sans permettre à aucun citoyen d'avoir une fortune cinq[1] fois plus grande que la plus petite, comme nous l'avons dit précédemment.

§ 3. Toutefois, le législateur ne doit pas perdre de vue une observation qui paraît lui avoir échappé : c'est qu'en fixant ainsi la quotité des fortunes, il doit aussi fixer la quantité des enfants. Si le nombre des enfants excède la quotité de la fortune, il faudra bien que la loi soit abolie, et, indépendamment de cette abolition de la loi, il y a un grave inconvénient à ce que tant de citoyens qui étaient riches deviennent pauvres ; car alors on aura bien de la peine à les empêcher de faire des révolutions.

§ 4. Quelques législateurs anciens ont bien compris l'influence de l'égalité des fortunes sur la société politique. C'est d'après ce principe que Solon[2] institua ses lois, et que d'autres législateurs ont défendu l'acquisition illimitée des terres. Pareillement il y a des lois qui défendent de vendre son bien, comme chez les Locriens[3], à moins qu'on ne prouve qu'on y a été forcé par le malheur.

D'autres lois prescrivent de maintenir dans leur intégrité les anciens héritages. L'infraction de ce règlement à Leucade[4] rendit le gouvernement trop démocratique, car il ne fut plus possible de maintenir le cens exigé auparavant pour arriver aux magistratures.

§ 5. Cependant il est possible que le principe de l'éga-

---

1. Platon dit le quadruple.
2. D'après ce passage, Phaléas serait postérieur à Solon.
3. Heine croit qu'il s'agit ici des Locriens Epizéphyriens, peuple de l'Italie inférieure ou grande Grèce. Zaleucus, disciple de Pythagore et législateur des Locriens, vivait 570 ans avant J.-C.
4. Leucade, colonie de Corinthe. On ne connaît que ce qu'en dit Aristote. Elle est située dans la mer Ionienne, au nord du promontoire d'Actium, aujourd'hui Sainte-Maure.

lité des fortunes existe dans un Etat, mais que celles-ci aient des limites trop étendues, de manière à favoriser le luxe et la mollesse, ou trop resserrées, de manière à entraîner la gêne. Ce qui prouve qu'il ne suffit pas au législateur de rendre les fortunes égales, mais qu'il doit encore chercher à établir entre elles une juste médiocrité.

Encore cette juste médiocrité ne servirait à rien ; c'est dans les passions qu'il faut établir l'égalité plutôt que dans les fortunes, et cette égalité ne peut être que le fruit de l'éducation donnée par les lois.

§ 6. Ici Phaléas répondra peut-être que c'est là précisément ce qu'il dit lui-même ; car il pense que dans tous les Etats on doit trouver la double égalité de la fortune et de l'éducation ; mais alors il faut dire quelle sera cette éducation. Il ne sert à rien qu'elle soit une et la même, car il est possible qu'elle ait en effet ce caractère, et que pourtant elle soit telle que les citoyens qu'elle aura formés soient portés à l'amour des richesses ou des honneurs, ou même de ces deux passions à la fois.

§ 7. Les révolutions naissent non seulement de l'inégalité des fortunes, mais encore de l'inégalité des honneurs. C'est en sens opposé de part et d'autre : le vulgaire ne peut supporter l'inégalité des fortunes, et les hommes supérieurs s'irritent de l'égale répartition des honneurs. Le poète a dit :

> Quoi ! le brave et le lâche être égaux pour l'honneur[1] !

§ 8. Les hommes commettent l'injustice non seulement pour faire face aux nécessités de la vie, nécessités pour lesquelles Phaléas croit avoir trouvé un remède dans l'égalité des biens, en sorte qu'ils ne détroussent pas les

---

1. Iliade, ch. IX, v. 319.

passants pour se garantir eux-mêmes du froid et de la
faim, mais ils la commettent encore pour jouir et pour
éteindre leurs passions dans le plaisir. Si leurs désirs vont
au delà de leurs besoins, ils ne craindront pas de commettre des violences pour se guérir du mal qui les fait
souffrir. Ce n'est pas seulement cette raison qui les rend
injustes, mais encore la violence de leurs désirs, afin de
jouir de plaisirs sans peine. Quel sera le remède à ces trois
maux ? D'abord une fortune modeste et le travail ; ensuite
la tempérance ; enfin pour celui qui veut ne devoir son
bonheur qu'à lui-même, il ne doit pas chercher de remède
en dehors de la philosophie ; car les autres plaisirs ne
s'obtiennent que par le secours des hommes. C'est pour
se procurer le superflu et non pas le nécessaire que l'on
commet les plus grands crimes. Par exemple, on ne
devient pas tyran pour se garantir du froid, et, par la
même raison, les grands honneurs s'accordent à celui qui
tue, non pas un voleur, mais un tyran. Ainsi le mode de
gouvernement proposé par Phaléas n'offre de garantie
que contre les injustices qui sont sans importance.

§ 9. Il a fait encore plusieurs règlements pour perfectionner l'administration intérieure de l'Etat. Mais ne faut-
il pas aussi jeter un coup d'œil sur les peuples voisins et
sur les étrangers ? N'est-il pas nécessaire qu'un Etat ait
une force militaire ? Et c'est ce dont il n'a rien dit. Il en
est de même des finances ; or, il faut qu'elles suffisent
non seulement aux dépenses de l'intérieur, mais encore
à la défense du pays contre les dangers extérieurs. Aussi
il ne faut pas que la prospérité des finances excite la con-
voitise des peuples voisins et plus puissants, tandis que
ceux qui les ont seraient incapables de les défendre en
cas d'invasion, ni que leur mauvais état empêche de soutenir la guerre même contre un peuple égal en nombre
et en force.

§ 10. Phaléas n'a rien défini à ce sujet. Mais il ne faut pas ignorer que la bonne situation des finances est un point important. La meilleure mesure à prendre serait peut-être de faire en sorte qu'il ne fût pas utile à un voisin plus puissant de faire la guerre pour s'enrichir, et qu'il ne pût en retirer ce qu'elle lui a coûté. C'est ainsi qu'Eubulus[1], lorsque Autophradates[2] allait assiéger Atarnée, lui conseilla de considérer le temps dont il aurait besoin pour la prendre, et de calculer la dépense qu'il serait obligé de faire pendant un si long siège. Il lui promettait en même temps de lui livrer Atarnée sur-le-champ pour une indemnité moins forte. Cette négociation fit réfléchir Autophradates, qui se ravisa et leva le siège.

§ 11. L'égalité des biens est sans doute un moyen de prévenir les dissensions entre les citoyens; mais, à vrai dire, ce n'est pas là un grand moyen. Les hommes supérieurs s'irriteront d'une égalité qui ne leur donne qu'une part commune et ne récompense pas leur mérite. Cette prétention de leur part trouble souvent les Etats et cause des révolutions. Telle est la perversité de l'homme, que ses désirs sont insatiables. D'abord il se contente de deux oboles[3]; une fois qu'elles sont acquises et devenues comme un héritage paternel, il veut des augmentations successives, jusqu'à ce que ses vœux ne connaissent plus de bornes. De sa nature, la cupidité est infinie, et cepen-

1. Eubulus était maître d'Atarnée, ville de Mysie, en face de Lesbos. Il la laissa à Hermias, son esclave, 346 ans avant notre ère. Aristote devint l'ami d'Hermias, séjourna près de lui pendant trois ans, de 346 à 343. Plus tard, il fit construire un tombeau à Hermias et à Eubulus.

2. Autophradates, Satrape de Lydie et de Phrygie, sous le règne d'Artaxerxes Memnon, fut battu en 362 par la coalition des villes grecques de l'Asie Mineure.

3. Allusion au salaire des juges à Athènes. Périclès le porta à trois oboles.

dant c'est à chercher les moyens de la satisfaire que se
passe la vie de la plupart des hommes.

§ 12. Le remède[1] à tous ces maux n'est pas de rendre
les fortunes égales, mais de faire en sorte que les
hommes heureusement doués par la nature ne veuillent
pas s'enrichir, et que les méchants ne le puissent pas.
C'est ce qu'on obtiendra en retenant ceux-ci dans une
position inférieure, sans les laisser exposés à l'injustice.
Au reste, Phaléas a eu tort de se servir de l'expression
générale d'égalité des biens, puisqu'il n'y a proprement
que les propriétés territoriales qu'il fasse égales. Or, il
faut y joindre la richesse en esclaves et en troupeaux,
l'argent monnayé et l'ensemble de tous les objets qu'on
appelle la propriété mobilière. Il faut donc chercher une
égalité qui s'étende à tous ces objets, ou les soumettre à
un arrangement convenable, ou bien laisser de côté tout
cela.

§ 13. Cet auteur semble n'avoir eu en vue dans la
législation que l'établissement d'un petit État, si les artisans sont esclaves de la République, et s'ils ne doivent
pas fournir un complément de citoyens. Mais si les
ouvriers qui font les différents travaux dans l'État doivent être esclaves, il faut que ce soit aux mêmes conditions
qu'à Epidamne[2] ou comme Diophante[3] l'a fait à Athènes.

1. Schneider pense avec Schlosser que le mot ἀρχη dans les
traductions latines d'Arétin, Victorius, Lambin, Giphanius,
Ramus, Heinsius est une faute de texte pour ἄκος, et qu'il faut
faire cette substitution pour avoir un sens raisonnable.

2. Epidamne, appelé ensuite Dyrrachium, et aujourd'hui
Durazzo, colonie de Corinthe. On ne trouve rien qui puisse
expliquer l'usage auquel Aristote fait allusion.

3. Diophante était archonte dans la 96ᵉ olympiade, 394 ans
avant notre ère. Les étrangers ne pouvaient habiter Athènes
sans la permission des magistrats. Ils y étaient soumis à une
capitation de 12 drachmes pour eux et de 6 pour leurs enfants ;
10 fr. 80 c. ou 5 fr. 40.

On jugera, d'après cette discussion, du mérite ou du démérite de la législation de Phaléas.

CHAPITRE V

§ 1. Hippodamus de Milet, fils d'Euryphron, est le premier qui, sans avoir pris aucune part à l'administration des affaires publiques, entreprit d'écrire sur la meilleure forme de gouvernement. C'est lui qui trouva l'art de former différents quartiers dans une ville pour en marquer la division, et qui coupa le Pirée en plusieurs sections. C'était d'ailleurs un homme plein de vanité et trop soigneux de sa personne, à tel point qu'il ne semblait vivre que pour montrer avec trop de complaisance sa chevelure, qui était très abondante et ajustée avec beaucoup d'art[1]; ses vêtements, simples en apparence, étaient chauds ; il portait les mêmes en hiver et en été. Il avait aussi la prétention d'être un homme habile dans les sciences naturelles.

§ 2. Il composait sa république de dix mille citoyens, et la partageait en trois classes, l'une des artisans, l'autre des laboureurs, la troisième des guerriers, qui seuls avaient des armes. Il partageait pareillement le territoire en trois parties : les terres sacrées, les terres publiques et les terres particulières ; celles-là devaient subvenir aux dépenses du culte ; celles-ci devaient nourrir les guerriers ; les autres appartenaient aux laboureurs. Il pensait qu'il n'y a aussi que trois espèces de lois, puisque les actions judiciaires ne sont que de trois espèces : l'injure, le dommage et le meurtre.

§ 3. Il établissait par ses lois un tribunal suprême, unique, où serait porté l'appel de toutes les causes qui

---

1. Quelques éditions portent κόμης, au lieu de κόσμῳ πολυτελεῖ.

sembleraient n'avoir pas été bien jugées, et il le composait de vieillards élus par les citoyens. Il ne voulait pas
que les suffrages se donnassent par boules dans les tribunaux, mais que chaque juge apportât une tablette sur
laquelle il écrirait s'il veut une condamnation pure et
simple, et qu'il remettra blanche, s'il absout purement et
simplement; s'il ne condamnait ou n'acquittait qu'en partie, il expliquerait ses motifs. Hippodamus pensait que la
législation était vicieuse en ce sens que souvent elle
forçait au parjure le juge qui opinait par oui[1] ou par
non.

§ 4. Il proposait aussi une loi pour récompenser par
des honneurs particuliers les auteurs d'une découverte
utile à l'État. Quant aux enfants des citoyens morts à la
guerre, il les élevait aux frais de la république. Cette loi,
que les autres législateurs avaient négligée avant lui,
existe aujourd'hui à Athènes et dans certains autres
États. Tous les magistrats, selon lui, devaient être élus
par le peuple, et il entendait par le peuple les trois classes des citoyens. Il attribuait aux magistrats ainsi élus
le soin de surveiller l'intérieur de l'État, l'extérieur et
les intérêts des orphelins. Telles sont la plupart des
institutions d'Hippodamus, et les plus importantes.

§ 5. D'abord, on pourrait trouver quelque difficulté
dans la répartition du nombre des citoyens. En effet, les
artisans, les laboureurs et les guerriers prennent tous
une part égale au gouvernement : les laboureurs n'ayant
point d'armes, les artisans n'ayant ni armes ni terres;
en sorte qu'ils sont presque les esclaves de ceux qui ont
des armes. D'un autre côté, il est impossible qu'ils aient
part à tous les honneurs; car il faut nécessairement que
les fonctions de stratèges, de défenseurs des citoyens, et,

---

1. Schneider et Susemihl ont suivi avec raison le texte grec
καὶ ταῦτα δικάζοντας.

en général, les magistratures les plus importantes soient remplies par ceux qui ont les armes à leur disposition. Mais alors comment peut-il se faire que des citoyens exclus de toute participation au gouvernement aiment leur patrie !

§ 6. Cependant il faut que ceux qui ont les armes soient plus puissants que les deux autres classes de citoyens. Cela n'est pas facile, s'ils ne sont pas en grand nombre, et, s'ils sont en grand nombre, à quoi bon faire participer les autres au gouvernement, et les rendre maîtres de l'élection des magistrats ! D'ailleurs, à quoi les laboureurs sont-ils utiles dans la cité? Les artisans y sont nécessaires ; car tout État a besoin d'artisans, et du reste ils peuvent vivre du produit de leur travail. Si les laboureurs fournissent la subsistance des guerriers, ils doivent être considérés comme une partie essentielle de l'État ; mais ici ils ont des terres qui leur appartiennent en propre, et ils ne cultiveront qu'à leur profit.

§ 7. Si les défenseurs de l'État cultivent eux-mêmes les terres publiques qui doivent assurer leur subsistance, il n'y aura plus de distinction entre la classe des guerriers et celle des laboureurs ; et pourtant c'est ce que veut le législateur. Et si les terres sont cultivées par d'autres que les guerriers et les laboureurs qui possèdent en propre les biens-fonds, il se formera alors dans l'État une quatrième classe, qui, sans jouir d'aucun droit, sera étrangère au gouvernement. Enfin, en supposant que les terres qui appartiennent aux particuliers et celles qui composent le domaine public soient cultivées par les mêmes citoyens, ils ne sauront pas pour la plupart ce que chacun devra cultiver pour l'entretien de deux familles[1], et alors pourquoi, dès l'origine, ne prendront-ils pas sur

1. Camerarius et Schneider adoptent la leçon ὑπουργήσει δυσὶν ὁικίαις.

le fonds de terre commun [1] et sur les mêmes lots de quoi suffire à leur propre existence et en même temps à celle des guerriers? Cette législation est très embarrassante.

§ 8. On ne peut pas non plus approuver la loi sur les jugements, qui permet aux juges de diviser leur sentence au lieu de juger d'une manière absolue, et qui change le juge en arbitre. Ce système est possible dans un arbitrage entre plusieurs personnes qui ont à s'entendre et à se prononcer sur une affaire. Mais il n'est pas admissible dans les tribunaux ; au contraire, la plupart des législateurs ont pourvu à ce que les juges ne se communiquent point leurs avis les uns aux autres.

§ 9. Ensuite, quelle confusion n'y aura-t-il pas dans les jugements, lorsque le juge croira qu'à la vérité le défendeur doit quelque chose, mais pas autant que réclame le demandeur? Par exemple, celui-ci demande vingt mines, mais le juge n'accorde que dix mines ; un autre plus, un autre moins ; celui-là cinq, celui-ci quatre (car c'est probablement ainsi que la somme sera partagée suivant les opinions diverses) ; les uns accorderont tout et les autres rien. Quel moyen donc de concilier tous ces dissentiments ? D'ailleurs personne ne force au parjure celui qui prononce simplement l'acquittement ou la condamnation, si la requête s'exprime en termes clairs, et c'est avec raison. En prononçant l'acquittement du défendeur, le juge ne veut pas dire que celui-ci ne doit rien, mais qu'il ne doit pas les vingt mines. Le juge qui se parjure est celui qui condamne, et qui cependant ne croit pas que le défendeur doive les vingt mines.

§ 10. Quant au projet d'accorder des honneurs aux auteurs d'une découverte utile à l'Etat, c'est une loi qui n'est pas sans inconvénient, et qui, au premier mot seu-

---

1. Arétin a dit en moins de mots et avec plus de sens: ex eisdem agris.

lement, a quelque chose de séduisant, car, si elle arrive,
elle peut donner lieu à bien des intrigues et à bien des
secousses dans le gouvernement. Ceci nous amène à une
autre question, à un autre sujet d'examen. On hésite
quelquefois à affirmer s'il est utile ou dangereux pour les
Etats de changer leurs anciennes institutions, même pour
les remplacer par de meilleures. Voilà pourquoi il n'est
pas facile d'approuver immédiatement le projet d'Hippodamus, s'il est vrai qu'il soit dangereux de changer les
lois ; car il peut se trouver des hommes qui proposent
l'abolition des lois et de la constitution comme une chose
avantageuse à tous les citoyens.

§ 11. Puisque nous avons touché cette question, il
vaut mieux donner encore quelques courtes explications.
Comme nous l'avons dit, elle est embarrassante, et on
pourrait croire qu'il y a avantage à changer les lois. Du
moins le changement a été avantageux aux autres sciences.
On peut citer la médecine, après qu'elle eut changé les
vieilles pratiques, la gymnastique et, en général, tous
les arts et toutes les facultés humaines, en sorte que, puisqu'il faut ranger aussi la politique parmi les sciences, il
est évident qu'il doit en être de même pour elle. On
pourrait ajouter que les faits eux-mêmes en sont la
preuve. Les lois anciennes étaient trop simples et trop
barbares ; les Grecs marchaient toujours armés, et ils
achetaient les femmes les uns des autres.

§ 12. Ce qui nous reste des anciens usages sanctionnés
par la loi est d'une simplicité tout à fait naïve. Ainsi il
existe à Cumes une loi sur le meurtre qui déclare l'accusé
coupable si l'accusateur peut fournir, parmi ses propres
parents, un certain nombre de témoins. En général, les
hommes ne cherchent pas ce qui est antique, mais ce qui
est bon ; et il est probable que les premiers hommes,
soit qu'ils fussent nés de la terre, soit qu'ils eussent

échappé à quelque grande catastrophe, ressemblaient au vulgaire et aux insensés de nos jours, comme on le dit en effet des géants, fils de la terre ; en sorte qu'il y aurait peu de raison à demeurer attaché aux opinions de tels hommes. En outre, il n'y a aucun avantage à ce que les lois écrites restent immuables. Dans la constitution politique, comme dans les autres arts, il est impossible que tous les détails aient été marqués avec une exacte précision, car elle est obligée de se servir d'expressions générales, au lieu que les actions supposent toujours quelque chose de particulier et d'individuel. Il est donc évident qu'il y a certaines lois à changer, et à certaines époques.

§ 13. Toutefois, à considérer ce sujet sous un autre point de vue, il semble exiger beaucoup de circonspection : car, lorsque l'avantage est peu considérable, et qu'il est dangereux d'habituer les citoyens à changer facilement les lois, il est évident qu'il vaut mieux laisser subsister quelques erreurs des législateurs et des magistrats. Il y aura moins d'avantage à changer les lois que de danger à donner l'habitude de désobéir aux magistrats.

§ 14. D'ailleurs la comparaison de la politique avec les autres arts est fausse ; ce n'est pas la même chose de changer les arts ou la loi. La loi n'a de force pour se faire obéir que dans l'habitude, et l'habitude ne se forme qu'avec le temps et les années ; en sorte que changer facilement les lois existantes contre d'autres lois nouvelles, c'est affaiblir la force de la loi. De plus, en admettant l'utilité de ce changement, devra-t-il, ou non, porter sur toutes les lois, et dans toute forme de gouvernement ? L'initiative appartiendra-t-elle au premier venu, ou bien à certaines personnes ? Ce sont là des systèmes fort différents. Aussi laissons cette question de côté pour le moment ; elle reviendra dans une autre occasion.

CHAPITRE VI

§ 1. A l'égard des gouvernements de la Crète, de Lacédémone et de presque tous les autres Etats, il y a deux choses à considérer : la première, si leur constitution est ou n'est pas en rapport avec la meilleure de toutes les législations ; l'autre, s'ils ne s'écartent pas en quelque chose du système politique qu'ils ont adopté.

§ 2. Et d'abord, on convient généralement que, dans tout État bien constitué, il faut que les citoyens soient affranchis des soins qu'exigent les premières nécessités de la vie. Le moyen n'est pas facile à trouver. En Thessalie, les Pénestes [1] ont souvent fait courir des dangers aux Thessaliens, comme les Ilotes aux Lacédémoniens. Tous ces esclaves spéculent sans cesse sur les désastres publics.

§ 3. Il n'est jamais rien arrivé de semblable chez les Crétois. C'est peut-être parce que les États voisins, quoique en guerre les uns avec les autres, ne s'allient jamais avec les révoltés ; car ils n'y trouveraient aucun avantage, puisqu'ils ont aussi des Périœciens [2]. Les Lacédémoniens, au contraire, n'étaient entourés que de peuples ennemis, les Argiens, les Messéniens et les Arcadiens. Quant aux Thessaliens, ce qui dans l'origine porta leurs esclaves à la révolte, c'est la guerre qu'ils soute-

---

1. Lorsque les Thessaliens s'établirent dans le pays qu'ils avaient conquis, les anciens habitants, qui n'avaient pu se résoudre à le quitter, et qui avaient tout perdu, consentirent à cultiver les terres pour les vainqueurs, à condition qu'ils auraient la vie sauve. Plus tard, le nom de Pénestes s'étendit dans d'autres pays aux pauvres, qui étaient obligés de travailler pour gagner leur vie.

2. La condition des Périœciens était moins dure que celle des esclaves. Ils étaient attachés au sol plutôt qu'à l'homme.

naient sur leurs frontières contre les Achéens, les
Perrhèbes et les Magnésiens.

§ 4. S'il est un point qui demande une pénible et laborieuse surveillance, c'est vraisemblablement la conduite
qu'il faut tenir envers les esclaves. Si on les traite avec
douceur, ils deviennent insolents et se posent sur le pied
de l'égalité avec leurs maîtres ; traités avec dureté, ils
conspirent et haïssent. Évidemment on n'a pas trouvé le
meilleur système quand on se conduit ainsi envers les
Ilotes.

§ 5. Le relâchement dans les mœurs des femmes est
encore une chose nuisible au but que se propose le gouvernement et à la bonne observation des lois dans l'État.
L'homme et la femme sont les éléments de la famille ; il
est évident qu'on doit aussi regarder l'État comme divisé
à peu près en deux parties : l'une qui se compose de la
multitude des hommes ; et l'autre, de celle des femmes.
Aussi dans tous les gouvernements où les institutions qui
concernent les femmes sont mauvaises, il y a lieu de
croire que la moitié de l'État est sans lois. C'est ce qui
est arrivé à Sparte : le législateur, voulant endurcir l'État
tout entier aux plus rudes fatigues, a évidemment atteint
ce but pour ce qui regarde les hommes, mais il a complètement négligé les femmes : aussi vivent-elles dans la
licence, les dérèglements de toute sorte et les délices.

§ 6. Il faut donc que dans un pareil gouvernement
on fasse grand cas des richesses, surtout quand les hommes sont disposés à se laisser gouverner par les femmes,
comme le sont la plupart des guerriers et des nations belli-
queuses, à l'exception des Celtes et de quelques autres peuples qui ne se cachent pas pour donner la préférence à
l'amour du sexe masculin. Il n'était donc pas dénué de
raison le mythologiste qui le premier imagina l'union de
Mars et de Vénus, puisque tous les hommes de guerre

semblent enclins à rechercher avec ardeur l'amour de l'un ou de l'autre sexe.

§ 7. Telles sont les observations qu'on a faites chez les Lacédémoniens : dans le temps de leur domination, la plupart des affaires étaient décidées par les femmes. Au reste, que les femmes gouvernent, ou que les magistrats soient gouvernés par les femmes, quelle différence y a-t-il ? Le résultat revient au même. Comme l'audace ne sert à rien dans les habitudes de la vie ordinaire, et qu'elle n'est bonne qu'à la guerre, les femmes des Lacédémoniens, même dans le cas de danger, leur firent le plus grand tort. C'est ce qu'elles montrèrent à l'époque de l'invasion des Thébains : inutiles comme dans les autres États, elles causèrent plus de trouble et de désordre que les ennemis.

§ 8. Il est probable que le relâchement s'était introduit fort anciennement dans les mœurs des femmes des Lacédémoniens. Les expéditions qu'ils firent au dehors les tinrent longtemps éloignés de leur patrie, durant leurs guerres contre les Argiens, et ensuite contre les Arcadiens et les Messéniens. Le loisir et l'habitude de la vie militaire, qui est sous bien des rapports une école de vertu, les préparèrent d'avance à se prêter aux vues du législateur ; mais pour les femmes, on prétend que Lycurgue, ayant entrepris de les assujettir aux lois, éprouva de leur part tant de résistance qu'il finit par renoncer à son dessein.

§ 9. Elles sont donc la cause des événements qui en ont été la conséquence et de cette lacune dans les lois. Toutefois, nous n'examinons pas ici à qui il faut pardonner ou ne pas pardonner, mais seulement ce qui est bien ou mal. Le dérèglement des femmes, comme il a été dit plus haut, fait tache par lui-même à la constitution, et il pousse à l'amour des richesses.

§ 10. Après ce qui vient d'être dit, on serait porté à blâmer aussi l'inégalité des propriétés : les uns possèdent des biens trop étendus, les autres n'ont qu'une portion de terre tout à fait exiguë; aussi le pays se trouve-t-il entre quelques mains. Ceci est encore la faute de la loi. Lycurgue a bien attaché une certaine honte à celui qui vend ou qui achète des terres, et c'est avec raison; mais il permet à qui le veut de donner[1] ou de léguer les terres qu'il possède. Or, des deux côtés, le résultat est nécessairement le même.

§ 11. Les deux cinquièmes du territoire presque entier sont la propriété des femmes[2], parce qu'il y en a beaucoup qui sont devenues héritières uniques et parce qu'on leur donne des dots considérables. Il eût mieux valu les supprimer tout à fait, ou bien ne donner qu'une dot faible ou tout au moins modique. Mais aujourd'hui on peut donner son unique héritière à qui l'on veut, et si le donateur meurt sans testament, le tuteur naturel marie sa pupille à celui qu'il veut. Aussi dans ce pays qui peut nourrir quinze cents cavaliers et trente mille hoplites, on ne trouvait pas même mille combattants.

§ 12. Les faits eux-mêmes ont prouvé le vice de constitution lacédémonienne sous ce rapport, car l'État n'a pu supporter une seule catastrophe[3], et il a péri par la disette d'hommes. On dit néanmoins que les premiers rois admirent des étrangers au droit de cité, en sorte que, malgré les longues guerres qu'ils avaient à soutenir,

---

1. Plutarque, dans la vie d'Agis, raconte que ce fut un citoyen puissant, nommé Epitadès qui, pour déshériter son fils, introduisit la loi qui permettait de tester en faveur de qui on voulait.

2. Ce qui est dit ici de l'excessive richesse des femmes de Sparte est confirmé par Plutarque dans la vie d'Agis et dans celle de Cléomène.

3. La bataille de Leuctres, 371 ans avant J.-C.

la disette d'hommes ne se faisait point sentir à cette époque; on dit même qu'il y a eu quelquefois à Sparte jusqu'à dix mille citoyens. Que le fait soit vrai ou non, l'égalité des fortunes est un moyen plus sûr d'augmenter le nombre des citoyens.

§ 13. Mais la loi même qui est relative au nombre des enfants s'oppose à cette amélioration. Le législateur, en vue d'augmenter autant que possible le nombre des Spartiates, encourage les citoyens à donner à l'État le plus grand nombre d'enfants qu'ils pourront. Ainsi la loi dispense de la garde celui qui a trois enfants, et de tout impôt celui qui en a quatre. Cependant il est évident que si le nombre des enfants augmente tandis que le sol restera partagé de la même manière, il faut nécessairement qu'il y ait beaucoup de pauvres.

§ 14. L'institution des Éphores[1] n'est pas moins vicieuse : les membres de cette magistrature décident des affaires les plus importantes et cependant ils sont tous pris dans le peuple. Il arrive fréquemment que des hommes très pauvres parviennent à cette haute magistrature, et que l'indigence les force à se vendre. Ils l'ont montré souvent autrefois, et encore aujourd'hui dans les Andries[2]. Quelques hommes gagnés par l'argent ont, autant qu'ils le pouvaient, ruiné l'État tout entier. Comme l'autorité de ces magistrats était trop grande et qu'elle était tyrannique, les rois eux-mêmes étaient obligés de se faire démagogues, à tel point que la forme de gouverne-

1. Cette magistrature fut fondée 70 ans environ après Lycurgue par le roi Théopompe.
2. On ne comprend pas pourquoi Aristote se sert ici d'un mot ancien et hors d'usage pour désigner les repas publics, au lieu d'employer le mot φιδίτια ou συσσίτια. On ne comprend pas non plus pourquoi il en parle dans un endroit où il est question de la vénalité comme d'un vice commun parmi les éphores.

ment en reçut une atteinte profonde, puisque l'aristocratie fit place à la démocratie.

§ 15. Il est vrai que cette magistrature affermit sous
d'autres rapports le gouvernement. Le peuple reste calme
quand il a part au plus grand pouvoir. Ainsi, grâce à la
sagesse du législateur, ou par un simple effet du hasard,
l'éphorie a rendu des services à l'État. Pour qu'un gouvernement subsiste et se conserve, il faut que tous les
corps de l'État désirent son existence, et le maintien de
leurs prérogatives. Or, c'est là ce que désirent les rois, à
cause des honneurs dont ils jouissent : les hommes supérieurs, à cause de leur éligibilité comme sénateurs, en
récompense d'un mérite éminent ; le peuple, à cause de
l'éphorie à laquelle tous peuvent arriver.

§ 16. Il fallait sans doute que cette magistrature fût
élective entre tous, mais non pas avec le mode d'élection
employé aujourd'hui ; car, en vérité, il est trop puéril [1].
D'autre part, les éphores jugent les causes les plus importantes, eux qui sortent de la dernière classe des citoyens ;
aussi, eût-il mieux valu qu'ils ne pussent pas juger arbi-
trairement, mais qu'ils fussent soumis aux règles écrites
et aux lois. Enfin, leur manière de vivre n'est pas en
harmonie avec l'esprit de l'État ; car elle est trop relâchée,
tandis que celle des autres est d'une excessive sévérité.
Aussi ne peuvent-ils en supporter la rigueur, et, comme
des esclaves fugitifs, ils se dérobent aux exigences de la
loi, pour se livrer secrètement à toutes les voluptés.

§ 17. L'institution du Sénat est également défectueuse.
Sans doute, c'est un avantage pour l'État d'avoir à sa

---

1. On ne sait point quel était ce mode d'élection : il est
probable qu'il était à peu près le même que celui qu'on em-
ployait pour élire les sénateurs, et que Plutarque a décrit dans
la Vie de Lycurgue (c. xxvi). Thucydide (Hist., l. I, c. lxxxvii),
dit que les Lacédémoniens manifestent leur choix par des accla-
mations et non par des suffrages : κρίνουσι γὰρ βοῇ, οὐ ψήφῳ.

tête des hommes vertueux dont la bonne [éducation semble offrir des garanties. Mais est-il politique de leur confier pour la vie la direction des plus grandes affaires ? C'est ce que l'on peut contester. Comme le corps, l'intelligence a sa vieillesse, et l'éducation des sénateurs n'est pas tellement parfaite que le législateur lui-même n'ait eu quelque défiance au sujet de leur vertu. Voilà un danger pour l'État.

§ 18. Il paraît même que ceux qui sont revêtus de cette magistrature se laissent quelquefois séduire par des présents, et sacrifient l'intérêt public à la faveur. Aussi, aurait-il mieux valu qu'ils ne fussent pas irresponsables, comme ils le sont maintenant. Le tribunal des éphores semblerait devoir exercer une haute surveillance sur toutes les magistratures. Mais ce serait trop accorder à l'éphorie ; et d'ailleurs ce n'est pas dans ce sens que nous entendons la nécessité de la responsabilité. De plus, la manière dont l'opinion des citoyens se manifeste dans l'élection des sénateurs est puérile, et il n'est pas convenable que celui qui va être jugé digne du titre de sénateur se présente en personne pour le solliciter. Quand on est digne d'une magistrature, on doit en remplir les fonctions bon gré mal gré.

§ 19. On reconnaît ici l'intention politique qui semble avoir dirigé le législateur dans l'ensemble de ses institutions. Il cherche partout à éveiller l'ambition. Il la met donc en jeu dans l'élection des sénateurs ; car on ne demande pas une magistrature si l'on n'est pas ambitieux. Cependant la plupart des crimes volontaires parmi les hommes proviennent de l'ambition et de la cupidité.

§ 20. Quant à la royauté, nous en examinerons ailleurs les avantages et les inconvénients. Cette institution, telle qu'elle existe aujourd'hui à Lacédémone, ne vaut pas l'élection a vie de chacun des deux rois sur les preuves·

de mérite qu'il aurait données dans le cours de sa vie. Il est évident que le législateur lui-même n'a pas cru pouvoir les rendre bons et vertueux ; il s'en défie donc et il les regarde comme des hommes d'une probité douteuse. Quand ils vont à la guerre, on les fait accompagner de personnages [1] qui sont leurs ennemis, et la discorde entre les deux rois semble être nécessaire au salut de l'État.

§ 21. Les repas publics, appelés phidities, n'ont pas été mieux organisés par celui qui les a institués ; car il fallait que la dépense de ces réunions fût à la charge du Trésor public comme en Crète. A Lacédémone, au contraire, chacun doit apporter sa contribution, même ceux qui seraient tout à fait pauvres, et qui n'auraient pas le moyen de supporter cette dépense. Il en résulte tout l'opposé de ce que voulait le législateur. Son intention était que les repas publics fussent démocratiques ; or, ils ne sont rien moins que démocratiques par leur organisation ; car il n'est pas facile à ceux qui sont très pauvres d'y participer. Cependant une ancienne disposition de la loi lacédémonienne veut que celui qui ne peut pas payer le contingent perde ses droits politiques.

§ 22. D'autres ont blâmé aussi, et avec raison, la loi qui concerne les amiraux ; car elle est une cause de dissension[1]. En effet, à côté des rois, qui sont à perpétuité [2] les chefs de l'armée, l'amirauté est en quelque sorte une seconde royauté. Enfin, on peut faire au plan du législateur le reproche que lui a déjà fait Platon dans les Lois, c'est que toute sa constitution ne se rapporte

1. C'étaient ordinairement deux éphores qui ne devaient se mêler d'aucune affaire, si le roi ne les consultait pas, mais qui observaient sa conduite.

2. 'Αΐδιος est la véritable leçon : le commandement de la flotte n'était point à vie, puisqu'une loi expresse défendait de le confier deux fois au même citoyen. (M. Barthélemy Saint-Hilaire.)

qu'à une partie de la vertu, la valeur militaire. Sans
doute, elle est utile pour s'assurer la domination : aussi
les Lacédémoniens se sont-ils maintenus tant qu'ils ont
fait la guerre ; mais, quand leur domination a été établie,
ils ont péri faute de savoir se tenir en repos, et de ne
s'être exercés à aucune autre vertu plus puissante que la
valeur militaire.

§ 23. Voici une erreur non moins grave : ils pensent
que c'est par le courage plutôt que par la lâcheté, qu'on
peut obtenir les biens que les hommes se disputent, et en
cela ils ont raison ; mais ils ont tort de croire que de
pareils biens sont au-dessus de la vertu.

Les finances sont mal organisées. Quoique les Lacédémoniens soient forcés de soutenir de grandes guerres, ils
n'ont point de trésor public, et les impositions sont mal
payées. Comme ils sont propriétaires de la plus grande
partie du territoire, ils sont respectivement intéressés à
ne pas exiger avec trop de sévérité la rentrée des impôts.
Il en résulte que le législateur est arrivé à un résultat
tout à fait contraire à l'intérêt général ; il a rendu l'Etat
pauvre et le particulier riche et cupide.

Tels sont les vices principaux de la constitution de
Lacédémone : je n'en dirai pas davantage.

CHAPITRE VII

§ 1. La constitution de la Crète se rapproche de celle
de Lacédémone. Elle renferme quelques institutions aussi
belles sous plusieurs rapports de peu d'importance : seulement, elle porte en général le caractère d'une civilisation moins avancée. On dit, et le fait est probable, que le
gouvernement de Sparte a été formé sur le modèle[1] de

---

1. Aristote, Platon, et Xénophon sont de cet avis. Polybe

celui de la Crète ; or, les institutions anciennes ont moins
de régularité que les institutions plus récentes. La tradition rapporte que Lycurgue[1], après la tutelle du roi Charilaüs, se mit à voyager et s'arrêta longtemps dans la Crète,
à cause des liens de parenté qui unissaient les deux pays.
En effet, les Lyctiens[2] étaient une colonie des Lacédémoniens. Arrivés en Crète, ils adoptèrent le système de
lois qu'ils trouvèrent établi parmi les habitants du pays.
Voilà pourquoi les Périœciens[3] observent encore aujour-
d'hui ces mêmes lois qui paraissent remonter jusqu'à
Minos.

§ 2. L'île de Crète semble être destinée par la nature
à commander à toute la Grèce, et avoir une position

établit de grandes différences entre ces deux gouvernements :
1° Le maximum de la fortune était fixé à Lacédémone ; il ne
l'était pas en Crète ;
2° Lacédémone avait des rois ou magistrats perpétuels héré-
ditaires ; les Crétois n'en avaient pas ;
3° Le sénat de Sparte était à vie ; celui de la Crète était
temporaire ;
4° Le gouvernement des Crétois tendait à la démocratie ;
celui des Lacédémoniens était aristocratique ;
5° On ne voyait jamais de sédition à Sparte : la Crète était
perpétuellement en insurrection. Les Crétois passaient pour
être fourbes ; on disait en Grèce : menteur comme un Crétois.
1. Lycurgue, législateur des Lacédémoniens, était fils d'Eunome, roi de Sparte, de la race des Proclides. Son frère aîné,
le roi Polydecte, étant mort fort jeune, l'an 898 avant J.-C.,
sans laisser d'autre enfant que celui dont sa femme était enceinte, celle-ci promit la couronne à Lycurgue s'il voulait l'é-
pouser. Lycurgue repoussa ces offres criminelles, et, après la
naissance du prince, qu'on nomma Charilaüs, il se contenta du
titre de tuteur de son neveu. Il gouverna en cette qualité jusqu'à la majorité de Charilaüs. C'est alors qu'il entreprit ses
voyages dans la Crète, l'Egypte et l'Asie, pour étudier les lois
de ces pays. (Polybe, l. VI, c. XLIV.)
2. Lycte était une grande ville située dans la plaine, à 30
stades de Gnosse. Elle fut pendant quelque temps la capitale
de l'île de Crète.
3. Serfs ou esclaves habitant dans le voisinage des villes.

admirable. Elle domine sur la mer et sur les pays maritimes que presque tous les Grecs ont choisis pour former des établissements. D'un côté, elle est peu éloignée du Péloponèse, et de l'autre, vers l'Asie, elle touche à Triope[1] et à Rhodes. Cette heureuse position valut à Minos l'empire de la mer. Il soumit plusieurs îles, forma des établissements dans quelques autres, et porta ses vues jusque sur la Sicile, où il mourut au siège de Camique[2].

§ 3. Voici quelques points de ressemblance entre la constitution de Crète et celle de Lacédémone. Les Ilotes cultivent les terres pour les Lacédémoniens, et les Périœciens pour les Crétois. Les deux peuples ont des repas publics; ajoutons que les phidities de Lacédémone s'appelaient anciennement andries comme en Crète, preuve évidente que cette institution est venue des Crétois. L'organisation des deux gouvernements est aussi la même ; les éphores de Lacédémone et les magistrats appelés cosmes dans la Crète exercent les mêmes pouvoirs, avec cette seule différence que Lacédémone n'a que cinq éphores et que les Crétois ont dix cosmes. Les gérontes de Sparte sont absolument les gérontes auxquels les Crétois donnent le nom de Sénat. Les Crétois avaient aussi auparavant une royauté; ils l'ont ensuite abolie, et ce sont les cosmes qui ont le commandement de l'armée pendant la guerre,

§ 4. Il y a aussi chez les Crétois des assemblées générales, où tous les citoyens ont droit de suffrage; mais ces assemblées n'ont pas l'initiative dans les affaires; elles ne font que ratifier les décisions des gérontes et des cosmes.

Ce qui concerne les repas publics est mieux ordonné

1. Ville de la Carie.
2. Ville de la Sicile : elle est bâtie près d'un fleuve du même nom,

chez les Crétois que chez les Lacédémoniens. A Lacédémone, chacun apporte par tête le contingent fixé; sinon la loi l'exclut de toute participation au gouvernement, comme il a été dit plus haut. Mais, en Crète, cette institution est plus populaire. Sur les fruits de la terre et sur les troupeaux, soit qu'ils appartiennent à l'État, soit qu'ils proviennent des redevances des Périœciens, on prélève une partie qui est destinée au culte des dieux, ainsi qu'à toutes les dépenses publiques, et l'autre aux repas communs, en sorte que l'État nourrit hommes, femmes et enfants.

§ 5. Le législateur a dit de belles choses sur les avantages de la sobriété et sur l'isolement des femmes pour les empêcher d'avoir beaucoup d'enfants, en permettant les relations entre hommes. Cette dernière disposition est-elle un bien ou un mal? C'est ce que nous examinerons dans une autre occasion. Toujours est-il évident que l'organisation des repas publics est meilleure chez les Crétois que chez les Lacédémoniens. L'institution des cosmes est encore plus défectueuse, si cela est possible, que celle des éphores; car elle a le même inconvénient que cette magistrature, puisqu'on y appelle aussi des hommes qui n'offrent aucune garantie; mais ce que l'éphorie a d'avantageux pour l'État ne se trouve pas ici. En effet, comme tous les citoyens, à Lacédémone, peuvent être choisis pour éphores, le peuple, participant ainsi à la magistrature la plus élevée, désire que le gouvernement se maintienne; mais ici on ne prend pas les cosmes dans toutes les classes des citoyens, on ne les prend que dans certaines familles, et on ne fait sénateurs que ceux qui ont exercé les fonctions de cosmes.

§ 6. On pourrait faire au sujet des cosmes les mêmes réflexions que sur ceux qui exercent cette magistrature à Sparte. L'irresponsabilité et le pouvoir à vie leur constituent des priviléges exorbitants ; il y a du danger à les laisser faire usage de l'autorité à leur plein gré, sans se conformer à des lois écrites. Au reste, la tranquillité du peuple, quoiqu'il n'ait aucune part à l'administration, n'est pas une preuve que le gouvernement soit bien organisé ; car les cosmes n'ont pas occasion, comme les éphores, de se laisser gagner par l'or, eux qui habitent dans une île, loin de tous ceux qui auraient intérêt à les corrompre. Mais le remède que l'on applique aux abus de cette magistrature est bizarre sans être politique ; c'est plutôt un moyen tyrannique et violent.

§ 7. Il arrive souvent que les cosmes sont déposés par une ligue de plusieurs collègues ou de simples particuliers, et même sans cela ; il leur est permis d'abdiquer leur pouvoir. Il vaudrait mieux que cela se fît en vertu de la loi que suivant le caprice des hommes ; car ce n'est pas là une règle sûre. Mais ce qu'il y a de plus mauvais que tout le reste, c'est la suspension de la magistrature des cosmes par des hommes puissants [1], lorsqu'ils veulent se soustraire à des poursuites judiciaires. On voit par là que ce pays a bien quelque chose de la forme d'un gouvernement, mais ce n'est pas un véritable gouvernement, c'est plutôt une oligarchie. C'est une coutume chez les Crétois d'appeler aux armes le peuple et les hommes de chaque parti, de se nommer des chefs, d'organiser la dissension et de combattre les uns contre les autres.

§ 8. Quelle différence y a-t-il entre un pareil état de choses et le renversement du gouvernement au moins pour un temps, ou plutôt l'anéantissement de tout ordre social ? Dans cette situation, un État est exposé à devenir la proie de tous ceux qui voudront et pourront l'attaquer. Mais, je le répète, la Crète ne doit son salut qu'à sa po-

---

1. Lisez dans le texte grec ἣν καθιστᾶσι et non συνσιτᾶδι.

sition maritime; l'éloignement a tenu lieu d'une loi qui en bannirait les étrangers. Voilà pourquoi la classe des Périœciens demeure tranquille chez les Crétois, tandis que les Ilotes se révoltent souvent. D'ailleurs les Crétois n'ont aucun pouvoir hors de chez eux, et récemment ils ont eu à soutenir dans leur île une guerre étrangère[1] qui a bien montré la faiblesse de leurs lois. En voilà assez sur le gouvernement de la Crète.

CHAPITRE VIII

§ 1. Les Carthaginois paraissent avoir eu aussi une bonne constitution politique : supérieure, sous bien des rapports, à celle des autres peuples, elle se rapproche beaucoup, dans certaines choses, de la politique des Lacédémoniens. Il y a trois gouvernements qui ont plusieurs traits de ressemblance entre eux, et qui sont bien supérieurs aux autres : le gouvernement de la Crète, celui de Lacédémone et celui de Carthage. On trouve chez les Carthaginois un grand nombre d'institutions excellentes ; et ce qui est une preuve de la sagesse de leur constitution, c'est qu'elle a toujours conservé la même forme, et que jamais, ce qui est bien digne de remarque, on n'a vu ni sédition ni tyran.

§ 2. Il y a parmi les institutions analogues à celles de Lacédémone les repas publics des hétéries en remplacement des phidities, et le tribunal des cent quatre, qui

---

1. On ne sait pas précisément quelle est cette guerre étrangère. Etait-ce la guerre contre les Macédoniens sous le règne d'Alexandre? Etait-ce la guerre contre les Lacédémoniens sous le roi Agis? Cicéron, dans son plaidoyer pour Muréna, fait observer que les lois des Lacédémoniens et des Crétois ne purent les garantir du joug des Romains : *Quorum alteri uno adventu nostri exercitus deleti sunt.*

tient lieu des éphores, excepté qu'il y a moins d'inconvénients; car ceux-ci sont tirés de la dernière classe, tandis
que les cent quatre magistrats sont choisis par ordre de
mérite. Les rois[1] et les sénateurs de Carthage ont
beaucoup de rapports avec les rois et les sénateurs de
Lacédémone. On voit cependant quelque chose de mieux
à Carthage : les rois n'y sont pas pris dans la même famille, ni dans toutes les familles indistinctement. Mais
s'il y en a une qui soit supérieure à toutes les autres, c'est
là que les Carthaginois vont chercher leurs rois, au lieu
de les prendre par rang d'âge dans une maison héréditaire.
Car, une fois élevés au pouvoir souverain, ils font beaucoup de mal s'ils ne sont que des hommes médiocres, et
ils ne l'ont déjà que trop prouvé à la république de Sparte.

§ 3. La plupart des défauts signalés comme déviations
sont communs aux États qui viennent d'être examinés.
Mais les défauts de la constitution carthaginoise, dont la
base est en même temps aristocratique et démagogique, la
font pencher tantôt vers la république, tantôt vers l'oligarchie. Les rois et les sénateurs sont maîtres de porter
au peuple certaines affaires et de lui en soustraire certaines
autres, quand ils sont tous du même avis ; sinon, c'est le
peuple qui décide même de celles qu'on ne voulait pas lui
soumettre. Une fois qu'ils portent une affaire au peuple,
ils lui donnent le droit de se faire rendre compte des motifs
des magistrats ; c'est à lui qu'il appartient de décider, et
il est permis à tout citoyen qui le veut de contredire les
propositions soumises à l'assemblée : ce qui n'a pas lieu
dans les autres républiques.

§ 4. D'un côté, donner aux pentarchies le droit de choisir elles-mêmes les membres dont elles sont composées ;
les faire élire par la magistrature la plus élevée, celle des

1. Ce sont les suffètes, c'est-à-dire juges. Chez les Phéni-
ciens et chez les Hébreux, juger se dit : *chaffat*.

cent[1] ; accorder à leur pouvoir une durée plus longue qu'à tous les autres, puisque sortis de charge ou sur le point d'y entrer, les pentarques jouissent toujours de la même autorité[2] ; voilà autant d'institutions oligarchiques. Et, d'un autre côté, il faut regarder comme un caractère d'aristocratie la gratuité de leurs fonctions, le privilège de ne pas être soumis à l'élection, et plusieurs autres usages semblables, comme la compétence des tribunaux pour toutes les causes, sans attributions spéciales, comme à Lacédémone.

§ 5. La principale cause qui fait que la constitution des Carthaginois dégénère de l'aristocratie à l'oligarchie, c'est l'opinion généralement admise qu'il faut avoir égard non seulement au mérite, mais encore à la richesse dans l'élection des magistrats, et qu'un citoyen pauvre ne peut pas administrer les affaires de l'Etat, ni en prendre le temps. Si donc le choix fondé sur la considération des richesses caractérise l'oligarchie, et si celui qui se fonde sur le mérite est le caractère de l'aristocratie, le gouvernement de Carthage présenterait alors une troisième combinaison, puisqu'on a égard en même temps à ces deux conditions, surtout dans l'élection des magistrats les plus élevés, les rois et les généraux.

§ 6. Cependant on doit regarder cette altération du principe de l'aristocratie comme une faute du législateur ; car l'un de ses premiers devoirs doit être, dès l'origine, d'assurer du loisir aux citoyens les plus recommandables, et de ne pas les exposer à perdre leur considération, non seulement lorsqu'ils remplissent des fonctions publiques,

1. Même magistrature que les cent quatre dont il a été question un peu plus haut. Aristote a tous les genres de concision.

2. Les pentarques appartiennent au corps des cent ou cent quatre, et ils en sont membres avant et après leur pentarchie. On n'a point de définition précise de la pentarchie.

mais même dans la vie privée. D'un autre côté, s'il faut faire attention à l'aisance à cause du loisir qu'elle procure, il est mauvais que les magistratures les plus importantes soient vénales, comme la royauté et le commandement des armées ; car une pareille loi donne plus de prix à la richesse qu'au mérite et elle inspire à tous les citoyens l'amour de l'argent.

§ 7. Ce [1] que les premiers magistrats regardent comme estimable doit nécessairement aussi être regardé comme tel par les autres citoyens toujours prêts à les suivre. Partout où le mérite n'est pas estimé avant tout le reste, il n'est pas possible d'avoir une constitution aristocratique vraiment solide. Il est encore naturel que ceux qui achètent leurs dignités s'accoutument à faire des profits, lorsqu'à force de dépenses ils parviennent au pouvoir ; car il est absurde de supposer qu'un homme pauvre, mais honnête, veuille s'enrichir, et que celui qui est moins honnête, et qui a fait de grandes dépenses, ne le veuille pas. Il faut donc que le pouvoir soit entre les mains de ceux qui sont capables de l'exercer dans le sens de la véritable aristocratie. Sans doute, le législateur, même en négligeant d'assurer une fortune aux citoyens distingués, fera toujours bien de pourvoir à ce que les magistrats aient le loisir de vaquer aux affaires publiques.

§ 8. Voici encore un point vicieux. A Carthage, c'est un honneur de cumuler plusieurs emplois ; cependant un homme ne fait très bien qu'une seule chose. Le législateur doit prévenir cet inconvénient, et ne pas ordonner au même individu de jouer de la flûte et de faire des souliers. Quand l'Etat n'est pas trop petit, il est plus politique et plus populaire de faire participer aux emplois un plus grand nombre de citoyens ; car, ainsi que nous

---

1. Le texte de Susemihl porte avec raison ὅ τι, au lieu de ὅτι.

l'avons dit, il y a plus d'avantages à ce qu'une même chose soit faite par les mêmes personnes ; elle se fait mieux et plus vite. C'est ce qu'on voit clairement dans les manœuvres de la guerre et dans celles de la marine, où le commandement et l'obéissance se partagent entre les hommes, et vont, pour ainsi dire, des uns aux autres.

§ 9. Les Carthaginois échappent aux inconvénients du gouvernement oligarchique, en n'enrichissant successivement qu'une partie du peuple, qu'on envoie dans les villes qui dépendent de la République ; c'est un moyen d'épurer l'Etat et de lui donner de la stabilité. Mais c'est l'effet du hasard, tandis que c'est le législateur qui doit mettre l'Etat à l'abri des dissensions. Aujourd'hui, s'il arrive quelque revers, et que la multitude des sujets se révolte, les lois n'ont point de remède pour rétablir la tranquillité.

Telles sont les constitutions justement célèbres de Lacédémone, de la Crète et de Carthage.

CHAPITRE IX

§ 1. Parmi les hommes qui ont publié un système de gouvernement, quelques-uns n'ont jamais pris même la moindre part aux affaires publiques, mais ils sont toujours restés dans la vie privée. Nous avons dit sur la plupart d'entre eux ce qui mérite quelque attention. Plusieurs législateurs ont donné des lois à leurs concitoyens ou à des peuples étrangers, et se sont occupés eux-mêmes de gouvernement ; et parmi ces législateurs, les uns ont fait des lois seulement, les autres ont fondé aussi des Etats, comme Lycurgue et Solon, à la fois législateurs et fondateurs de gouvernements.

§ 2. J'ai déjà parlé de la constitution de Lacédémone. Quant à Solon, quelques-uns le regardent comme un légis-

lateur profond, et lui font un mérite d'avoir aboli l'oligarchie, qui n'était pas assez tempérée, affranchi le peuple de la servitude, et fondé la démocratie nationale par un
heureux mélange des autres formes de gouvernement. En
effet, la constitution d'Athènes est oligarchique par l'Aréopage, aristocratique par l'élection des magistrats, et démocratique par l'organisation des tribunaux. Toutefois, il
paraît que Solon ne fit que maintenir, tels qu'ils existaient
auparavant, le Sénat de l'Aréopage et le mode d'élection
des magistrats, mais qu'il constitua réellement la démocratie, en admettant tous les citoyens dans les tribunaux.

§ 3. Aussi lui reproche-t-on d'avoir détruit la puissance
du Sénat et celle des magistratures électives, en repor-
tant toute l'autorité sur les tribunaux, dont les membres
sont nommés par le sort. Dès que cette disposition fut en
vigueur, les démagogues flattèrent le peuple comme un
tyran, et amenèrent dans le gouvernement la démocratie
telle qu'elle existe aujourd'hui. Ephialte[1] commença à
mutiler le pouvoir de l'Aréopage, comme le fit aussi Périclès ; celui-ci alla même jusqu'à salarier [2] les tribunaux.
De cette façon, chacun des démagogues renchérit sur les
abus, et porta la démocratie au point où elle est arrivée
aujourd'hui. Mais il est probable que telle n'était pas l'intention de Solon, et que ces changements ont été plutôt
l'effet des circonstances.

§ 4. Le peuple, à qui l'on devait la victoire navale dans
la guerre médique, en devint orgueilleux, et prit pour
chefs des démagogues pervers, malgré l'opposition des
citoyens les plus recommandables. D'ailleurs Solon paraît
n'avoir accordé au peuple que le pouvoir le plus indispensable, celui de choisir les magistrats et de se faire rendre

1. Simple démagogue.
2. Voyez Diodore de Sicile, l. XI, ch. LXXVII, et Plutarque
dans la Vie de Cimon, ch. xv.

compte de leur gestion. Car, s'il n'a pas au moins ce droit dans le gouvernement, il ne peut être qu'esclave, et par conséquent hostile. Solon voulut que toutes les magistratures fussent exercées par des citoyens distingués et dans une aisance honnête ; les pentacosiomédimnes [1], les zeugites [2] et la troisième classe appelée l'ordre équestre [3].

La quatrième classe, composée de mercenaires, n'avait droit à aucune magistrature.

§ 5. Il y a eu encore d'autres législateurs ; Zaleucus [4] chez les Locriens Epizéphyriens [5], et Charondas [6] de Catane, qui donna des lois à ses concitoyens, et aux autres républiques fondées par des colonies de Chalcidiens [7], dans l'Italie et dans la Sicile. Quelques-uns prétendent qu'il faut ajouter à ces noms celui d'Onomacrite [8], le premier qui se soit rendu habile dans la législation. Ils disent qu'il était de Locres et qu'il s'instruisit dans la Crète, où il était allé pour étudier l'art de la divination. Ils lui donnent pour ami Thalès, et font Lycurgue et Zaleucus disciples de Thalès, comme ils font Charondas disciple de Zaleucus. Mais, dans toutes ces assertions, ils ont trop négligé d'avoir égard à l'ordre des temps.

---

1. Ils possédaient cinq cents médimnes (mesures), soit de fruits secs, soit de liquides. En évaluant le médimne, mesure de capacité, à 54 litres, on avait 270 hectolitres pour 500 médimnes.

2. Ils étaient censés pouvoir nourrir une paire de bœufs.

3. Aristote place ici les chevaliers au troisième rang; tous les autres auteurs les placent au second.

4. Zaleucus, philosophe grec, né à Locres, vers l'an 700 avant J.-C.

5. Occidentaux.

6. Charondas, pythagoricien et législateur de Catane, de Rhégium et de Thurium, vivait environ 600 ans avant J.-C.

7. Chalcis, capitale de l'île d'Eubée, aujourd'hui Egripos.

8. Poète et devin d'Athènes, florissait vers l'an 516 avant J.-C. Il fut chassé de sa patrie par le tyran Hipparque, fils de Pisistrate. On lui attribue les poésies d'Orphée et de Musée.

§ 6. Philolaüs [1] donna aussi des lois aux Thébains. Issu de la famille des Bacchiades [2], il était devenu l'amant de Dioclès, vainqueur aux jeux Olympiques, lorsque celui-ci, plein d'horreur pour la passion incestueuse de sa mère, Halcyone, quitta Corinthe, et alla s'établir à Thèbes. C'est là qu'ils moururent tous les deux. On montre encore aujourd'hui leurs tombeaux placés en regard l'un de l'autre, de manière que l'un a vue sur le territoire de Corinthe, et que l'autre ne le peut pas.

§ 7. La tradition rapporte qu'ils avaient eux-mêmes pris cette disposition pour leur sépulture [3] : Dioclès, par un souvenir odieux de la cause de son exil, n'avait pas voulu que la terre de Corinthe pût être aperçue de son tombeau ; Philolaüs avait désiré le contraire. Telle fut donc la cause qui les porta à fixer leur séjour chez les Thébains. Philolaüs leur donna des lois, celles entre autres qui concernent les naissances, et qu'ils appellent encore aujourd'hui lois positives ; il a particulièrement en vue le maintien du nombre des héritages.

§ 8. Les lois de Charondas n'ont rien de remarquable, à l'exception des poursuites dirigées contre les faux témoins ; il est le premier qui se soit occupé de rechercher ce genre de délits. Sous le rapport de la précision et de la clarté des lois, il est supérieur même aux législateurs de nos jours. La crainte de l'inégalité des biens fait le caractère distinctif de Philolaüs ; celui de Platon se trouve dans la communauté des femmes, des enfants

1. Il ne faut pas confondre ce législateur avec le célèbre pythagoricien né à Crotone ou à Tarente, vers l'an 500 avant J.-C., et mort à Thèbes, l'an 420.

2. Famille puissante de Corinthe. Elle descendait d'Hercule par Bacchis, fils de Prumnis, qui régnait sur Corinthe vers l'an 986 avant J.-C. Elle gouverna la ville pendant neuf générations, et fut dépouillée par Cypsélus en 657.

3. Lisez ταφήν au lieu de γραφήν.

et des propriétés, dans les repas communs entre les femmes, dans la loi contre l'ivresse, qui donne la présidence des banquets aux hommes sobres, et dans le règlement sur l'éducation militaire, qui prescrit l'exercice simultané des deux mains, afin qu'elles soient aussi utiles l'une que l'autre.

§ 9. Il existe encore des lois de Dracon [1], mais il les fit pour un gouvernement déjà établi. Il n'y a rien de particulier dans ces lois, rien de mémorable, que la dureté excessive des peines. Pittacus [2] aussi a rédigé un code de lois, mais non pas un système de gouvernement. Une loi qui lui est particulière est celle qui punit le délit [3] d'un homme ivre d'une amende plus forte que si la même faute était commise par un homme qui jouit de sa raison. Comme on commet plus de délits dans l'état d'ivresse qu'à jeun, il a eu moins égard à l'indulgence que l'on peut avoir pour un homme pris de vin, qu'à l'utilité de la répression. On nomme aussi Androdamas [4] de Rhège,

---

1. La législation de Dracon remonte à l'an 624 avant J.-C.; celle de Solon à l'an 593.

2. Pittacus, un des sept sages de la Grèce, né à Mitylène, vers 650 avant J.-C., mort en 579, s'unit aux frères du poète Alcée pour chasser les tyrans de sa patrie, fut investi de la puissance souveraine par les Mityléniens, les gouverna sagement et leur donna de bonnes lois. Ensuite il abdiqua et n'accepta qu'une partie des terres que lui offrit la reconnaissance des Mityléniens.

On lui attribuait des élégies et un discours sur les lois qui sont perdus. On lit plusieurs maximes sous son nom dans le Recueil intitulé : *Septem sapientum dicta*. Paris, 1553.

3. Lisez avec Schneider ἄν τὶ πτάιωσι au lieu de ἄν τυπτή σωσι.

4. On ne sait rien de plus sur cet Androdamas. Les deux derniers chapitres de ce livre montrent une précipitation et un défaut d'ordre qui ont fait croire que le texte est altéré en plusieurs endroits. Peut-être n'avons-nous qu'un abrégé du manuscrit d'Aristote.

législateur des Chalcidiens en Thrace, qui laissa des lois sur le meurtre et sur les filles uniques héritières ; mais on ne pourrait citer de lui aucune loi qui lui appartînt en propre.

Telles sont nos observations sur les différents modes de gouvernement qui sont actuellement en vigueur, ou qui ont été imaginés par quelques écrivains.

LIVRE TROISIÈME

CHAPITRE PREMIER

§ 1. Quand on examine les gouvernements, leur nature
et leurs caractères distinctifs, la première question, pour
ainsi dire à se poser, c'est de se demander, au sujet de la
cité [1], ce que c'est que la cité. Jusqu'à présent on n'est pas
d'accord sur ce point : les uns prétendent que c'est toujours la cité qui agit, quand il y a transaction ; les autres
soutiennent que ce n'est pas la cité, mais l'oligarchie ou
le tyran. D'ailleurs nous voyons que toute l'activité de
l'homme politique et du législateur a la cité pour objet ;

---

1. Le mot cité (Πόλις) a dû prendre, dans cette traduction,
une signification fort étendue. Il signifie la même chose que
République, État, Société politique ou civile, mais avec cette
circonstance particulière qu'on y considère spécialement une
ville ou capitale qui comprend, en quelque sorte, l'État tout
entier, quelle que soit d'ailleurs l'étendue, grande ou petite,
du territoire qui environne la ville, ou qui est dans sa dépendance.

or, le gouvernement ou la constitution politique n'est qu'un certain ordre établi entre ceux qui habitent la cité.

§ 2. Mais comme la cité est quelque chose de complexe, de même que tout autre système composé d'éléments ou de parties, il est évident qu'il faut d'abord chercher ce que c'est qu'un citoyen ; car la cité est une multitude de citoyens, en sorte qu'il faut examiner ce que c'est que le citoyen, et à qui il faut donner le nom de citoyen ; car on n'est pas toujours d'accord sur ce point, puisque tout le monde ne convient pas, au sujet d'un même individu, qu'il soit citoyen. Il est possible, en effet, que tel qui est citoyen dans une démocratie ne le soit pas dans une oligarchie.

§ 3. Laissons donc à part ceux qui obtiennent ce nom, de quelque autre manière que ce soit, comme sont, par exemple, ceux à qui l'on a accordé le droit de cité. Le citoyen n'est pas citoyen parce qu'il a son domicile quelque part ; car les étrangers et les esclaves sont aussi domiciliés. On n'est pas non plus citoyen parce que l'on peut juridiquement être poursuivi ou poursuivre devant les mêmes tribunaux ; car c'est ce qui arrive à ceux qui se servent de cachets pour les relations d'affaires ou de commerce[1]. Dans plusieurs endroits même, les étrangers domiciliés ne jouissent pas complètement de ce privilège, mais il faut qu'ils aient un répondant[2], et, sous ce rapport,

---

1. Voici le texte complet de cette phrase altérée dans l'édition de Leipzig :

Πολλαχοῦ μὲν οὖν οὐδὲ τούτων τελέως οἱ μέτοικοι μετέχουσιν, ἀλλ' ἀνάγκη νέμειν προστάτην· διὸ ἀτελῶς πως μετέχουσι τῆς τοιαύτης κοινωνίας.

2. Les étrangers domiciliés à Athènes étaient forcés par la loi de prendre un citoyen pour patron. S'ils négligeaient de remplir ce devoir, ils étaient poursuivis devant les tribunaux. Ils ne pouvaient faire aucun acte civil qu'à la requête du patron ; c'était même sous son nom qu'ils payaient l'impôt.

ils ne sont membres de la communauté qu'imparfaitement.

§ 4. C'est ainsi qu'on ne peut que jusqu'à un certain
point, et non dans un sens absolu, donner le nom de citoyen aux enfants qui ne sont pas encore inscrits sur les
registres publics, à cause de leur jeune âge, et aux vieillards qui sont exempts de tout service ; mais on est obligé
d'ajouter que ceux-là ne sont encore qu'imparfaitement
citoyens, et que ceux-ci ont dépassé l'âge, ou toute autre
restriction pareille ; car il importe peu, et l'on comprend
ce que je veux dire. Ce que je cherche, c'est l'idée absolue
du citoyen, sans qu'il y ait rien à y reprendre ou à y réformer. D'ailleurs il en est de même de ceux qui ont été
notés d'infamie ou condamnés à l'exil ; mêmes doutes,
mêmes solutions. En un mot, le citoyen est celui qui peut
être juge et magistrat; il n'y a pas d'autre définition meilleure. Mais parmi les magistratures, il y en a qui ne s'exercent que pour un temps limité, de sorte que quelques-unes
ne peuvent s'exercer deux fois par la même personne, ou
seulement après un temps déterminé. Il y en a, au contraire, dont la durée est illimitée, comme les fonctions de
juge et de membre des assemblées générales.

§ 5. Peut-être dira-t-on que ceux qui remplissent de
telles fonctions ne sont pas magistrats, et que par conséquent ils n'ont point de part à l'autorité. Cependant il
serait ridicule de dénier toute espèce d'autorité à ceux
précisément qui ont entre les mains le pouvoir souverain.
Mais ne disputons point là-dessus, puisqu'il n'est question
ici que du nom. Comme nous n'avons point de terme
pour désigner ce qu'il y a de commun au juge et au
membre de l'assemblée générale, admettons, pour donner
de la précision à l'idée, que c'est une autorité, une magistrature indéterminée ; tous ceux qui en ont leur
part, nous les appelons citoyens. Tel est à peu près le ca-

ractère par lequel tous ceux que l'on appelle citoyens se ressemblent le plus.

§ 6. Il ne faut pas laisser ignorer que dans les choses que l'on classe sous différentes espèces, entre lesquelles il y en a une première, une seconde, et ainsi de suite, on ne trouve absolument rien de commun [1] qui puisse leur faire donner le même nom, ou presque rien. Or, nous voyons que les formes de gouvernement diffèrent d'espèce les unes à l'égard des autres, et que celles-ci ont la supériorité, celles-là l'infériorité ; car il faut bien que celles qui sont défectueuses, ou qui ont subi quelque altération, soient au-dessous de celles où l'on ne trouve rien à reprendre. On verra plus loin dans quel sens nous entendrons ce mot d'altération. Il en résulte nécessairement que le citoyen n'est pas le même dans chaque forme de gouvernement, et que par conséquent c'est dans la démocratie surtout qu'il est tel que nous l'avons défini.

§ 7. Il peut l'être encore ailleurs, mais il ne l'y est pas nécessairement ; car il y a des gouvernements où le peuple ne fait pas partie constitutive de l'État, mais ils ont des assemblées générales. Certains tribunaux se partagent les procès comme à Lacédémone où chacun des éphores juge les causes relatives aux transactions entre particuliers, tandis que les gérontes connaissent des accusations de meurtre, et que d'autres magistratures peuvent connaître des autres délits. De même à Carthage, certaines magistratures jugent toutes les causes.

§ 8. Ainsi donc notre définition du citoyen a besoin

---

[1] Aristote remarque ici que les noms génériques, lorsqu'on les applique aux diverses espèces comprises dans un même genre, expriment souvent des choses qui n'ont presque aucune ressemblance entre elles, et qui n'ont pour ainsi dire de commun que le nom qu'on leur donne.

d'une rectification : car, dans les autres formes de gouvernement, les fonctions de juge et de membre de
l'assemblée générale n'appartiennent pas indéfiniment à
tous les citoyens comme dans la démocratie; au contraire,
elles constituent une magistratrure déterminée. Et le
privilège de délibérer et de juger est accordé à tous les
membres de cette magistrature, ou à quelques-uns d'entre
eux, ou sur toutes les affaires, ou seulement sur quelques-
unes. On voit donc par là ce que c'est que le citoyen :
celui qui a une part légale à l'autorité délibérative et à
l'autorité judiciaire, voilà celui que nous appelons citoyen
de la cité ainsi constituée ; et nous appelons cité la multitude de citoyens capable de se suffire à elle-même, et de
se procurer, en général, tout ce qui est nécessaire à son
existence.

§ 9. Quelquefois, dans l'usage ordinaire, on définit le
citoyen, celui qui est né d'un père et d'une mère qui tous
deux étaient citoyens, et non pas l'un des deux seulement;
d'autres exigent quelque chose de plus: par exemple,
que les aïeux au premier degré aient été citoyens, ou
même les ascendants au second et au troisième degré. Et
même après cette définition que l'on croit simple et conforme à l'ordre politique, il y a des hommes qui conservent quelque doute, et qui demandent comment on cons-
tatera que ce quatrième ascendant était citoyen. Aussi
Gorgias de Léontium, soit pour exprimer un doute réel,
soit par ironie, disait-il que de même que l'on appelle
mortiers certains ouvrages qui ont été faits par des fabricants de mortiers, ainsi l'on appelait citoyens de Larisse
ceux qui avaient été faits par les ouvriers qui étaient
comme les fabricants de Larisséens. La chose est bien
simple : tous ceux qui avaient une part au gouvernement
de la manière que nous avons expliquée, étaient citoyens.
En effet, la condition d'être né d'un citoyen ou d'une

citoyenne ne saurait s'appliquer aux premiers habitants ou fondateurs de la cité.

§ 10. Il y a peut-être plus de difficulté à l'égard de ceux qui ont été admis au rang de citoyens par suite d'une révolution dans le gouvernement, comme lorsque Clisthène[1], après l'expulsion des tyrans, admit dans les tribus des étrangers, des esclaves et des domiciliés. La question, en pareil cas, n'est pas de savoir qui est citoyen, mais si on l'est justement ou injustement. Toutefois, ceci pourrait donner lieu à une nouvelle difficulté : on pourrait objecter que celui qui n'a pas été citoyen avec justice n'est pas citoyen, puisque injuste et faux est à peu près la même chose. D'ailleurs nous voyons des citoyens promus injustement aux fonctions publiques, et nous n'en disons pas moins qu'ils sont magistrats, quoiqu'ils le soient injustement. Le citoyen, d'après notre définition, est l'homme investi d'un certain pouvoir ; or, du moment qu'il a un pouvoir en main, il est citoyen, comme nous l'avons dit ; il est donc évident que même les citoyens de Clisthène sont citoyens et qu'il faut les regarder comme tels. Quant à la question de savoir s'ils le sont justement ou injustement, elle se rattache à celle que nous avons posée précédemment. En effet, il y a des gens qui sont embarrassés de décider quand c'est l'État qui agit et quand ce n'est pas l'État ; par exemple, lorsque l'oligarchie ou la tyrannie fait place à la démocratie, alors ils ne veulent ni remplir leurs engagements, sous prétexte que ce n'est pas avec l'État, mais avec le tyran que ces engagements ont été contractés, ni exécuter d'autres conventions de ce genre, attendu que certains gouvernements ne s'appuient que sur la violence, et non sur l'intérêt général.

1. Clisthène, après l'expulsion des fils de Pisistrate et de leurs partisans, modifia les lois de Solon dans le sens démocratique vers 509 av. J.-C.

§ 11. Et réciproquement, si la démocratie, de son côté, a contracté des engagements, il faut reconnaître que ses actes sont tout aussi bien les actes de l'État que ceux de l'oligarchie et de la tyrannie. Cette discussion semble se rattacher particulièrement à la question de savoir quand il faut dire qu'un gouvernement reste le même ou devient autre qu'il n'était. L'examen le plus superficiel de cette question porte sur le lieu et sur les hommes. Il est possible que le lieu et les hommes soient séparés ; que ceux-ci habitent telle partie, et ceux-là telle autre. Il faut donc prendre la question dans un sens moins rigoureux : comme le mot gouvernement a des acceptions diverses, elles rendent facile la solution du problème.

§ 12. Pareillement lorsque les hommes habitent le même lieu, comment reconnaîtra-t-on que la cité est une ? Certes çe n'est pas par les murailles ; car on pourrait entourer le Péloponèse entier d'une seule muraille. Telle est peut-être Babylone et toute ville dont l'enceinte renferme plutôt une nation que la population d'une ville. On dit de Babylone [1] que, trois jours après la prise de cette ville, tout un quartier en ignorait encore la nouvelle. L'examen de cette question se fera le plus utilement dans un autre endroit ; quant à l'étendue de la ville et à l'avantage d'y renfermer une seule classe de citoyens, ou plusieurs classes, l'homme politique ne doit pas l'ignorer.

§ 13. Mais, lorsque les mêmes hommes habitent le même lieu, faut-il, tant que l'espèce des habitants reste la même, dire que la cité est toujours la même malgré les décès et les naissances comme nous avons l'habitude de

1. Aristote parle ici de la prise de Babylone par Cyrus, 555 ans av. J.-C., et non par Alexandre. selon quelques commentateurs. Hérodote (Hist., l. I, ch. cxci), ne dit pas que, trois jours après la prise de la ville, un quartier en ignorait encore la nouvelle ; mais que ceux qui étaient au centre ne savaient pas encore qu'elle était occupée par une de ses extrémités.

6

dire que les fleuves et les sources sont toujours es mêmes malgré l'écoulement et le renouvellement continuel des eaux ? Ou bien doit-on dire que, pour cette raison, les hommes restent les mêmes, mais que la cité change ? Car si la cité est une sorte de communauté, si elle est une communauté de gouvernement entre les citoyens; du moment que la forme du gouvernement deviendra autre, et qu'elle sera d'une espèce différente, il faut nécessairement que la cité aussi paraisse ne plus être la même. C'est comme le chœur qui, figurant tantôt dans la comédie, tantôt dans la tragédie, nous paraît autre, bien que souvent il soit composé des mêmes hommes.

§ 14. Pareillement toute autre association ou combinaison nous semble différente, lorsqu'elle offre une autre espèce de combinaison; par exemple nous disons que l'harmonie des mêmes sons est autre lorsqu'elle produit tantôt le mode dorien, tantôt le mode phrygien. Or, s'il en est ainsi, à plus forte raison faut-il dire qu'une cité est la même, quand toutefois nous considérons la forme du gouvernement. On peut donner à la cité un autre nom ou le même nom, soit lorsque ce sont les mêmes hommes qui l'habitent, soit lorsque ce sont des hommes tout à fait différents. Est-il juste de remplir les engagements contractés ou de ne pas les remplir, lorsque la cité change sa forme de gouvernement ? C'est une autre question.

CHAPITRE II

§ 1. La suite immédiate de ce que nous venons de dire est l'examen de cette autre question de savoir si la vertu de l'homme de bien est la même que celle du bon citoyen. Au reste, en supposant que ce point mérite une recherche attentive, il faut commencer par se faire une idée générale de la vertu du citoyen. On peut dire du citoyen ce qu'on dit de l'un quelconque des individus à bord d'un navire, qu'il est membre d'une société. Mais, entre tous ces hommes qui naviguent ensemble, et qui ont une valeur différente, puisque l'un est rameur, l'autre pilote, celui-ci attaché à la proue, celui-là remplissant, sous quelque autre nom, un emploi semblable, il est évident que l'on pourra désigner, par une définition très rigoureuse, la fonction propre de chacun, et que pourtant il y aura aussi quelque définition générale applicable à tous ; car le salut de l'équipage est l'affaire de tous; c'est ce que tous désirent également.

§ 2. Pareillement le salut de la communauté est l'affaire de tous les citoyens, quelque différence qu'il y ait entre eux : or, ce qui constitue la communauté, c'est la forme du gouvernement; il faut donc que la vertu du citoyen soit en rapport avec la forme politique. Si donc il existe plusieurs formes de gouvernement, il n'est pas possible que la vertu du bon citoyen soit une, et qu'elle soit parfaite. D'un autre côté, on affirme que c'est la vertu parfaite qui constitue l'homme de bien. Il est donc évident que le bon citoyen peut ne pas posséder la vertu qui fait l'homme de bien.

§ 3. On peut encore, d'une autre manière, arriver à la même conclusion en traitant la question relative à la meilleure forme de gouvernement. Car, s'il est impossible que la cité se compose d'hommes qui soient tous vertueux, et s'il faut que chacun remplisse bien la tâche particulière qui lui est imposée (ce qui ne peut venir que de la vertu puisque tous les citoyens ne sauraient être semblables en tout), alors il n'y a pas moyen que la vertu du bon citoyen soit la même que celle de l'homme de bien et ne fasse qu'un avec elle. Il faut que tous, dans la cité parfaite, aient la vertu du bon citoyen, puisque c'est une condition

nécessaire de la république parfaite ; mais il est impossible
que tous aient la vertu de l'homme de bien, à moins d'admettre que, dans le gouvernement parfait, tous les citoyens
doivent être nécessairement des hommes de bien.

§ 4. D'ailleurs la cité se compose de parties dissemblables ; comme l'animal dans son essence se compose
d'une âme et d'un corps; l'âme, de la raison et du
désir; la famille, de l'homme et de la femme; la propriété,
du maître et de l'esclave; enfin, comme la cité, à son
tour, comprend tous ces éléments et d'autres encore qui
sont dissemblables entre eux, il faut nécessairement que
la vertu de tous les citoyens ne soit pas la même, pas plus
que dans un chœur de danse le talent du coryphée et
celui du simple choriste ne doivent être les mêmes.

§ 5. Il est donc visible que la vertu n'est pas absolument la même dans tous les citoyens. Mais enfin quel
sera donc le bon citoyen dont la vertu égalera celle de
l'homme de bien par excellence? Sans doute on dit que le
bon magistrat doit être vertueux et prudent. Il y a même
des hommes qui prétendent que, dès le principe, l'éducation de celui qui exerce l'autorité doit être différente de
celle du simple citoyen, comme on voit les fils des rois
apprendre l'équitation et la politique. Euripide[1] lui-même
dit :

> Qu'ils ne m'étalent point tous ces talents vulgaires;
> Qu'ils montrent des vertus à l'État nécessaires.

Comme s'il était persuadé qu'il y a une éducation propre à celui qui est destiné à commander.

§ 6. Si donc la vertu de l'homme de bien qui commande est la même que celle de l'homme de bien en général, et si celui qui obéit est en même temps citoyen, il est

---

1. Stobée cite ces deux vers d'une tragédie d'Euripide, inti
tulée *Æolus* que nous n'avons plus.

absolument impossible que la vertu du citoyen soit la même que celle de l'homme en général, qui pourtant est citoyen; car la vertu de celui qui commande n'est pas la même que celle du simple citoyen. C'est peut-être pour cela que Jason[1] disait qu'il mourrait de faim s'il cessait de régner, parce qu'il ne sait pas vivre comme simple particulier.

§ 7. Quoi qu'il en soit, on loue celui qui est en état de commander et d'obéir, et il semble que la vertu du citoyen éprouvé consiste à pouvoir également bien faire l'un et l'autre. Si donc nous admettons que la vertu de l'homme de bien soit de commander, et que celle du citoyen soit d'obéir et de commander, il s'ensuivra que l'une et l'autre de ces deux choses ne sont pas également louables. Sans doute les deux choses paraissent louables, et il semble que celui qui commande et celui qui obéit ne doivent pas recevoir la même éducation; sans doute le citoyen doit savoir les deux choses et les faire l'une aussi bien que l'autre, mais voici de quelle manière :

§ 8. Il y a l'autorité du maître : la partie de cette autorité qui se rapporte aux nécessités de la vie n'exige pas que celui qui commande sache se les procurer lui-même, mais plutôt qu'il sache en faire usage : le reste est servile, et j'entends par le reste la force nécessaire pour s'acquitter du service domestique. Il y a plusieurs espèces d'esclaves, puisqu'il y a plusieurs espèces de travaux dont une partie est exécutée par les manœuvres, sorte de gens habitués, comme l'indique leur nom, à vivre du travail de leurs mains : cette classe comprend aussi l'ouvrier d'une

---

1. C'est sans doute le même Jason dont Aristote parle (Rhét., L. II, c. viii). Jason était tyran de Phères, en Thessalie. Il fut assassiné dans la troisième année de la 102ᵉ Olympiade, en 375 av. J.-C., au moment où il méditait contre la Grèce le projet qui, plus tard, réussit à Philippe, roi de Macédoine. (Barthélemy Saint-Hilaire.)

profession mécanique. C'èst pour cela qu'anciennement, chez quelques peuples, les artisans n'étaient point admis aux magistratures avant les excès de la démocratie.

§ 9. Il ne faut donc pas que l'homme de bien, ni l'homme d'État, ni le bon citoyen apprennent ces sortes de travaux, qui ne conviennent qu'à ceux qui sont destinés à obéir, à moins qu'ils ne s'en servent quelquefois pour leur propre utilité. Autrement les uns cessent d'être maîtres, et les autres ne sont plus esclaves. Mais il y a une autre autorité qui s'exerce sur ceux qui sont libres et égaux par la naissance. En effet, nous appelons autorité politique, celle qu'il faut apprendre en obéissant, comme on apprend à commander la cavalerie, à être général, à conduire une légion ou un bataillon, quand on a été soi-même simple cavalier, attaché au service d'un général, simple soldat dans une légion ou dans un bataillon. Aussi dit-on que, pour bien commander, il faut avoir obéi.

§ 10. Sans doute la vertu propre au commandement et à l'obéissance n'est pas la même ; mais il faut que le bon citoyen sache et puisse obéir et commander ; ce qui fait sa vertu propre, c'est de former les hommes libres sous ce double rapport. Par conséquent, la vertu de l'homme de bien réunit ces deux rapports, quoiqu'il y ait une sorte de tempérance et de justice, qui n'est pas la même dans celui qui commande et dans celui qui obéit. Car il est évident qu'il ne peut y avoir pour l'homme de bien qui obéit, mais qui est libre, une seule et unique vertu, comme la justice, par exemple, mais qu'il y en a diverses espèces, selon qu'il commandera ou qu'il obéira. C'est ainsi que la tempérance et le courage dans un homme sont autres que dans une femme. Un homme semblerait timide s'il n'était courageux que comme une femme courageuse ; et une femme[1]

---

1. Voyez l. I, c. v, § 8.

passerait pour babillarde, si elle n'avait que la réserve et la modestie d'un honnête homme. Aussi voyons-nous que, dans la famille, les devoirs de l'homme diffèrent de ceux de la femme ; celui de l'un est d'acquérir, celui de l'autre est de conserver.

§ 11. La prudence est la seule vertu propre à celui qui commande ; car, pour les autres vertus, il semble nécessaire qu'elles soient également le partage de ceux qui commandent et de ceux qui obéissent. La vertu du sujet n'est pas la prudence, mais un jugement sain et droit. C'est ainsi que celui qui fabrique des flûtes obéit, et que celui qui commande, c'est le musicien qui se sert des flûtes.

Cette discussion fait voir si la vertu du bon citoyen est autre que celle de l'homme de bien, comment elle est la même, et en quoi elle en diffère.

CHAPITRE III

§ 1. Il reste encore un doute à résoudre à l'égard du citoyen. Nous avons défini le citoyen, celui qui a droit d'arriver aux magistratures. Faut-il compter aussi les artisans au nombre des citoyens ? S'il faut les y admettre, quoiqu'ils n'aient pas droit aux magistratures, il n'est plus possible que la vertu de tout citoyen soit la même, puisque l'artisan devient citoyen ; si les artisans ne peuvent pas être citoyens, dans quelle classe faudra-t-il les ranger, eux qui ne sont ni domiciliés, ni étrangers ? Ou bien dirons-nous qu'il n'y a rien d'extraordinaire dans cet arrangement puisque les esclaves et les affranchis ne sont ien non plus dans les classes que nous venons de citer?

§ 2. Ce qu'il y a de vrai, c'est qu'il ne faut pas élever au rang de citoyens tous ceux dont la cité a besoin pour exister. Ainsi les enfants ne sont pas citoyens de la même manière que les hommes faits; ceux-ci le sont dans un sens absolu, ceux-là en espérance; ils sont citoyens sans doute, mais imparfaitement. Aussi, dans les temps anciens, certains peuples considéraient les artisans comme des esclaves ou des étrangers, et c'est pour cela qu'aujourd'hui encore la plupart des artisans sont considérés comme tels. Ce qu'il y a de certain, c'est que la cité modèle n'admettra jamais l'artisan au nombre de ses citoyens. Si on l'y admet, alors il ne faudra plus dire que la vertu politique [1] dont nous avons parlé, appartient à tout citoyen, et seulement à l'homme libre, mais il faudra dire qu'elle appartient à tous ceux qui n'ont pas besoin de travailler pour vivre.

§ 3. Or, ceux qui sont obligés de travailler pour le service d'une personne sont esclaves, et ceux qui travaillent pour le public sont artisans et mercenaires. D'où il est facile de voir avec un peu de réflexion quelle est la condition de ces diverses classes. Le fait lui-même, pourvu qu'on l'énonce [2], suffit pour résoudre cette question d'une manière évidente. Mais les formes de gouvernement sont diverses, il faut aussi qu'il y ait plusieurs espèces de citoyens, et cela est vrai surtout du citoyen considéré comme sujet. Dans telle espèce de république, l'artisan et le mercenaire devront nécessairement être citoyens, tandis que cela sera impossible dans telle autre, comme dans le gouvernement aristocratique, où les honneurs ne sont donnés qu'à la vertu et au mérite; car il n'est pas possible de s'exercer à la vertu, quand on mène la vie d'artisan ou de mercenaire.

§ 4. Dans les gouvernements oligarchiques, il n'est pas possible qu'un mercenaire soit citoyen, puisqu'on ne

---

1. Savoir obéir et commander.
2. Res enim ipsa, tantum modo verbis prolata, per se apparet et quæstionem explicat. (Schneider.)

parvient aux magistratures qu'autant que le cens est élevé; mais un artisan peut l'être, car il y a beaucoup d'artisans qui sont riches. A Thèbes, il y avait une loi qui excluait des fonctions publiques quiconque n'avait pas cessé depuis dix ans toute espèce de commerce. Mais dans beaucoup de républiques, la loi élève même un étranger au rang de citoyen ; il y a des états démocratiques où cet honneur est accordé au fils d'une citoyenne.

§ 5. Il en est de même chez plusieurs peuples à l'égard des bâtards ; toutefois ce n'est qu'à défaut de vrais et de légitimes citoyens qu'on leur donne ce titre. Les lois emploient ce moyen pour remédier à la pénurie d'hommes. Mais une fois que la population abonde, on élague petit à petit d'abord ceux qui sont nés d'un père et d'une mère esclaves, ensuite ceux dont la mère est esclave ; enfin on n'accorde plus le droit de cité qu'aux enfants nés de père et de mère citoyens.

§ 6. On voit donc par là qu'il y a plusieurs espèces de citoyens, et que ce titre appartient surtout à celui qui a sa part dans les honneurs publics, ainsi que le dit Homère, quand il représente son Achille.

En effet, celui qui est exclu des honneurs est véritablement étranger, et partout où l'on dissimule cette distinction politique, c'est pour tromper ceux qui habitent la même ville.

> Comme un étranger [1] exclu des honneurs...

Cette discussion fait voir si la vertu du bon citoyen est la même que celle de l'homme de bien ; elle montre en même temps que, dans tel Etat, le bon citoyen et l'homme de bien ne font qu'un, que dans tel autre ils se séparent, et que tout individu n'est pas citoyen, mais seulement

1. Iliade, c. IX, v. 648.

l'homme politique qui, seul ou de concert avec d'autres, est ou peut être maître des intérêts communs de la cité.

CHAPITRE IV

§ 1. Les principes une fois posés comme bases, il faut examiner s'il convient d'admettre une ou plusieurs organisations politiques, et, s'il y en a plusieurs, quels en sont le nombre, la nature et les différences. La constitution d'un Etat est l'organisation régulière de toutes les magistratures, principalement de la magistrature qui est maîtresse et souveraine de tout ; partout le gouvernement de la cité est l'autorité souveraine ; la constitution même, c'est le gouvernement. Je veux dire que dans les démocraties, par exemple, c'est le peuple qui est souverain ; et, au contraire dans l'oligarchie, c'est un petit nombre d'hommes. Aussi dit-on que ces deux constitutions sont différentes. Nous raisonnerons de là même manière sur les autres espèces de gouvernement.

§ 2. Et d'abord, il faut prendre pour base de cet examen, le but ou la fin de la société civile, et le nombre des différentes autorités qui gouvernent les hommes, et qui les font vivre en société. Nous avons déjà dit, au commencement de ce traité, en définissant l'économie domestique et l'autorité du maître, que l'homme est un animal destiné par la nature à vivre en société ; aussi, sans avoir besoin du secours de ses semblables, il n'en éprouve pas moins le désir de vivre en société.

§ 3. Outre cela, l'intérêt général réunit les hommes, autant du moins qu'il peut en revenir à chacun une part de bonheur. Tel est [1] donc le but principal qu'ils se pro-

---

1. Schneider rétablit ainsi le texte de cette phrase altérée dans les autres éditions :

Μάλιστα μέν ουν τοῦτ'ἐστί 'τέλος καὶ κοινῇ πᾶσι καὶ χωρὶς,

posent en commun ou individuellement ; quelquefois aussi c'est uniquement pour vivre ensemble qu'ils se réunissent et qu'ils resserrent le lien de la société politique ; car peut-être y a-t-il une partie de bonheur dans le fait seul de vivre ainsi, toutes les fois que la vie n'est pas surchargée de maux trop pénibles à supporter. Ce qu'il y a de certain, c'est que la plupart des hommes supportent bien des maux par suite de leur attachement à la vie, comme si elle renfermait en elle-même une douceur et un charme naturels.

§ 4. Au reste il est facile de distinguer les différentes espèces d'autorité dont nous voulons parler ici, et même nous traitons souvent cette matière dans les ouvrages que nous avons déjà publiés. Quoique celui que la nature a fait esclave et celui que la nature a fait maître, aient le même intérêt, il n'en est pas moins vrai que l'autorité du maître a pour premier objet l'intérêt du maître, et, pour objet secondaire, l'intérêt de l'esclave ; car, sans esclave, il est impossible que l'autorité du maître existe encore.

§ 5. Quant à l'autorité qui régit une femme, des enfants, une famille tout entière, et que nous appelons domestique ou économique, elle a pour but l'intérêt des administrés, ou tout à la fois l'intérêt des administrés et celui du maître qui les gouverne. Cette autorité par elle-même et en soi s'occupe de l'intérêt de ceux qui obéissent, comme nous le voyons dans les autres arts, la médecine et la gymnastique ; cependant elle peut accidentellement tourner aussi à l'avantage du maître. Car rien n'empêche que le gymnaste ne se mêle lui-même quelquefois aux jeunes gens qu'il exerce, comme le pilote est toujours un des hommes

συνέρχονται δὲ καὶ τοῦ ζῆν ἕνεκεν αὐτοῦ, καὶ συνέχουσι τὴν πολιτικὴν κοινωνίαν· ἴσως γὰρ ἔνεστί τί τοῦ καλοῦ μόριον καὶ κατὰ τὸ ζῆν αὐτο μόνον, ἂν μὴ τοῖς χαλεποῖς κατὰ τὸν βίον ὑπερβάλλῃ λίαν.

de l'équipage. Le gymnaste et le pilote ont donc en vue l'intérêt de ceux qu'ils dirigent, et lorsqu'ils s'y mêlent eux-mêmes, ils prennent part accidentellement aux exercices communs ; l'un devient simple matelot et l'autre devient élève, quoique maître.

§ 6. Voilà pourquoi, dans les pouvoirs politiques, lorsque la cité est fondée sur l'égalité et sur la parfaite ressemblance des citoyens, chacun prétend avoir le droit d'exercer l'autorité à son tour : d'abord, c'est une chose naturelle ; tous regardent cet alternat comme un droit, et ils accordent à un autre le pouvoir d'assurer leurs propres intérêts, comme ils ont eux-mêmes assuré les siens ; mais aujourd'hui les grands avantages que leur procurent le pouvoir et la direction des affaires générales leur inspirent le désir de les conserver à perpétuité, comme si la continuité du pouvoir pouvait donner la santé aux magistrats qui ont des maladies chroniques ; car alors ils auraient peut-être un motif pour ambitionner les charges et les dignités.

§ 7. Il est donc évident que toutes les constitutions qui se proposent l'utilité générale, sont saines et essentiellement justes, et que toutes celles qui n'ont en vue que l'intérêt particulier des magistrats partent d'un principe faux, et dévient des bonnes constitutions ; c'est l'autorité du maître sur l'esclave, tandis que la cité, c'est l'association des hommes libres. Après les principes que nous avons posés, il nous reste à examiner les différentes constitutions, leur nature et leur nombre ; et d'abord commençons par l'examen des bonnes constitutions. Une fois qu'elles seront bien définies, il sera facile de voir quelles sont les constitutions corrompues.

CHAPITRE V

§ 1. Puisque les mots constitution et gouvernement signifient la même chose, puisque le gouvernement est l'autorité suprême dans les États, et que nécessairement cette autorité suprême doit être dans les mains d'un seul, ou de plusieurs, ou de la multitude, il s'ensuit que lorsqu'un seul, ou plusieurs, ou la multitude usent de l'autorité en vue de l'intérêt général, la constitution est nécessairement pure et saine, et que, si l'on gouverne en vue de l'intérêt particulier, c'est-à-dire dans l'intérêt d'un seul, ou de plusieurs, ou de la multitude, la constitution est viciée et corrompue ; car, de deux choses l'une, il faut bien dire que les citoyens ne participent pas à l'intérêt général, ou qu'ils y participent.

§ 2. Parmi les monarchies, on donne ordinairement le nom de royauté à celle qui a pour but l'intérêt général ; et le gouvernement d'un petit nombre d'hommes, et de plusieurs, pourvu que ce ne soit pas d'un seul, s'appelle aristocratie, soit parce que l'autorité est entre les mains des plus gens de bien, soit parce qu'ils en usent pour le plus grand bien de l'Etat et des membres de l'Etat. Enfin, lorsque la multitude gouverne dans le sens de l'intérêt général, on donne à ce gouvernement le nom de République, qui est commun à tous les gouvernements.

§ 3. Cette dénomination est fondée en raison ; car il est possible qu'un seul ou plusieurs individus acquièrent une supériorité remarquable en fait de vertu ; mais il est difficile que la majorité puisse atteindre au plus haut degré de perfection dans tous les genres de vertu, excepté la vertu guerrière ; car celle-là se montre par elle-même dans la multitude. C'est pour cela que, dans ce gouvernement, la

7

principale autorité est entre les mains de ceux qui combattent pour protéger l'État, et que tous ceux qui ont des armes participent à l'administration des affaires.

§ 4. Les gouvernements viciés sont : la tyrannie pour la royauté, l'oligarchie pour l'aristocratie; la démagogie pour la République. La tyrannie est une monarchie qui n'a d'autre objet que l'intérêt du monarque ; l'oligarchie ne voit que l'intérêt des riches; la démagogie ne voit que celui des pauvres : aucun de ces gouvernements ne s'occupe de l'intérêt *général*. Mais il faut s'arrêter ici un peu plus longtemps, pour dire quel est le caractère de chacun de ces gouvernements, et c'est une affaire qui n'est pas sans difficulté. Dans toute espèce de recherche, celui qui approfondit le sujet en philosophe au lieu de ne considérer que la pratique, s'est fait une habitude de ne rien négliger et de ne rien omettre, mais de montrer la vérité dans chaque chose.

§ 5. La tyrannie, avons-nous dit, est une monarchie qui exerce un pouvoir despotique sur la société politique; l'oligarchie rend maîtres du gouvernement ceux qui possèdent les richesses; la démagogie, au contraire, donne la puissance non à ceux qui ont acquis de grandes richesses, mais aux pauvres. Une première difficulté vient de la définition même : il pourrait se faire que la majorité étant composée de riches, fût maîtresse de l'État; or, il y a démagogie quand la multitude est maîtresse. De la même manière, il pourrait se faire que les pauvres moins nombreux que les riches, mais plus forts, fussent maîtres de l'État; cependant lorsque c'est le petit nombre qui est maître, on dit qu'il y a oligarchie. Il semblerait donc que les définitions de ces gouvernements ne sont pas justes.

§ 6. Si d'un autre côté, en combinant les conditions de richesse et de petit nombre; de pauvreté et de grand nombre, on établit sur cette base les dénominations des

gouvernements, appelant oligarchie, celui où les riches
en petit nombre exercent les magistratures, et démagogie, celui où le pouvoir est entre les mains des pauvres,
qui forment le plus grand nombre, il se présente encore
une autre difficulté. Quel nom donnerons-nous aux gouvernements dont nous venons de parler, celui où les
riches en plus grand nombre, et celui où les pauvres en
plus plus petit nombre, sont les uns et les autres, maîtres
de l'État? A moins toutefois qu'il n'y ait d'autres formes
de gouvernement que celles que nous avons établies.

§ 7. La raison semble nous faire voir que la prédominance du grand nombre et du petit nombre est chose
tout à fait accidentelle, dans l'oligarchie et dans la démocratie, parce que les riches sont peu nombreux partout,
et que les pauvres forment la grande majorité. Ainsi
donc les causes des différences que nous avons assignées
ne sont pas réelles : la véritable différence entre la démocratie et l'oligarchie est dans la pauvreté et dans la
richesse ; il faut que toutes les fois que la richesse donne
le pouvoir avec ou sans la majorité, il y ait oligarchie, et
démocratie quand les pauvres ont le pouvoir. Mais il arrive, comme nous l'avons dit, que généralement les riches
sont en minorité et les pauvres en majorité ; l'opulence
appartient à quelques-uns, mais la liberté appartient à
tous : telle est la cause des perpétuelles dissensions des
uns et des autres au sujet du gouvernement.

§ 8. — Il faut d'abord déterminer les limites que l'on
assigne à l'oligarchie et à la démocratie, et ce qu'on appelle le juste dans l'une et dans l'autre. Car tous les
hommes atteignent un certain degré de justice, mais ils
ne vont pas au delà, et ils ne disent pas tout ce qui est
juste, proprement et absolument parlant. Par exemple, il
semble que l'égalité soit justice, et elle l'est en effet ; mais
elle ne l'est pas pour tous : elle ne l'est qu'entre égaux.

L'inégalité aussi semble être justice, et elle l'est en effet ; mais elle ne l'est pas pour tous : elle ne l'est qu'entre ceux qui ne sont pas égaux. On enlève cette distinction, sans se demander pour qui, et l'on juge mal. Cela vient de ce que c'est sur soi-même que l'on juge, et que presque toujours on est mauvais juge dans sa propre cause.

§ 9. Il suit de là que, lorsque ce qui est juste pour certaines personnes a été déterminé avec une égale précision sous le rapport des choses et sous le rapport des personnes, comme nous l'avons déjà dit dans notre traité de Morale[1], on conviendra bien peut-être de l'égalité sous le rapport de la chose ; mais on la contestera sous le rapport de la personne, précisément par la raison que nous venons de donner, c'est-à-dire parce qu'on juge mal dans sa propre cause ; et aussi parce que, chacun de son côté disant jusqu'à un certain point ce qui est juste, on s'imagine que ce que l'on dit est juste absolument. Car les uns, s'ils ne sont pas égaux sous certains rapports, par exemple, en richesses, croient qu'ils ne le sont sous aucun rapport ; et les autres, pour être égaux en quelque chose, par exemple, en fait de liberté, se persuadent qu'ils le sont en tout ; mais des deux côtés, on ne dit pas la chose[2] la plus essentielle.

§ 10. Si l'association et la communauté n'avaient pour objet que de s'enrichir, les associés ne devraient avoir dans l'Etat qu'une part proportionnelle à leur apport, et alors le raisonnement des partisans de l'oligarchie semblerait avoir l'avantage. Il n'est pas juste, en effet, que celui qui n'a mis dans l'association qu'une mine, ait, sur cent mines, une part égale à celui qui a fourni le reste de la somme, ni pour la mise de fonds ni pour l'intérêt.

§ 11. Toutefois[3], ce n'est pas seulement pour vivre, mais

1. Voyez la Morale, l. V, c. III.
2. La Justice, même livre, c. VII-1.
3. Ce paragraphe est le plus difficile de tout le traité de

pour vivre heureux, que les hommes ont établi parmi eux la société civile; autrement on pourrait donner le nom de cité à une association d'esclaves et même d'autres êtres animés ; nom qu'elle ne mérite pas de porter, parce que tous ses membres ne participeraient ni au bonheur, ni à la faculté de vivre au gré de leurs désirs. La société civile n'a pas non plus pour but une alliance offensive et défensive pour mettre chacun à l'abri de l'injustice en protégeant les échanges et les relations de commerce ; car alors les habitants de la Tyrrhénie[1], les Carthaginois et tous les peuples qui sont unis par des traités de commerce devraient être considérés comme citoyens d'un seul et même Etat, puisqu'ils sont liés par des conventions au sujet des importations, par des traités qui les garantissent des violences, et par des alliances dont les conditions ont été stipulées par écrit. D'ailleurs ils n'ont point de magistratures communes pour tous ces intérêts : les uns en ont d'une espèce, et les autres d'une autre ; les uns ne s'inquiètent nullement de la manière dont les autres agissent ; ils ne cherchent pas non plus à savoir si l'un des citoyens compris dans les traités est injuste dans sa con-

---

la Politique. Il n'a qu'une seule proposition principale, qui commence par ces mots : « Il est évident que... », quatre propositions conditionnelles et un assez grand nombre de propositions subordonnées avant et après la proposition principale, avec une surcharge de deux parenthèses, dont la seconde ne renferme pas moins de dix lignes dans l'édition de Leipzig. Ce n'est qu'une seule phrase à partir de Εἰ δὲ μήτε τοῦ ζῆν (p. 86) jusqu'à δικαίους τοὺς πολίτας (p. 87). Impossible de la traduire mot à mot et d'une manière intelligible : il a fallu défigurer le texte, supprimer la double parenthèse, changer les suppositions en faits solidement établis, et en tirer les mêmes conclusions avec les mêmes résultats. Il fallait aussi donner toutes ces explications au lecteur.

1. L'Etrurie ou la Toscane aujourd'hui. Il paraît que, du temps d'Aristote, les Carthaginois avaient contracté des traités d'alliance et de commerce avec les Etrusques.

duite privée ou enclin à quelque vice ; la seule chose qui les préoccupe, c'est qu'un peuple ne fasse pas éprouver à l'autre quelque injustice. Tous [1] ceux qui songent à faire de bonnes lois ne font attention qu'à la vertu et à la corruption politiques. Il est donc bien évident que la vertu doit être le premier soin d'un Etat, quand il veut mériter véritablement ce titre, au lieu d'en porter seulement le nom. Autrement l'association politique devient une alliance militaire de peuples éloignés, et elle n'en diffère que par l'unité de lieu ; et dès lors, la loi est une simple convention ; c'est, comme l'a dit le sophiste Lycophron [2], une garantie mutuelle pour tous les droits, mais une garantie incapable de rendre les citoyens eux-mêmes bons et vertueux.

§ 12. Voici ce qui prouve évidemment qu'il en est ainsi. Si par la pensée on réunissait des localités diverses en une seule, si, par exemple, on enfermait dans une même enceinte de murailles les villes de Mégare et de Corinthe, on n'en ferait pas pour cela une seule cité, quand même on donnerait aux habitants le droit de s'unir par des mariages et de contracter ainsi les liens les plus étroits de la société civile ; et de même encore, si l'on suppose que des hommes soient séparés les uns des autres, mais cependant assez rapprochés pour avoir des communications entre eux ; qu'ils aient des lois qui les obligent à ne point se faire de tort les uns aux autres dans leurs marchés et leurs échanges, l'un étant charpentier, l'autre laboureur, l'autre cordonnier ; qu'ils soient au nombre de dix mille, et qu'ils n'aient rien de commun entre eux que des échanges et

1. Lisez ὅσοι au lieu de ὅτι.
2. Aristote fait encore mention de ce Lycophron dans son traité De Sophistic. Elench., l. I, c. xv, et dans sa Rhét., l. III, c. iii. Il ne faut pas le confondre avec le poëte obscur et ampoulé, auteur de la Cassandra, qui fut postérieur de plus d'un demi-siècle à notre philosophe.

une alliance défensive en cas d'attaque ; ce ne sera pas encore là une cité.

§ 13. Et pour quelle raison ? Ce n'est pas pourtant que les liens de l'association ne soient pas assez resserrés. Si telle est la nature de cette réunion, que chacun regarde sa maison comme une cité, et que l'union ne soit qu'une ligue pour repousser l'injustice et la violence, on ne peut pas lui donner le nom de cité, quand on y regarde de près puisque cette réunion ressemble à une séparation. Il est donc manifestement prouvé que ce qui constitue la cité, ce n'est pas d'habiter les mêmes lieux, de ne se faire aucun tort les uns aux autres, et d'avoir des relations de commerce, quoique ces conditions doivent nécessairement être remplies pour que la cité existe ; mais, à elles seules, elles ne font pas le caractère essentiel de la cité. La seule association qui forme une cité est celle qui fait partager aux familles et à leurs descendants le bonheur d'une vie parfaitement à l'abri du besoin et indépendante.

§ 14. Toutefois on ne parviendra pas à ce bonheur sans habiter un seul et même lieu, ni sans avoir recours aux mariages ; et voilà ce qui a donné lieu dans les Etats aux alliances de famille, aux phratries, aux sacrifices communs, et aux divertissements qui accompagnent ces réunions. Toutes ces institutions sont l'œuvre d'une bienveillance mutuelle ; c'est l'amitié qui porte les hommes à la vie sociale. Le but de l'Etat, c'est le bonheur de la vie ; toutes ces institutions ont pour fin le bonheur. La cité est une association de familles et de bourgades pour jouir ensemble d'une vie parfaitement heureuse et indépendante. Mais bien vivre, selon nous, c'est vivre heureux et vertueux ; il faut donc admettre en principe que les actions honnêtes et vertueuses sont le but de la société politique, et non pas seulement la vie commune.

§ 15. Ceux donc qui contribuent le plus à former une

telle association ont plus d'importance dans l'Etat que ceux qui, égaux ou supérieurs aux autres en liberté et en naissance, sont inégaux en vertu politique, ou bien que ceux qui ont plus de fortune et moins de vertu. C'est une preuve que ceux qui discutent sur les différentes formes de gouvernements ne disent qu'une partie de la vérité.

CHAPITRE VI

§ 1. Mais quel sera le souverain de l'Etat ? c'est une question difficile à résoudre : car il faut que ce soit ou la multitude, ou les riches, ou les hommes distingués par leurs talents et par leurs vertus, ou un seul homme qui sera le plus vertueux de tous, ou un tyran. Toutes ces questions semblent présenter d'égales difficultés. Quoi ! les pauvres, parce qu'ils sont en majorité, pourront se partager les biens des riches ? N'est-ce pas là une injustice ? — Non certainement, dira-t-on, car le souverain a décidé que c'était justice. — Alors quel nom faut-il donner au dernier degré de l'injustice ? Prenons tous les citoyens en masse ; si, à son tour, une seconde majorité se partage les biens de la minorité, il est évident que ce sera détruire la cité. Et cependant la vertu du moins ne détruit pas ce qui la possède, la justice n'est pas un principe de destruction dans l'Etat. Il est donc prouvé que cette prétendue loi du souverain ne saurait être juste.

§ 2. Il faudrait donc aussi, par la même conséquence, que toutes les actions du tyran fussent justes ; on sait cependant qu'il abuse de la force pour employer la violence, comme la multitude à l'égard des riches. Mais est-il donc juste que la minorité et les riches aient le pouvoir ? S'ils agissent pourtant de la même manière, s'ils pillent la multitude et lui enlèvent ses biens, est-ce justice ? Ce serait donc aussi justice de l'autre côté. On voit que tout est vicieux et injuste de part et d'autre.

§.3. Mais faut-il que les hommes supérieurs commandent et soient maîtres de tout ? Il faudra donc alors que les autres subissent une sorte de dégradation, puisqu'ils n'arriveront pas aux honneurs qui sont attachés aux fonctions publiques ; car nous considérons aussi les magistratures comme des honneurs, et puisque ce sont toujours les mêmes personnes qui sont au pouvoir, il faut nécessairement que les autres soient privés de ces honneurs. Vaut-il mieux que ce soit un seul homme, et le plus éminent de tous, qui gouverne la république ? Mais c'est encore plus oligarchique ; c'est encore augmenter le nombre des hommes exclus des honneurs. Peut-être dira-t-on que, sous tous les rapports, c'est un mal de confier le pouvoir à un seul homme toujours sujet aux passions qui sont dans sa nature, au lieu de le confier à la loi. Mais si la loi est oligarchique ou démocratique, que gagnera-t-on en présence de toutes ces difficultés? Elles reviendront toujours les mêmes.

§ 4. Nous parlerons ailleurs des autres cas qui peuvent se présenter. Faut-il remettre la souveraineté à la multitude plutôt qu'aux hommes les plus éminents, toujours en petit nombre ? Cette solution du problème présente encore quelques embarras, mais peut-être aussi renferme-t-elle la vérité. Car il est possible que ceux qui composent la multitude, bien que chacun d'eux ne soit pas un homme supérieur, l'emportent, lorsqu'ils sont réunis, sur les hommes éminents, non pas comme individus, mais comme masse, de même que les festins à frais communs sont plus beaux que ceux dont une seule personne fait la dépense. Chaque individu, dans une multitude, a sa part de prudence et de vertu ; de la réunion de ces individus, il se fait, pour ainsi dire, un seul homme qui a une multitude

de pieds, de mains et de sens ; il en est ainsi pour les
mœurs et pour l'intelligence. Voilà pourquoi la multitude
juge mieux les œuvres des musiciens et des poètes ; car
l'un apprécie une partie, l'autre une autre, et tous apprécient le tout.

§ 5. L'homme éminent diffère de l'individu pris dans
la foule, comme la beauté diffère de la laideur, comme un
tableau, chef-d'œuvre de l'art, diffère de la réalité ; il a
l'avantage de réunir dans un seul objet l'ensemble des
belles formes éparses dans la nature, puisque parmi les
êtres isolés, il y en a qui ont les yeux plus beaux que le
pinceau ne les représente, ou telle autre partie du corps
plus belle qu'elle n'est dans le tableau. Est-il vrai que,
dans toute espèce de peuple et toute espèce de multitude la
différence entre la foule et le petit nombre d'hommes distingués soit toujours la même ? C'est ce qui est incertain ;
peut-être même s'en trouve-t-il où l'on peut affirmer
qu'elle est impossible. Le même raisonnement pourrait
s'appliquer aussi aux animaux. En effet, quelle différence
y a-t-il pour ainsi dire entre certains hommes et les animaux ? Mais rien n'empêche que relativement à telle multitude, notre observation ne soit juste.

§ 6. Aussi peut-elle servir à résoudre la première question qui a été proposée, et celle qui s'y rattache immédiatement : quelle doit être l'autorité des hommes libres et
de la masse des citoyens, c'est-à-dire de ceux qui ne sont
ni riches ni distingués par leurs talents ou leurs vertus ?
Leur donner accès aux magistratures les plus importantes
n'est pas sûr ; on doit craindre qu'ils ne commettent des
injustices, faute de probité, ou des erreurs faute de
lumières. D'un autre côté, il y a du danger à les exclure
de tous les emplois : tout Etat où la multitude est pauvre
et exclue des honneurs, doit nécessairement être rempli
d'ennemis. Il reste donc à donner à la multitude une part

dans les délibérations publiques et dans les jugements.

§ 7. C'est pour cela que Solon et quelques autres législateurs veulent que cette classe de citoyens soit chargée d'élire les magistrats et de leur faire rendre compte de leur gestion, sans toutefois permettre aux individus l'accès aux magistratures. Réunis en assemblée générale, ils ont tous une intelligence suffisante ; une fois qu'ils sont mêlés avec les hommes qui ont plus de talent et de vertu, ils rendent des services à l'Etat. C'est ainsi que des aliments impurs mêlés à des aliments sains donnent une nourriture plus profitable que si la quantité n'avait pas été augmentée. Mais, pris à part, chaque citoyen de cette classe est incapable de juger.

§ 8. Cependant on peut faire à ce système politique une première objection et demander si, lorsqu'il s'agit d'apprécier le mérite d'un traitement médical, il ne faut pas s'en rapporter à celui qui est lui-même en état de soigner et de guérir l'homme qui est actuellement attaqué de telle maladie, c'est-à-dire, à un médecin. Il en est de même pour tous les autres cas qui demandent de l'expérience et de l'art. Si donc c'est à des médecins qu'un médecin doit rendre compte, il faut aussi que dans les autres professions, chacun soit jugé par ses pairs. Médecin signifie, à la fois le praticien, puis le théoricien, et, en troisième lieu, tout homme instruit dans l'art de la médecine. On peut en dire autant de presque tous les autres arts ; nous accordons le droit de juger au théoricien aussi bien qu'au praticien.

§ 9. En second lieu, on pourrait, ce semble, appliquer le même raisonnement aux élections ; car un bon choix n'est possible qu'à ceux qui savent. C'est à ceux qui savent la géométrie, par exemple, à choisir un géomètre, et aux marins à choisir un pilote. Des ignorants peuvent se mêler quelquefois de certains travaux et de certains arts, mais

ils ne font pas mieux que les connaisseurs, Il ne faudrait
donc pas accorder à la multitude le droit d'élire les magistrats ni de leur demander compte de leur administration.

§ 10. Mais peut-être aussi que ce raisonnement n'est
pas très juste, par les motifs que nous avons indiqués précédemment, à moins qu'on ne suppose une multitude
tout à fait abrutie. Car chacun des individus qui la composent sera sans doute moins bon juge que les connaisseurs ; mais, réunis tous, ils jugeront mieux, ou du moins,
ils ne jugeront pas plus mal. D'ailleurs il y a des choses
dont le meilleur juge n'est pas celui qui les fait ; on apprécie
les produits de certains arts, sans en connaître la pratique.
Il n'appartient pas seulement à l'architecte qui a bâti une
maison, d'en apprécier la convenance, mais celui qui s'en
sert jugera encore mieux ; et celui-là c'est le père de famille. Le pilote jugera mieux d'un gouvernail que le charpentier, et la finesse d'un repas sera mieux goûtée par le
convive que par le cuisinier. C'est ainsi peut-être qu'on
pourrait résoudre d'une manière satisfaisante l'objection
proposée.

§ 11. Voici une autre difficulté qui se rattache à la
même objection ; c'est qu'il semble étrange que des
hommes de la dernière classe soient investis d'un plus
grand pouvoir que les citoyens par leurs talents et par
leurs vertus. Or, l'examen des comptes et le choix des
magistrats constituent le plus grand de tous les pouvoirs et,
comme nous l'avons dit, quelques gouvernements le con-
cèdent aux classes inférieures, qui l'exercent d'une manière souveraine dans l'assemblée publique. Cependant,
pour être admis à cette assemblée, pour délibérer et juger,
il ne faut, pour ainsi dire, qu'un revenu peu considérable,
quel que soit l'âge, tandis que pour administrer les deniers
publics, pour commander les armées et pour remplir les
magistratures les plus importantes, il faut un cens élevé.

§ 12. On peut résoudre la difficulté de la même manière, et peut-être l'ordre de choses est-il bien établi. Car ce n'est ni un juge, ni un sénateur, ni un membre de l'assemblée qui est souverain, mais c'est le tribunal, le sénat et le peuple. Chaque individu n'est qu'une partie de ces trois corps : j'entends par une partie, chaque sénateur, chaque citoyen, chaque juge. Il est donc juste que la multitude ait un pouvoir plus grand, puisque c'est elle qui compose le peuple, le sénat et le tribunal. D'ailleurs le revenu d'eux tous est plus considérable que celui de chaque individu pris à part, ou du petit nombre de ceux qui exercent les grandes magistratures.

§ 13. Voilà tout ce que nous avons à dire de précis sur ce sujet. Mais la première question que nous avons traitée fait voir surtout avec évidence que les lois véritablement bonnes et utiles doivent être souveraines, et que le magistrat (que ce soit un homme ou qu'il y en ait plusieurs) ne doit être souverain que dans le cas où les lois ne peuvent pas s'expliquer d'une manière précise, parce qu'il n'est pas facile de s'expliquer nettement d'une manière générale sur tous les objets. D'ailleurs on ne sait pas encore quelles doivent être les lois vraiment bonnes et utiles, et la question à cet égard reste toujours indécise. Il faut que les lois suivent les gouvernements; bonnes ou mauvaises, justes ou injustes, comme ils le sont eux-mêmes. La seule chose évidente, c'est qu'il faut que les lois surtout soient en rapport avec le gouvernement et ce principe une fois établi, il est clair que les bons gouvernements ont des lois justes et que les gouvernements corrompus ont des lois injustes.

CHAPITRE VII

§ 1. Dans toutes les sciences et dans tous les arts, le but est un bien; et le plus grand des biens se trouve principalement dans celle de toutes les sciences qui est la plus élevée; or, cette science, c'est la politique, et le bien en politique, c'est la justice, c'est-à-dire l'utilité générale. Tous les hommes pensent que la justice est une sorte d'égalité, et jusqu'à un certain point, ils sont d'accord avec les principes philosophiques que nous avons exposés dans notre traité de morale. Nous y avons expliqué ce que c'est que la justice, à qui elle s'applique, et nous avons dit que l'égalité n'admet aucune différence entre ceux qui sont égaux; mais il ne faut pas ignorer non plus en quoi consistent l'égalité et l'inégalité. C'est en effet, une question qui a ses difficultés et qui intéresse la philosophie politique.

2. Peut-être dira-t-on qu'il faut que les magistratures ne soient pas réparties également, mais en proportion de la supériorité des hommes dans toute espèce de mérite, lors même qu'il n'y aurait aucune différence entre eux pour le reste. En effet, aussitôt qu'il y a une différence, le droit change avec le mérite. Mais si cela est vrai, il faudra donc que ceux qui ont sur les autres un avantage quelconque, la fraîcheur du teint, par exemple, ou l'élégance de la taille, jouissent aussi de droits politiques plus étendus. Ici l'erreur est-elle trop manifeste? Elle ne le sera pas moins relativement à des sciences et à des talents d'un autre genre. Quand plusieurs joueurs de flûte sont d'un mérite égal, ce n'est pas aux plus nobles qu'il faut donner les meilleures flûtes; car ils n'en joueront pas mieux; mais c'est au plus habile qu'il faut donner le meilleur instrument.

§ 3. Si l'on ne comprend pas encore clairement ce que je veux dire, peut-être le comprendra-t-on mieux en poursuivant ce raisonnement. Je suppose qu'un homme supérieur dans l'art de jouer de la flûte soit fort inférieur à un autre sous le rapport de la noblesse ou de la beauté. Quoique chacun de ces avantages soit plus précieux que le talent de jouer de la flûte, et qu'à ces deux égards, noblesse et beauté, il le cède à ses rivaux plus qu'il ne l'emporte lui-même pour son talent, c'est à lui néanmoins qu'il faut donner les meilleures flûtes ; autrement il faut faire contribuer à l'exécution musicale les supériorités de la fortune et de la naissance qui pourtant n'y contribuent en rien.

§ 4. D'ailleurs, d'après cette manière de raisonner, tous les genres d'avantages seraient comparables entre eux ; si la taille de tel homme l'emportait sur la taille de tel autre, la taille, en général, pourrait entrer en comparaison avec la fortune et la liberté : de sorte que, si l'un a l'avantage pour la taille, et l'autre pour la vertu, et si la taille est plus estimée que la vertu, tous les objets pourront être mis en parallèle. En effet, si telle grandeur surpasse telle autre, il est clair qu'il suffira de la réduire pour qu'elle soit égale.

§ 5. Or, comme la chose est impossible, c'est avec raison qu'en fait de droits politiques, on ne considère pas toutes les sortes d'inégalités, quand il y a contestation pour les magistratures. Car, si les uns sont lents et les autres prompts à la course, ce n'est pas une raison pour accorder plus d'avantages politiques à ceux-ci qu'à ceux-là ; dans les jeux gymniques, leur supériorité obtiendra la considération qu'elle mérite. Mais ici les qualités essentielles à la société politique doivent nécessairement être l'objet exclusif de la discussion. Aussi est-ce à juste titre que les nobles, les hommes libres et les riches aspirent

aux honneurs; car il faut bien qu'il y ait dans un État
des hommes libres et des citoyens assez riches pour payer
le cens légal, puisqu'il n'y a point de cité qui soit composée seulement de pauvres, comme il n'y en a point qui
soit composée seulement d'esclaves.

§ 6. D'un autre côté, s'il faut qu'un État ait des citoyens
de cette classe, il est clair qu'il a besoin aussi de justice et
de vertu guerrière, sans lesquelles il ne peut pas être bien
administré; car si les premières conditions sont nécessaires à son existence, les autres ne le sont pas moins à
sa bonne administration. Tous ces éléments ou du moins
quelques-uns semblent se disputer à juste titre la vie de la
cité; mais quant à son bonheur, c'est l'éducation et la
vertu qui se le disputeraient avec le plus de justice comme
il a été dit plus haut.

§ 7. De plus comme il ne faut pas que ceux qui sont
égaux ou inégaux aux autres, excepté en un seul point,
soient également partagés pour toute espèce de chose,
tous les gouvernements qui établissent sur cette base l'égalité et l'inégalité doivent nécessairement être corrompus.
Nous avons dit précédemment que tous les citoyens ont
raison de se croire des droits, mais non des droits toujours
absolus; les riches parce qu'ils possèdent une plus grande
étendue de territoire (mais le territoire est un bien commun), on pourrait dire encore qu'ils inspirent généralement plus de confiance dans les relations commerciales ;
les nobles et les hommes libres, classes voisines l'une de
l'autre, parce qu'ils sont des citoyens plus accomplis que
ceux qui n'ont pas de titres de noblesse (en effet, la noblesse est estimée chez tous les peuples); ensuite parce
qu'il est naturel que les enfants des meilleurs citoyens
soient eux-mêmes plus généreux, s'il est vrai que noblesse oblige.

§ 8. Nous dirons de même que la vertu peut aussi réclamer ses droits; car nous pouvons affirmer que la justice est une vertu sociale, qui entraîne nécessairement toutes les autres à sa suite. Enfin la majorité a aussi des prétentions à opposer à la minorité; car, si on la prend dans son ensemble, elle a comparativement plus de force, plus de richesses. Si donc on suppose réunis dans une même cité, d'une part, tous les hommes distingués, tous les riches et tous les nobles; d'autre part, une multitude politique qui a elle aussi ses droits politiques, pourra-t-il y avoir lieu à contester pour savoir qui doit, ou non, exercer l'autorité?

§ 9. Dans tous les gouvernements que nous avons examinés, on n'est pas embarrassé de décider à qui doit appartenir le pouvoir; car la différence des personnes en qui réside la souveraineté est précisément ce qui les distingue les unes des autres : ici par exemple, le pouvoir souverain est aux riches; là, aux hommes distingués, et ainsi de suite pour chaque gouvernement. Nous examinerons cependant comment il faut résoudre la question lorsque ces conditions diverses se rencontrent en même temps.

§ 10. Et d'abord, si le nombre des hommes de bien est extrêmement faible, comment faut-il s'y prendre? Sous quel rapport faut-il considérer leur petit nombre? Est-ce relativement à leur tâche, en examinant s'ils sont capables de gouverner la république, ou si leur nombre, tel qu'il est, suffit pour qu'ils forment par eux-mêmes une république? Mais il se présente ici une difficulté par rapport à tous ceux qui ont des prétentions aux honneurs politiques. Il semblerait que ceux qui pensent que leurs richesses leur donnent le droit de commander n'allèguent pas de bonnes raisons; et il en est de même pour ceux qui réclament les honneurs comme un droit de leur naissance. Car il est évident que, s'il se présentait jamais un citoyen plus riche, à lui seul, que tous les autres ensemble, il est évident, disons-nous, d'après les mêmes principes de justice, que c'est à lui seul que devra appartenir le droit de commander à tous. Et pareillement, celui qui aurait l'avantage de la naissance devra l'emporter sur tous ses rivaux qui n'auraient à faire valoir que leur qualité d'hommes libres.

§ 11. Probablement ce sera tout à fait la même chose, dans les États aristocratiques, au sujet de la vertu; car s'il se rencontre un homme qui, à lui seul, soit plus vertueux que tous les hommes de bien qui ont part au gouvernement, c'est lui seul, en vertu des mêmes principes de justice, qui devra être le maître. Supposons maintenant que la multitude doive exercer la souveraineté, parce qu'elle est plus forte que le petit nombre. Si un seul homme ou plusieurs hommes, mais en moindre nombre que la masse du peuple, sont plus forts que tous les autres citoyens, c'est à eux que la souveraineté devra appartenir plutôt qu'à la multitude.

§ 12. Or, tout ceci semble prouver qu'il n'y a point de justice ni de raison dans les prérogatives pour lesquelles certaines classes prétendent qu'elles doivent commander et que toutes les autres doivent leur obéir. A ceux qui prétendent que la vertu ou la richesse leur donne le droit de commander, la multitude pourrait opposer une raison très juste. En effet, rien n'empêche que la multitude ne soit meilleure et plus riche que le petit nombre, non pas individuellement, mais en masse.

§ 13. Ces considérations préparent d'avance la réponse à une question difficile qui est l'objet des recherches de quelques hommes politiques et qu'ils proposent souvent. Ils demandent si le législateur qui veut donner les lois les plus justes doit avoir en vue l'intérêt des meilleurs citoyens, ou celui du plus grand nombre, lorsqu'un peuple se trouve dans la circonstance que nous venons d'indiquer[1]. Ici le mot justice signifie égalité, et cette égalité de la justice se rapporte à la fois à l'intérêt général de la cité et à l'intérêt particulier des citoyens. Le citoyen, en général, est celui qui commande et qui obéit tour à tour ; mais il y a une différence selon la nature de la constitution : dans la meilleure de toutes, c'est celui qui peut et qui veut tout à la fois commander et obéir en conformant sa vie aux règles de la vertu.

CHAPITRE VIII

§ 1. Si un citoyen a une telle supériorité de mérite, ou si plusieurs citoyens, trop peu nombreux cependant pour former à eux seuls une cité, sont tellement supérieurs qu'on ne puisse comparer à celui de tous les autres, ni le mérite ni l'influence politique de ce citoyen ou de ces citoyens, il ne faudra plus les regarder comme faisant partie de la cité. Ce sera leur faire tort que de les y admettre sur le pied de l'égalité, eux qui l'emportent tant sur les autres par leur propre mérite et par l'influence politique ; il semble, en effet, qu'un être de cette espèce doive être considéré comme un dieu parmi les hommes.

§ 2. On voit donc que les lois ne sont nécessaires que pour les hommes égaux par leur naissance et par leurs facultés : quant à ceux qui s'élèvent à ce point au-dessus des autres, il n'y a point de loi ; ils sont eux-mêmes leur propre loi. Celui qui prétendrait leur imposer des règles se rendrait ridicule ; et peut-être seraient-ils en droit de

1. C'est-à-dire, lorsque la multitude a plus de richesses et de vertus que le petit nombre des hommes distingués par leur naissance ou par leur fortune.

lui dire ce que les lions d'Antisthène[1] répondirent aux lièvres qui plaidaient la cause de l'égalité entre tous les animaux. C'est par cette raison que l'ostracisme a été établi dans les États démocratiques qui, plus que tous les autres peut-être, sont jaloux de l'égalité. Dès qu'un citoyen semblait s'élever au-dessus des autres par son crédit, par ses richesses, par le nombre de ses partisans ou par toute influence politique, l'ostracisme le frappait et l'éloignait de la cité pour un temps déterminé.

§.3. Ainsi la mythologie nous apprend que ce fut pour un semblable motif que les Argonautes délaissèrent Hercule : Argo déclare qu'elle ne peut le porter avec les autres parce qu'il surpasse de beaucoup les passagers en pesanteur[2]. Aussi ne faut-il pas croire que ceux qui blâment la tyrannie et le conseil de Périandre[3] à Thrasybule aient entièrement raison. On dit que Périandre ne fit aucune réponse au héraut que Thrasybule lui avait envoyé pour lui demander conseil, et qu'il se contenta de niveler un champ de blé en coupant les épis qui s'élevaient au-dessus des autres. Le héraut ne comprit rien à cette action; mais il raconta le fait à Thrasybule, celui-ci comprit fort

---

1. Allusion à un apologue dont apparemment le philosophe Antisthène, disciple de Socrate, était l'auteur : « Les lièvres réclamaient l'égalité entre tous les animaux; les lions leur dirent : un pareil langage aurait besoin d'être soutenu avec des ongles et des dents comme les nôtres. »

1. Le navire Argo est ainsi appelé parce qu'il fut construit à Argos par les soins d'Argus, prince argien. Il transporta les Argonautes en Colchide, sous la conduite de Jason, fils d'Eron, roi d'Iolcos, en Thessalie, qui avait été détrôné par Pélias, son beau-frère. Arrivé à la hauteur d'Aphélé, en Thessalie, ce merveilleux navire prit la parole et déclara qu'il ne pouvait porter Hercule à cause de son excessive pesanteur. (Apollodore, l. I, c. IX, § 19.)

2. Périandre, tyran de Corinthe, l'un des sept sages de la Grèce, et Thrasybule, tyran de Milet, vivaient environ 600 ans av. J.-C.

bien qu'il devait enlever [1] tous les citoyens qui avaient
quelque prééminence.

§ 4. Ce ne sont pas seulement les tyrans qui ont intérêt
à le faire, et ils ne sont pas les seuls qui agissent ainsi ; il
en est de même dans les États oligarchiques et dans les
États démocratiques : l'ostracisme y produit à peu près
les mêmes résultats, en empêchant les citoyens de trop
s'élever et en les exilant. C'est ainsi que sont traitées les
républiques et les nations par ceux qui sont maîtres de
l'autorité souveraine, comme les Athéniens l'ont prouvé
par leur conduite à l'égard des Samiens [2], des habitants de
Chio et des Lesbiens : aussitôt qu'ils eurent affermi leur
pouvoir, ils les humilièrent au mépris des traités. Le roi
des Perses a réduit plus d'une fois les Mèdes [3], les Babylo-
niens et d'autres peuples encore tout fiers de leur ancienne domination.

§ 5. Au reste, la question que nous traitons ici s'applique, en général, à tous les gouvernements, même aux bons
gouvernements. Ceux qui sont corrompus et qui ne se
proposent que l'intérêt particulier agissent ainsi, et ceux
qui ont en vue l'intérêt général se conduisent de la même
manière. C'est ce que l'on voit clairement dans les autres
arts et dans les autres sciences. Ainsi un peintre ne lais-
sera pas subsister dans son tableau un pied qui dépasserait
les proportions du reste du corps, quelle que soit d'ailleurs
la perfection avec laquelle ce pied serait dessiné ; un constructeur de navire n'emploiera pas davantage une proue
ou une autre partie du vaisseau en disproportion avec le

1. Hérodote dit que c'est Thrasybule qui fut consulté par
Périandre (Histor., l. V, c. xcii).
2. On trouve dans Thucydide de nombreux exemples de la
cruauté des Athéniens envers leurs alliés. Il faut lire surtout
ce qui regarde Mytilène, l. III, c. xxxvi.
3. Voyez dans Hérodote, Clio, chap. cxcii, et Thalie, chap.
cl.

reste ; un coryphée n'admettra pas non plus une voix plus forte et plus belle que toutes les autres voix du chœur.

§ 3. Rien n'empêche que les monarques n'agissent comme les autres États, s'ils le font dans l'intention de rendre leur autorité utile à l'État qu'ils gouvernent. Ainsi le raisonnement sur lequel s'appuie l'ostracisme contre les supériorités reconnues n'est pas dénué de toute équité politique. Toutefois il vaut mieux que le législateur, dès le principe, établisse la constitution de manière à n'avoir pas besoin d'un tel remède. Mais si le législateur ne rédige que de seconde main la constitution, il peut essayer ce moyen de réforme. Ce n'est pas ainsi que les républiques l'ont employé : elles n'ont pas songé à l'intérêt général, et l'ostracisme n'a été pour elles qu'une arme de parti. On voit donc que, dans les gouvernements corrompus, il ne sert que l'intérêt particulier et qu'il n'est juste que sous ce rapport ; peut-être voit-on avec la même évidence qu'il n'est pas absolument l'expression de la justice.

§ 7. La cité parfaite nous présente une difficulté bien difficile à résoudre. Dans le cas d'une supériorité manifestement reconnue, non pas en fait d'avantages ordinaires, tels que la force, la richesse ou le grand nombre de partisans, mais en vertu, que faut-il faire ? Car enfin on ne peut pas dire qu'il faille rejeter et bannir de l'État celui qui a une telle supériorité. D'un autre côté, on ne peut pas non plus le soumettre à l'autorité ; ce serait presque vouloir commander à Jupiter et partager avec lui la puissance, Le seul parti donc qui reste à prendre, c'est que tous consentent de bon cœur, ce qui semble naturel, à lui obéir, et à donner l'autorité, à perpétuité dans les États, aux hommes qui lui ressemblent.

CHAPITRE IX

§ 1. Peut-être est-il convenable, après cette digression, de passer à l'examen de la royauté ; nous l'avons déjà mise au nombre des bons gouvernements. Voyons d'abord si l'intérêt d'un État ou d'un pays qui veut être bien administré est d'être soumis à l'autorité d'un roi ; ou bien s'il n'y a pas d'autre forme de gouvernement préférable à celle-là ; ou enfin s'il y a des États à qui elle convient, et d'autres à qui elle ne convient pas. Mais, en premier lieu, il s'agit d'examiner s'il n'y a qu'une royauté, ou s'il y en a plusieurs.

§ 2. Il est facile de voir que la royauté est multiple et qu'elle n'a pas toujours la même forme. La royauté, telle qu'elle existe à Sparte, semble avoir pour caractère principal d'être subordonnée à la loi, sans avoir une autorité absolue. Mais lorsque le roi sort du territoire, il est le chef suprême de tout ce qui a rapport à la guerre. Ce sont aussi les rois qui se prononcent d'une manière souveraine sur toutes les affaires religieuses. Cette royauté est comme un généralat suprême et à vie ; car le roi n'a pas le droit de tuer, excepté dans une seule attribution du pouvoir royal, comme les rois anciens, auxquels la loi donnait le droit, dans les expéditions militaires, de frapper de mort. On en voit la preuve dans Homère : Agamemnon supportait les injures dans les assemblées générales ; mais en campagne il avait le droit même de tuer. Aussi dit-il :

Celui que je trouverai loin du combat, il ne lui servira de rien de fuir les chiens et les vautours ; car j'ai droit de mort[1].

§ 3. Voilà donc une première sorte de royauté : c'est

1. Iliade, c. II, v. 391.

un généralat à vie ; elle est héréditaire ou élective. Une
seconde espèce de royauté se rencontre chez quelques
peuples barbares. Elle a les mêmes pouvoirs à peu près que
la tyrannie, mais elle est légitime et héréditaire. Comme
les barbares sont naturellement plus serviles que les Grecs,
et d'ailleurs comme ceux de l'Asie sont plus serviles que
ceux de l'Europe, ils supportent le pouvoir despotique sans
murmure. Les royautés dont ces peuples subissent le joug
sont donc tyranniques malgré la double garantie de l'hérédité et de la loi. Aussi la garde qui environne ces monarques
est-elle royale et non tyrannique. Car ce sont des citoyens
qui s'arment pour veiller à la sûreté du roi, tandis que ce
sont des étrangers qui gardent le tyran : l'un règne légi-
timement et sans contrainte ; l'autre contre la volonté des
citoyens : la garde de l'un est formée par les citoyens eux-
mêmes, celle de l'autre est armée contre les citoyens.
Voilà donc deux sortes de monarchie.

§ 5. Il y eut anciennement chez les Hellènes une autre
espèce de rois qu'on appelle OEsymnètes ; c'était, pour
ainsi dire, une tyrannie élective, qui différait de celle
des barbares, non en ce qu'elle n'était pas légale, mais
seulement en ce qu'elle n'était pas héréditaire. Les
OEsymnètes recevaient le pouvoir royal tantôt pour leur
vie, tantôt pour un temps ou un but déterminé. C'est
ainsi que les Mityléniens élurent autrefois Pittacus pour
les défendre contre les exilés, à la tête desquels étaient
Antiménide et le poète Alcée.

§ 6. Alcée atteste, dans l'une de ses mordantes poésies
qu'ils choisirent Pittacus pour tyran. Il leur reproche
d'avoir élevé à la tyrannie Pittacus, l'ennemi mortel de
leur patrie, l'ennemi d'une cité qui ne sent point sa honte
ni le poids de ses maux, et d'avoir tous de concert ap-
plaudi à son élection. Les OEsymnéties étaient donc et
sont despotiques parce qu'elles tiennent de la tyrannie ;

mais elles tiennent de la royauté parce qu'elles sont électives et que le suffrage des citoyens est libre.

§ 7. Une quatrième espèce de monarchie royale est celle qui existait dans les temps héroïques, fondée sur la loi, sur le consentement des sujets, et de plus héréditaire. Ceux qui furent les premiers bienfaiteurs des peuples par l'invention des arts, par la valeur guerrière, ou pour avoir réuni les citoyens, et leur avoir procuré des terres, furent nommés rois par le libre consentement de leurs sujets, et transmirent la royauté à leurs fils. Ils avaient le commandement suprême pendant la guerre, et disposaient de tout ce qui tient au culte, à l'exception des fonctions sacerdotales. De plus, ils jugeaient les procès, les uns en prêtant le serment, les autres avec dispense. La prestation du serment se faisait en élevant le sceptre.

§ 8. Les rois avaient donc, dans les temps anciens, un pouvoir qui s'étendait sans interruption sur toutes les affaires intérieures de la cité et de la nation, et sur toutes les affaires du dehors ; mais dans la suite, soit qu'ils eussent eux-mêmes abandonné une partie de leur autorité, soit que le peuple leur eût enlevé quelques-unes de leurs attributions, il y eut des États où on ne leur laissa que le soin de présider aux sacrifices publics, et d'autres où il ne leur resta des fonctions auxquelles on peut véritablement donner le nom de royauté, que le commandement de l'armée quand la guerre se faisait hors du territoire.

CHAPITRE X

§ 1. Telles sont donc les différentes espèces de royauté au nombre de quatre ; l'une, celle des temps héroïques, librement consentie, mais limitée à certaines attributions; car le roi était général, et juge, et maître de tout ce qui avait rapport au culte des dieux. La seconde est celle des barbares : elle est absolue, héréditaire et fondée sur la loi. La troisième, celle qu'on appelle œsymnétie, est une tyrannie élective. La quatrième est celle de Lacédémone ; c'est, à proprement parler un généralat à perpétuité et héréditaire. Ce sont là les caractères qui distinguent ces royautés les unes des autres.

§ 2. Il y en a une cinquième, où un seul homme est maître de tout, comme chaque nation, chaque État dispose de la chose publique, selon les règles du pouvoir domestique. De même que l'administration des biens d'une famille est une royauté domestique, ainsi la royauté est une administration, pour ainsi dire économique d'une ou de plusieurs cités et nations. Au reste, nous n'avons guère à considérer que deux espèces de royauté : celle-là et celle de Lacédémone. Les autres sont comme intermédiaires, puisque les rois y ont moins de pouvoir que dans la monarchie absolue, et plus de pouvoir que dans celle de Lacédémone. La question se réduit presque à l'examen de ces deux points : est-ce un avantage ou un désavantage pour les États d'avoir un général inamovible, soit que ce général soit héréditaire ou électif ? En second lieu, est-il utile ou non, qu'un seul homme soit maître de tout?

§ 3. La question d'un généralat de ce genre est plutôt une affaire de règlement que de constitution ; car il peut exister dans tous les gouvernements un pouvoir de ce genre. Laissons donc cette question pour le moment ; mais l'autre espèce de royauté constitue réellement une forme distincte. C'est donc la royauté absolue qu'il faut examiner, en jetant un coup d'œil rapide sur les difficultés qu'elle présente. Le point principal de cette recherche, c'est de savoir s'il est plus avantageux d'être soumis à l'autorité d'un homme parfait ou à celle de lois parfaites.

§ 4. L'opinion de ceux qui trouvent plus d'avantage

dans le gouvernement d'un roi, est fondée sur ce que les lois ne s'expliquent que d'une manière générale sans rien prescrire pour les cas particuliers. Or, dans un art quelconque, c'est une folie que de suivre les règles à la lettre, comme on le fait en Egypte, par exemple, où il n'est pas permis au médecin de faire une prescription avant le quatrième jour de la maladie ; s'il agit plus tôt, c'est à ses risques et périls. Il est donc évident, pour la même raison que l'obéissance à la lettre et au texte de la loi ne fait pas le meilleur gouvernement. Cependant il faut que cette manière générale de s'exprimer se trouve aussi dans ceux qui exercent le pouvoir ; et d'un autre côté ce qui est entièrement inaccessible aux passions et aux affections est préférable à ce qui en est susceptible par la nature. La loi est impassible ; toute âme humaine, au contraire, est nécessairement soumise aux passions.

§ 5. Mais, dira-t-on, l'homme saura mieux que la loi prendre parti sur les cas particuliers. Alors on voit qu'il devient en même temps législateur, et qu'il y aura des règlements qui n'auront pas l'autorité absolue de la loi, dans tous les cas où ils s'écartent de son esprit général ; quoique, sous tous les autres rapports, ils doivent avoir la même autorité. Toutes les fois qu'il est impossible que la loi prononce d'une manière juste et absolue, vaut-il mieux que ce soient tous les citoyens, ou seulement les plus vertueux d'entre eux, qui décident ? Aujourd'hui. ce sont les citoyens réunis en assemblée, qui jugent, délibèrent, prononcent ; et tous ces jugements portent sur des objets particuliers. Sans doute, chaque individu comparé à la multitude a peut-être moins de mérite et de vertu, mais la cité composée d'une foule de citoyens a plus de valeur, comme un repas ou chacun apporte sa part, est plus beau et moins simple que celui qui est donné par une seule personne. C'est pour cela que la foule est meilleur juge la plupart du temps qu'un seul individu, quel qu'il soit.

§ 6. La multitude a encore l'avantage d'être plus incorruptible ; l'eau se corrompt d'autant moins facilement qu'elle est en plus grande masse : de même la foule est plus difficile à corrompre que le petit nombre. Quand un homme se laisse dominer par la colère ou par toute autre passion semblable, il faut nécessairement que son jugement en soit altéré ; mais il est bien difficile que tous à la fois se laissent enflammer par la colère et séduire par l'erreur. Supposons une multitude d'hommes libres, ne faisant rien qui soit contraire à la loi, excepté dans les cas où nécessairement elle est en défaut. Si cela n'est pas facile dans une grande multitude, mais pourtant si cette multitude ne se compose que de gens de bien, et comme hommes et comme citoyens, un seul individu, pris parmi ces maîtres de la république sera-t-il plus incorruptible, ou plutôt la multitude ne sera-t-elle pas elle-même plus incorruptible, puisque tous ceux qui la composent sont des hommes de bien ? N'est-t-il pas évident que l'avantage sera du côté du plus grand nombre ? Mais, dira-t-on, ceux-ci sont divisés de sentiments ; un homme seul ne peut pas l'être. On pourrait donner pour réponse qu'on a supposé les hommes qui composent la multitude, aussi vertueux que l'individu qu'on leur oppose.

§ 7. Si l'on doit donner le nom d'aristocratie à l'autorité d'un nombre d'hommes tous vertueux, et celui de royauté à la domination d'un seul, il s'ensuivra que, dans tous les États, l'aristocratie est préférable à la royauté, soit qu'on y joigne la puissance absolue, soit qu'on l'en sépare, pourvu qu'il soit possible de trouver un nombre d'hommes semblables et égaux en vertus. Et c'est probablement pour cette raison que les peuples furent d'abord gouvernés par des rois, parce qu'il était rare de trouver des hommes d'une vertu éminente, surtout à une

époque où les villes n'avaient encore qu'un petit nombre
d'habitants. C'est aussi la bienfaisance qui fit les rois ;
car la bienfaisance est la vertu des hommes de bien.
Cependant, quand il se trouva un grand nombre de citoyens qui se ressemblaient sous le rapport de la vertu,
on ne put demeurer plus longtemps dans cette situation,
mais on chercha quelque chose qui fût commun à tous, et
l'on établit le gouvernement républicain.

§ 8. Ensuite, lorsque des hommes corrompus commen-
cèrent à s'enrichir aux dépens du public, il était assez
naturel qu'il s'élevât des oligarchies, puisqu'on avait entouré la richesse d'une grande considération. Plus tard,
les révolutions changèrent l'oligarchié en tyrannie, et la
tyrannie en démocratie. Car, à mesure que l'amour honteux des richesses réduisait le nombre des hommes qui
étaient au pouvoir, la multitude devint plus puissante jusqu'à s'insurger et à s'emparer à son tour de l'autorité.
D'ailleurs, une fois que les États s'agrandissent, peut-être
n'est-il pas facile qu'il existe d'autre gouvernement que
la démocratie.

§ 9. Mais enfin, si l'on suppose que ce qu'il y a de plus
avantageux pour les États c'est d'être gouvernés par les
rois, que fera-t-on de leurs enfants ? Faudra-t-il que la
dignité royale soit héréditaire dans une famille ? Mais s'ils
sont tels qu'il s'en est rencontré, c'est une hérédité bien
funeste. D'un autre côté, un roi ne transmettra-t-il pas le
pouvoir souverain à ses enfants ? Mais la chose est difficile
à croire ; c'est supposer une vertu au-dessus de la nature
humaine.

§ 10. Il est encore difficile de déterminer le degré de
puissance qu'il faut laisser à un monarque. Celui qui est
appelé à régner doit-il s'entourer d'une certaine force
pour pouvoir contraindre à l'obéissance ceux qui la refusent, où dans quelles limites lui est-il permis d'exercer le

pouvoir souverain? En supposant qu'il n'exerce qu'un pouvoir légitime et qu'il ne fasse rien de sa propre volonté contre la loi, encore lui faudra-t-il une puissance suffisante pour protéger les lois elles-mêmes. Peut-être n'est-il pas difficile de régler ce qui convient à un tel roi ; car on voit qu'il doit disposer d'une force et d'une force assez grande pour qu'il soit plus puissant que chaque individu, ou même que plusieurs individus réunis, mais moins puissant que le peuple tout entier. C'est ainsi que les anciens donnaient des gardes au chef qu'ils mettaient à la tête de l'Etat, et qu'ils appelaient œsymnète ou tyran ; et quand Denys demanda des gardes, quelqu'un conseilla aux Syracusains de lui en donner dans cette proportion.

CHAPITRE XI

§ 1. C'est maintenant le moment de parler du roi qui fait tout au gré de sa volonté : examinons cette question. Aucune des royautés qu'on appelle légitimes ne forme, je le répète, une espèce particulière de gouvernement ; car on peut rencontrer partout un généralat inamovible, comme dans la démocratie et l'aristocratie ; quelquefois même, l'administration est confiée à un seul homme. Il existe une magistrature de ce genre à Epidaure et même à Oponte, où cependant elle a des pouvoirs moins étendus à quelques égards.

§ 2. La monarchie qu'on appelle absolue est celle où le roi dispose de tout selon sa volonté, en maître souverain. Il y a des personnes qui pensent qu'il est contre nature qu'un seul homme soit maître absolu de tous les citoyens dans un État qui se compose d'individus égaux ; car disent-elles, la nature a nécessairement donné les mêmes droits et les mêmes privilèges à ceux qu'elle a fait semblables et égaux. L'égalité dans la nourriture et dans les vêtements, quand les constitutions et les tailles diffèrent, sont nuisibles aux corps. Il en est de même des honneurs : l'inégalité, à côté de l'égalité, est une faute également nuisible.

§ 3. Il n'est donc pas plus juste de commander que d'obéir ; il convient de faire l'un et l'autre tour à tour. Telle est la loi ; et l'ordre, c'est la loi. Il vaut donc mieux que ce soit la loi qui commande, plutôt qu'un citoyen quelconque. Le même raisonnement veut que, s'il est préférable de confier l'autorité à un petit nombre de citoyens, on en fasse les gardiens et les serviteurs de la loi. Il faut qu'il y ait des magistrats ; mais on soutient qu'il n'est pas juste qu'un seul homme exerce une magistrature suprême, quand tous les autres sont égaux.

§ 4. D'ailleurs, si l'on croit que la loi ne peut pas tout déterminer, un homme pourra-t-il le faire avec précision? Quand la loi a posé avec soin les règles générales, elle abandonne les détails à la sagacité et à l'appréciation la plus juste des magistrats, pour qu'ils jugent et décident. elle les autorise même à corriger et à rectifier si l'expérience leur prouve qu'il est possible de faire mieux que les dispositions écrites. Ainsi quand on veut que la loi commande, c'est vouloir que Dieu et la raison[1] commandent seuls ; mais quand on donne la supériorité à l'homme, c'est la donner tout à la fois, à l'homme et à la bête. Le désir a quelque chose de bestial ; la passion pervertit les magistrats et les hommes les meilleurs : l'intelligence sans passion, c'est la loi.

§ 5. L'exemple que nous avons tiré des arts ne nous semble pas prouver qu'il soit mauvais de suivre les préceptes de la médecine, et qu'il vaille mieux se confier aux médecins qui pratiquent l'art. L'amitié ne les porte jamais

1. Lisez, comme dans le texte de Bekker et de Didot : τὸν θεὸν καὶ τὸν νοῦν μόνους....

à faire des prescriptions déraisonnables ; ils se contentent de recevoir le prix de leurs soins après guérison du malade ; au lieu que ceux qui exercent les pouvoirs politiques agissent ordinairement par haine ou par faveur. Et certes, si l'on soupçonnait les médecins de se laisser gagner par les ennemis de leurs malades jusqu'à nuire à leur santé, on aimerait mieux se faire traiter selon les préceptes de l'art.

§ 6. Il y a plus : les médecins malades appellent auprès d'eux d'autres médecins, et les maîtres de gymnastique invitent à leurs exercices d'autres maîtres, comme ne pouvant pas porter un jugement infaillible, parce qu'ils ont à prononcer sur leur propre intérêt et qu'ils ne sont pas de sang-froid. Il est évident que cherchant la justice, ils cherchent un moyen terme ; or, ce moyen terme, c'est la loi. D'ailleurs il existe des lois qui ont plus d'autorité et d'importance que les lois écrites : ce sont les lois fondées sur les mœurs. Si le monarque est un guide plus sûr que la loi écrite, il l'est moins que la loi qui est l'expression des mœurs.

§ 7. D'un autre côté, il n'est pas facile à un seul homme de voir tout ou presque tout. Il faudra donc qu'il établisse sous ses ordres différentes personnes qui partageront son pouvoir ; et dès lors, pourquoi ne pas les établir dès le principe, plutôt que de laisser un seul homme les établir de cette manière ? D'ailleurs, ainsi que nous l'avons dit précédemment, si l'homme de bien mérite de commander parce qu'il est meilleur, et si deux hommes de bien valent mieux qu'un seul, comme le dit ce passage d'Homère :

Deux[1] braves compagnons, quand ils marchent ensemble...

et ce vœu qu'Agamemnon adresse au ciel :

D'avoir[2] *dix conseillers* sages comme Nestor.

1. Iliade, c. X, v. 224.
2. Iliade, c. II, v. 371.

Il est prouvé dès lors qu'il n'est plus juste que le pouvoir soit entre les mains d'un seul [1]. Quelques Etats ont encore aujourd'hui des magistrats chargés de décider, comme les juges, dans les cas où la loi ne peut pas prononcer ; car toutes les fois qu'elle le peut, personne assurément ne conteste [2] qu'elle ne juge et ne décide de la manière la plus parfaite.

§ 8. Mais comme il y a des choses qui peuvent être comprises dans la loi, et d'autres qui ne le peuvent pas, voilà ce qui fait qu'on demande et qu'on cherche s'il vaut mieux donner la souveraineté à la meilleure loi ou à l'homme le plus parfait. En effet, ce que l'on met en délibération ne peut pas avoir été réglé par une loi. Aussi n'est-ce pas là ce que l'on conteste ; on ne prétend pas nier qu'il faudra nécessairement que ce soit l'homme qui prononce sur ces matières ; seulement on veut que la décision appartienne à plusieurs, et non à un seul. Tout magistrat, instruit et formé par la loi, ne saurait manquer de bien juger.

§ 9. Peut-être semblera-t-il assez étrange qu'un homme qui n'a que deux yeux et deux oreilles pour voir et pour entendre, que deux mains et deux pieds pour agir, puisse juger plus sainement des choses qu'une réunion considérable de personnes disposant d'un grand nombre d'organes ; car nous voyons les monarques de notre temps multiplier leurs yeux, leurs oreilles, leurs mains et leurs pieds en partageant l'autorité avec ceux qui sont dévoués à leur autorité et à leur personne. Si les agents ne sont

---

1. Il y a ici une lacune dans plusieurs éditions, qui ont omis précisément la proposition principale : ὡς οὐχ ἕνα λοιπόν ἄρχειν δίκαιον. Ainsi il n'est pas juste désormais qu'un seul commande. (Susemihl.)

2. Nous avons suivi le texte de Bekker, Didot et Susemihl : ἐπεί περί ὧν δυνατός, οὐδείς αμφισβητεῖ περί τούτων ὡς οὐκ ἄν ἄριστα νόμος ἄρξειε καί κρίνειεν.

pas les amis du monarque, ils n'agiront pas selon ses intentions ; s'ils sont ses amis, ils défendront sa personne et son pouvoir. Or, un ami est notre égal et notre semblable. Si le roi pense qu'ils doivent commander, c'est qu'il pense que ceux qui sont ses égaux et ses semblables doivent commander comme lui-même. Telles sont à peu près les objections que font les adversaires du gouvernement monarchique.

§ 10. Mais peut-être en est-il ainsi pour tel peuple, et non pour tel autre. La nature admet le gouvernement absolu, le gouvernement royal et la forme républicaine, fondée sur la justice et sur l'intérêt commun, mais la tyrannie n'est pas conforme à la nature, ni les autres formes altérées et corrompues, qui par conséquent, sont toutes contraires à la nature. Au moins est-il évident par tout ce que nous avons dit, que parmi des hommes égaux et semblables, il n'est ni avantageux ni juste qu'un seul soit le maître de tous ; ni lorsqu'il n'y a point de lois, et que lui seul est pour ainsi dire la loi ; ni lorsqu'il y a des lois ; ni en le supposant vertueux au milieu d'hommes également vertueux ; ni en le supposant sans vertus parmi des hommes dépravés comme lui ; ni enfin, quand même il surpasserait tous les autres en vertus, excepté d'une certaine manière. Quelle est cette manière ? Je vais le dire, quoique je l'aie déjà dit précédemment.

§ 11. Commençons par déterminer ce que c'est que le gouvernement monarchique, aristocratique ou républicain. Or, un peuple fait pour être gouverné par des rois est celui qui, par la nature de ses habitudes et de son caractère, peut supporter la domination d'une famille douée de vertus supérieures qui la rendent propre au gouvernement de l'État. Un peuple aristocratique est celui qui supporte naturellement la domination d'hommes libres que leurs talents et leurs vertus appellent au gouvernement des citoyens[1]. Un peuple républicain est celui où tous les citoyens [sont naturellement guerriers, étant capables d'obéir et de commander conformément à une loi qui assure même aux pauvres[2], selon leur mérite, la part de pouvoir qui leur revient.

§ 12. Lors donc qu'il se trouve une famille tout entière, ou un seul individu, doués de vertus tellement éminentes qu'elles surpassent celles de tous les autres, alors il est juste que cette famille soit élevée au pouvoir royal, et qu'elle soit maîtresse de tout, ou qu'on fasse roi cet individu si éminent. Comme on l'a déjà dit, il en est ainsi non seulement en ˗ ertu du droit que proclament tous les fondateurs de gouvernements aristocratiques, oligarchiques, et même démocratiques, qui tous reconnaissent les droits de la supériorité, quoique ce ne soit pas toujours la même supériorité, mais encore en vertu de ce que nous avons dit précédemment.

§ 13. Or, nous avons dit qu'assurément il n'est pas équitable de faire périr, ni d'exiler par l'ostracisme un homme d'une vertu si éminente, ni de prétendre qu'il obéisse à son tour : car il n'est pas dans la nature que la partie l'emporte sur le tout, et le tout est précisément celui qui a une si grande supériorité. Il ne reste donc qu'un parti à prendre, c'est d'obéir à un tel homme et de lui reconnaître une puissance souveraine, non à temps, mais à toujours. Nous avons traité de la monarchie et de ses différentes espèces, en examinant si elle est avantageuse, à quels peuples elle convient et comment. Terminons là cette discussion.

1. Φέρειν πλῆθος ἄρχεσθαι δυνάμενον. Schneider supprime les trois derniers mots de ce passage comme une interpolation.

2. Lisez ἀπόροις et non εὐπόροις, Victorius, Aretinus et Zuingerus soutiennent avec raison la première version contre Sépulvéda, Sylburgius, Lambinus, Ramus, Heinsius et Conringius.

CHAPITRE XII

§ 1. Nous avons dit qu'il y a trois bons gouvernements; le meilleur est nécessairement celui qui est administré par les meilleurs chefs. Tel est l'État dans lequel il se trouve un seul individu sur toute la masse des citoyens ou une famille entière, ou même un peuple entier, qui soit doué d'une vertu supérieure, les uns sachant obéir, les autres commander en vue de la plus grande somme de bonheur possible. Nous avons aussi démontré que dans le gouvernement parfait, la vertu de l'homme de bien est nécessairement la même que celle du bon citoyen. Il est donc aussi évident, qu'avec les mêmes moyens et les mêmes vertus qui constituent l'homme de bien, on constituera également un État aristocratique ou monarchique. Ainsi l'éducation et les mœurs qui forment le citoyen seront à peu près les mêmes que celles qui forment le roi et le citoyen.

§ 2. Ces principes étant ainsi arrêtés il faut essayer de parler du meilleur gouvernement, de sa nature et de la manière dont il peut s'établir. Il faut que celui qui veut examiner sérieusement un tel sujet comme il le mérite....

(Le reste manque.)

LIVRE QUATRIÈME

ARGUMENT ANALYTIQUE

De la vie la plus parfaite. — L'auteur démontre que la vie la
plus parfaite est celle qui prend la vertu pour guide, et
qu'elle est tellement riche de biens qu'elle devient propre à
toutes les actions qui partent de la vertu. — La vie la plus
parfaite est la même pour les individus que pour la cité
tout entière. — Réponse à certaines questions relatives à la
même idée. — De l'étendue de la cité et du nombre des
citoyens. — Du territoire le plus favorable à l'établissement
de la cité. — Des communications avec la mer et de la
navigation. — Nature ou caractère qui convient aux citoyens.
— L'établissement d'une cité demande des laboureurs, des
artisans, des guerriers, des riches, des prêtres et des juges.
— Arrangement et proportion à garder entre eux. — Opinions des anciens philosophes à cet égard. — Division du
territoire. — Laboureurs. — Position topographique de la
ville ; ses murailles. — Des temples et des places publiques.
Des qualités civiles nécessaires au bonheur de la cité. —
De l'éducation. — De la véritable manière de former les
citoyens. — De l'erreur des philosophes qui rapportent les
lois et la police des lois aux objets de la guerre et non aux
arts de la paix. — Préceptes sur le mariage. — De la
manière de nourrir et d'élever les enfants jusqu'à l'âge de
sept ans.

CHAPITRE PREMIER

§1. Quand on veut rechercher, avec tout le soin convenable, quel est le meilleur gouvernement, il faut nécessairement commencer par déterminer le genre de vie qu'on
doit préférer à tous les autres. Car, tant que ce point n'est

pas éclairci, on ne peut nullement parvenir à connaître le meilleur mode de gouvernement. En effet, des citoyens dont les ressources, quelles qu'elles soient, sont bien administrées, doivent naturellement vivre très heureux, à moins de quelques circonstances imprévues et extraordinaires. Il faut donc d'abord que l'on soit d'accord sur le genre de vie que tous les hommes, pour me servir de cette expression, doivent préférer, et ensuite que l'on décide si ce genre de vie est le même, considéré par rapport aux individus pris à part, et par rapport à la société tout entière.

§ 2. Comme nous pensons avoir parlé assez longuement dans nos livres exotériques [1] du genre de vie le plus parfait, nous n'avons plus qu'à faire l'application de nos principes. Personne ne saurait contester que les biens dont nous pouvons jouir se partageant réellement d'une seule manière, les biens extérieurs, les biens du corps et les biens de l'âme, l'homme vraiment heureux doit les réunir tous. Non, personne ne regarderait comme heureux celui qui n'aurait ni courage, ni sagesse, ni sentiment de la justice, ni intelligence, celui que le vol d'une mouche ferait trembler, qui ne s'abstiendrait pas des derniers excès, quand il a le désir de boire ou de manger, qui, pour le quart d'une obole, livrerait ses amis les plus chers, et qui, sous le rapport de l'intelligence, serait aussi déraisonnable, aussi rempli d'erreurs qu'un enfant ou un homme en démence.

§ 3. Sans doute tout le monde est d'accord sur les choses que nous venons de dire ; mais on ne s'entend plus au sujet de la quantité et de l'excès. Pour peu qu'on ait de

1. Voyez Morale à Nicomaque, l. I, c. xiii. Nicomaque, de Stagyre, père d'Aristote, était médecin des rois de Macédoine Amyntas et Philippe. Le traité de Morale qu'Aristote nous a laissé est connu sous le nom d'Ethique à Nicomaque.

vertu, on croit toujours en avoir assez : mais en fait de
richesse, de biens, de pouvoir, de gloire et de toutes les
autres choses de ce genre, les hommes ne savent point
mettre de bornes à leurs désirs, ils ne connaissent point
d'excès. Cependant nous leur dirons qu'à cet égard l'observation des faits leur prouve sans peine et leur montre
qu'ils acquièrent et conservent les vertus non point par
les biens extérieurs, mais les biens extérieurs, par les
vertus, et que le bonheur de la vie, soit que les hommes
le placent dans le plaisir ou dans la vertu ou bien encore
dans l'un et dans l'autre, se trouve chez ceux qui poussent
à l'excès la pureté des mœurs et la force de l'intelligence,
mais qui savent se modérer dans l'acquisition des avantages du dehors, plutôt que chez ceux qui acquièrent d'une
manière surabondante les biens extérieurs, tandis qu'ils
négligent les biens de l'âme.

§ 4. Il est encore facile de s'en convaincre en ne consultant que la raison, car les biens extérieurs ont des bornes, comme tout ce qui est instrument ou moyen : toutes
les choses qu'on regarde comme utiles sont précisément
celles dont la surabondance est nécessairement nuisible ou
au moins inutile. C'est le contraire pour les biens de
l'âme : plus on en possède, plus on en retire d'utilité, si
toutefois on doit compter l'utile pour quelque chose,
quand on le met en comparaison avec l'honnête. En général, il est évident que la perfection de chacune des choses que l'on compare au point de vue de leur supériorité
relative est en rapport avec la distance qui sépare les choses mêmes dont on compare la nature. Si donc l'âme est
d'une manière absolue et même relativement à nous, d'un
plus grand prix que la richesse et que le corps, il faut nécessairement que la perfection de chacune de ces choses
soit dans le même rapport. Ajoutons enfin que, dans l'ordre de la nature, c'est en vue de l'âme, et pour elle, que

les biens extérieurs sont préférables, et que tous les hommes sensés ne doivent pas les préférer pour d'autre motif, tandis que ce n'est pas en vue de ces biens que l'âme doit être considérée.

§ 5. Convenons donc qu'il n'y a de bonheur [pour l'homme qu'autant qu'il a de vertu et de raison, et qu'en même temps il y conforme sa conduite. Nous en avons pour garant Dieu lui-même dont la félicité ne dépend d'aucun des biens extérieurs, mais de lui-même, de son essence et de sa perfection infinie. D'ailleurs c'est précisément là ce qui fait la différence entre le bonheur et la bonne fortune : les biens extérieurs à l'âme sont dus à quelque chose de fortuit et au hasard, tandis qu'un homme ne peut devenir juste et prudent par le seul effet du hasard. Une conséquence fondée sur les mêmes raisons, c'est que l'État le plus parfait est en même temps heureux et prospère. Or, il est impossible d'être heureux quand on ne fait pas le bien, et le bien n'est jamais possible ni pour un homme ni pour un État sans la vertu et la raison. Or, dans la société civile, le courage, la justice et la raison produisent, sous la même forme, le même effet que dans l'individu, dont elles font un homme juste, sensé et prudent.

§ 6. Ne poussons pas plus loin ces idées préliminaires; il était impossible de ne pas y toucher, et d'un autre côté, nous ne pouvons pas leur donner tous les développements qu'elles comportent; ils appartiennent à une autre étude. Concluons seulement que la vie la plus parfaite pour le citoyen isolé et pour l'État en général est celle qui joint à la vertu assez de biens extérieurs pour pouvoir faire ce que la vertu commande. Quant aux objections, laissons-les de côté pour continuer notre recherche, sauf à les examiner plus tard, si ce que nous avons dit ne suffit pas pour convaincre quelques personnes.

CHAPITRE II ·

§ 1. Il nous reste à examiner si le bonheur de l'individu est ou n'est pas le même que celui de l'État. Il est évident que c'est le même bonheur, et il n'y a personne qui n'en convienne. Tous ceux qui font consister le bonheur de l'individu dans la richesse déclarent l'État heureux quand il est riche : ceux qui estiment avant tout le pouvoir tyrannique diront que l'État le plus heureux est celui dont la domination s'étend sur le plus grand nombre de sujets : si l'on estime l'individu surtout pour sa vertu, on regardera l'État le plus vertueux comme le plus heureux.

§ 2. Mais ici se présentent deux questions qui ont besoin d'être examinées. D'abord est-il plus avantageux de se mêler des affaires publiques et d'y prendre part, ou de s'affranchir de tout lien politique et de vivre comme étranger dans l'État ? Ensuite quelle est la meilleure constitution et le mode d'administration le plus parfait, soit qu'il vaille mieux que tous prennent part au gouvernement ou qu'on doive en exclure certaines personnes, et y admettre le plus grand nombre ? Comme cette dernière question appartient à la science et à la théorie générale de la politique, et que l'autre qui s'occupe du choix d'un genre de vie est en dehors, et d'ailleurs comme cette théorie générale est l'objet actuel de nos recherches, nous regarderons la première question comme accessoire, et nous nous attacherons à la seconde, qui est le véritable sujet de ce traité.

§ 3. Il faut donc que le meilleur gouvernement soit celui dont la constitution est telle que chaque citoyen puisse être vertueux et vivre heureux ; cela est évident. Mais ceux mêmes qui s'accordent à dire que la vie la plus désirable est celle qui prend la vertu pour guide se partagent sur la question de savoir si la vie civile et active est préférable à la vie contemplative et dégagée de tout soin des choses extérieures, la seule qui paraisse à certaines personnes digne d'un philosophe. Car il n'y a guère que ces deux genres de vie que les plus zélés partisans de la vertu semblent avoir choisis de préférence dans les temps anciens, aussi bien que de nos jours, je veux dire la vie politique et la vie philosophique.

§ 4. Ce n'est pas une affaire de médiocre importance de savoir de quel côté se trouve la vérité ; car il faut que, s'ils sont sages, le citoyen en particulier et l'Etat en général tendent vers le but qui est le meilleur. Les uns pensent que, si le pouvoir est despotique, c'est le comble de l'injustice que de vouloir soumettre les peuples voisins, et que, s'il est politique, il n'y a pas injustice, mais obstacle à ce que l'on puisse jouir pour soi-même de la paix et du bonheur. Il s'en trouve d'autres, au contraire, qui croient que la vie active et politique est la seule qui convienne à l'homme parce que les simples particuliers ne sauraient avoir plus d'occasions de pratiquer les vertus de tout genre que les hommes qui se mêlent des affaires publiques et qui gouvernent. Telle est donc, d'une part, l'opinion de certaines personnes.

§ 5. D'autres soutiennent qu'il n'y a de bonheur que dans l'exercice de la puissance absolue. En effet, dans quelques Etats, la constitution et les lois ont pour but de soumettre les peuples voisins. Voilà pourquoi, tandis que les matières de législation sont, pour ainsi dire, dans une extrême confusion presque partout, on observe que s'il y a quelque chose que les lois aient spécialement en vue, c'est toujours la domination. Ainsi, à Lacédémone et en Crète, ce n'est pour ainsi dire qu'à la guerre que l'éducation et la plupart des lois ont rapport. Et même chez toutes les nations qui peuvent satisfaire leur penchant à la domination, c'est toujours ce genre de puissance qu'on estime le plus, comme chez les Scythes, les Perses, les Thraces et les Celtes.

§ 6. Quelquefois aussi les lois elles-mêmes encouragent la valeur militaire : à Carthage, par exemple, on se fait un point d'honneur de porter aux doigts autant d'anneaux qu'on a fait de campagnes. Il y avait aussi en Macédoine une loi qui forçait tout soldat qui n'avait pas tué un ennemi à porter un licou en ceinture. Les Scythes ne permettaient pas à celui qui n'avait pas tué au moins un ennemi de boire dans la coupe qui circulait parmi les convives pendant un certain repas solennel. Chez les Ibères, nation belliqueuse, on plante sur la tombe d'un guerrier autant de tiges de fer qu'il a tué d'ennemis. Enfin, d'autres peuples ont beaucoup d'autres usages pareils, qui ont été établis par les lois ou par les mœurs.

§ 7. Toutefois, si l'on veut y réfléchir, il paraîtra bien étrange que le fait d'un homme habile dans la science du gouvernement soit de chercher les moyens de soumettre et de dominer les peuples voisins avec ou sans leur consentement. Comment pourrait-on regarder comme un acte de bonne politique ou de bonne législation ce qui n'est pas même légitime ? Or, il est illégitime d'usurper la domination par tous les moyens justes ou injustes. On peut avoir pour soi la force, mais non pas le droit.

§ 8. Nous ne voyons rien de pareil dans les autres sciences : ce n'est pas le fait du médecin ou du pilote de persuader ou de violenter, l'un ses malades, l'autre ses passagers. On croit généralement que la politique et le despotisme se confondent ; ce qu'on ne trouve ni juste ni utile pour soi-même, on ne rougit pas de l'appliquer aux autres ; on veut, dans son propre pays, une domination juste, mais pour les étrangers, on n'a aucun souci de la justice.

§ 9. Il serait étrange que la nature n'eût pas destiné certains êtres à dominer, et d'autres à ne pas dominer. S'il en est ainsi, on ne doit pas s'efforcer de soumettre à sa domination tous les hommes indifféremment, mais seulement ceux qui sont destinés à la dépendance, de même que pour un festin ou un sacrifice, on ne va pas à la chasse des hommes, mais des animaux qu'il est permis de chasser pour cette fin, c'est-à-dire les animaux sauvages qui sont bons à manger. D'ailleurs, il serait possible qu'un État trouvât le bonheur dans son propre sein, grâce à la sagesse de son gouvernement. Supposons un État isolé du reste de l'univers et ayant de bonnes lois. Certes, la constitution de cet État et ses institutions ne seront pas tournées vers la guerre ni vers la conquête des pays ennemis ; nous devons même croire qu'il n'en aurait pas la moindre idée. Il est donc évident que toutes ces institutions guerrières doivent nous paraître belles et admirables non comme la fin suprême de toutes choses, mais comme autant de moyens d'y arriver. C'est à la sagesse du législateur qu'il appartient de voir comment il fera participer l'État tout entier, l'espèce d'hommes qui le composent, et en général toute autre association aux avantages d'une vie honnête et à tout le bonheur qui leur revient. Sans doute les circonstances mettront quelques différences dans les institutions et les lois. C'est encore à la législation qu'il appartient de déterminer, à l'égard des peuples voisins, s'il y a lieu, les relations qui devront exister et les devoirs réciproques qu'on aura à remplir. Plus tard nous examinerons avec tout le soin convenable à quel but doit tendre le meilleur gouvernement.

CHAPITRE III

§ 1. On convient que la vie qui se conforme à la vertu est la plus désirable ; mais on diffère d'opinion sur l'usage qu'il faut en faire. Nous allons considérer la question à un double point de vue. Les uns rejettent les magistratures civiles et pensent que la vie de l'homme entièrement libre est toute différente de la vie de l'homme politique et qu'elle doit obtenir la préférence ; les autres n'estiment que la vie des honneurs et des dignités, parce qu'il est impossible que celui qui ne fait rien fasse bien, et que la pratique de la vertu et le bonheur sont identiques. Nous disons que ces deux opinions sont vraies à quelques égards, et ne le sont pas sous d'autres rapports. Que la vie de l'homme libre et indépendant de toute obligation soit meilleure que celle de l'homme qui exerce l'autorité de maître, cela est vrai ; car il n'y a pas grand mérite à savoir employer un esclave en tant qu'esclave, et le talent d'ordonner ce qui est nécessaire dans les détails de la vie de chaque jour n'a rien de commun avec le beau.

§ 2. Mais s'imaginer que toute autorité soit une autorité de maître, c'est une erreur. L'autorité sur les hommes libres ne diffère pas moins de l'autorité sur les esclaves, que la condition de l'homme libre par nature ne diffère de celle de l'esclave par nature, et nous avons montré suffisamment cette différence dès le début de ce traité. On a tort d'estimer l'inaction plus que l'action ; car le bonheur consiste dans l'action ; et de plus, les actions des hommes justes et sages ont toujours pour but une foule de choses belles et honorables.

§ 3. Mais peut-être objectera-t-on, d'après nos défini-tions, que ce qu'il y a de plus désirable, ce serait de pouvoir être maître absolu de tout ; car c'est de cette manière qu'on pourrait faire le plus grand nombre de belles actions. Ainsi, lorsqu'on peut s'emparer de la domination, il ne faut point la laisser à un autre, mais plutôt l'enlever pour soi, sans tenir compte des liens qui unissent un père à ses enfants, des enfants à leur père, ou en général un ami à son ami, et sans y avoir aucun égard, puisque l'on doit préférer ce qu'il y a de plus excellent, et qu'il n'y a rien de plus excellent que de faire le bien et d'être heureux.

§ 4. Peut-être y aurait-il quelque vérité dans ce langage si le plus désirable de tous les biens pouvait être le résultat de la spoliation et de la violence. Mais peut-être aussi est-il impossible que cela soit, et alors l'hypothèse est fausse. Il n'est plus possible de faire de belles actions, à moins qu'on ne l'emporte autant sur ses semblables que l'homme sur la femme, le père sur ses enfants, le maître sur l'esclave. Celui qui une fois a enfreint les lois de la vertu ne pourrait jamais dans la suite rien faire d'assez beau pour compenser le tort de son infraction. En effet, entre créatures semblables, le juste et le beau consistent dans une sorte d'alternative et de réciprocité ; car c'est là ce qui constitue l'égalité et la parité ; au lieu que l'inégalité entre égaux et la différence entre semblables sont contre nature ; or, rien de ce qui est contre nature ne saurait être beau. Voilà pourquoi, s'il se rencontre un homme qui l'emporte sur les autres par son mérite et par la puissance de facultés qui le portent toujours au bien, c'est celui-là qu'il est beau de prendre pour guide, c'est à lui qu'il est juste d'obéir. Il faut posséder non seulement la vertu, mais encore le pouvoir de la mettre en action.

§ 5. Mais si ces réflexions sont justes, et s'il faut admettre que bien agir et être heureux sont une même chose, il s'ensuit que, pour un État en général, et pour chaque homme en particulier, la manière de vivre la plus parfaite est la vie active. D'ailleurs il n'est pas nécessaire, comme quelques-uns se l'imaginent, que cette activité se porte sur les autres, ni que l'on considère uniquement comme actives les pensées qui naissent de l'action et qui en sont les résultats ; ce sont bien plutôt celles qui n'ont d'autre but qu'elles-mêmes, les contemplations et les méditations qui se concentrent en elles-mêmes. Bien faire est leur but, et par conséquent cette volonté de bien faire est déjà une action. Ce sont principalement les hommes dont la pensée dirige les actions que nous regardons comme les véritables auteurs et producteurs [1] des actes externes.

§ 6. Au reste, il n'est pas nécessaire que les cités qui subsistent par elles-mêmes sans relations avec le dehors, et qui préfèrent cette manière d'être, soient entièrement inactives. Il y a une grande corrélation entre les différentes parties qui composent l'État, et on peut observer quelque chose de pareil dans l'homme pris individuellement. Autrement Dieu lui-même et l'univers seraient à peine dignes de notre admiration, puisque leur action n'a rien d'extérieur et qu'elle se concentre en euxmêmes. Il est donc visible que l'existence la plus parfaite est nécessairement la même pour l'homme pris individuellement que pour les États et pour les hommes en général.

CHAPITRE IV

§ 1. Après ces observations préliminaires et les considérations que nous avons exposées précédemment sur les

---

1. Lisez κυρίους, et non κυρίως. (Schneider.)

autres formes de gouvernement, il convient de poursuivre
notre entreprise, en disant d'abord quelles doivent être
les bases d'une république qui serait constituée, pour ainsi
dire, à souhait ; car il n'est pas possible d'établir la meilleure forme de gouvernement sans les moyens et les ressources qui doivent concourir à sa perfection. C'est pour
cela qu'il faut en supposer les bases telles que nous le
désirons, mais sans qu'elles aient rien d'impossible ; je
veux dire le nombre des citoyens et l'étendue du territoire.

§ 2. L'ouvrier en général, le tisserand, le constructeur
de navires a besoin de la matière qui convient à son genre
de travail ; plus la matière aura de qualité, plus l'ouvrage
qui en résultera devra être beau. De même, l'homme d'État
et le législateur ont besoin de la matière qui convient
spécialement à leurs travaux. Or, le premier fonds d'un
homme d'État, c'est une multitude d'hommes qui, pour
le nombre et pour la qualité, soient naturellement tels
qu'ils doivent être, et, quant au territoire, il faut aussi
qu'il ait une étendue et des qualités déterminées.

§ 3. Au reste, on croit généralement que, pour qu'une
cité soit heureuse, il faut qu'elle soit grande; mais, si cela est
vrai, on ne sait guère ce qui fait qu'une cité est grande ou
petite : on la juge grande d'après l'importance du nombre
de ses habitants. Cependant il faut avoir égard à la puissance plutôt qu'au nombre. Il y a une tâche imposée à
toute cité, et la cité qui peut le mieux remplir cette tâche
est celle qu'il faut considérer comme la plus grande. Ainsi
on pourra dire qu'Hippocrate, non pas comme homme,
mais comme médecin, est plus grand qu'un autre homme
d'une taille plus élevée que la sienne.

§ 4. Et même s'il faut juger de la grandeur d'une cité en
ayant égard au nombre, il ne s'agit pas ici de toute espèce
de nombre, car les cités renferment nécessairement une

foule d'esclaves, de domiciliés et d'étrangers ; mais il ne faut compter que ceux qui font partie intégrante d'une cité et qui sont les éléments propres dont elle se compose. C'est l'excès de cette population qui est le signe d'une grande cité : il en sort beaucoup d'artisans, mais peu de guerriers. Il n'est pas possible que ce soit là une grande cité : un grand État et un État bien peuplé ne sont pas la même chose.

§ 5. Les faits viennent prouver qu'il est difficile, sinon impossible de bien gouverner un État dont la population est trop nombreuse ; du moins nous voyons qu'aucun de ceux qui ont la réputation d'être bien gouvernés ne peut accroître sans aucune mesure sa population. Cela est évident et confirmé par la raison : car la loi est un certain ordre, et les bonnes lois constituent nécessairement le bon ordre ; or, une population trop nombreuse ne peut pas se prêter à l'établissement de l'ordre : ce ne peut être que l'œuvre d'une puissance divine, qui est comme le lien et le soutien de tout l'univers.

§ 6. D'ailleurs le nombre et la grandeur constituent la beauté ; il faut donc regarder comme le plus parfait et le plus beau, l'État qui ajoute à la grandeur le nombre renfermé dans de justes limites, comme nous venons de le dire. Les États ont aussi une certaine mesure de grandeur, comme toutes les autres choses : animaux, plantes, instruments. Trop petite ou trop grande, chacune de ces choses perdra ses propriétés ; tantôt elle sera complètement dépouillée de ses qualités naturelles, tantôt elle subira une entière dégradation. Un vaisseau d'un palme n'en sera pas plus un vaisseau que celui qui aurait deux stades. Avec certaines dimensions, son exiguïté ou l'excès de sa grandeur le rendra mauvais pour la navigation.

§ 7. Il en est de même d'une cité ; celle qui aura trop peu d'habitants ne pourra pas se suffire à elle-même ; or, le propre de la cité est de se suffire à elle-même. Celle où la population sera trop grande pourra sans doute pourvoir à tous ses besoins, mais alors comme nation, et non comme cité. Il n'est pas facile d'y organiser un ordre politique. Quel sera le général qui pourra commander une multitude excessive ? Quel héraut pourra s'en faire entendre, s'il n'a une voix de stentor ? Aussi la cité est-elle nécessairement formée aussitôt qu'elle se compose d'une multitude suffisante pour avoir toutes les commodités de la vie selon les règles de l'association politique. Il est possible que la ville où le nombre des habitants excède cette mesure soit encore une cité sur une plus grande échelle ; mais, comme nous l'avons dit, cet excès a des limites. Et quelles sont ces limites ? Les faits eux-mêmes nous l'apprendront facilement. Les actes politiques proviennent de ceux qui commandent ou de ceux qui obéissent ; et la fonction de celui qui gouverne est d'ordonner et de juger. Pour juger des droits de chacun et pour distribuer les magistratures au mérite, il faut que les citoyens se connaissent et s'apprécient les uns les autres ; quand la chose est impossible, les magistratures et les jugements vont nécessairement très mal. A ces deux égards, il n'est pas juste d'agir sans réflexion, et cependant, c'est évidemment ce qui arrive dans une cité très populeuse.

§ 8. De plus, il devient facile alors aux étrangers et aux domiciliés de s'immiscer dans le gouvernement ; car il n'est pas difficile d'échapper à la surveillance dans une multitude excessive d'habitants. Il est donc évident que la limite la plus convenable de la population d'une cité, c'est qu'elle renferme le plus grand nombre possible d'habitants pour suffire aux besoins de la vie, mais sans que la surveillance cesse d'être facile. Terminons ici ce que nous avions à dire sur la grandeur de la cité.

CHAPITRE V

§ 1. Il en est à peu près de même du territoire. Il est évident que le plus favorable, de l'aveu de tout le monde, est celui qui suffit le mieux à tous les besoins, et qui par conséquent est le plus fertile dans tous les genres de productions. Posséder tout et n'avoir besoin de rien, c'est la véritable indépendance. L'étendue et la grandeur du territoire doivent être telles que ceux qui l'habitent puissent y vivre librement et avec sobriété, sans être forcés de travailler. Avons-nous raison ou tort ? C'est ce qu'il nous faudra examiner plus tard avec plus de soin, quand nous traiterons de la propriété en général, de l'abondance des ressources nécessaires à un État, et de l'usage qu'on en doit faire : questions fort controversées à cause de la tendance des opinions vers deux excès opposés : d'un côté l'avarice sordide, de l'autre, le luxe effréné.

§ 2. Quant à la disposition du territoire, il n'est pas difficile de l'indiquer. D'après l'avis de ceux qui ont l'expérience de la guerre, le territoire doit être d'un accès difficile pour les ennemis, et présenter une issue facile aux habitants. De plus, comme la masse de la population, ainsi que nous l'avons dit, il doit être facile à surveiller. La facilité de la surveillance du territoire fait la facilité de la défense. Quant à la position de la ville, si l'on veut qu'elle offre tous les avantages qu'on peut souhaiter, il convient qu'elle soit favorable du côté de la mer et du côté de la terre. Nous avons déjà fait connaître quelle doit être la position de la ville, en disant qu'il faut qu'elle ait des communications faciles avec tous les points du territoire pour l'envoi des secours. Ensuite on doit faciliter les moyens de transport des récoltes, des provisions de bois et de tous les produits du pays.

§ 3. On discute souvent pour savoir si les communications par mer sont un avantage ou un inconvénient pour les États régis par de bonnes lois. On prétend que le séjour d'étrangers élevés sous l'influence d'autres lois n'est pas sans danger pour le maintien du bon ordre et de la mesure à garder relativement au chiffre de la population; que l'habitude de la mer, donnant aux citoyens l'occasion de sortir de chez eux et de recevoir des étrangers amène une foule de commerçants, enfin, que cette affluence est contraire[1] à la bonne administration de l'État.

§ 4. D'un autre côté, il est incontestable que, si ces inconvénients n'ont pas lieu, les communications par mer offrent de plus grands avantages à la cité et au pays pour la sûreté et pour la facilité de se procurer les choses nécessaires. Pour soutenir plus facilement une invasion, il faut être à portée des secours et pouvoir se défendre des deux côtés, par terre et par mer; et pour faire du mal à l'ennemi, si on ne le peut pas des deux côtés, mais de l'un seulement, il y aura plus d'avantages pour ceux qui ont les deux côtés à leur disposition. Ils peuvent recevoir par voie d'importation les produits indispensables qui leur manquent, et exporter ceux qu'ils ont en trop grande abondance. C'est pour sa propre utilité qu'une cité doit faire le commerce, et non pour celle des autres États.

§ 5. Ceux qui font de leur ville un marché ouvert à tout le monde n'ont en vue que le gain; or s'il ne faut pas qu'une cité recherche ce genre d'avantage, elle ne doit pas se transformer en un marché public. Nous voyons encore de nos jours que plusieurs contrées et plusieurs cités ont des rades et des ports merveilleusement situés à l'égard de

---

1. Lisez ὑπεναντίον au lieu de ὑπεναντίαν. (Schneider.)

la ville, de manière qu'ils ne touchent pas à la ville
elle-même, et qu'ils n'en soient pas non plus trop éloignés, étant d'ailleurs fortifiés par des murailles et par d'autres remparts de cette espèce. Il est évident que, si ces
communications ont quelque avantage, la cité ne manquera
pas d'en profiter et que, si elles peuvent avoir quelque danger, on peut facilement s'en garantir, au moyen des lois,
en nommant, en désignant ceux à qui l'entrée du port sera
défendue pour le commerce.

§ 6. Quant à la puissance maritime, on voit assez que ce
qu'il y a de mieux, c'est de la posséder jusqu'à un certain
point. On ne doit pas seulement être en état de se défendre
soi-même; il faut aussi pouvoir quelquefois secourir ses
voisins, et quelquefois aussi leur inspirer des craintes sérieuses, sur terre et sur mer. Sous le rapport de la force et
de la grandeur de la puissance maritime, il faut avoir égard
au genre de vie de ceux qui composent la cité. Si elle est
ambitieuse pour les affaires extérieures, en même temps
qu'elle s'occupe des affaires intérieures, il faut que ses forces navales soient en rapport avec l'importance de ses entreprises.

§ 7. D'ailleurs il n'est pas nécessaire d'attribuer aux
États le grand nombre d'hommes qu'emploie la marine; ils
ne doivent pas faire partie de la cité. Les guerriers qui commandent et qui dirigent l'équipage sont des hommes libres,
que l'on a pris dans l'infanterie. Quand le nombre des
paysans et des laboureurs est considérable, il faut qu'il
y ait aussi abondance de marins. Nous voyons qu'il en est
encore ainsi chez quelques peuples, par exemple, chez les
habitants d'Héraclée[1] : ils remplissent des flottes nombreuses, quoique leur cité soit plus petite que d'autres. Terminons ainsi ce qu'il y avait à dire sur le territoire, les ports,
les villes, la mer et la puissance navale.

1. Ville du Pont, et colonie des Mégariens.

CHAPITRE VI

§ 1. Nous avons indiqué précédemment quelles doivent
être les limites du nombre des citoyens exerçant le droit
de cité : disons maintenant quelles sont les qualités qu'ils
doivent naturellement posséder. On peut s'en faire une
idée approximative en portant ses regards sur les États de
la Grèce les plus célèbres et sur les diverses nations qui se
partagent toute la terre habitée. Les peuples qui habitent
les pays froids et les différentes contrées de l'Europe sont
généralement pleins de courage, mais ils sont inférieurs
sous le rapport de l'intelligence et de l'industrie. C'est
pour cette raison qu'ils savent mieux conserver leur liberté,
mais ils sont incapables d'organiser un gouvernement, et
ils ne peuvent pas conquérir les pays voisins. Les peuples
de l'Asie sont intelligents et propres à l'industrie, mais ils
manquent de courage, et c'est pour cela qu'ils ne sortent
pas de leur assujettissement et de leur esclavage perpétuels. La race des Grecs, occupant des contrées intermédiaires, réunit ces deux sortes de caractères : elle est brave
et intelligente. Aussi elle demeure libre, elle conserve le
meilleur des gouvernements, et même elle pourrait soumettre à son obéissance toutes les nations, si elle était réu-
nie en un seul État.

§ 2. On observe la même différence entre les peuples
grecs, comparés les uns aux autres : il s'en trouve qui n'ont
reçu de la nature qu'une seule de ces deux qualités ; d'autres
les ont reçues toutes les deux dans un heureux mélange. Il
est donc évident qu'il faut que les hommes soient intelligents et braves, si l'on veut que le législateur puisse les
conduire facilement à la vertu. C'est ce que disent quelques
écrivains politiques, lorsqu'ils prétendent que les guerriers,

qui sont les gardiens de l'Etat, doivent être bienveillants pour ceux qu'ils connaissent, et intraitables pour ceux qu'ils ne connaissent pas. C'est le cœur qui produit l'amitié : c'est là que se trouve cette faculté de l'âme qui fait que nous aimons.

§ 3. La preuve, c'est que le cœur se soulève bien plus contre des amis et des intimes que contre des inconnus, quand il se croit méprisé. C'est donc avec raison qu'Archiloque [1], se plaignant de ses amis, dit à son cœur :

N'es-tu pas outragé [2] par un de tes amis ?

Le principe de la domination part de cette même faculté chez tous les hommes ; le cœur est impérieux ; il ne se soumet point. On a tort néanmoins de dire que les hommes braves sont intraitables envers les inconnus ; il ne faut l'être contre personne, et les cœurs magnanimes ne sont farouches qu'à l'égard de l'injustice. Ils éprouvent une indignation plus vive contre un ami, comme nous l'avons déjà dit, s'ils croient qu'il joint l'injustice à l'outrage.

§ 4. Et ce n'est pas sans raison : lorsqu'ils ne s'attendent qu'à de bons procédés, ils s'en voient privés indépendamment du préjudice qui leur est causé. Voilà pourquoi l'on a dit :

La haine fraternelle est la plus implacable.

et :

Qui chérit à l'excès sait haïr à l'excès [3].

Ainsi le classement des citoyens qui peuvent avoir part

---

1. Archiloque, de Paros, poète lyrique et satirique, vivait à à peu près 700 ans avant J.-C.

2. Lisez ἀπάγχεαι, au lieu de ἀπάγχεο, dont il est impossible de rendre compte. (Susemihl.)

3. Cette pensée et celle qui précède sont tirées l'une et l'autre de deux tragédies d'Euripide que nous n'avons plus.

au gouvernement, leur nombre et les qualités qu'on doit exiger d'eux, l'étendue du territoire et les conditions qu'il doit réunir, se trouvent à peu près déterminés ; car il ne faut pas chercher dans les choses qui ne peuvent s'expliquer qu'à l'aide du langage, la même précision que dans celles qui s'adressent directement aux sens.

CHAPITRE VII

§ 1. De même que, dans les autres composés que forme la nature, toutes les parties sans lesquelles le tout ne saurait exister ne sont pas identiques et par conséquent parties essentielles, ainsi il est évident que tout ce qui est nécessaire à l'existence des sociétés politiques ne doit pas être compté comme faisant partie de la cité, ni de toute espèce d'association formant un genre et comme un seul corps. Une partie essentielle de la cité doit être une même chose, commune à tous les associés, soit qu'ils y participent également, comme la subsistance, l'étendue du territoire ou quelque autre chose de ce genre.

§ 2. Mais lorsqu'une chose existe [1] à cause d'une autre, et celle-ci en vertu de son rapport avec celle-là, il n'y a rien de commun à l'une et à l'autre, sinon que la première agit et que la seconde reçoit l'action ; je veux dire qu'il n'y a rien de commun, par exemple, entre l'outil et l'ouvrier relativement à l'œuvre produite. Il n'y a rien de commun entre la maison et l'architecte, mais la maison est l'objet de l'art de l'architecte. La cité a besoin sans doute de la propriété, mais la propriété ne fait point partie de la cité. La propriété contient même beaucoup d'êtres animés ;

---

1. Il faut lire ὅταν δ'ᾖ au lieu de ὅταν δή, qui est inintelligible. (Didot et Schneider.)

mais la société est une association d'êtres semblables, laquelle a pour fin la vie la plus parfaite possible.

§ 3. Comme le bonheur est la chose la plus excellente, et qu'il consiste dans l'usage parfait que l'on doit en faire, et dans l'exercice de la vertu ; et, d'ailleurs, comme il arrive souvent que les uns ont une grande part de bonheur, et que les autres n'en ont qu'une petite part ou même n'en ont point du tout, voilà évidemment la cause de toute cette diversité d'Etats et de gouvernements. Tous cherchent le bonheur, chacun à sa manière, et la différence dans la vie des individus produit les différences des gouvernements. Il convient d'examiner combien il y a de choses sans lesquelles une cité ne saurait exister ; car c'est là que nous trouverons nécessairement ce que nous appelons les parties essentielles d'une cité.

§ 4. Voyons donc le nombre de ces éléments ; ce sera le moyen d'éclaircir la question. Premièrement, les moyens de subsistance, et ensuite les arts ; car on a besoin de beaucoup d'instruments et de matériaux pour les nécessités de la vie ; en troisième lieu, les armes, parce que ceux qui font partie de l'association doivent avoir des armes auprès d'eux contre les citoyens qui désobéissent à l'autorité et contre les ennemis du dehors qui tenteraient une invasion injuste ; les finances, qui puissent leur permettre de pourvoir à leurs propres nécessités et aux frais de la guerre ; en cinquième lieu ou plutôt en premier lieu, le soin des choses divines, qu'on appelle le culte ; sixièmement, et c'est ici le point le plus essentiel, le jugement à rendre sur les intérêts généraux de la République et sur les droits réciproques entre les citoyens.

§ 5. Telles sont donc les choses dont toute cité, pour ainsi dire, ne saurait se passer ; car la cité n'est pas une multitude d'hommes prise au hasard, mais se suffisant à elle-même, comme nous le disons, pour les besoins de la

vie. Si l'un de ces éléments vient à manquer, il est absolument impossible que cette association se suffise à elle-
même. Il est donc nécessaire qu'une cité se compose de
ces divers éléments mis en fonctions. Par conséquent,
il faut des laboureurs pour fournir les subsistances, il faut
des artisans, des soldats, des riches, des prêtres, et des
juges chargés de prononcer sur le strict droit des citoyens
et sur l'intérêt général de l'Etat.

CHAPITRE VIII

§ 1. Maintenant que nous avons reconnu les différens
ordres de fonctions, il nous reste à examiner si tous les
citoyens doivent les exercer toutes en commun. Il est
possible que tous soient laboureurs, artisans, qu'ils délibèrent et qu'ils jugent, ou bien il faut confier à des hommes spéciaux chacune des fonctions que nous avons énumérées, ou bien encore il faut nécessairement que parmi
ces fonctions les unes soient privées et les autres publiques.
Mais il n'en est pas ainsi dans toute espèce de gouvernement : comme nous l'avons dit, il est possible que tous
les citoyens aient droit à tout, ou que tous les citoyens
n'aient pas droit à tout, mais que certaines personnes
seulement aient droit à certains emplois. C'est précisément là ce qui fait les différentes sortes de gouvernements:
dans les démocraties, les citoyens ont part tous à tous les
emplois ; c'est le contraire dans les oligarchies.

§ 2. Mais, puisque nous en sommes à examiner quelle
est la constitution politique la plus parfaite, et que cette
constitution est celle qui contribue le plus au bonheur de
a cité ; et, d'un autre côté, puisqu'on a dit précédemment
que le bonheur ne saurait exister sans la vertu, il est vi-
ible que dans un État parfaitement gouverné et composé

de citoyens qui sont des hommes justes dans le sens absolu de ce mot, et non relativement à un système donné, les citoyens ne doivent exercer ni les arts mécaniques ni les professions mercantiles ; car ce genre de vie a quelque chose de vil et il est contraire à la vertu. Il ne faut pas même, pour qu'ils soient véritablement citoyens, qu'ils se fassent laboureurs ; car ils ont besoin de loisir pour faire naître la vertu dans leur âme et pour remplir les devoirs civils.

§ 3. Il reste encore à parler de la classe des guerriers ainsi que de la classe qui délibère sur les intérêts de l'État et juge les procès des particuliers dans les questions de droit. Ces deux classes paraissent être les parties essentielles de la cité. Faut-il aussi confier à d'autres mains les deux ordres de fonctions qui les concernent ou les réunir dans les mêmes mains ? La réponse est évidente. On doit jusqu'à un certain point les séparer et les réunir : les séparer, parce que ces fonctions se rapportent à des âges différents, et que les unes réclament la prudence, les autres la vigueur ; les réunir, parce qu'il est impossible que des hommes qui peuvent employer la violence et la résistance restent toujours dans l'état de soumission. Ceux qui ont des armes en leur pouvoir ont aussi le pouvoir de maintenir ou de renverser le gouvernement.

§ 4. Il ne reste donc qu'un parti à prendre, c'est de confier les deux sortes de fonctions aux-mêmes hommes, mais pas en même temps. La nature donne la vigueur à la jeunesse et la prudence à un âge plus avancé. Il est [1] donc utile et il paraît juste de suivre la même distinction dans la distribution des emplois : c'est le moyen de la faire en raison du mérite.

---

1. L'édition de Susemihl porte dans le texte :
Συμφέρει καὶ δίκαιον εἶναι δοκεῖ.

§ 5. Il faut aussi que les citoyens de ces deux classes possèdent les biens-fonds; car l'aisance doit être le privilège des citoyens; or, ceux-là l'ont essentiellement. L'artisan n'a pas le droit de cité, pas plus que toute autre classe dont les occupations sont un obstacle à la vertu. C'est là une conséquence évidente de nos principes : le bonheur est nécessairement inséparable de la vertu, et on ne saurait dire d'une cité qu'elle est heureuse, si l'on n'a égard qu'à une partie, et non à la totalité des citoyens· On voit donc que les propriétés doivent appartenir aux citoyens, s'il est nécessaire que les laboureurs soient esclaves, barbares ou serfs.

§ 6. Parmi les fonctions que nous avons énumérées, il reste encore à parler de celles des prêtres ; on voit aussitôt quel rang ils doivent occuper dans l'État. D'un cultivateur ou d'un artisan il ne faut pas faire un prêtre ; car c'est par les citoyens qu'il convient que les dieux soient honorés. Puisque le corps politique est partagé en deux parties, celle qui porte les armes et celle qui délibère, puisqu'il convient de rendre un culte aux dieux et de laisser les citoyens déjà fatigués par l'âge se reposer à l'ombre des autels, c'est à ces vieillards qu'il convient de confier les fonctions sacerdotales. Nous avons dit quels sont les éléments sans lesquels une cité ne saurait exister, et de combien de parties une cité est composée. Il est nécessaire que les États aient des laboureurs, des artisans et des mercenaires. Mais les parties essentielles de l'État sont la classe des guerriers et celle des citoyens qui ont le droit de délibérer. La différence qui les distingue, c'est que les fonctions sont perpétuelles dans l'une et alternatives dans l'autre.

CHAPITRE IX

§ 1. Il paraît d'ailleurs que ce n'est pas d'aujourd'hui ni même à une époque assez récente que la philosophie politique a découvert qu'il faut partager la cité en plusieurs classes, sans confondre la classe des guerriers avec celle des laboureurs. L'Égypte et la Crète conservent encore cette coutume; on la fait remonter pour les Égyptiens, à la législation de Sésostris [1], et, pour les Crétois, à celle de Minos [2].

§ 2. L'institution des repas communs paraît aussi fort ancienne : en Crète, elle date du règne de Minos, et en Italie, d'une époque beaucoup plus reculée. Les savants de ce pays prétendent qu'un certain Italus fut roi de l'OEnotrie, que les habitants de cette contrée changèrent leur nom d'OEnotriens [3] contre celui d'Italiens, et qu'on donna le nom d'Italie à cette partie des côtes de l'Europe qui est comprise entre le golfe Scyllétique [4] et le golfe Lamétique [5], lesquels ne sont éloignés l'un de l'autre que d'une demi-journée de chemin.

§ 3. Italus, dit-on, rendit les OEnotriens agriculteurs, de nomades qu'ils étaient auparavant, leur donna des lois et établit chez eux l'institution des repas publics. Aussi quelques cantons de ce pays conservent-ils encore de lui les repas publics et quelques-unes de ses lois. Les

---

1. Roi d'Egypte, environ 1800 ans avant notre ère.
2. Roi de Crète, 3 ou 400 ans avant J.-C.
3. Ils habitaient le Brutium et la partie sud-est de la Lucanie.
4. Aujourd'hui le golfe de Scyllace ou Squillace.
5. Le golfe de Sainte-Euphémie, appelé anciennement Lamétique, du fleuve Lamès, aujourd'hui Lamato, qui y a son embouchure.

Opici, surnommés anciennement et encore aujourd'hui Ausones, occupaient les bords de la mer Tyrrhénienne, du côté de l'Iapigie et sur les côtes de la mer Ionienne, les Chaoniens habitaient la contrée qu'on appelle Siris ; on sait que les Chaoniens étaient originaires de l'Œnotrie.

. § 4. C'est donc de là qu'est venue d'abord l'institution ces repas publics. Mais la division de la cité par classes vient d'Égypte ; car le règne de Sésostris est bien antérieur à celui de Minos. Au reste, il y a lieu de croire que, dans le cours des siècles, presque toutes les inventions ont été trouvées plusieurs fois, ou plutôt une infinité de fois. C'est qu'il est naturel que l'homme apprenne de ses besoins mêmes les choses qui lui sont nécessaires, et une fois qu'elles sont trouvées, il n'est pas moins vraisemblable que les perfectionnements et l'abondance prennent leur développement, en sorte qu'il faut croire qu'il en est de même des institutions politiques.

§ 5. Tout est bien vieux ; la preuve en est dans l'histoire de l'Égypte. Car les Égyptiens sont les plus anciens de tous les peuples, mais toujours ils ont eu des lois et une organisation politique. Voilà pourquoi on doit se servir convenablement des institutions qui ont été précédemment inventées[1] et s'efforcer de découvrir celles qui restent encore à trouver. Au reste, nous avons déjà dit que le territoire doit appartenir à ceux qui possèdent les armes et qui ont part au gouvernement. On a dit aussi pourquoi ils doivent former une classe différente de celle des laboureurs, et enfin quelles doivent être l'étendue et la nature du territoire.

§ 6. Nous avons maintenant à parler de la division des propriétés, des espèces et des qualités des laboureurs,

---

1. Schneider substitue avec raison εὑρημένοις au texte vulgaire εἰρημένοις.

puisque nous prétendons que la propriété ne doit pas être commune, comme l'ont prétendu quelques écrivains : que cependant la bienveillance des citoyens pourrait en rendre l'usage commun ; enfin, qu'il ne faut pas non plus qu'aucun citoyen soit privé de ses moyens de subsistance.

On est généralement d'accord sur les repas communs ; on trouve que cette institution est avantageuse aux États bien organisés. Nous dirons dans la suite pourquoi cette opinion est aussi la nôtre. Mais il faut que tous les citoyens y prennent part, et pourtant il n'est pas facile que les pauvres tirent de leurs propres ressources la contribution exigée par la loi et qu'ils puissent en même temps suffire aux autres besoins de la famille.

§ 7. Les frais qu'exige le culte des dieux sont encore une dépense commune de toute cité. Il est donc nécessaire que le territoire soit partagé en deux parties, dont l'une soit propriété commune, et dont l'autre appartienne aux particuliers, et que chacune d'elles soit subdivisée encore en deux parts : la fraction de la partie commune, pour le culte des dieux et pour les frais des repas publics ; la fraction de la partie réservée aux particuliers, pour le voisinage de la frontière et pour celui de la ville, afin que la séparation des deux lots de chaque individu attache tous les citoyens à l'une et à l'autre position.

§ 8. C'est en effet le moyen de satisfaire l'égalité, la justice et le besoin de la concorde en cas de guerre contre les peuples voisins. Dans tous les lieux où il n'est pas établi, les uns s'inquiètent peu des hostilités qui se commettent à la frontière, et les autres les redoutent jusqu'à la pusillanimité. Aussi trouve-t-on chez quelques peuples une loi qui interdit aux propriétaires voisins de la frontière de prendre part à une délibération qui concernerait les guerres qu'ils ont sur les bras, comme si leur intérêt particulier devait les empêcher de bien délibérer. Il faut donc

partager ainsi le territoire pour les motifs que nous avons
exposés.

§ 9. Quant à ceux qui devront cultiver les terres, il faut
essentiellement qu'ils soient esclaves, qu'ils n'appartiennent pas à la même nation et qu'ils ne soient pas très
courageux. Ils feront ainsi d'utiles ouvriers et l'on n'aura
pas à craindre qu'ils se révoltent. Ensuite on leur adjoin-
dra quelques serfs barbares, qui se rapprocheront du
caractère de ceux dont nous venons de parler. Ceux qui
seront dans les propriétés particulières appartiendront
aux propriétaires et ceux qui seront sur la portion commune du territoire appartiendront à l'État. Nous dirons
plus tard comment il faut traiter les esclaves et que la
meilleure manière, c'est de montrer à tous les esclaves
l'affranchissement comme le prix de leurs travaux.

CHAPITRE X

§ 1. On a dit plus haut qu'il faut que la ville ait des
communications faciles avec la terre et la mer, et autant
qu'il est possible, avec tous les points du territoire. Mais,
pour que sa situation soit, relativement à elle-même, aussi
avantageuse qu'on peut le souhaiter, il faut avoir égard à
quatre choses ; d'abord à la salubrité, comme condition
indispensable. Les villes situées à l'orient et exposées
aux vents qui soufflent du levant sont plus saines; ensuite
celles qui sont situées au nord ; car l'hiver y est plus
doux.

§ 2. Sous les autres rapports, la ville doit être située
d'une manière favorable pour les occupations des citoyens
et pour celles des guerriers. Ainsi il faut que les guerriers
puissent facilement sortir de la place, et qu'au contraire
il soit difficile à l'ennemi d'y pénétrer et d'en faire le

blocus ; il faut aussi qu'il y ait des eaux et des sources
naturelles en quantité, et si l'on est privé de cet avantage,
on se le procure en creusant de grands réservoirs pour les
eaux pluviales, afin qu'on ne manque point d'eau, si
les communications avec le pays sont coupées par la
guerre.

§ 3. Puisqu'on doit assurer la santé des habitants, et
que ce qui y contribue le plus, c'est la situation de la ville
dans tel lieu déterminé, et à telle exposition donnée : et
puisqu'il faut, en second lieu, ne se servir que d'eaux sa-
lubres, on s'occupera de ces deux points sans la moindre
négligence ; car ce qui sert le plus souvent et le plus ordinairement aux besoins du corps est précisément ce qui
contribue le plus à la santé. Telle est l'influence naturelle
de l'eau et de l'air. Aussi, dans les États sagement administrés, on aura soin, si les eaux naturelles ne sont
pas toutes les mêmes, et si elles ne sont pas abondantes,
de séparer celles qui servent à la nourriture, et celles qui
sont employées pour les autres usages.

§ 4. Les lieux fortifiés ne conviennent pas tous également à toutes les sortes de gouvernements ; par exemple,
une citadelle convient mieux à l'oligarchie et à la monarchie ; un pays de plaine à la démocratie ; ni l'un ni l'autre
ne plaisent à l'aristocratie ; elle préfère plusieurs positions
fortes. La disposition des habitations particulières paraît
plus agréable et généralement plus commode si elles sont
bien alignées, et si elles sont bâties selon le genre moderne et le système d'Hippodamus. Mais en cas de guerre
la sûreté publique était mieux assurée par la méthode
contraire, telle qu'elle était suivie dans les temps anciens.
Les étrangers avaient de la peine à sortir de la ville, et
les assaillants à la découvrir.

§ 5. C'est pour cette raison qu'il y a lieu d'employer les
deux systèmes, et la chose est possible, si l'on fait comme

les vignerons qui plantent les vignes en forme de quinconce. On alignera la ville non point dans toute son étendue, mais seulement dans quelques parties et par quartiers. C'est ainsi qu'on réunira les avantages de la sûreté et de l'élégance. Ceux qui disent que les villes qui ont des prétentions à la valeur militaire n'ont pas besoin de remparts soutiennent un vieux préjugé, et cela quand ils voient que les faits ont mis à jour l'erreur des villes qui s'étaient fait ce faux point d'honneur.

§ 6. Sans doute il n'est pas honorable, quand on a affaire à des ennemis de même force ou peu supérieurs en nombre, de ne chercher son salut que derrière des murailles inexpugnables ; mais comme il est possible, et comme il arrive que ceux qui attaquent ont une supériorité à laquelle la valeur humaine et le courage d'une poignée de braves sont incapables de résister, on ne peut douter, lorsqu'il s'agit d'assurer son salut, d'éviter des revers et de repousser l'outrage, que les murailles les plus fortes ne soient la meilleure défense, surtout aujourd'hui que l'on a perfectionné[1] avec tant d'art les traits et les machines qui servent pour les sièges. .

§ 7. Avoir la prétention de ne point entourer les villes de murailles, c'est chercher un pays facile à envahir, et niveler toutes les hauteurs qui s'y trouvent, c'est défendre d'entourer de murs les maisons particulières, dans la crainte de donner un motif de lâcheté à ceux qui les habitent. Il ne faut pas oublier non plus qu'une ville entourée de murailles est libre de s'en servir ou de ne pas s'en servir ;

1. Diodore de Sicile (l. I, c. xlii) dit que les machines propres aux sièges furent singulièrement perfectionnées à Syracuse sous le règne et par les soins de Denys l'Ancien ; et Plutarque (dans ses Apophtegmes) raconte qu'Archidamus, fils d'Agésilas, ayant vu une de ces machines perfectionnées, qu'on avait apportées de Sicile, s'écria : « C'en est fait de la vertu guerrière. »

mais que, si elle n'a point de murailles, le choix n'est pas possible.

§ 8. Si donc il en est ainsi, on doit non seulement construire des murailles autour de la ville, mais encore en avoir soin, afin qu'elles servent à l'ornement et à la magnificence de la place, et qu'on y trouve tous les moyens de défense contre les attaques de l'ennemi, et même contre les systèmes inventés de nos jours. Ceux qui attaquent ont soin d'employer tous les moyens qui peuvent leur assurer l'avantage. De même, ceux qui ont à se défendre doivent d'abord se servir des moyens qui ont été trouvés, ensuite en chercher et en inventer d'autres. Et le premier de tous les avantages, c'est que l'on ne songe pas même à attaquer ceux qui sont tout prêts à résister. Mais, s'il convient que la multitude des citoyens soit partagée en plusieurs sections pour les repas publics, et que les murailles soient garnies de distance en distance, et aux endroits les plus convenables, de forts et de tours, il est évident que la nature même des choses invite en quelque sorte à établir quelques-uns de ces repas dans les forts mêmes. Tel est donc l'ordre qu'il faut établir sur tous ces points.

CHAPITRE XI

§ 1. Il convient que les édifices consacrés au culte des dieux et ceux qui sont désignés pour les repas publics des premiers magistrats soient réunis sur un emplacement approprié à leur destination, à moins que la loi des sacrifices ou l'oracle de la Pythie ne prescrive un local particulier et déterminé. Cet emplacement doit être assez apparent pour que la majesté des dieux puisse s'y manifester, et assez fortifié pour qu'il n'ait rien à craindre des parties de la ville qui en sont voisines.

§ 2. Il est convenable aussi qu'au-dessous de cet emplacement on trouve la place publique, construite comme celle qu'en Thessalie on appelle la *Place de la Liberté*. Cette place sera débarrassée de tout ce qui se vend et s'achète ; les artisans, les laboureurs et ceux qui exercent des professions de ce genre, ne devront pas s'en approcher, à moins d'y être appelés par les magistrats. Elle ne saurait manquer d'offrir un spectacle agréable, si les salles d'exercice des hommes âgés y sont établies. Il convient en effet que même les exercices gymnastiques soient séparés selon les âges, que certains magistrats surveillent sans cesse les salles des jeunes gens, et que les vieillards soient admis dans celles des magistrats. La présence et les regards des magistrats inspirent la véritable modestie et la réserve qui convient à des hommes libres.

La place destinée à servir de marché pour les denrées de toute espèce doit être séparée de la place de la liberté et située de telle manière qu'il soit facile d'y transporter tout ce qui arrive de la mer et toutes les productions du pays.

§ 3. Comme la multitude des citoyens se partage en deux classes, les prêtres et les magistrats, il est convenable que les repas publics des prêtres aient lieu dans le voisinage des édifices consacrés. Mais pour les magistrats chargés de prononcer sur les contrats, sur les actions criminelles, sur les citations en justice, et sur les autres affaires de ce genre, et pour les magistrats qui ont la police des marchés et celle de la ville, les salles de repas doivent être établies près de la place publique et du quartier le plus fréquenté. Tel sera le voisinage du marché où se vendent les denrées ; nous voulons que la place située dans la ville haute soit consacrée au repos, et que le marché serve à toutes les transactions entre les particuliers.

§ 4. Il faut encore suivre [1] dans la campagne un ordre analogue à celui que nous venons de décrire. Les magistrats qu'on appelle Hylores ou Agronomes ont besoin de salles pour les repas publics, de forts pour se défendre, et de temples consacrés aux dieux et aux héros. Au reste, il est inutile d'insister sur des détails plus précis ; il n'est pas difficile de concevoir ces idées, mais de les mettre à exécution. Pour les exprimer, il suffit de former un vœu ; mais pour les réaliser, il faut le concours de la fortune. Ainsi laissons de côté, pour le moment, de plus grands détails à ce sujet.

CHAPITRE XII

§ 1. Il s'agit maintenant de dire, au sujet du gouvernement lui-même, quels sont ceux qui doivent composer la cité, et quelles qualités ils doivent avoir pour qu'elle soit heureuse et bien administrée. Deux conditions sont nécessaires pour obtenir le bien général : il faut d'abord qu'il y ait un but, et que la fin qu'on se propose soit louable ; ensuite, que l'on trouve quels sont les actes qui peuvent conduire à cette fin. Il est possible que ces deux conditions s'accordent ou qu'elles ne s'accordent pas. Tantôt le but est excellent ; mais on se trompe sur les moyens d'y arriver. Tantôt on a toutes les possibilités d'atteindre la fin, mais on s'est proposé une fin mauvaise. D'autres fois, on se trompe en même temps sur la fin et sur les moyens, comme il arrive quelquefois que la médecine juge mal de l'état de santé du corps et qu'elle ne trouve pas les moyens d'atteindre le but qu'elle se propose. Or, dans les arts et

---

1. Les textes de Didot et de Schneider portent μεμιμῆσθαι au lieu de νενεμῆσθαι.

dans les sciences, il faut viser en maître au but et aux moyens qui conduisent au but.

§ 2. Evidemment, tous les hommes aspirent à la vertu et au bonheur ; mais les uns peuvent y atteindre, les autres ne le peuvent pas : ainsi le veut le hasard ou la nature. La vertu a besoin d'une certaine quantité de moyens, qui doit être petite pour ceux qui sont mieux disposés, et plus grande pour ceux qui ont des dispositions moins favorables. D'autres enfin s'égarent dès les premiers pas dans la recherche du bonheur, quoiqu'ils aient toutes les facultés requises. Puisque l'objet que nous nous proposons est la recherche de la meilleure constitution, puisque la meilleure constitution est celle qui donne la meilleure administration de la cité, et que la meilleure administration de la cité est celle qui lui procure la plus grande somme de bonheur, il s'ensuit évidemment qu'il faut d'abord savoir ce que c'est que le bonheur.

§ 3. Nous avons dit dans la Morale, si[1] toutefois ce traité n'est pas sans utilité, que le bonheur est le résultat et le développement complet de la vertu, non relative, mais absolue. Or, par vertu relative, j'entends celle qui s'applique aux actes nécessaires, et par vertu absolue j'entends celle qui s'applique uniquement au beau. Par exemple, en fait d'actes de justice, les punitions et les châtiments sont des actes de vertu, mais ils sont nécessaires, c'est-à-dire ils sont beaux, parce qu'ils sont nécessaires. Il vaudrait mieux pourtant que ni l'individu ni l'État n'eussent besoin de rien de semblable. Par opposition, les actes qui ont pour but l'honneur et l'abondance des biens de l'âme sont ce qu'il y a de plus beau dans le sens absolu. Les actes de la première espèce ne font qu'affranchir l'homme de quelque mal ; ceux de la seconde, au contraire, produisent et procurent des biens véritables.

[1] Aristote ne sépare pas la Morale de la Politique.

§ 4. Il est possible qu'un homme de bien montre de la fermeté et de la noblesse dans la pauvreté, dans la maladie et dans les autres accidents fâcheux de la vie, mais la félicité ne s'en trouve pas moins dans les contraires. Dans la Morale, nous avons défini l'homme vertueux, celui dont la vertu élève les biens extérieurs à la hauteur de biens absolus. Il est évident que la manière dont il en use est nécessairement noble et belle dans le sens absolu. Voilà pourquoi le vulgaire s'imagine que les biens extérieurs sont des causes de bonheur, comme si on attribuait le talent [1] et la perfection avec laquelle un musicien joue de la lyre à la bonté de l'instrument plutôt qu'à l'habileté de l'artiste. Il résulte donc de ce que nous venons de dire qu'il y a pour la formation d'une société civile des choses que la nature doit donner, et d'autres que le législateur doit procurer.

§ 5. C'est pour cela que nous souhaitons de trouver dans les éléments constitutifs de l'État les conditions qui dépendent de la fortune ; car, selon nous, c'est la fortune qui souvent est maîtresse. Que la cité soit vertueuse, ce n'est plus l'œuvre de la fortune, mais de la science et de la volonté. Cependant une république ne peut être vertueuse qu'autant que les citoyens qui prennent part au gouvernement sont eux-mêmes vertueux ; or, dans notre système, tous les citoyens ont part au gouvernement. Il s'agit donc de voir comment un homme devient vertueux. S'il est possible de former tous les hommes en même temps à la vertu, sans prendre à part chaque citoyen, c'est le parti préférable ; car le général entraîne le particulier.

§ 6. Trois choses rendent les hommes bons et vertueux : la nature, les mœurs et la raison. D'abord, il

1. Λαμπρόν pour λαμπρῶς.

faut que la nature fasse naître homme, et non pas de telle autre espèce d'animaux ; il faut aussi qu'elle donne certaines qualités de l'âme et du corps. Quelques-unes de ces qualités ne sont d'aucune utilité ; car les mœurs font que ces qualités changent et se modifient. Les mœurs développent quelquefois les qualités naturelles en leur donnant une tendance vers le bien ou vers le mal.

§ 7. Les autres animaux suivent surtout l'instinct de la nature ; quelques-uns même, en petit nombre, obéissent à l'empire des mœurs : l'homme suit la nature et les mœurs ; il suit aussi la raison : seul, il est doué de raison. Il faut donc qu'il y ait entre ces trois choses accord et harmonie ; car la raison fait faire aux hommes bien des choses qui sont contraires à l'habitude et à la nature, quand ils sont persuadés qu'il vaut mieux faire autrement. Nous avons dit précédemment quelles sont les qualités qu'ils doivent avoir pour que le législateur puisse facilement les former ; le reste est l'affaire de l'éducation. Tantôt c'est l'habitude, tantôt ce sont les leçons des maîtres qui apprennent aux hommes ce qu'ils doivent faire.

CHAPITRE XIII

§ 1. Puisque [1] toute société politique se compose d'hommes qui commandent et d'hommes qui obéissent,

---

1. Champagne commence ici le livre qui est placé ordinairement le huitième et qui traite spécialement de l'éducation. Il dit que les trois derniers chapitres du livre précédent ne se rapportent pas d'une manière directe à la matière qui en fait le sujet, c'est-à-dire à l'organisation de la cité parfaite sous le rapport de l'emplacement, du commerce, des fortifications, des édifices et de la police, tandis qu'ils se lient intimement à la théorie générale de l'éducation. Il en conclut que ces trois chapitres doivent faire partie du même livre.

il faut examiner si les chefs et les subordonnés doivent toujours être les mêmes ou s'ils doivent changer de rôle. Il est évident que l'éducation doit répondre à cette grande division. Si donc il y avait entre les uns et les autres autant de différence que nous croyons qu'il y en a entre les dieux et les héros d'une part, et les hommes d'autre part, d'abord sous le rapport du corps et ensuite sous celui de l'âme, de sorte que la supériorité des chefs sur les sujets fût incontestable et évidente, on ne saurait nier qu'il vaudrait mieux que les mêmes hommes commandassent toujours et que les mêmes hommes obéissent toujours.

§ 2. Mais comme il n'est pas facile de rencontrer ces mortels privilégiés, et comme il n'est pas possible de trouver une supériorité semblable à celle que Scylax[1] attribue aux rois indiens sur leurs sujets, on voit avec évidence que, pour bien des raisons, il faut que tous les citoyens commandent et obéissent alternativement. L'égalité est l'identité d'attributions entre des êtres semblables, et il est difficile à l'Etat de subsister s'il agit contre les lois de la justice. Il se trouve avec les sujets un tas de factieux que le pays renferme toujours, et il est tout à fait impossible que le nombre de ceux qui ont part au gouvernement soit assez considérable pour résister avec avantage à tant d'ennemis.

§ 3. Au reste, il est incontestable que les hommes qui sont au pouvoir doivent avoir quelque supériorité sur ceux qui sont gouvernés. C'est donc au législateur à examiner comment cela pourra se faire et quelle sera la répartition du pouvoir. Nous l'avons déjà dit : la nature elle-même établit la distinction en faisant qu'il y ait dans

1. Scylax, né à Caryande en Carie, géographe et navigateur, vivait au commencement du cinquième siècle avant J.-C, cent ans avant Aristote. — Il est auteur d'un périple de la Mer intérieure qui est parvenu jusqu'à nous.

la même famille des personnes plus âgées et d'autres plus jeunes, qui doivent commander ou obéir. D'ailleurs tout le monde accepte volontiers l'infériorité ou la supériorité que donne l'âge, surtout quand on doit arriver avec l'âge à la même prérogative.

§ 4. Il y a donc un point de vue sous lequel il faut dire qu'il est avantageux que les mêmes personnes commandent et obéissent ; mais, à d'autres égards, il vaut mieux qu'il en soit autrement, de telle sorte que l'éducation soit la même et qu'elle soit diverse, puisqu'on prétend que pour bien commander, on doit avoir commencé par obéir. Or, l'autorité, comme on l'a dit précédemment, est établie dans l'intérêt de celui qui commande, ou dans l'intérêt de celui qui obéit ; dans le premier cas, elle est despotique : dans le second, elle convient à des hommes libres.

§ 5. Au reste, la différence entre les choses qui sont prescrites par l'autorité ne consiste pas tant dans les actes eux-mêmes que dans le motif ou le but de ces actes ; ainsi il est honorable même pour des jeunes gens libres de rendre quelquefois des services que l'on regarde ordinairement comme serviles. Sous le rapport du beau et de ce qui lui est contraire, les actions ne diffèrent pas autant en elles-mêmes que dans le but ou le motif. Puisque nous disons que la vertu du citoyen et du magistrat est la même que celle de l'homme de bien, et que le citoyen doit commencer d'abord par obéir avant de commander, c'est le législateur qui doit trouver les moyens de rendre les hommes vertueux, régler les exercices qui peuvent les conduire à la vertu, et déterminer quel est le but de la vie la plus parfaite.

§ 6. L'âme se compose de deux parties : l'une possède par elle-même la raison ; l'autre ne la possède pas par elle-même, mais elle peut obéir à la raison. C'est dans ces deux parties que résident, selon nous, les vertus qui constituent l'homme de bien. Dans laquelle de ces deux parties se trouve le but de nos actions ? On ne peut hésiter quand on suit la division que nous avons adoptée. Il arrive toujours que ce qui est moins bon se fait en vue de ce qui est meilleur. Ce principe est vrai dans l'art et dans la nature ; or, ce qui est le meilleur, c'est la partie qui possède la raison.

§ 7. Celle-ci, à son tour, selon notre système ordinaire de division, se partage en deux parties : la raison pratique et la raison spéculative. Il est donc nécessaire de diviser aussi de la même manière la partie de l'âme qui est le siège de la raison, et nous établirons, entre les actes, une distinction analogue à celle des parties de l'âme. Il faut que les actes qui appartiennent à la partie naturellement meilleure soient préférables pour les hommes qui peuvent posséder toutes les parties de l'âme ou seulement les deux que nous venons de désigner, et ce qu'on doit préférer à tout le reste, c'est d'atteindre le but le plus élevé.

§ 8. Toute la vie se partage en activité et en repos, en guerre et en paix ; et, parmi les actions, il y en a qui sont nécessaires et utiles, et d'autres qui ont rapport au beau. Il faut donc établir à ce sujet la même distinction qu'entre les parties de l'âme et leurs actions elles-mêmes, en considérant la paix comme le but de la guerre, le repos comme le but du travail, et le beau comme la fin des actions utiles et nécessaires.

§ 9. L'homme politique, qui envisage tous ces objets, doit donc établir un système de lois conforme aux deux parties de l'âme et à leurs actes, conforme surtout à ce qui est encore meilleur, c'est-à-dire à leur but. Il fera de même pour les différents genres de vie et pour les différentes occupations ; car il faut que les citoyens puissent se livrer à la vie active et faire la guerre, mais il vaut mieux jouir

de la paix et du loisir : il faut savoir accomplir les choses
utiles et nécessaires, mais il faut leur préférer le beau.
Telles sont les directions qu'il faut donner aux citoyens
dès leur enfance, et aux autres âges qui ont besoin d'éducation.

§ 10. Les États grecs qui ont la réputation d'avoir le
meilleur gouvernement, et les législateurs qui leur ont
donné leurs constitutions, ne semblent pas avoir eu en vue,
dans leurs institutions ni le but le plus honorable, ni les
vertus de tout genre, les lois, l'éducation, mais ils se sont
abaissés d'une manière fâcheuse vers les vertus qui paraissent plutôt faites pour l'utilité et pour l'ambition. Quelques-uns des auteurs qui ont écrit depuis ont manifesté à
peu près la même opinion ; ils font grand éloge du gouvernement des Lacédémoniens, et ils admirent le but que
s'est proposé le législateur, dont toutes les institutions ont
été dirigées vers la guerre et la domination.

§ 11. Un tel système est facile à réfuter par le raisonnement ; les faits mêmes en ont démontré de nos jours le
vice essentiel. Comme la plupart des hommes cherchent à
étendre leur puissance sur beaucoup d'États, parce que
le succès de ces entreprises procure d'abondantes ressources, Thybron [1] et tous ceux qui ont écrit sur le gouvernement de Sparte, semblent avoir conçu une grande
admiration pour le législateur des Lacédémoniens qui, en
s'exerçant incessamment aux dangers, parvinrent à soumettre un grand nombre d'États à leur autorité.

§ 12. Cependant, aujourd'hui que la puissance n'est
plus dans leurs mains, on peut se convaincre qu'ils n'ont
pas été heureux, et qu'ils n'ont pas eu un bon législateur.

---

1. Aristote est le seul auteur qui fasse mention de ce Thybron, et il n'en parle dans aucun autre endroit de ses ouvrages ; Thybron avait écrit sur la constitution de Lacédémone.

Car il est étrange qu'en observant fidèlement les lois, lorsqu'ils pouvaient encore les suivre sans aucun obstacle, ils aient perdu les avantages qui les rendaient heureux. On se fait une fausse idée de la domination à laquelle on prétend que tout législateur doit attacher un grand prix : car il y a certainement plus de gloire et de vertu à commander à des hommes libres qu'à exercer un pouvoir despotique sur des esclaves.

§ 13. D'un autre côté, il ne faut pas s'imaginer qu'un État est heureux, et qu'un législateur mérite de grands éloges parce qu'il a exercé les citoyens à vaincre de manière à dominer sur les peuples voisins ; car c'est là un grand inconvénient. Il est évident que tout citoyen qui le pourra fera tous ses efforts pour soumettre sa propre patrie à son autorité. C'est ce que reprochent les Lacédémoniens au roi Pausanias, quelque grand que fût le pouvoir auquel il était élevé. Aucun raisonnement de ce genre, aucune loi n'est ni politique ni utile ni conforme à la juste vérité. Car le législateur doit s'appliquer à bien convaincre les hommes que ce qu'il y a de meilleur et de plus honorable pour les simples particuliers l'est aussi pour l'État.

§ 14. Si l'on s'exerce aux travaux de la guerre, il ne faut pas le faire pour asservir ceux qui ne le méritent pas, mais il faut s'y attacher d'abord pour n'être pas asservi soi-même ; ensuite pour chercher un pouvoir qui soit utile aux citoyens, au lieu de les accabler tous sous le joug du despotisme ; en troisième lieu, pour commander en maître à ceux qui sont faits pour être esclaves.

§ 15. Le législateur doit s'appliquer à rédiger les règlements de la guerre et les autres parties de la législation, principalement en vue du repos et de la paix. C'est un principe que prouvent les faits eux-mêmes d'accord avec le raisonnement. La plupart des États qui ont l'ardeur belliqueuse se conservent tant qu'ils font la guerre, mais une fois qu'ils ont établi leur domination, ils périssent ; la paix leur fait perdre, comme au fer, la trempe qu'on leur avait donnée. C'est la faute du législateur qui ne leur a point appris à vouloir prendre du repos.

§ 16. Puisque le but de l'État et des particuliers est évidemment le même et que la fin de l'homme parfait et de la république parfaite est nécessairement la même, il est clair qu'il faut qu'il y ait des vertus propres au repos. On l'a déjà dit bien des fois : la paix est le but de la guerre, le repos est le but du travail.

§ 17. Mais les vertus qui servent au repos et à l'agrément de la vie sont celles dont on fait usage dans le repos aussi bien que dans la vie active. Car il y a bien des choses qu'il faut nécessairement se procurer, pour pouvoir se livrer au repos. C'est pour cette raison que l'État doit être courageux et endurci à la fatigue ; car le proverbe l'a dit : Point de repos pour les esclaves. Ceux qui ne peuvent pas affronter les dangers avec courage sont les esclaves des premiers qui entreprennent de les attaquer.

§ 18. Il faut donc du courage et de la patience, dans la vie active, de la philosophie dans le repos, et de la justice dans les deux situations, surtout quand on jouit de la paix et qu'on vit au sein du repos. La guerre nous force à être justes et modérés, tandis que la jouissance du bonheur et les délices du repos pendant la paix nous rendent plus insolents.

§ 19. Ceux donc qui semblent parvenus au faîte de la prospérité, et qui jouissent de tout ce que nous appelons le bonheur, ont besoin de beaucoup de justice et de beaucoup de modération, comme les sages que les poètes nous représentent dans les îles Fortunées ; il leur faudra d'autant plus de philosophie, de modération et de justice qu'ils ont plus de loisir dans l'abondance de tous les biens

On voit clairement de cette manière qu'un État qui veut être heureux et vertueux doit se mettre en possession de ces vertus. S'il est honteux de ne pas pouvoir user des biens que l'on possède, il l'est encore plus de ne pas pouvoir en user quand on jouit du repos, et de se montrer ainsi généreux et brave au milieu des travaux et de la guerre, tandis qu'on serait servile et lâche au sein de la paix et du repos.

§ 20. Aussi ne faut-il pas s'exercer à la vertu comme la république des Lacédémoniens ; celle-ci ne diffère pas des autres États en ne comprenant pas de la même manière les plus grands de tous les biens, mais en voulant se les procurer plutôt par une vertu spéciale qui est la vertu guerrière. Il est clair qu'il y a des biens plus grands que ceux qu'on se procure par la guerre, qu'il faut en préférer la jouissance à celle que donnent les vertus militaires, et lui donner la préférence uniquement pour elle-même.

§ 21. Mais comment et par quels moyens y parviendra-t-on ? C'est ce qu'il faut maintenant examiner. Nous avons précédemment indiqué trois conditions essentielles: la nature, l'habitude et la raison ; nous avons déterminé aussi quelles sont les qualités naturelles qu'on doit désirer ; il nous reste à considérer si c'est par la raison ou par les mœurs que doit commencer l'éducation. La plus parfaite harmonie doit régner entre les deux dernières ; car il est possible que la raison même s'égare dans la meilleure nature, et les mœurs peuvent aussi produire de semblables égarements.

§ 22. Au reste, il est d'abord évident qu'ici, comme dans les autres choses, c'est à la génération que tout commence, et que la fin qui se rapporte à un commencement déterminé est elle-même le commencement de quelque autre fin. Or, la raison et l'intelligence sont dans l'homme la fin de la nature, de sorte que c'est par rapport à elles deux qu'il faut surveiller attentivement et les conditions de sa naissance, et la formation de ses habitudes.

§ 23. Ensuite, l'homme étant composé de deux parties, l'âme et le corps, nous voyons que l'âme comprend pareillement deux parties : celle qui possède la raison, et celle qui est privée, et que chacune de ces deux parties a ses dispositions ou manières d'être, dont l'une est le désir et l'autre l'intelligence. Mais comme, dans l'ordre de la génération, le corps est avant l'âme, ainsi la partie irraisonnable est avant la partie raisonnable. Cela est d'ailleurs évident ; car la colère, la volonté, et même les désirs se manifestent chez les enfants dès les premiers moments de leur existence, tandis que le raisonnement et l'intelligence ne se montrent naturellement qu'à la suite d'un certain développement. Voilà pourquoi il est nécessaire de donner les premiers soins au corps avant l'âme, ensuite à l'instinct ; cependant on ne doit former l'instinct que pour l'intelligence, et le corps ne doit être formé que pour l'âme.

CHAPITRE XIV

§ 1. Si donc le premier devoir du législateur est d'assurer aux enfants qu'on élève une constitution aussi robuste que possible, il doit d'abord s'occuper du mariage et des qualités que les époux doivent apporter à leur union. Il faut que le législateur examine cette communauté en ayant égard aux personnes et aux temps qu'elles sont destinées à vivre ensemble, afin que les âges soient dans un rapport convenable, et que les facultés ne soient pas en désaccord, le mari pouvant encore avoir des enfants, et la femme ne le pouvant pas, ou celle-ci le pouvant encore, tandis que le mari aurait dépassé l'âge ; car c'est là ce qui produit des querelles et des divisions entre époux.

§ 2. Il faut ensuite avoir égard à la naissance successive des enfants ; car il y a de l'inconvénient à ce que l'âge des enfants soit trop en arrière par rapport à celui de leurs pères ; si les pères sont trop âgés, ils ne jouiront pas de la reconnaissance des enfants, et les enfants ne recevront pas de leurs pères les secours dont leur éducation a besoin ; il ne faut pas non plus que les âges soient trop rapprochés : c'est là une source de grandes difficultés. Alors les enfants ne respectent plus leurs parents que comme des compagnons d'âge, et ce rapprochement amène bien des plaintes réciproques dans l'administration domestique. Enfin, pour revenir au point que nous avons indiqué en commençant, cette sage attention a pour but de donner aux enfants une constitution physique qui réponde aux vues du législateur.

§ 3. Toutes ces conditions se trouvent à peu près renfermées dans un seul point à observer ; car les limites de la faculté d'avoir des enfants étant fixées pour les hommes à soixante-dix ans tout au plus, et à cinquante pour les femmes, on doit se régler sur ces termes extrêmes pour déterminer l'âge où il convient de placer le commencement de l'union conjugale.

§ 4. Or, l'union de jeunes époux n'est pas favorable à la bonne constitution des enfants : on observe que, dans toutes les espèces d'animaux, ceux qui sont produits par des individus jeunes sont faibles, imparfaits, ordinairement du sexe féminin, et d'une petite taille : d'où il est naturel de conclure que la même chose précisément doit avoir lieu dans l'espèce humaine. La preuve en est que dans tous les pays où l'on a coutume d'unir de jeunes

11.

époux, les enfants naissent avec une constitution débile
et une petite taille. Outre cela, les femmes jeunes souf-
frent davantage dans leurs couches, et il en meurt un
plus grand nombre. C'est pour cela, dit-on, que l'oracle
répondit aux Trézéniens que la mort de tant de jeunes
femmes provenait de ce qu'on les mariait trop tôt, sans
avoir égard à la récolte des fruits.

§ 5. Il importe aussi dans l'intérêt des bonnes mœurs
d'attendre un âge plus formé pour marier les filles. On
remarque en effet que celles qui ont connu de bonne
heure les plaisirs de l'amour sont plus portées au déré-
glement. Il paraît aussi que l'union des sexes est nuisible au développement physique des jeunes gens, lorsqu'on les marie avant l'époque où ils ont acquis toute leur
croissance ; il y a, en effet, un temps limité où elle s'ar-
rête.

§ 6. Il convient donc de fixer le mariage des femmes
à dix-huit ans, et celui des hommes à trente-sept ou un
peu moins. Ainsi l'union se fera au moment de la plus
grande vigueur, et les deux époux auront un temps à
peu près égal pour élever leur famille, jusqu'à ce qu'ils
cessent d'être propres à la génération. Si le mariage est
fécond dès son début, comme on peut le croire, les enfants naîtront au moment où commencera la plus grande
vigueur des parents jusqu'au déclin de l'âge pour les maris, à soixante-dix ans.

§ 7. Nous venons de dire à quelle époque il faut que
ces mariages se fassent : quant à la saison de l'année
qu'il convient de préférer, c'est celle qu'on choisit encore
aujourd'hui le plus généralement, et avec raison ; c'est
donc l'hiver qui est le moment de ces unions. Au reste,
il faut que les époux eux-mêmes fassent attention à ce
que disent les médecins et les naturalistes sur la production des enfants : les médecins déterminent avec assez de

précision les époques où le corps est le mieux disposé ;
les naturalistes indiquent les vents les plus favorables et
donnent la préférence aux vents du nord sur ceux du
midi.

§ 8. Cependant l'énumération des qualités physiques
dont l'influence est le plus favorable à la bonne constitution des enfants, nous semble appartenir plutôt à un
traité spécial sur l'éducation ; il suffira quant à présent
d'en donner quelques idées sommaires et générales. Le
tempérament n'a pas besoin d'être athlétique ni pour la
vie politique, ni pour la santé, ni pour la procréation ; il
ne faut pas non plus qu'il soit valétudinaire, ni trop incapable de supporter les travaux ; il doit tenir le milieu.
Il faut donc que cette constitution moyenne soit exercée
et développée par des travaux qui n'aient rien de violent
et qui ne soient pas dirigés vers un seul but, comme celle
des athlètes, mais formée par l'habitude des actions qui
conviennent aux hommes libres. Il faut enfin qu'il n'y ait
presque aucune différence entre la constitution des hommes et celle des femmes.

§ 9. Il est encore nécessaire que les femmes enceintes
prennent soin de leur santé sans languir dans l'inaction
et sans se contenter d'une nourriture peu substantielle.
Il est facile au législateur d'obtenir ce résultat en leur
prescrivant d'aller tous les jours adorer dans leurs temples les divinités qui président aux naissances. Il convient
au contraire de laisser à leur esprit un calme plus complet : la mère est pour l'enfant qu'elle porte dans son
sein ce que la terre est pour les plantes : la communication est intime.

§ 10. Quant à la question de savoir quels sont les enfants qui doivent être abandonnés ou élevés, il faut une
loi qui défende de nourrir tout enfant difforme. Pour le
nombre des enfants (car le nombre des naissances doit

toujours être limité), si les coutumes ne permettent pas
d'abandonner un enfant, et si au-delà du nombre limité,
quelques mariages deviennent féconds, il faut provoquer
l'avortement avant que le fœtus reçoive le sentiment et
la vie. En effet, ce n'est que par le sentiment et par la
vie qu'on établira s'il y a crime ou non.

§ 11. Puisque nous avons fixé l'âge où l'union de
l'homme et de la femme doit commencer, il convient de
fixer aussi la durée du temps de la procréation. Les enfants issus de parents trop âgés, comme ceux qui naissent
de parents trop jeunes, sont incomplets de corps et d'esprit, tandis que les enfants des vieillards sont d'une faiblesse extrême. Il convient que le temps de la procréation dure jusqu'au moment où l'esprit a acquis tout son
développement ; or, ce développement, selon les poètes
qui mesurent le temps de la vie par des nombres septénaires, arrive généralement vers l'âge de cinquante ans.
Ainsi, quatre ou cinq ans après ce terme, il convient de
renoncer à mettre des enfants au jour, et dès lors, il n'y
aura plus de rapports intimes que pour des raisons de
santé, ou pour tout autre motif semblable. Que l'infidélité de l'époux ou de l'épouse soit regardée comme une
honte et comme une infamie, tant que subsistent les liens
du mariage ; et s'il est prouvé que la faute a été commise
pendant la période fixée pour la procréation, que le coupable soit puni du châtiment mérité par un tel désordre.

CHAPITRE XV

§ 1. Après la naissance des enfants, il faut bien se persuader que le genre d'alimentation produit une grande
différence pour la vigueur de leurs corps. En examinant
les autres animaux et les peuples qui s'appliquent à for-

mer des tempéraments propres à la guerre, on voit que la nourriture la plus favorable au corps est le lait pris abondamment, sans l'usage du vin, à cause des maladies qu'il développe.

§ 2. Il est encore utile de donner aux mouvements toute la liberté qu'on peut laisser à des enfants de cet âge. Pour éviter que leurs membres délicats ne prennent une fausse direction, quelques nations se servent encore aujourd'hui de machines qui empêchent le corps de devenir difforme. Il importe aussi de les habituer au froid dès le premier âge ; c'est le plus grand service qu'on puisse leur rendre pour leur santé et pour les travaux de la guerre. Aussi plusieurs peuples barbares ont-ils la coutume de plonger les enfants dans un fleuve dont les eaux soient froides ou de les couvrir de vêtements légers comme font les Celtes.

§ 3. Il vaut mieux s'y prendre de bonne heure pour donner à l'enfance toutes les habitudes possibles, mais par degrés ; la chaleur naturelle des enfants est merveilleusement propre à leur faire supporter le froid. Tels sont à peu près les premiers soins qu'il importe de leur donner.

§ 4. L'âge qui suit jusqu'à cinq ans ne doit pas encore être appliqué à l'étude ni aux ouvrages pénibles, afin de ne pas arrêter la croissance ; il faut seulement assez de mouvement pour empêcher la torpeur du corps, et le meilleur moyen, c'est l'action et le jeu ; mais il ne faut pas que ces jeux soient indignes d'une condition libre, ni fatigants, ni d'une facilité trop relâchée.

§ 5. Les contes et les fables qu'il convient de leur faire entendre à cet âge seront l'objet de la surveillance des magistrats chargés de l'inspection des enfants. Tous ces jeux doivent préparer les voies aux exercices qu'ils suivront plus tard ; ce sont pour la plupart autant d'imitations des exercices qu'ils suivront plus tard d'une manière sérieuse.

§ 6. On a tort de défendre au nom de la loi les cris et les sanglots des enfants ; car c'est un moyen de développement et un exercice pour les organes ; l'effort que l'on fait pour retenir l'haleine fortifie le corps, et c'est ce qui arrive aux enfants quand ils crient. Les inspecteurs surveilleront les récréations et l'emploi du reste du temps de manière que les enfants soient le moins possible dans la compagnie des esclaves ; il faut nécessairement que pendant cette première époque jusqu'à l'âge de sept ans, ils soient nourris dans la maison paternelle.

§ 7. Il est donc raisonnable d'éloigner des enfants de cet âge toutes les choses grossières qui pourraient blesser l'oreille et la vue. En un mot, le législateur devra bannir de la cité l'indécence des propos comme tout autre vice ; car il n'y a pas loin des mauvais propos qu'on se permet à de mauvaises actions. Il faut donc essentiellement que, dès leur plus tendre enfance, les jeunes gens n'aient aucune occasion ni de rien entendre ni de rien dire de pareil. Si quelqu'un est convaincu d'avoir dit ou fait une chose défendue, il faut, dans le cas où c'est un homme libre, mais qui n'a pas encore le privilège d'être admis dans les repas publics, le punir par la flétrissure et les coups ; si c'est un homme d'un âge plus avancé, il faut, en punition de ses inclinations serviles, lui infliger les châtiments réservés aux esclaves.

§ 8. Puisque nous proscrivons les paroles indécentes, il est évident que nous bannissons aussi les peintures et les représentations obscènes. Les magistrats veilleront donc soigneusement à ce qu'aucune statue, aucune peinture ne représente des actions de ce genre, si ce n'est dans les temples des dieux pour lesquels la loi permet ces indécentes bouffonneries. D'ailleurs, la loi n'autorise que les hommes d'un âge[1] plus avancé à faire des sacrifices à ces dieux, soit pour eux-mêmes, soit pour leurs enfants et pour leurs femmes.

§ 9. Le législateur doit aussi défendre à ceux qui sont encore trop jeunes d'assister aux représentations satyriques et aux comédies, avant qu'ils aient atteint l'âge où ils pourront être admis aux repas communs et faire usage du vin pur ; alors l'éducation les mettra tous à l'abri de ces dangers. Maintenant, nous avons traité ce sujet en courant, mais nous insisterons plus tard pour décider s'il faut interdire absolument tout spectacle aux jeunes gens, ou si, après nos hésitations, il faut leur permettre quelque liberté, et comment il le faut. Nous n'en avons fait mention dans cette occasion que comme d'une chose nécessaire.

§ 10. Peut-être Théodore[2], l'acteur tragique, n'avait-il pas tort de dire qu'il ne permettait jamais, même à un acteur médiocre, de paraître avant lui sur la scène, parce que les spectateurs se laissent facilement prévenir en faveur de la voix qu'ils entendent la première. Or, c'est précisément ce qui a lieu dans nos rapports avec les hommes et relativement aux choses qui nous environnent : les premières impressions sont toujours celles qui nous plaisent le plus. Voilà pourquoi il faut rendre étrangères aux jeunes gens toutes les choses méprisables, principalement celles qui sont la source du vice ou de la malveillance. Une fois parvenus à l'âge de cinq ans, ils devront, pendant les deux années suivantes, jusqu'à sept ans, assister comme spectateurs aux exercices qu'ils auront à apprendre dans la suite.

1. L'édition Tauchnitz a omis les mots : Τοὺς ἔχοντας ἡλικίαν πλέον πρόηκουσαν, qui se trouvent dans toutes les autres éditions, excepté l'édition des Aldes.
2. Acteur célèbre, contemporain d'Aristote et de Philippe de Macédoine.

§ 11. Au reste, il y a deux périodes entre lesquelles on peut partager l'éducation des enfants ; à partir de leur septième année jusqu'à l'adolescence, et depuis l'époque de l'adolescence jusqu'à vingt et un ans. Ceux qui divisent les périodes de la vie par les nombres septénaires sont le plus souvent dans l'erreur : il vaut mieux, dans cette division, se conformer à la marche de la nature ; or, le but de l'art et de l'éducation, en général, c'est de suppléer à la nature, et de compléter ce qu'elle n'a que commencé. Premièrement donc, il s'agit d'examiner s'il convient d'établir quelque système au sujet de l'éducation des enfants ; ensuite, s'il y a de l'avantage à les soumettre à une surveillance commune, ou à les élever en particulier dans la maison paternelle, comme c'est l'usage encore aujourd'hui dans la plupart des États ; en troisième lieu, quelle doit être cette éducation.

LIVRE CINQUIÈME

ARGUMENT ANALYTIQUE

L'éducation des jeunes gens doit être commune. —· Différence entre les arts libéraux et les arts mécaniques.— Des lettres, de la gymnastique, de la musique et du dessin. — Leur utilité ne doit pas être le seul but de l'éducation. — De la gymnastique et de la musique.

CHAPITRE PREMIER

§ 1. Personne ne contestera donc que l'éducation des jeunes gens ne doive être l'un des principaux objets des soins du législateur ; car tous les États qui l'ont négligée en ont éprouvé un grand dommage. En effet, le système politique doit être adapté à chaque gouvernement, et les mœurs appropriées à chaque gouvernement le conservent et même l'établissent sur une base solide. Ainsi des mœurs démocratiques ou aristocratiques sont le plus sûr fondement de la démocratie ou de l'aristocratie ; et toujours les mœurs les plus pures donnent le meilleur gouvernement.

§ 2. De plus, en chaque espèce de facultés ou d'arts, il y a des choses qu'il faut apprendre d'avance, et des habitudes qu'il faut contracter, pour être en état d'en exécuter les travaux ; de sorte qu'il est évident qu'il doit en être de même pour les actions vertueuses. Mais comme il n'y a qu'un but unique pour la cité, il s'ensuit évidem-

ment que l'éducation aussi doit de toute nécessité être
une et la même pour tous, et que la direction en doit
être commune, et non pas abandonnée à chaque particulier, comme on le fait de nos jours, où chacun dirige
l'éducation de ses propres enfants et leur donne le genre
d'instruction qu'il juge à propos. Cependant ce qui est
commun à tous doit aussi être appris en commun. En
même temps, il ne faut pas s'imaginer que chaque citoyen
s'appartienne à lui-même, mais que tous les citoyens
appartiennent à la cité ; car chaque individu est membre
de la cité, et le soin qu'on donne naturellement à chaque
partie doit naturellement être en harmonie avec le soin
qu'on doit prendre du tout.

§ 3. Sous ce rapport, on peut approuver les Lacédémoniens, qui donnent la plus grande attention à l'éducation des enfants et qui ont voulu qu'elle fût donnée en
commun. Il est donc évident que le législateur doit s'occuper de l'éducation et qu'elle doit être commune. Il ne
faut donc pas laisser ignorer ce que c'est que l'éducation,
et comment il est nécessaire de la diriger. Car on n'est
pas d'accord sur les faits, et l'on ne s'entend pas sur les
matières que les jeunes gens doivent apprendre pour arriver à la vertu et à la vie la plus parfaite ; on ne sait pas
bien s'il convient de s'occuper de l'intelligence ou des
qualités morales.

§ 4. Le système actuel d'éducation embarrasse cet
examen ; on ne voit pas clairement s'il faut enseigner
les arts utiles à la vie, ou les préceptes de vertu, ou les
sciences de pur agrément. Toutes ces opinions ont leurs
partisans, et il n'y a rien de bien arrêté sur la vertu ; les
principes varient sur l'essence même de la vertu, de telle
sorte que naturellement les avis diffèrent sur les moyens
de la pratiquer.

CHAPITRE II

§ 1. Au reste, il n'est pas difficile de voir que, parmi les choses utiles, il faut que l'on soit intruit surtout de celles qui sont d'une nécessité incontestable, et il est également évident que toutes ne doivent pas être enseignées, puisqu'il y en a dont l'usage est libéral, et d'autres qui ne conviennent pas à des hommes libres. Il faut donc ne communiquer aux jeunes gens que les connaissances utiles qui ne leur imposeront pas un genre de vie sordide et mécanique. Or, on doit regarder comme mécanique tout art, toute science qui rend incapable des exercices et des actes de la vertu, le corps des hommes libres ou leur âme ou leur intelligence. Voilà pourquoi nous appelons mécaniques tous les arts qui altèrent les dispositions naturelles du corps, et tous les travaux qui sont mercenaires ; car ils ne laissent à la pensée ni liberté ni élévation.

§ 2. Mais il n'y a rien de servile à cultiver quelques sciences libérales, au moins jusqu'à un certain point ; une application excessive et la prétention d'atteindre à la perfection dans ce genre peuvent seules produire les inconvénients dont nous venons de parler. D'ailleurs, il y a bien de la différence suivant le but qu'on se propose en apprenant ou en pratiquant les sciences ; car, lorsqu'on n'a en vue que sa propre utilité ou celle de ses amis, il n'y a rien d'illibéral ; mais le même travail qu'on fait pour d'autres semble souvent avoir quelque chose de mercenaire et de servile. Les sciences et les arts qui sont en vogue aujourd'hui ont donc cette double tendance, comme on l'a dit précédemment.

§ 3. Aujourd'hui l'éducation comprend ordinairement

quatre parties : la grammaire, la gymnastique et la musique ; on y ajoute quelquefois le dessin. La grammaire et le dessin sont regardés comme utiles à la vie et d'un usage multiplié ; la gymnastique comme propre à former le courage. Quant à la musique, on pourrait douter s'il est utile de l'enseigner ; car aujourd'hui on ne l'apprend guère que comme un art d'agrément, tandis qu'autrefois elle faisait partie de l'éducation, parce que la nature elle-même, comme nous l'avons dit souvent, cherche les moyens non seulement de bien employer le temps de l'activité, mais encore de se créer de nobles loisirs ; car, encore une fois, c'est la nature qui commence tout.

§ 4. Si le travail et le loisir sont tous deux nécessaires, le loisir est sans contredit préférable au travail, et généralement il faut chercher ce qu'on doit faire pour le remplir. Il ne s'agit pas certainement de simples amusements ; car il s'en suivrait que l'amusement serait pour nous la fin de la vie. Or, s'il est impossible qu'il en soit ainsi, c'est plutôt dans le travail qu'il faut se procurer des amusements, car c'est surtout quand on est fatigué qu'on a besoin de délassement, et même les amusements n'ont été inventés que pour délasser. Le travail amène toujours l'effort et la fatigue. Voilà pourquoi il faut, quand on a recours aux amusements, épier le moment favorable pour en faire usage, comme si on ne voulait les employer qu'à titre de remède. Le mouvement que le jeu communique à l'esprit le relâche et le repose par le plaisir qu'il lui procure.

§ 5. Il semble qu'il y a dans le loisir même une sorte de plaisir, de bonheur et de charme ajouté à la vie, mais qui se rencontre seulement dans les hommes exempts de tout travail, et non dans ceux qui sont occupés. Car être occupé de quelque chose c'est travailler pour un but qu'on n'a pas encore atteint ; et dans l'opinion de tous les hommes le bonheur est le but où l'on se repose sans douleur, dans le sein même du plaisir. Il est vrai que ce plaisir n'est pas le même pour tous ; chacun l'arrange à sa manière et selon son tempérament. L'homme le plus parfait se forme le bonheur le plus parfait en le composant des vertus les plus pures. D'où il suit évidemment que, pour savoir employer les loisirs de la vie libérale, il faut qu'on apprenne certaines choses, qu'on s'en instruise, et que ces études aient pour but l'individu lui-même qui jouit de ces loisirs, tandis que le travail appliqué aux choses nécessaires a plus particulièrement rapport aux autres qu'à nous-mêmes.

§ 6. C'est pour cela que les anciens n'ont point rangé la musique parmi les matières de l'éducation à titre de chose nécessaire, car elle n'est pas un besoin, ni à titre de chose utile, comme les lettres pour le commerce, pour l'économie, pour l'étude et pour la plupart des actes de la vie civile, comme le dessin qui semble utile pour mieux juger les ouvrages des artistes, enfin comme la gymnastique pour la santé et pour la force, car nous ne voyons pas que ni l'un ni l'autre de ces avantages provienne de la musique. Il reste donc qu'elle soit utile pour les heures du loisir, ce qui l'a fait admettre comme partie de l'éducation. On a compris sous ce nom ce qu'on regarde comme un délassement des hommes libres. C'est pour cette raison qu'Homère dit [1] dans ses poésies :

Un de ceux [2] qu'on invite au festin solennel.....

---

1. Probablement en parlant de quelque musicien.

2. Ἀλλ' οἶον μέν ἐστί καλεῖν ἐπὶ δαῖτα θαλείην. Ce vers ne se trouve nulle part dans les poésies d'Homère. C'est d'ailleurs un vers faux : on ne pourrait le scander qu'en mettant μήν au lieu de μέν, comme on l'a proposé.

ou bien qu'en citant quelques autres de ses personnages il ajoute qu'ils appellent au festin

Un chantre[1] dont la voix charmera tous les hôtes.....

ou enfin qu'il fait dire à Ulysse que la musique est le délassement le plus agréable, lorsque les hommes se livrent à la joie,

Assis[2] dans le palais autour d'un beau festin
Entendent le poète.....

CHAPITRE III

§ 1. Il est donc incontestable qu'il y a une éducation qu'il faut donner aux jeunes gens non point comme utile ou nécessaire, mais parce qu'elle est libérale et honorable. Mais n'existe-t-il qu'une science de ce genre? En existe-t-il plusieurs? Quelles sont-elles? Comment faut-il les enseigner? C'est ce que nous aurons à dire plus tard. Tout ce que nous avons dit jusqu'ici comme préliminaire, c'est que les anciens nous ont fourni leur témoignage sur les parties essentielles de l'éducation ; car la musique nous en fournit une preuve manifeste. On voit encore qu'il faut enseigner aux enfants certaines choses utiles, non seulement parce qu'elles sont utiles comme les lettres, mais encore parce qu'elles donnent le moyen d'acquérir beaucoup d'autres connaissances.

§ 2. On peut en dire autant du dessin. On ne l'apprend pas pour se garantir de toute méprise dans les acquisitions particulières, et pour ne pas se laisser tromper

---

1. Odyssée, v. 385. Aristote altère le passage d'Homère, en mettant, de sa propre autorité, les mots : οἳ καλέουσιν..... et plus loin ἅπαντας.

2. Odyssée IX, v. 7.

dans les achats et dans les ventes de meubles, mais pour arriver à un sentiment plus délicat de la beauté des corps. D'ailleurs ne chercher en tout genre que l'utile est ce qui convient le moins à des hommes libres qui ont l'âme élevée. Nous avons démontré qu'on doit former les habitudes des enfants avant de former leur raison, et le corps avant l'esprit. Il suit de là qu'on leur apprendra la gymnastique[1] et la pédotribique ; l'une, pour donner au corps la grâce et la vigueur ; l'autre, pour le former aux exercices.

§ 3. De nos jours, cependant, parmi les Etats qui passent pour donner les soins les plus attentifs à l'éducation des enfants, les uns s'appliquent à leur faire une constitution athlétique, dégradant ainsi les formes et le développement du corps. Les Lacédémoniens, au contraire, n'ont point commis une pareille faute, mais à force d'endurcir les jeunes gens aux fatigues, parce que c'est le moyen de leur donner un courage indomptable, ils les rendent féroces. Mais, comme nous l'avons dit souvent, ce n'est pas à un seul objet qu'il faut s'attacher, et surtout ce n'est pas celui-là qu'il faut avoir le plus en vue ; et même quand le courage militaire serait le principal but, on ne l'atteint pas pour cela ; car dans les autres animaux, pas plus que dans l'homme, on ne voit pas que le courage suive les naturels les plus féroces, mais plutôt les naturels les plus doux et ceux qui ressemblent le plus au lion.

§ 4. Un grand nombre de peuples ont l'habitude du meurtre et sont anthropophages, comme les Achéens et

---

1. La gymnastique joignait à la science des exercices une connaissance exacte de toutes leurs propriétés sous le rapport de la vigueur et de la santé ; la pédotribique se bornait aux exercices mécaniques, comme la gymnastique, la natation, la course, la danse. Le gymnaste était théoricien ; le pédotribe praticien. (Perizonius ad Ælian., *Var. histor.*, l. II, c. vi.)

les Hénioques qui habitent les bords du Pont-Euxin, et plusieurs nations de l'intérieur des terres qui leur ressemblent et sont encore plus féroces ; mais ce ne sont que des brigands qui ne connaissent pas le véritable courage. On sait encore que les Lacédémoniens eux-mêmes, tant qu'ils employèrent tout leur temps aux travaux et aux fatigues du corps, eurent la supériorité sur les autres peuples, et qu'aujourd'hui ils sont laissés bien loin en arrière pour les exercices du gymnase et du champ de bataille. C'est qu'ils ne devaient par leur supériorité à leur manière d'exercer les jeunes gens, mais à cette circonstance seule qu'ils s'exerçaient contre des ennemis qui ne s'exerçaient pas.

§ 5. Il faut donc mettre au premier rang l'honneur, et non la férocité. Les loups et les animaux sauvages ne braveraient pas un danger pour l'honneur; l'homme brave en est seul capable. Mais ceux qui poussent trop les enfants à cette partie de l'éducation, et les laissent tout à fait dans l'ignorance des choses qu'il faut savoir, ne font de leurs fils que de véritables manœuvres, parce qu'ils ont voulu les rendre utiles à la société pour un seul genre de travail ; et encore leurs enfants le font-ils moins bien que d'autres, comme le prouve la raison. Il ne faut pas prononcer sur cette question d'après ce qui se passait autrefois, mais d'après ce qui se passe aujourd'hui : or, maintenant on a des rivaux pour l'éducation ; autrefois on n'en avait pas.

CHAPITRE IV

§ 1. Que l'on doive faire usage de la gymnastique, et comment on doit en user, c'est un point sur lequel on est d'accord. Jusqu'à l'époque de l'adolescence, il faut n'employer que des exercices peu fatigants, en interdisant aux enfants une nourriture trop forte et tous les travaux forcés, afin que rien ne puisse nuire à leur croissance. Il y a même une preuve bien convaincante que ces inconvénients peuvent se produire : c'est que parmi les athlètes qui combattent aux jeux Olympiques, on en trouverait à peine deux ou trois qui, après avoir été proclamés vainqueurs dans leur enfance, l'aient été aussi dans l'âge mur, parce que les exercices violents de leur jeunesse et les travaux obligés leur ont fait perdre leurs forces.

§ 2. Mais lorsqu'à partir de la puberté, les jeunes gens se seront livrés pendant trois ans à d'autres études, alors il conviendra de consacrer l'époque suivante à des travaux pénibles et à un régime de vie très régulier ; car il ne faut pas fatiguer le corps et l'intelligence en même temps. Chacun de ces deux genres de fatigue produit des effets opposés : la fatigue du corps est nuisible au développement de l'esprit, et celle de l'esprit au développement du corps.

§ 3. Nous avons déjà proposé quelques doutes sur la musique ; mais il est bon d'y revenir en ce moment, pour fournir quelques données à ceux qui voudront traiter ce sujet. En effet, il n'est pas facile de décider ni quelle influence elle peut avoir, ni pour quelle raison il convient de s'y appliquer, si c'est comme amusement et comme délassement (ce qu'on pourrait dire aussi du sommeil et de l'usage du vin pur) ; car ces deux choses n'ont par elles-mêmes rien de sérieux, mais, comme dit Euripide[1], elles sont agréables, et en même temps elles charment nos soucis. C'est pourquoi on la comprend dans la même catégorie, et on fait à peu près le même usage de

1. Voyez les Bacchantes d'Euripide, v. 378-384.

ces trois choses : le sommeil, le vin et la musique, et même on y ajoute aussi la danse.

§ 4. Ou bien faut-il croire plutôt que la musique contribue en quelque chose à la vertu, parce que, de même que la gymnastique donne au corps certaines qualités, ainsi la musique donne au caractère certains avantages, en accoutumant à prendre des plaisirs honnêtes ; ou bien contribue-t-elle à la fois à l'amusement et au développement de l'esprit ? Car c'est un troisième point de vue qu'il faut ajouter à ceux que nous avons indiqués. On voit donc qu'il ne faut pas faire de l'instruction un simple amusement, puisque s'instruire n'est pas s'amuser, et que l'étude est toujours accompagnée de quelque peine. Il ne convient pas même d'attribuer l'amusement à l'enfance comme son partage particulier, ni aux âges qui en sont voisins, parce que la fin ne convient à rien de ce qui est imparfait.

§ 5. Toutefois, on pourrait s'imaginer que ce qui est une affaire sérieuse pour les enfants n'est destiné qu'à les amuser quand ils seront hommes faits et parvenus à la maturité de l'âge. Et, s'il en est ainsi, à quoi bon acquérir soi-même l'instruction, au lieu de faire comme les rois des Perses et des Mèdes, qui ne prennent part au plaisir et à l'étude que par le talent des autres ? Et, en effet, il faut que ceux qui font toujours le même travail et qui l'ont élevé à la hauteur d'un art, y réussissent mieux que ceux qui n'y consacrent que le temps nécessaire seulement pour l'apprendre. Si chacun devait faire pour lui-même ces études, il faudrait aussi que chacun apprît l'art d'assaisonner les mets de sa table ; ce qui serait absurde.

§ 6. La même objection a lieu si l'on suppose que la musique puisse améliorer les mœurs. A quoi bon l'apprendre soi-même, au lieu d'en goûter le vrai plaisir et de pouvoir juger en écoutant les autres ? C'est ce qui se fait à Lacédémone. Sans apprendre la musique, les Lacédémoniens, dit-on, peuvent très bien juger des beautés et des défauts de l'harmonie. Ce sera le même raisonnement si l'on considère la musique comme devant servir de passe-temps et de divertissement aux hommes libres ; car pourquoi l'étudier soi-même et ne pas jouir du talent des autres ?

§ 7. On peut encore considérer à ce sujet l'opinion que nous nous faisons des dieux : car les poètes ne nous représentent pas Jupiter chantant et jouant de la lyre. Nous disons même que la musique est un art servile et que, pour l'exercer, il faut être ivre ou vouloir se divertir. Au reste, peut-être aurons-nous plus tard l'occasion de revenir sur ce sujet.

CHAPITRE V

§ 1. Le premier point, c'est de chercher si elle doit faire partie de l'éducation ou si elle doit en être exclue, et ce qu'elle peut être des trois choses que l'on met en doute, une science, un amusement ou un simple passe-temps. Or, c'est avec raison qu'on la range sous ses trois dénominations, et elle semble tenir à toutes les trois. Car l'amusement à pour but de nous délasser, et tout délassement est nécessairement agréable, puisqu'il est une sorte de remède à la fatigue produite par le travail. On convient généralement que le passe-temps doit réunir l'honnête à l'agréable ; car le bonheur se compose de ces deux conditions, et nous avouons tous que la musique purement instrumentale ou accompagnée de chant est une des choses les plus agréables.

§ 2. Musée a dit que le plus grand plaisir des mortels

est le chant. C'est donc avec raison que l'on admet la
musique dans les réunions et dans les divertissements,
puisqu'elle fait naître la joie. Ce motif suffirait à lui seul
pour faire apprendre la musique aux jeunes gens. Car
tout plaisir qui ne saurait nuire est convenable non seulement comme fin, mais aussi comme délassement. Et
puisqu'il arrive bien rarement aux hommes d'atteindre
la fin qu'ils se proposent, au lieu qu'ils se délassent souvent et qu'ils ont besoin de jeux, ne serait-ce que pour
n'en retirer d'autre avantage que le plaisir d'un moment,
il s'ensuit qu'il est utile de chercher un délassement dans
les plaisirs que donne la musique.

§ 3. Quelquefois pourtant les hommes prennent l'amusement pour fin ; et, en effet, il y a peut-être dans la fin
quelque plaisir, mais ce n'est pas un plaisir quelconque
et qui se rencontre à chaque pas ; en cherchant ce dernier plaisir, on le confond avec celui-là, parce que la fin
des actes particuliers a quelque rapport de ressemblance
avec la fin générale qu'on a en vue. Ce n'est pas pour
l'avenir qu'on doit désirer la fin de quoi que ce soit, et
les plaisirs dont je parle ne se rapportent à rien de ce
qui doit être dans l'avenir ; au contraire, ils sont relatifs
aux choses passées, comme les travaux et les peines. On
pourrait donc présumer avec quelque probabilité que
telle est la cause qui fait qu'on espère trouver le bonheur
dans toute espèce de plaisir.

§ 4. Quant à la question de savoir s'il faut étudier la
musique non seulement pour elle-même, mais encore à
cause de son utilité, comme moyen de délassement, il
semble[1]..... Toujours faut-il examiner si ce n'est pas

---

1. Les traducteurs latins placent ici une lacune ; Coray et
Thurot l'ont maintenue. Les autres traducteurs français l'ont
dissimulée avec plus ou moins de talent ; mais elle n'en existe
pas moins. Il y a une fatalité qui s'est attachée aux œuvres

simplement un accident ; si la nature de cet art n'est pas
quelque chose de plus important que ne le ferait croire
l'usage dont nous venons de parler ; si indépendamment
du plaisir général qu'il fait éprouver, et dont tous les
hommes ont le sentiment (car il y a dans la musique un
plaisir qui tient à sa nature propre, qui séduit tous les
âges, tous les caractères et qui rend son culte aimable),
on ne doit pas considérer quelle influence elle peut exercer sur le cœur et sur l'âme. Et cette influence serait incontestable, s'il était vrai que la musique eût le pouvoir de
modifier nos affections à son gré.

§ 5. Or, qu'elle produise un pareil effet, c'est ce qui
est évidemment prouvé par les airs mélodieux d'un grand
nombre de musiciens, surtout d'Olympus[1]. Ces airs, de
l'aveu de tout le monde, excitent l'enthousiasme dans
l'âme, et l'enthousiasme n'est autre chose qu'une affection
particulière de l'âme. Il suffit même, pour éprouver une
vive émotion à laquelle personne n'échappe, d'entendre
répéter ces airs sans le rhythme et la mélodie. Puisque la
musique est une jouissance, et que la vertu consiste à
jouir, aimer et haïr comme la raison le prescrit, il faut
évidemment que la première de nos études et de nos habitudes soit de juger sainement et de ne placer le plaisir
que dans les sensations honnêtes et dans les actions vertueuses.

§ 6. Or, rien n'imite mieux les véritables sentiments

d'Aristote pour la pureté du texte, pour l'ordre général de ses
ouvrages, quelquefois même, comme dans la Politique, pour
la disposition des parties d'un même ouvrage. Ajoutons que
Platon a eu un commentateur, et que Schneider est bien loin
de la critique de Stallbaum.

1. Olympus excellait dans l'art de jouer de la flûte. Il vivait
avant la guerre de Troie. On rapporte qu'il avait été le disciple de Marsyas. Ses nomes ou airs s'étaient conservés du
temps d'Aristophane, qui parle de l'enthousiasme qu'ils exci-
taient dans l'âme.

de l'âme que le rhythme et la mélodie, soit qu'il s'agisse
de la colère, de la douceur, du courage, de la tempérance,
ou des affections opposées et des autres sentiments de
l'âme. La preuve en est dans les faits, puisque la musique
excite dans notre âme toutes ces passions. Quand on a
l'habitude de ressentir de la peine et du plaisir, à l'occasion
de choses qui leur ressemblent, on est bien près d'éprouver les mêmes sentiments en présence de la réalité. Par
exemple, si un homme trouve du plaisir à considérer le
portrait de quelque personne, uniquement parce que ce
portrait représente la forme extérieure, nécessairement la
vue de la personne même dont il contemple le portrait lui
sera agréable.

§ 7. Les objets qui tombent sous les autres sens, comme
le toucher et le goût, n'ont aucune ressemblance avec les
affections morales ; les objets mêmes qui sont du domaine
de la vue ne les reproduisent que par degré. C'est ce que
font les figures ; elles ne nous rappellent les sentiments
que peu à peu, et tous les hommes sont capables d'éprouver ce genre de sensation. Ce ne sont pas là de véritables
images des mœurs, mais plutôt des signes qui se manifestent par les figures, les couleurs et les attitudes du corps,
quand il est agité par quelque passion. Si l'on songe à
l'importance du choix des modèles, ce ne sont pas les ta-
bleaux de Pauson que les jeunes gens doivent contem-
pler, mais ceux de Polygnote[1], ou de tout autre peintre ou
statuaire qui se sera appliqué à représenter les mœurs.

§ 8. Au contraire, la musique est une imitation des
affections morales, et cela est évident, car il y a des diffé-

1. Polygnote de Thasos et Pauson d'Ephèse vivaient à peu
près 396 ans avant J.-C., peu de temps avant Aristote. Dans
sa Poétique, c. II, Aristote dit : « Polygnote, dans ses figures,
s'élevait au-dessus de la nature, Pauson restait au-dessous, et
Denys faisait les siennes semblables à la nature. »

rences essentielles dans la nature des divers accords. Ceux
qui les entendent sont affectés d'une manière différente
par chacun de ces accords : quelques-uns, comme le mode
myxolydien[1], les disposent à plus de mélancolie et à des
sentiments plus concentrés ; d'autres inspirent plus de
mollesse et de nonchalance comme les modes relâchés.
Une autre harmonie intermédiaire apporte à l'âme le
calme et la paix ; c'est le mode dorien qui seul produit cet
effet, tandis que le phrygien excite l'enthousiasme.

§ 9. C'est ce qu'observent avec raison ceux qui ont
approfondi cette partie de l'éducation ; car ils s'appuient,
dans leurs raisonnements à ce sujet, sur le témoignage
même des faits. Il en est de même pour ce qui concerne
les différentes espèces de rhythmes, dont les uns indiquent des mœurs plus calmes, plus paisibles, et les autres
plus de trouble et de mobilité ; parmi ceux-ci, quelques-
uns marquent des mouvements plus brusques, quelques
autres des mouvements plus dignes d'un homme libre.
Il est donc incontestable que la musique exerce une
puissance morale. Et, si elle peut avoir cette influence, il
est évident aussi qu'il faut y avoir recours, et la faire
apprendre aux jeunes gens.

§ 10. La jeunesse est précisément l'âge qui est propre à
l'étude de cet art ; car il est naturel que les jeunes gens ne
supportent pas ce qui n'a rien d'aimable. Or, la musique
est par sa nature l'une des choses qui portent en elles-
mêmes leur agrément. Il semble, en effet, qu'il y ait dans
l'harmonie et dans le rhythme quelque chose d'analogue
avec la nature humaine, et c'est pour cela que plusieurs
philosophes prétendent, les uns, que l'âme est une harmonie, les autres, qu'elle embrasse et comprend l'harmonie.

---

1. Les trois modes fondamentaux étaient le lydien, le myxolydien et l'hyperlydien.

CHAPITRE VI

§ 1. Faut-il, ou non, comme nous en avons émis le doute précédemment, que les jeunes gens apprennent la musique en s'exerçant à chanter et à jouer eux-mêmes des instruments ? C'est la question qui nous reste maintenant à résoudre. Il n'est pas difficile de voir que l'influence morale de la musique diffère beaucoup selon que nous la cultivons nous-mêmes ou que nous ne la cultivons pas; car il est impossible ou difficile d'être bon juge dans un art qu'on ne pratique pas soi-même. D'ailleurs il faut que les enfants aient une occupation, et l'on a raison de regarder comme une belle invention d'Archytas [1] la crécelle, que l'on donne aux petits enfants, afin que, pendant qu'ils s'en servent, ils ne brisent rien dans la maison; les enfants ne peuvent rester un seul instant en repos. La crécelle est donc un jouet qui convient à de jeunes enfants, mais l'instruction est le jouet de ceux qui sont plus avancés en âge. Il faut donc enseigner la musique aux jeunes gens et les obliger à la cultiver eux-mêmes.

§ 2. Il n'est pas difficile de déterminer ce qui est ou ce qui n'est pas convenable aux différents âges et d'en finir avec les objections de ceux qui prétendent que ce genre d'étude a quelque chose de bas et de mécanique. D'abord, puisqu'il faut, pour bien juger d'un art, s'y être exercé soi-même, on doit le pratiquer au moins dans la jeunesse, sauf à renoncer plus tard à ce travail. Mais alors on pourra apprécier les beautés de cet art et en jouir grâce à la connaissance que l'on aura acquise dans la jeunesse.

1. Archytas, de Tarente, philosophe de l'école de Pythagore, fut célèbre par son génie pour les mathématiques et par ses inventions dans les arts mécaniques. Il florissait vers l'an 440 avant J.-C.

§ 3. Quant au reproche que quelques-uns font à la musique d'être une occupation basse et servile, il est facile d'y répondre, en considérant jusqu'à quel point il sied de s'exercer à la pratique de cet art, aux hommes dont l'éducation a pour but la vertu politique, quels sont les accords et les rhythmes qu'ils doivent étudier, et de quels instruments il convient qu'ils apprennent à jouer. Car il y a probablement quelques différences à observer sous ce rapport, et c'est là que se trouve la réponse au reproche dont nous venons de parler. Rien n'empêche, en effet, que la musique n'ait certains modes capables d'entraîner les abus qui ont été signalés.

§ 4. On voit aussi qu'il faut que l'étude de la musique ne puisse nuire en rien aux choses que l'on aura à faire dans la suite, ni dégrader le corps et le rendre incapable de supporter les fatigues de la guerre ou impropre aux fonctions civiles; elle ne doit pas être un obstacle maintenant à l'exercice des forces du corps, plus tard aux travaux de l'esprit. Or, c'est à quoi l'on parviendra si on ne cherche pas ni à se préparer aux concours solennels entre les musiciens, ni à exécuter ces tours de force qui étonnent, et qui sont une sorte de superfluité; prodiges qui ont été introduits dans les concours, et qui ont passé de là dans l'éducation. Il faut cependant s'y être exercé, du moins au point de pouvoir trouver du plaisir aux chants et aux rhythmes qui ont une véritable beauté et non pas uniquement à la musique, la plus commune et la plus vulgaire, qui plaît même à certains animaux et à la multitude des esclaves et des enfants.

§ 5. On voit clairement quels sont les instruments dont il faut se servir. On ne doit introduire dans l'éducation ni les flûtes, ni les instruments faits avec art, comme la cithare et ceux qui sont du même genre, mais seulement ceux qui feront des jeunes gens autant d'au-

diteurs intelligents pour tout ce qui a rapport à l'éducation musicale et à toutes les autres branches de cet art.
D'ailleurs la flûte n'est pas propre à agir sur les affections morales ; il faut ne l'employer que dans les occasions où le spectacle a plutôt pour but de corriger que
d'instruire. Ajoutons que l'emploi de la flûte a quelque
chose de contraire au besoin de s'instruire et qu'il empêche de se servir de la parole. C'est pour cela que nos
ancêtres en ont interdit l'usage aux jeunes gens et aux
hommes libres, quoiqu'ils l'eussent d'abord admis.

§ 6. Après avoir acquis plus de loisir par l'aisance et la
prospérité, animés d'une plus généreuse ardeur pour la
vertu, fiers de leurs exploits avant et après la guerre médique, ils s'appliquèrent à tous les genres de connaissances
sans distinction, n'en voulant négliger aucun, et c'est là ce
qui les porta à élever l'art de jouer de la flûte à la hauteur d'une science. Aussi vit-on à Lacédémone un cho-
rège jouer lui-même de la flûte, et bientôt ce goût se
répandit si bien à Athènes que la plupart des hommes
libres cherchaient à acquérir ce talent. C'est ce que l'on voit
par le tableau que Thrasippus consacra aux dieux, lorsqu'il fit les frais du chœur dirigé par le poète Ecphan-
tides[1].

§ 7. Mais, dans la suite, on renonça à cet art, lorsque
l'expérience elle-même eut appris à mieux discerner ce
qui tend à la vertu et ce qui n'y a aucune tendance. On
bannit aussi un grand nombre d'instruments dont on se
servait anciennement, comme les pectides, les barbitons,
et ceux qui ne servent à procurer aux auditeurs que des
sensations de plaisir, tels que les heptagones, les trigones,
les sambuques et tous ceux qui exigent un long exercice
de la main.

1. L'un des poètes de ce qu'on appela, chez les Grecs, l'ancienne comédie.

§ 8. Ce n'est pas sans raison que les anciens ont imaginé une fable sur la flûte : ils disent que Minerve, qui avait inventé la flûte, ne tarda pas à la rejeter. Sans doute il n'est pas mal de dire que ce fut aussi par dépit que la déesse en agit ainsi, parce que cet instrument déforme le visage ; cependant il est plus vraisemblable que ce fut parce que l'étude de la flûte ne contribue en rien au perfectionnement de l'intelligence. Or, on croit communément que Minerve préside aux sciences et aux arts.

CHAPITRE VII

§ 1. Nous n'approuvons donc pas, en fait d'instruments et d'exécution musicale, cette perfection qui va jusqu'à l'art, et qui est telle que nous la constatons dans les concours solennels. Celui qui la recherche ne travaille pas pour se perfectionner dans la vertu, mais pour le plaisir de ceux qui l'écoutent, et pour un plaisir vulgaire et grossier. C'est pour cela que ce talent ne nous semble pas convenir à des hommes libres, mais plutôt à des mercenaires, et certainement il ne forme que des artisans ; car l'intention est mauvaise, et ils en font un but. Le spectateur ignorant et grossier a l'habitude de changer la musique, de telle sorte qu'il imprime aux artistes qui s'exercent pour lui un caractère tout particulier, et même qu'il dégrade leurs corps par les mouvements forcés qu'exige le jeu des instruments.

§ 2. Il s'agit à présent d'examiner, au sujet des harmonies et des rhythmes, s'il faut faire usage, dans l'éducation, de toutes les harmonies et de tous les rhythmes, ou s'il y a quelque distinction à établir ; ensuite, si l'on admettra comme ceux qui travaillent à l'art de la musique la division en deux genres, ou s'il ne faut pas en admettre un troisième. On sait qu'en général la musique se compose de mélopées et de rhythmes, mais on ne doit pas ignorer l'effet de chacune de ces choses par rapport à l'éducation. On ne doit pas ignorer non plus s'il faut préférer la musique la plus parfaite pour la mélopée ou la plus parfaite pour le rhythme.

§ 3. Cependant, comme nous reconnaissons que ce sujet a été traité avec succès par quelques savants musiciens de profession, et par tous les philosophes qui avaient une connaissance suffisante de la musique, nous renvoyons à leurs ouvrages ceux qui désirent des détails exacts et complets sur cette matière, et nous nous bornerons, en ce moment, à quelques considérations fondamentales et très sommaires.

§ 4. Au reste, admettant la division des chants adoptée par quelques philosophes, en chants moraux, pratiques, propres à exciter l'enthousiasme, et une harmonie particulière à chacun d'eux, en sorte que chaque partie admet naturellement un genre spécial d'harmonie, nous dirons que l'emploi de la musique ne se borne pas à un seul genre d'utilité, mais qu'elle doit en avoir plusieurs. En effet, elle peut servir à l'instruction, à la purification (et nous expliquerons plus clairement, dans notre traité de la Poétique, ce que nous entendons par ce terme employé ici d'une manière générale) ; enfin, et en troisième lieu, à l'amusement, comme moyen de relâche et de repos après une application soutenue. Il en résulte évidemment que l'on doit faire usage de toutes les espèces d'harmonie, mais non pas de la même manière, dans tous les cas. Au contraire, il faut faire servir les chants les plus moraux à l'instruction, mais se borner à entendre ceux qu'on appelle pratiques, et ceux qui sont propres à exciter l'enthousiasme, lorsqu'ils sont exécutés par d'autres sur les instruments.

§ 5. Cette manière d'être affecté, si vive et si profonde chez certaines personnes, existe au fond chez tous les hommes; elle ne diffère que par le plus ou le moins : par exemple, la pitié, la crainte, et aussi l'enthousiasme. En effet, il y a des individus qui sont particulièrement enclins à ces sortes de mouvements de l'âme; ce sont ceux que nous voyons devenir calmes et recueillis sous l'influence des mélodies sacrées, lorsqu'ils viennent d'écouter une musique qui a troublé leur âme ; on dirait qu'ils ont rencontré le remède qui pouvait la purifier.

§ 6. Les hommes disposés à la pitié, à la crainte, et, en général, aux passions vives, doivent nécessairement éprouver le même effet ; et les autres aussi, selon leur organisation particulière sous le rapport des passions; tous doivent éprouver une sorte de purification et d'allégement accompagnés d'un sentiment de plaisir. C'est ainsi que les chants qui purifient les passions donnent aux hommes une joie innocente et pure, et, par cette raison, c'est avec de telles harmonies et avec de tels chants que les artistes qui exécutent la musique de théâtre doivent agir [1] sur l'âme des auditeurs.

§ 7. Cependant, comme il y a deux sortes de spectateurs, les uns qui sont des hommes libres et bien élevés, les autres, grossiers et composés d'artisans, de mercenaires et autres gens de cette espèce, il faut aussi accorder à ces derniers des jeux et des spectacles propres à les délasser. De même que leurs âmes se sont détournées de la voie naturelle, ainsi leurs harmonies s'écartent des règles de l'art; leurs chants ont une grossièreté forcée et une couleur fausse. Chacun ne trouve de plaisir que dans ce qui est approprié à sa nature. Il faut donc accorder à ceux qu

---

1. Les textes de Didot, Schneider et Susemihl portent θετέον au lieu de θεατέον qui se trouve dans l'édition de Leipzig. On sous-entend χρῆσθαι après θετέον.

exercent leur art pour de tels auditeurs la liberté de faire usage de ce genre de musique. Mais dans l'éducation, comme on l'a dit, il ne faut se servir que des chants moraux et des harmonies qui leur conviennent.

§ 8. Telle est l'harmonie dorienne, comme nous l'avons dit précédemment ; il faut y joindre toute autre espèce d'harmonie qui aura l'approbation des philosophes qui ont traité ce sujet et qui ont médité sur la partie de l'éducation qui concerne la musique. C'est à tort que Socrate, dans la République de Platon, ne permet de joindre que l'harmonie phrygienne à la dorienne, et cela quand il a interdit l'usage de la flûte ; car l'harmonie phrygienne produit le même effet entre les harmonies que la flûte entre les instruments ; toutes deux réveillent les passions et produisent l'enthousiasme.

§ 9. La poésie nous en offre une preuve ; car tous les chants consacrés à Bacchus et tous les mouvements de cette espèce sont plutôt accompagnés de la flûte que de tout autre instrument ; mais c'est dans les chants adaptés à l'harmonie phrygienne qu'ils prennent le caractère qui leur convient particulièrement ; par exemple, dans le dithyrambe, que tout le monde regarde comme une invention phrygienne. Ceux qui ont une connaissance approfondie de ce genre de poésie citent un grand nombre d'exemples à l'appui de cette assertion, entre autres celui de Philoxène[1] qui, ayant entrepris de faire un dithyrambe dont le sujet était *les Fables*, et l'ayant commencé dans le mode dorien, ne put l'achever de cette manière, mais se vit forcé par la nature même de sa composition, de retomber dans l'harmonie phrygienne, qui convient à ce genre de poésie.

1. Poète dithyrambique du quatrième siècle avant J.-C. Il était né à Cythère et il vécut longtemps à la cour de Denys. Il mourut à Ephèse vers l'an 380.

§ 10. Quant à l'harmonie dorienne, on s'accorde una-
nimement à lui reconnaître un caractère de gravité soutenue et de mâle fermeté ; mais d'un autre côté, comme
nous approuvons surtout ce qui tient le milieu entre deux
espèces opposées ; comme c'est, suivant nous, ce juste
milieu qu'il faut s'attacher à saisir, et que tel est précisément le rapport où se trouve l'harmonie dorienne à l'égard
des autres harmonies, il s'ensuit évidemment que les chants
doriens sont ceux qu'il faut apprendre aux jeunes gens. Cependant il y a deux buts que l'on doit avoir en vue, le possible et le convenable, parce qu'en effet on doit s'attacher
de préférence à ce qui est possible et convenable pour
chaque individu ; or, ces deux conditions sont déterminées
par l'âge. Par exemple, il est bien difficile à des hommes
dont les forces sont usées par le temps, d'exécuter des
chants soutenus, et qui demandent une certaine vigueur ;
au contraire, la nature elle-même suggère aux personnes
de cet âge des chants qui ont une sorte de mollesse et de
douceur.

§ 11. Voilà pourquoi quelques-uns de ceux qui se sont
occupés de musique font un reproche à Socrate de ce qu'il
désapprouve, dans l'éducation, l'emploi des chants de
cette espèce, sous prétexte qu'ils ont le caractère de
l'ivresse. Loin de ressembler à l'ivresse et à l'enthousiasme
bachique qu'elle excite, ces chants sont plutôt l'expression de la faiblesse de l'âge. Il en résulte même qu'il est
bon, dans l'intérêt de l'avenir et de la vieillesse qui s'avance,
d'étudier ces harmonies et ces chants. On pourrait encore
y ajouter tout autre mode semblable qui conviendrait à
l'enfance, comme pouvant à la fois l'instruire et lui inspirer le sentiment de la décence : tel est le mode lydien
qui a ce double mérite plus que toutes les autres harmonies.
Ainsi, relativement à l'éducation, il y a trois choses à observer : le moyen terme, la possibilité et la convenance.

LIVRE SIXIÈME

CHAPITRE PREMIER

§ 1. Tous les arts, toutes les sciences qui ne s'attachent
pas à un objet partiel, mais qui embrassent dans leur
perfection un genre tout entier, doivent sans exception
étudier ce qui convient à chaque genre. Ainsi, c'est à la
gymnastique de déterminer quelle espèce d'exercice est
utile à tel ou tel tempérament; quel est le meilleur des
exercices (ce doit être nécessairement celui qui convient
au corps le mieux constitué et qui s'est développé de la
manière la plus complète); enfin, celui qui convient le
mieux au plus grand nombre d'individus, et qui, à lui seul,
conviendrait à tous; car c'est là le propre de la gymnastique. L'homme même qui n'envierait ni la vigueur de
constitution ni la science qui donnent la victoire dans les

jeux athlétiques, aurait encore besoin du pédotribe et du gymnaste pour parvenir même au degré de médiocrité dont il se contenterait.

§ 2. Nous voyons qu'il en est de même de la médecine, de la construction des vaisseaux, de la fabrication des vêtements et de tout autre art. Il s'ensuit évidemment que c'est à une même science qu'il appartient de rechercher, au sujet de la meilleure forme de gouvernement, ce qu'elle est, quelles sont les conditions qui peuvent lui donner toute la perfection désirable, indépendamment de tous les obstacles extérieurs, et quelle est celle qui convient à tel ou tel peuple ; car il est peut-être impossible à un grand nombre de peuples d'avoir la plus excellente. Ainsi, le législateur et le véritable homme d'État ne doivent pas ignorer quelle est, d'une manière absolue, la forme la plus parfaite ; quelle est la meilleure dans certaines circonstances données ; enfin, ils doivent même être capables d'en concevoir une sur des données hypothétiques. Car il faut qu'ils puissent, d'après un état de choses donné, se faire une idée des causes qui ont pu le produire dès l'origine, et des moyens qui peuvent lui assurer la plus grande durée possible, en le prenant tel qu'il est. Je veux dire, par exemple, s'il se rencontre un État qui ne soit pas bien administré, qui ne soit pas pourvu des ressources nécessaires à son existence, et qui même ne tire pas tout le parti possible de celles qu'il possède, mais qui en fasse un mauvais usage.

§ 3. Il faut aussi qu'ils connaissent la forme de gouvernement qui convient le mieux aux divers États ; car la plupart des écrivains politiques qui ont traité ce sujet, tout en disant des choses excellentes, ont commis des erreurs sur les points importants. Il ne s'agit pas seulement de considérer la meilleure constitution, mais encore celle qui est praticable, et en même temps celle qui est

d'une application plus facile et qui s'accommode mieux
à tous les États. Loin de là, parmi les écrivains politiques,
les uns s'attachent à la forme la plus parfaite et qui exige
des ressources considérables ; les autres, adoptant une
forme de constitution plus commune, rejettent toutes
celles qui existent, et n'approuvent que le gouvernement
de Lacédémone, ou de quelque autre État particulier.

§ 4. Mais il faudrait introduire une forme de gouvernement telle, qu'on pût facilement la faire adopter,
d'après ce qu'on trouverait déjà établi, et lui donner une
application générale ; car il n'y a pas moins de difficulté
à réformer un gouvernement qu'à l'établir dès le principe ; comme il n'y en a pas moins à désapprendre qu'à
apprendre pour la première fois. C'est pour cette raison
qu'indépendamment des talents que nous avons indiqués
plus haut, et des formes de gouvernement qui existent,
il faut que l'homme d'État puisse réformer, comme on l'a
déjà dit ; or, c'est ce qui lui est impossible, s'il ignore
combien il y a de formes diverses de gouvernement.
Par exemple, certaines personnes s'imaginent qu'il n'y a
qu'une sorte de démocratie et une sorte d'oligarchie ;
mais c'est une erreur.

§ 5. Il faut donc qu'on n'ignore pas les caractères distinctifs des gouvernements et les combinaisons diverses
qu'on en peut faire : il faut examiner avec la même circonspection les lois qui sont les plus parfaites en elles-
mêmes, et celles qui conviennent à chaque constitution ;
car on doit faire les lois pour les constitutions, comme le
font tous les législateurs, et non les constitutions pour
les lois. En effet, la constitution est l'ordre établi dans
l'État au sujet des différentes magistratures et de leur
répartition ; elle détermine ce que c'est que la souveraineté de l'État, et quel est le but de chaque association
politique. Les lois, au contraire, sont distinctes des prin-

cipes fondamentaux de la constitution ; elles sont la
règle d'après laquelle les magistrats doivent exercer le
pouvoir et contenir ceux qui seraient disposés à les
enfreindre.

§ 6. Il suit évidemment de là qu'il est nécessaire,
même pour faire de simples lois, de connaître le nombre
et les différences des constitutions ; car il n'est pas possible que les mêmes lois conviennent à toutes les oligarchies et à toutes les démocraties, s'il est vrai qu'il y ait
pour la démocratie, comme pour l'oligarchie, plusieurs
espèces, et non pas une seule.

CHAPITRE II

§ 1. Dans la première étude des constitutions, nous
avons distingué trois constitutions pures : la royauté,
l'aristocratie et la république, et trois autres qui sont une
déviation des premières : la tyrannie pour la royauté,
l'oligarchie à l'égard de l'aristocratie, et la démocratie
par rapport à la république. Nous avons déjà parlé de
l'aristocratie et de la royauté ; car étudier la meilleure
forme de gouvernement, c'est précisément expliquer la
signification de ces deux mots, puisque l'existence de
chacune de ces formes ne peut se fonder que sur la vertu
et sur toutes les choses qui lui servent de cortège ; nous
avons marqué aussi les différences qui existent entre
l'aristocratie et la royauté, et les caractères distinctifs
auxquels on peut reconnaître la royauté ; il ne nous reste
plus qu'à traiter d'abord du gouvernement désigné par le
terme commun de république, ensuite, des autres gouvernements, c'est-à-dire, de l'oligarchie, de la démocratie
et de la tyrannie.

§ 2. Il est facile de voir quel est le pire de ces gou-

vernements dégénérés, et quel est le second après lui ;
car, nécessairement, le plus mauvais doit être celui qui
est une corruption du premier et du plus divin.

Il faut ou que la royauté n'existe que de nom ou qu'elle
soit fondée sur l'incontestable supériorité de celui qui
règne ; il s'ensuit que la tyrannie, qui est le pire des gouvernements, est aussi celui qui s'éloigne le plus de la
république. Vient en second lieu l'oligarchie ; car l'aristocratie diffère beaucoup de cette forme de république.
Enfin la démocratie est le plus tolérable de ces gouvernements dégénérés.

§ 3. Un des écrivains [1] qui ont traité ce sujet a tiré la
même conclusion, quoiqu'il se soit placé à un autre point
de vue que nous ; car il a prononcé qu'entre tous les
bons gouvernements, tels que l'oligarchie la plus parfaite
et les autres, c'est la démocratie qui est le pire, mais
qu'elle est le meilleur entre les mauvais.

§ 4. Nous, au contraire, nous affirmons que ces gouvernements sont absolument vicieux ; il n'est pas bien
de dire que telle oligarchie est meilleure que telle autre,
il faut dire qu'elle est moins mauvaise. En voilà assez sur
cette différence d'opinion. Occupons-nous d'abord de déterminer combien il y a de gouvernements différents, et
s'il y a plusieurs espèces de démocratie et d'oligarchie.
Ensuite nous chercherons quelle est la plus commune et
celle qu'il faut préférer après la république la plus parfaite. Enfin, en supposant qu'il existe quelque autre gouvernement aristocratique bien constitué et convenable
pour le plus grand nombre d'États, nous examinerons
ce qu'il peut être.

§ 5. Nous verrons ensuite, parmi les autres formes de
gouvernement, quelle est celle qui est préférable pour

1. Il veut parler de Platon, qui a fait aussi la même observation dans le dialogue intitulé : Politicus.

tel ou tel État ; car il peut arriver que la démocratie soit plus nécessaire à l'un que l'oligarchie, et, au contraire, que celle-ci convienne mieux à un autre que celle-là. Après quoi, il faudra exposer comment on doit s'y prendre, quand on veut établir ces sortes de gouvernements, c'est-à-dire chaque espèce de démocratie et d'oligarchie. Enfin, quand nous aurons traité en peu de mots, mais avec l'étendue convenable, de tous ces objets, nous tâcherons de faire connaître les causes générales et particulières de la chute ou de la prospérité de chacun de ces gouvernements, et les événements qui préparent ces révolutions[1].

CHAPITRE III

§ 1. La cause qui a donné naissance à cette multiplicité de gouvernements, c'est que toute cité se compose de plusieurs parties ; on voit d'abord que toutes les cités comprennent un certain nombre de familles, d'où se forme ensuite une multitude d'habitants, dont il faut nécessairement que les uns soient riches et les autres pauvres, tandis que d'autres encore forment une classe moyenne. La classe des riches est en état de s'armer, et celle des pauvres est sans armes. On voit encore, dans toute cité, une partie du peuple vouée aux travaux de l'agriculture, une autre au commerce, et une autre aux professions mécaniques. Enfin, entre les notables d'un pays, il y a aussi bien des différences sous le rapport de la richesse et sous celui de l'étendue des propriétés ; par exemple, il s'en trouve qui élèvent et nourrissent des chevaux : ce qu'il n'est pas facile de faire à ceux qui ne sont pas riches.

1. Aristote lui-même indique l'ordre des huit livres de sa Politique.

§ 2. Voilà pourquoi, dans les temps anciens, l'oligarchie s'était établie chez tous les peuples dont la principale force était dans la cavalerie. On s'en servait, en effet, pour faire la guerre aux peuples voisins, comme firent les Erétriens[1], les Chalcidiens, les Magnésiens qui habitaient sur les rives du Méandre, et plusieurs autres peuples de l'Asie. Outre les différences produites par la richesse, il y en a encore qui sont le résultat de la naissance ou de la vertu, et des autres qualités de ce genre qui se rencontrent dans une société politique, comme nous l'avons dit quand il a été question de l'aristocratie ; car nous avons déterminé alors de combien de parties se compose nécessairement toute société civile. Il y a des cas où les membres de chaque classe prennent tous part au gouvernement, d'autres où c'est le privilège d'un plus petit nombre, d'autres enfin où c'est celui d'un nombre plus grand.

§ 3. Il est donc évident qu'il doit nécessairement y avoir plusieurs formes de gouvernement, différentes les unes des autres, puisque les parties dont se compose la société diffèrent entre elles. Le gouvernement est l'ordre établi dans la répartition des magistratures ; tous les citoyens se les distribuent ou sous l'influence de ceux qui sont admis à y prendre part, ou d'après un principe d'égalité commune, je m'explique, aux pauvres et aux riches avec des droits égaux. Il faut donc qu'il y ait autant de gouvernements que de combinaisons de supériorité ou d'infériorité entre les parties de l'Etat.

---

1. Plutarque, dans le traité intitulé : Ἐρωτικός ou Amatorius (t. IX, p. 49, éd. Reisk), raconte : « Ceux-ci, quoique ayant une redoutable infanterie, furent vaincus par les Erétriens, dont la cavalerie reçut un renfort de cavaliers thessaliens. »

Quant aux Magnésiens des bords du Méandre, dont Aristote fait ici mention, Athénée (l. XII, p. 525), nous apprend d'après Théognis, Callinus et Archiloque, qu'amollis par le luxe, ils succombèrent aux attaques des Ephésiens.

§ 4. On admet deux espèces principales de gouvernements, comme on admet deux espèces de vents, ceux du Nord et ceux du Midi ; les autres ne sont que des déviations. Ainsi il y a deux formes de gouvernements, la démocratie et l'oligarchie ; car on ne considère l'aristocratie que comme une espèce d'oligarchie, et ce qu'on appelle la république n'est autre chose qu'une démocratie. C'est ainsi que parmi les vents, le zéphyre tient du Borée, et l'Eurus du Notus. Il en est de même des harmonies, comme disent quelques auteurs : on ne reconnaît que deux modes, le dorien et le phrygien, en sorte que toutes les autres combinaisons d'harmonie sont appelées doriennes et phrygiennes.

§ 5. Telle est donc la manière dont les hommes ont coutume de considérer les gouvernements. Mais peut-être est-il mieux et plus exact de dire, comme nous l'avons établi, qu'il n'y a que deux ou même un seul gouvernement sage et bien réglé, dont tous les autres ne sont que des écarts et des altérations. Si la musique n'admet qu'une harmonie parfaite, dont toutes les autres ne sont que des combinaisons mélangées, la politique aussi ne reconnaît qu'un gouvernement parfait, dont la forme est tantôt oligarchique quand il est plus concentré et plus despotique, tantôt populaire, quand il a des ressorts doux et relâchés.

§ 6. Il ne faut pas croire, comme on le fait quelquefois de nos jours, que la démocratie existe absolument dans tout État où la multitude est souveraine, puisque dans les oligarchies et partout, c'est toujours le plus grand nombre qui a la suprême puissance ; ni croire qu'il y ait oligarchie toutes les fois que le pouvoir est dans les mains du petit nombre. Car, si l'on suppose que sur une population de treize cents citoyens, il y en ait mille qui soient riches, et qui ne donnent aucune part dans

l'administration aux trois cents autres qui seront pauvres,
mais d'ailleurs libres et égaux aux riches sous tous les
autres rapports, personne ne pourra affirmer qu'une telle
population vive sous un régime démocratique. Pareillement, si les pauvres, quoique en petit nombre, étaient
plus puissants que les riches, quand même ceux-ci seraient
plus nombreux, personne ne donnera le nom d'oligarchie
à ce gouvernement, dans le cas où le reste des citoyens,
possédant les richesses, n'aurait aucune part aux honneurs.

§ 7. Il vaut donc mieux dire que la démocratie existe,
lorsque le pouvoir souverain est entre les mains des
hommes libres; et qu'il y a oligarchie, lorsqu'il est entre
les mains des riches. Mais il arrive ordinairement que les
uns, c'est-à-dire les hommes libres sont en grand nombre;
et que les autres, ou les riches, sont peu nombreux. Et
certes, si l'on n'appelait aux magistratures que les hommes d'une grande taille, comme on le fait, dit-on, en
Ethiopie, ou ceux d'une beauté remarquable, ce serait
une oligarchie; le nombre des hommes d'une haute taille,
ou d'une grande beauté, étant toujours peu considérable.

§ 8. Cependant ces conditions ne suffisent pas pour
déterminer avec précision ces différentes formes de gouvernement; mais comme la démocratie et l'oligarchie se
composent de plusieurs parties, il faut encore distinguer
et admettre que, dans le cas où les hommes libres, en
petit nombre, auraient autorité sur le plus grand nombre
des citoyens qui pourtant ne seraient pas libres, ce ne
serait pas là une démocratie. C'est ce qu'on a pu voir à
Apollonie[1] sur les côtes de la mer Ionienne et à Théra[2]; car,
dans chacune de ces deux villes, les honneurs ne s'accor-
daient qu'à ceux qui étaient d'une naissance illustre, aux

---

1. Colonie des Corcyréens et des Corinthiens. Le gouvernement de cette ville était plutôt oligarchique que démocratique.
2. L'une des Cyclades.

descendants des fondateurs de la colonie, qui étaient très peu nombreux en comparaison du reste des habitants. Ce ne sera pas non plus une démocratie, si les riches, parce qu'ils sont les plus nombreux, ont le pouvoir comme jadis à Colophon[1], où la partie la plus nombreuse des citoyens possédait de grandes propriétés avant la guerre qu'ils soutinrent contre les Lydiens. Mais la démocratie n'existe que dans le cas où les citoyens libres et pauvres, formant le plus grand nombre, sont maîtres du gouvernement; et, pour qu'il y ait oligarchie, il faut que la souveraineté appartienne à un petit nombre de riches et de nobles.

§ 9. Nous avons dit qu'il y a plusieurs gouvernements, et pour quelle raison. Disons maintenant qu'il y en a plus que nous n'en avons compté, quels sont ces gouvernements et pourquoi; toujours en partant de l'observation que nous avons présentée d'abord. On convient que toute cité se compose de plusieurs parties ; or, de même que, lorsqu'on entreprend de classer les différentes espèces du règne animal, on commence par déterminer les parties qui doivent nécessairement se trouver dans tout animal, comme sont, par exemple, certains organes des sens, tels que ceux de la nutrition qui reçoivent et digèrent les aliments, comme la bouche et l'estomac, ensuite les membres qui servent à chaque animal pour sa locomotion.

§ 10. S'il n'y avait que ces espèces d'organes, mais avec des différences ; par exemple, si la bouche, l'estomac, les organes des sens et de la locomotion ne se ressemblaient pas, le nombre des combinaisons qu'on en pourrait faire donnerait nécessairement plusieurs espè-

---

1. Ville d'Ionie dans l'Asie Mineure. Xénophane, philosophe et poète, chef de l'école d'Elée, naquit à Colophon. Il nous fait une vive peinture du luxe qui régnait dans cette ville. Athénée (l. XII, p. 526) a conservé ce fragment précieux.

ces distinctes d'animaux : car il n'est pas possible que le même animal ait plusieurs espèces de bouche ou d'oreilles. En prenant toutes les combinaisons possibles de ces organes, on formera des classes d'animaux, et autant de classes qu'il y a de combinaisons des organes nécessaires.

La même règle s'applique exactement aux formes politiques dont nous avons parlé ; car les États ne se composent pas d'une seule partie, mais de plusieurs, comme on l'a déjà dit bien des fois.

§ 11. Il y a donc d'abord une classe nombreuse qui est chargée de pourvoir à la subsistance des citoyens : ce sont les laboureurs. La seconde classe est celle des artisans, vouée à la pratique des arts sans lesquels un État ne saurait exister ; et, parmi ces arts, les uns sont d'une nécessité indispensable, les autres servent au luxe et aux jouissances qui font le bonheur de la vie. La troisième est celle des marchands, et j'entends par-là tous les citoyens occupés de vente et d'achat, qui passent leur vie sur les marchés publics et dans les boutiques. Les mercenaires composent la quatrième classe. Dans la cinquième classe se trouvent les guerriers qui doivent combattre pour la défense de l'État ; elle n'est pas moins nécessaire que les autres, si l'on veut qu'il ne soit pas asservi par ceux qui l'attaqueraient. En effet, il est tout à fait impossible qu'une cité mérite de porter ce nom, quand elle est esclave par nature. Une cité se suffit librement à elle-même ; une race esclave est dépendante.

§ 12. Aussi peut-on dire que si cette question est traitée avec élégance dans la République [1] de Platon, elle

1. L. XI, p. 79. Les commentateurs ont remarqué, avec raison, que la critique d'Aristote est tout à fait injuste, et que, soit préoccupation ou défaut de mémoire, soit quelque motif

ne l'est pas avec assez d'exactitude, Socrate prétend
qu'une cité se compose de quatre classes absolument nécessaires, les tisserands, les laboureurs, les cordonniers
et les maçons. Mais ensuite, trouvant sans doute ces
classes insuffisantes, il y ajoute [1] les forgerons, les éle-
veurs des bestiaux nécessaires à l'exploitation, ensuite
les marchands et les débitants : tout cela forme le complément de la première cité, telle qu'il l'avait conçue
d'abord comme si une cité n'existait que pour la satisfaction des besoins matériels et non pour un but moral,
comme si la vertu ne lui était pas, plus nécessaire que
des cordonniers et des laboureurs.

§ 13. Encore n'admet-il les classes des guerriers dans
l'Etat qu'au moment où l'accroissement du territoire
met les citoyens en contact [2] et en guerre avec les peuples
voisins. Cependant ces quatre classes de citoyens ou
tout autre nombre de classes, quel qu'il soit, auront besoin de quelqu'un qui rende la justice et qui prononce
sur le droit de chacun. Si donc on reconnaît que l'âme
est encore plus que le corps, une partie de l'animal, il
faut reconnaître aussi comme étant au-dessus des professions qui nous donnent les objets nécessaires à l'existence, la classe des guerriers et celle des interprètes de
la justice civile. Il faut même y ajouter la classe qui délibère sur les intérêts généraux de l'État, noble prérogative
réservée à l'intelligence politique. Que ces fonctions
soient attribuées, chacune à part, à certaines personnes
ou qu'elles soient réunies dans les mêmes individus, peu
importe à notre raisonnement, puisqu'en effet il arrive

encore moins excusable, il attribue à son maître des opinions
et des sentiments qui n'étaient pas les siens.

1. Dans les Livres des Lois.

2. Les textes de Didot, Schneider et Susemihl portent
ἁπτομένης au lieu de ἁπτομένων. C'est la vraie leçon.

souvent que le maniement des armes et la culture des terres sont confiés aux mêmes mains. Si donc ces deux derniers genres de fonctions doivent aussi bien que les autres, être considérés comme des éléments de la cité, il est visible que la classe des guerriers en est aussi une partie nécessaire.

§ 14. Une septième classe sera composée de ceux qui contribuent de leur fortune aux différents services publics, et qu'on appelle riches. Et, puisqu'une cité ne saurait exister sans chefs, les administrateurs de l'État et ceux qui exercent les différentes magistratures formeront la huitième classe. Il est donc nécessaire qu'il y ait des hommes capables de commander, et qui se dévouent pour la société à ce genre de service, soit pour tout le temps de leur vie, soit à tour de rôle. Il reste encore les fonctions dont nous avons parlé tout à l'heure, celle de délibérer sur les intérêts généraux et celle de décider, en cas de contestation, pour les droits entre les citoyens. Si donc les États ont besoin de ces institutions, s'il leur faut une institution sage et juste, la même nécessité réclame des hommes versés dans la science politique.

§ 15. On pense généralement que les diverses fonctions publiques peuvent être cumulées, et que le même citoyen peut être à la fois guerrier, laboureur, artisan, sénateur et juge ; tous les hommes revendiquent leur part de capacité politique et se croient en état de remplir la plupart des magistratures. Mais il n'est pas possible que les mêmes personnes soient riches et pauvres, et c'est pour cette raison que, dans l'État, les deux classes les plus distinctes sont les riches et les pauvres. D'un autre côté, comme les uns sont généralement peu nombreux, et les autres en grand nombre, ce sont les parties de l'État qui sont réellement le plus opposées l'une à l'autre. La prédominance de l'une ou de l'autre détermine donc les formes du gouvernement, et il semble qu'il n'y ait que deux gouvernements : la démocratie et l'oligarchie. Mais nous avons dit plus haut qu'il y en a davantage, et pour quelles raisons. Faisons voir maintetenant qu'il y a plusieurs espèces de démocratie et d'oligarchie.

CHAPITRE IV

§ 1. Il est facile de le voir d'après ce qui vient d'être dit, puisque le peuple et même ceux qu'on appelle les notables se composent de plusieurs classes diverses. Par exemple, dans le peuple, il y a la classe des cultivateurs, celle des artisans, celle des marchands qui vendent ou qui achètent; il y a aussi celle des hommes qui exercent l'industrie maritime, les uns comme guerriers, les autres comme spéculateurs, ceux-ci employés aux transports, ceux-là à la pêche. Dans plusieurs pays, ces classes de marins comprennent une foule d'individus : comme les pêcheurs à Tarente et à Byzance, les matelots pour la guerre à Athènes, les commerçants à Egine et à Chio, les bateliers à Ténédos. Il y a encore dans cette classe inférieure les manœuvres, ceux qui ont quelque fortune, mais une fortune trop petite pour vivre sans travailler, ceux qui ne sont citoyens libres que de père ou de mère seulement, enfin tous ceux qui vivent dans les conditions de cette nature. Les citoyens de la classe élevée se distinguent les uns des autres par la richesse, la noblesse de leur famille, le mérite, l'instruction et autres avantages du même genre [1].

§ 2. La première espèce de démocratie est celle qui a

---

1. Il faut placer le mot ὅμοια avant λεγόμενα.

l'égalité pour base. Aux termes de la loi qui règle cette démocratie, l'égalité signifie que les riches et les pauvres n'ont point de privilèges politiques, qu'ils ne sont souverains ni les uns ni les autres d'une manière exclusive, mais qu'ils le sont tous exactement dans la même proportion. S'il est vrai, comme quelques-uns le pensent, que la liberté et l'égalité constituent essentiellement la démocratie, elles ne peuvent pourtant s'y trouver dans toute leur pureté qu'autant que les citoyens jouiront de la plus parfaite égalité politique. Mais, comme le peuple est toujours la partie la plus nombreuse de l'État, et que c'est l'opinion du plus grand nombre qui fait autorité, il faut bien que ce soit là le caractère essentiel de la démocratie. Voilà donc une première espèce de démocratie.

§ 3. La condition que les magistratures soient données d'après un cens déterminé, pourvu qu'il soit modique, constitue une autre espèce ; mais il faut que celui qui arrive au cens exigé ait une part dans les fonctions publiques, et qu'il en soit exclu, s'il cesse de posséder le cens. Une troisième espèce admet aux magistratures tous les citoyens irréprochables ; mais c'est la loi qui commande. Dans une autre espèce, tout habitant, pourvu qu'il soit citoyen, est déclaré apte à gérer les magistratures, et la souveraineté reste encore à la loi. Enfin, il y a une cinquième espèce où sont maintenues les mêmes conditions, mais où la souveraineté est transportée de la loi à la multitude.

§ 4. Voilà ce qui arrive quand les décrets enlèvent l'autorité absolue à la loi, ce qui est l'effet du crédit des démagogues. Car, dans les gouvernements démocratiques où la loi règne, il n'y a point de démagogues : ce sont les citoyens les plus recommandables qui ont la prééminence ; mais une fois que la loi a perdu la souveraineté, il s'élève une foule de démagogues. Alors le peuple est comme un

monarque à mille têtes, il est souverain, non pas individuellement, mais en corps. Quand Homère dit[1] que la
domination de plusieurs est un mal, on ne voit pas s'il
entend par là une domination d'un peuple tout entier,
comme nous le faisons maintenant, ou bien une domination de plusieurs chefs réunis qui ne formeraient, pour
ainsi dire, qu'un seul chef.

§ 5. Un tel peuple, vrai monarque, veut régner en
monarque; il s'affranchit du joug de la loi et devient
despote : ce qui fait que les flatteurs y sont en honneur.
Cette démocratie est dans son genre ce que la tyrannie
est à la monarchie. De part et d'autre, même oppression
des hommes de bien : ici les décrets, là les ordonnances
arbitraires. Le démagogue et le flatteur ne font qu'un :
ils ont entre eux une ressemblance qui les confond. Les
flatteurs et les démagogues ont également une très grande
influence, les uns sur les tyrans, les autres sur les peuples
qui se sont réduits à un tel état.

§ 6. Les démagogues sont cause que l'autorité souveraine est dans les décrets, et non dans la loi, par le soin
qu'ils prennent de tout ramener au peuple; il en résulte
qu'ils deviennent puissants, parce que le peuple est
maître de tout, et qu'eux-mêmes sont maîtres de l'opinion de la multitude, qui n'obéit qu'à eux. Outre cela,
ceux qui ont des reproches à faire aux magistrats prétendent que c'est au peuple qu'il appartient de décider;
celui-ci consent volontiers qu'on en appelle à son autorité, et de là résulte l'entière dissolution de toutes les
magistratures.

§ 7. Or, on peut soutenir avec raison qu'un pareil
gouvernement est une démocratie, et non une république;
car il n'y a pas de république là où les lois ne règnent

1, Iliade, c. II, v. 204,

pas. Il faut en effet que l'autorité de la loi s'étende sur tous les objets, que les magistrats prononcent sur toutes les choses de détail, et qu'ils jugent les procès. Par conséquent, si la démocratie doit être comptée parmi les formes de gouvernement, il est clair qu'un pareil état de choses, dans lequel tout se règle par décret, n'est pas même, à proprement parler, une démocratie ; car jamais un décret ne peut avoir une forme générale, comme la loi. Telles sont les différentes espèces de démocratie.

CHAPITRE V

§ 1. Une des formes de l'oligarchie est celle où, pour parvenir aux magistratures, il faut payer un cens tel que les pauvres, qui forment le plus grand nombre, ne puissent y parvenir. Quiconque l'atteint est admis à prendre part au gouvernement. Une autre forme est celle où les magistratures n'étant accessibles qu'à un revenu considérable[1], les citoyens qui jouissent de ce revenu appellent aux magistratures par leur propre choix ceux qui ne peuvent pas l'atteindre. Si le choix peut se faire parmi tous les citoyens indistinctement, le gouvernement a quelque chose qui tient davantage à l'aristocratie, mais si le choix est restreint à certaines familles, le gouvernement est tout à fait oligarchique. Une autre forme de l'oligarchie, c'est lorsque le fils succède à son père dans les fonctions civiles. Enfin, il y a une quatrième forme, lorsque dans l'hérédité dont nous venons de parler, l'autorité absolue appartient aux magistrats, et non à la loi.

1. Lisez μαχρῶν et non μιχρῶν, comme dans l'édition Tauchnitz.

Cette dernière forme, parmi les oligarchies, correspond à la tyrannie dans les monarchies, et à l'espèce de démocratie dont nous avons parlé en dernier lieu ; on donne à cette forme d'oligarchie le nom de dynastie[1].

§ 2. Telles sont les formes diverses d'oligarchie et de la démocratie. Mais il ne faut pas ignorer que, dans plusieurs États, quoique la forme du gouvernement ne soit pas précisément populaire au point de vue des lois, cependant la tendance des mœurs et des habitudes fait que l'administration y est populaire, et pareillement, dans d'autres États où la forme du gouvernement établie par les lois est plus populaire, l'administration, par l'influence des mœurs et des habitudes, se rapproche plutôt de l'oligarchie. C'est ce qui arrive principalement lorsqu'il s'est opéré des révolutions dans les gouvernements ; car on ne fait pas de brusques changements, mais on se contente d'abord de petits avantages qu'on se dispute les uns aux autres, de sorte que les lois précédemment établies subsistent encore quelque temps, mais ceux qui entreprennent de changer la forme du gouvernement finissent par l'emporter.

§ 3. Il est facile de voir, par ce que nous venons de dire, qu'il y a autant d'espèces de démocratie et d'oligarchie que nous l'avons établi : car il faut nécessairement ou que toutes les classes, dans lesquelles nous avons vu que le peuple peut se partager, aient part au gouvernement, ou que les unes y soient appelées, et non les autres. Lorsque la classe des agriculteurs et de ceux qui possèdent une fortune médiocre a la souveraineté dans l'État, elle gouverne suivant les lois ; car les hommes qui la composent peuvent vivre en travaillant, mais ils ne peuvent pas avoir

---

1. Δυναστεία : c'est-à-dire, gouvernement arbitraire, ou gouvernement de fait, autorité fondée uniquement sur le pouvoir, c'est-à-dire sur la force.

beaucoup de loisirs. Aussi, du moment qu'ils ont établi les lois, ne se réunissent-ils en assemblée générale que dans les cas de nécessité. D'ailleurs, les autres citoyens ont aussi le droit de prendre part au gouvernement, quand ils auront acquis le cens exigé par les lois ; car ce serait de l'oligarchie que de ne pas accorder ce droit également à tous. Quant à vivre sans rien faire, c'est ce qui est impossible quand les citoyens n'ont pas de revenus. Voilà donc déjà une espèce de démocratie d'après les causes que nous avons déterminées.

§ 4. La seconde espèce est déterminée par le mode d'élection qu'elle a adopté. Tous ceux qui sont irréprochables du côté de la naissance ont le droit de prendre part aux affaires du gouvernement, quoi qu'ils ne puissent pas avoir le loisir de s'en occuper. Les lois sont encore souveraines dans cette espèce de démocratie, parce que les citoyens n'ont pas de revenus. La troisième espèce admet tous les hommes libres aux fonctions politiques, mais la raison que nous venons d'indiquer les empêche d'exercer leur droit ; nécessairement donc la loi est encore souveraine dans ce gouvernement. La quatrième espèce est celle qui s'est établie la dernière dans les États suivant l'ordre chronologique.

§ 5. En effet, par suite de l'accroissement que les États ont pris relativement à ce qu'ils étaient dans l'origine, et au moyen des revenus considérables dont ils jouissent, tous les citoyens prennent part à la direction des affaires, à cause de la prépondérance qu'a obtenue la multitude ; ils exercent leurs droits de citoyen et ils administrent parce qu'ils peuvent avoir le loisir nécessaire, même les pauvres, depuis qu'ils reçoivent une rétribution ; et même, c'est surtout cette multitude qui a le plus de loisir ; car le soin de ses affaires particulières ne lui donne aucun embarras, tandis qu'il est un obstacle pour les riches, à tel point que souvent ils ne prennent aucune part aux délibérations qui se font dans les assemblées générales, ni même aux fonctions judiciaires. Il arrive de là que la multitude devient maîtresse du gouvernement et que la loi n'a plus la souveraineté. Telles sont donc les causes nécessaires qui déterminent le nombre et le caractère des différentes espèces de démocratie.

§ 6. Quant à l'oligarchie, la première espèce est celle où le plus grand nombre des citoyens possède quelque fortune, plutôt petite que grande et qui n'a rien d'excessif, car elle ne donne à celui qui l'a acquise que le droit de prendre part aux affaires publiques et comme le nombre des citoyens qui ont des droits politiques est considérable, il faut que la souveraineté appartienne à la loi, et non point aux hommes. Car plus les citoyens d'un pareil Etat s'éloignent de la monarchie, plus la fortune qu'ils possèdent n'est ni assez grande pour qu'ils vivent dans le loisir, loin des soucis et des affaires, ni assez petite pour qu'ils soient nourris aux frais de l'État. Il faut bien alors qu'ils trouvent bon que la loi leur commande, au lieu de se faire eux-mêmes souverains.

§ 7. Au contraire, si ceux qui possèdent des biens sont en moindre nombre que ceux[1] dont nous venons de parler, et s'ils possèdent des biens plus considérables, on arrive à la seconde espèce d'oligarchie. La puissance irrite l'ambition et multiplie les prétentions. C'est pour cela que les riches choisissent dans les autres classes un certain nombre de citoyens qu'ils appellent à l'administration, et comme ils ne sont pas encore assez forts pour commander sans la loi, ils le sont assez cependant pour faire porter la loi qui leur accorde une telle prérogative.

1. Lisez ἢ οἱ μὲν τὸ πρότερον.

§ 8. Si l'on concentre encore dans un plus petit nombre de mains les fortunes devenues plus considérables, c'est le troisième degré de l'oligarchie ; celle où les citoyens de la minorité occupent les magistratures par eux-mêmes et en vertu de la loi qui adjuge aux fils la succession de leurs parents. Enfin, lorsque l'influence que certaines personnes doivent à leur immense fortune et à leurs nombreux clients devient tout à fait prépondérante, il en résulte une dynastie qui approche beaucoup de la monarchie ; ce sont les hommes, et non les lois qui ont l'autorité souveraine ; et c'est la quatrième espèce d'oligarchie, correspondant au dernier degré de la démocratie.

§ 9. Outre la démocratie et l'oligarchie, il y a encore deux autres formes de gouvernement, dont l'une est connue de tout le monde, et que nous avons comprise dans les quatre principales : la monarchie, l'oligarchie, la démocratie, et la quatrième qu'on appelle l'aristocratie. Cependant il y en a une cinquième à laquelle on donne le nom de République, qui est commun à toutes les autres. Mais comme elle existe rarement, elle échappe à ceux qui entreprennent de faire l'énumération de ces différentes formes de gouvernement, et ils n'en comptent ordinairement que quatre, comme a fait Platon dans ses deux traités [1] sur cette matière.

§ 10. C'est donc avec raison que l'on donne le nom d'aristocratie à ce genre de gouvernement dont nous avons parlé précédemment [1] ; c'est la seule dénomination convenable pour désigner l'État où le pouvoir est confié aux hommes les plus vertueux, si l'on prend ce mot dans sa signification absolue, et non relative, comme on le fait

1. La République et les Lois.
2. A la fin du troisième livre, dont les derniers chapitres ont été perdus.

quand on parle des gens de bien. C'est, en effet, le seul gouvernement où l'homme de bien, dans toute la rigueur du terme, soit le même que le bon citoyen; au lieu que, dans les autres gouvernements, les bons citoyens ne sont ainsi appelés que d'une manière relative à la constitution sous laquelle ils vivent. Cependant il se trouve des gouvernements auxquels on donne aussi le nom d'aristocratie, quoiqu'ils diffèrent à quelques égards de ceux qui ont des formes oligarchiques et de ce qu'on appelle république. Ce sont ceux où, dans le choix des magistrats, on prend en considération non seulement la richesse, mais encore le mérite personnel et la vertu.

§ 11. Alors le gouvernement diffère également de l'oligarchie et de la république : on l'appelle aristocratie. Car dans les États où l'on ne donne pas une attention essentielle et fondamentale à la vertu, il se trouve pourtant des citoyens qui ont acquis une juste réputation sous ce rapport, et qui passent pour des hommes honnêtes et vertueux. Ainsi, dans les pays où la constitution a principalement égard à la richesse, à la vertu et à l'intérêt du peuple, comme à Carthage, le gouvernement est aristocratique; et aussi lorsqu'on a en vue deux seulement de ces choses, comme à Lacédémone, il y a mélange d'aristocratie et de démocratie. Voilà donc deux espèces d'aristocratie outre la première et la plus parfaite par sa constitution ; toutes les formes de la république proprement dite, quand elles ont quelque tendance à se rapprocher de l'oligarchie, constituent une troisième espèce d'aristocratie.

CHAPITRE VI

§ 1. . . . .

Il nous reste à parler de la forme appelée communément
république, et de la tyrannie. Si nous suivons cet ordre
de discussion, ce n'est pas que la république ni les espèces
d'aristocratie dont nous avons parlé soient des gouvernements dégénérés, mais parce qu'à vrai dire, tous
les gouvernements sans exception ne sont que des écarts
de la constitution modèle. Il en résulte qu'on les classe
ordinairement ensemble comme des altérations qui naissent les unes des autres, ainsi que nous l'avons dit précédemment. Mais c'est avec raison que nous ne parlons de
la tyrannie qu'en dernier lieu, parce que c'est celui
de tous les gouvernements qui mérite le moins ce
nom, et que l'objet de ce traité est le gouvernement.
Après avoir expliqué l'ordre que nous avons suivi, nous
allons maintenant parler de la république.

§ 2. Les caractères de ce gouvernement seront plus
faciles à reconnaître, à présent que nous avons défini
l'oligarchie et la démocratie, car la république est, à proprement parler, un mélange de ces deux formes. Mais on
donne plus ordinairement le nom de république aux gouvernements qui ont quelque tendance vers la démocratie,
et le nom d'aristocratie à ceux qui inclinent plus vers
l'oligarchie, parce que l'éducation et la noblesse des sentiments sont plus ordinairement le partage des riches.
D'ailleurs il semble que les riches possèdent déjà ces
biens dont l'envie arme souvent la main coupable de l'injustice, ces biens qui leur font donner le nom d'hommes
bons, honnêtes, excellents.

§ 3. Comme l'aristocratie a pour but de décerner la prééminence aux citoyens qui sont les meilleurs, on prétend aussi que l'oligarchie se compose d'hommes honnêtes et vertueux. Il semble impossible que l'État qui a des mœurs aristocratiques n'ait pas de bonnes lois, mais au contraire qu'il soit mal régi ; et, de même, il est impossible que celui qui n'a pas de bonnes lois ait des mœurs aristocratiques. Un État bien réglé n'est pas celui qui a de bonnes lois auxquelles on n'obéit pas ; il faut d'un côté qu'on obéisse aux lois établies, et de l'autre, que les lois soient sages et fidèlement observées, car on peut aussi obéir à de mauvaises lois. Il y a ici deux manières de comprendre : les lois sont les meilleures relativement aux circonstances, ou bien elles sont les meilleures en elles-mêmes, et dans un sens absolu.

§ 4. L'aristocratie consiste essentiellement dans la répartition des honneurs d'une manière proportionnelle à la vertu, car le caractère propre de l'aristocratie est la vertu, comme celui de l'oligarchie est la richesse, et celui de la démocratie, la liberté. Mais, dans tous ces gouvernements, c'est toujours l'opinion du plus grand nombre qui domine ; en effet, dans l'oligarchie, dans l'aristocratie et dans la démocratie, c'est l'opinion de la majorité de ceux qui ont part au gouvernement, qui constitue la souveraineté. Aussi est-ce là ce qui, dans la plupart des États, donne un nom à la forme du gouvernement. On ne vise, en effet, qu'à opérer le mélange des riches et des pauvres, de la richesse et de la liberté ; car, aux yeux de la plupart des hommes, la richesse semble tenir lieu de mérite et de vertu.

§ 5. Il y a trois éléments qui se disputent l'égalité dans le gouvernement : la liberté, la richesse et la vertu. Je ne parle pas du quatrième, ou de la noblesse, qui est une suite naturelle des deux premiers, puisque la noblesse n'est qu'une possession ancienne de richesse et de vertu.

On voit que c'est au mélange des deux premiers éléments, les riches et les pauvres, qu'il faut donner le nom de république, et que la combinaison des trois est plus spécialement ce qu'on appelle aristocratie, sans compter la véritable aristocratie dont il a été question en premier lieu. Nous avons donc fait voir qu'il y a, outre la monarchie, la démocratie et l'oligarchie, d'autres formes de gouvernement ; nous avons dit quelles sont ces formes, en quoi les aristocraties et les républiques diffèrent soit les unes des autres, soit de l'aristocratie proprement dite, et qu'elles ont entre elles des rapports d'analogie qui ne sont pas éloignés.

CHAPITRE VII

§ 1. Montrons maintenant, comme une conséquence de ce que nous avons dit, de quelle manière se forme, outre la démocratie et l'oligarchie, le gouvernement appelé république, et comment il faut le constituer. Ce sera montrer en même temps comment on définit la démocratie et l'oligarchie ; car il faut prendre d'abord ces deux formes séparées, et ensuite, en les rapprochant l'une de l'autre, composer de leur réunion une forme unique, à peu près comme on le fait des deux parties de ces symboles [5] qui sont un signe de reconnaissance.

Le symbole, appelé en latin *tessera*, était une pièce de monnaie, ou un morceau de métal, de bois ou de toute autre matière, que l'on coupait en deux, et dont les personnes contractantes gardaient chacune une partie pour se reconnaître après une longue absence, ou pour faire reconnaître un tiers qui serait chargé d'un message ou d'une recommandation par l'une d'elles vis-à-vis de l'autre. On s'en servait dans les rela-

§ 2. Or, il y a trois manières de faire cette composition ou ce mélange. D'abord, on peut prendre la partie de la législation qui est commune à chacune de ces deux formes de gouvernement, par exemple, en ce qui regarde l'administration de la justice. En effet, dans les oligarchies, on impose une amende aux riches, s'ils négligent de remplir les fonctions de juge, et on n'accorde aucune rétribution aux pauvres, quand ils les remplissent; au lieu que, dans les démocraties, on donne une indemnité aux pauvres, et on n'exige point d'amende des riches. Or, en adoptant ces deux procédés, on aura un moyen terme commun aux deux espèces de gouvernement, et, par cette raison, convenable à la république, puisqu'il sera une sorte de mélange des deux formes. Voilà donc un premier mode de combinaison.

§ 3. Une autre manière, c'est de prendre le terme moyen entre les règlements de l'une et l'autre espèce de gouvernement. Ainsi, l'une accorde le droit de délibérer dans les assemblées générales, sans aucune condition de cens, ou du moins à la condition d'un très petit revenu, tandis que l'autre exige, pour l'exercice de ce même droit, un cens considérable. Sans doute, il n'y a rien de commun entre ces deux conditions, mais on peut prendre un milieu entre les cens exigés par chacune de ces deux espèces de gouvernement. La troisième manière consiste à prendre, dans les règles adoptées par les deux gouvernements, une partie de ce que prescrit la loi oligarchique, et une partie de ce qu'exige la loi démocratique. Par exemple, on regarde comme une institution démocratique la distribution des magistratures par le sort, et leur distribution par voie d'élection, comme une institu-—

tions d'amitié, d'hospitalité, de commerce, ou dans les distributions de blé, d'argent, ou d'une nature quelconque, que l'on faisait au peuple, comme on se sert de bons.

tion oligarchique. La démocratie n'admet, en pareil cas, aucune condition de revenu, et l'oligarchie exige un cens déterminé. Par conséquent, il conviendra à l'aristocratie et à la république d'adopter une partie des institutions oligarchiques et des institutions républicaines : l'oligarchie donnera le mode des magistratures électives, et la démocratie, le principe de n'exiger aucune condition de revenu. Telle est la manière d'opérer le mélange dans ces deux formes de gouvernement.

§ 4. Le caractère du parfait mélange, c'est qu'on puisse dire du même gouvernement qu'il est une démocratie et une oligarchie ; car il est clair que ceux qui s'expriment ainsi ne font qu'énoncer l'impression que produit sur eux le parfait mélange des deux formes. C'est aussi le résultat du juste milieu observé entre l'une et l'autre, car chacun des extrêmes semble pour ainsi dire s'y réfléchir : ce qui arrive, en effet, dans le gouvernement de Lacédémone.

§ 5. Bien des gens n'hésitent pas à en parler comme d'une démocratie, parce qu'il y a dans sa constitution un grand nombre d'éléments démocratiques ; et d'abord l'éducation des enfants, car les enfants des riches sont nourris comme ceux des pauvres, et l'instruction est telle que même les enfants des pauvres pourraient la recevoir. Il en est de même de l'époque suivante de la vie et lorsque les jeunes gens sont devenus hommes, car rien ne distingue sensiblement le riche du pauvre. Pour ce qui concerne la nourriture, c'est encore la même chose : tous sont traités également dans les repas communs, et, quant à la manière de se vêtir, les habits que portent les riches sont tels qu'il n'y a pas un seul individu parmi les pauvres qui ne puisse s'en procurer de pareils. Ajoutons à cela que des deux plus importantes magistratures, l'une est conférée par le choix du peuple, et l'autre lui est accessible ; c'est lui qui choisit les sénateurs, et il peut exercer les fonctions de l'éphorie. D'autres disent que le gouvernement de Sparte est une oligarchie, parce qu'il s'y trouve beaucoup d'institutions oligarchiques. Ainsi toutes les fonctions y sont électives, sans qu'il y en ait une seule qui soit conférée par le sort ; quelques magistrats y prononcent souverainement sur la mort ou l'exil des citoyens, sans parler encore de beaucoup d'autres institutions semblables.

§ 6. Mais il faut que, dans un gouvernement où le mélange des deux formes est parfait, on croie les reconnaître toutes les deux, sans y trouver ni l'une ni l'autre; il faut qu'il se maintienne par lui-même, et non par aucun secours étranger. Quand je dis par lui-même, je n'entends pas par la volonté d'un grand nombre d'étrangers qui voudraient le maintenir, car cela pourrait avoir lieu aussi par un mauvais gouvernement; mais par l'accord unanime de tous les citoyens, dont aucun ne voudrait que la constitution fût autre qu'elle n'est. Je viens de dire de quelle manière il convient qu'une république soit constituée, ainsi que les autres formes politiques désignées sous le nom d'aristocaties.

CHAPITRE VIII

§ 1. Il nous reste[1] enfin à parler de la tyrannie ; non que nous ayons beaucoup de choses à en dire, mais afin que cette partie de notre sujet soit traitée de la même

---

1. Aristote dit ici qu'il ne lui reste plus à parler que de la tyrannie. Cependant il n'aurait pas traité de l'aristocratie, qui est la seconde forme de gouvernement dans sa classification, si l'on admet l'ordre actuel des livres. Il faut donc qu'il en ait traité antérieurement; et en effet, c'est le sujet de l'ancien VII⁰ livre, qui doit être placé avec l'ancien VIII⁰ livre à la suite du III⁰.

manière que les autres, puisque nous la comptons aussi parmi les formes de gouvernement. Or, dans les livres précédents, nous avons défini la notion qu'il faut attacher à la royauté, lorsqu'en examinant l'espèce de gouvernement qui est spécialement désigné par ce nom nous recherchions s'il est, ou non, utile et avantageux aux États, à qui il en faut confier l'autorité, dans quelles circonstances et comment.

§ 2. Dans le cours de nos recherches philosophiques sur la question de la royauté, nous avons distingué deux espèces de tyrannie, parce que la nature de l'une et de l'autre se rapproche de très près de la royauté, et cela parce qu'elles sont fondées sur la loi, comme la royauté elle-même. Quelques nations barbares se choisissent des rois absolus, et autrefois les anciens Grecs avaient aussi des rois absolus, qu'on appelait Asymnètes[1]. Toutefois ces tyrannies diffèrent, à quelques égards, les unes des autres : elles étaient royales, comme fondées sur la loi et sur le consentement des sujets ; mais elles étaient tyranniques, en ce que le pouvoir était absolu et tout à fait arbitraire.

§ 3. Enfin, il y a une troisième espèce de tyrannie, qui semble mériter plus particulièrement ce nom, et qui correspond à la monarchie absolue. Nécessairement. cette tyrannie est la monarchie absolue qui, sans aucune responsabilité et dans l'intérêt seul du tyran, gouverne des hommes qui valent autant et mieux que lui, cette monarchie qui ne s'occupe jamais des intérêts particuliers des sujets. Aussi existe-t-elle malgré eux, car il n'y a pas un seul homme libre qui supporte volontairement un pareil pouvoir. Telles sont les trois espèces de tyrannie, telles sont les causes qui les amènent.

---

1. Livre III, ch. ix, p. 5.

CHAPITRE IX

§ 1. Mais quel est le meilleur gouvernement, et quelle est, pour la plupart des États et pour le plus grand nombre des individus, l'existence la plus heureuse, si l'on veut comparer ces deux choses non pas à une vertu surhumaine, ni à une éducation qui demande des dispositions et des ressources toutes particulières, ni à une constitution politique organisée, pour ainsi dire à souhait, mais à une manière de vivre qui puisse être celle du plus grand nombre, et à une forme de gouvernement que la plupart des Etats puisse recevoir ?

§ 2. En effet, les gouvernements qu'on appelle aristocraties et dont nous venons de parler sont en dehors de la condition de la plupart des États, ou se rapprochent de ce qu'on nomme la république ; on peut donc traiter de ces aristocraties et de la république comme d'une seule et même forme. Au reste, les mêmes éléments entrent dans tout jugement exact sur chacune de ces deux questions. Si nous avons eu raison de dire dans la morale que la vie heureuse est celle qui suit, sans obstacles, le sentier de la vertu, et que la vertu est une situation moyenne entre les deux extrêmes, il s'ensuit nécessairement que la vie la meilleure est cette condition moyenne, puisque la médiocrité est possible pour chaque individu.

§ 3. Mais la même définition devra nécessairement s'appliquer aussi aux qualités et aux vices de l'État et du gouvernement, car le gouvernement est, en quelque sorte, la vie de l'État. Tout l'État se compose de trois classes de citoyens : ceux qui sont très riches, ceux qui sont très pauvres et ceux qui sont dans une position intermédiaire entre les uns et les autres. Puis donc que l'on convient que la modération et le milieu sont préférables, il en résulte évidemment qu'en fait d'avantages de tout genre, ce qu'il y a de meilleur, c'est de les posséder dans un certain degré de médiocrité.

§ 4. En effet, les hommes dans une telle condition se soumettent très facilement à la raison ; mais chez celui qui possède au plus haut degré les avantages de la naissance, de la richesse ; ou, au contraire, chez celui dont la pauvreté, la faiblesse ou la pauvreté vont jusqu'à l'excès, la soumission à la raison est très difficile à obtenir. Les uns, enflés par l'orgueil, sont entraînés plus facilement à de grands attentats contre le gouvernement ; les autres tournent leur méchanceté vers une foule de petits désordres, car on ne commet jamais les crimes que par orgueil ou par méchanceté. Ils n'aiment [1] ni les magistratures, ni les fonctions de sénateur ; les uns et les autres sont également dangereux pour l'État.

§ 5. Il faut dire aussi qu'avec la supériorité excessive que donnent la force, la richesse, le grand nombre de partisans dévoués, ou tel autre avantage semblable, ils ne veulent pas et ne savent pas obéir aux magistrats. Cet esprit d'insubordination se manifeste dès leur enfance dans la maison paternelle, et la mollesse dans laquelle ils sont élevés les empêche déjà d'obéir dans les écoles. Au contraire, ceux qui vivent dans une privation extrême de ces avantages deviennent trop humbles et trop rampants. Il en résulte que les uns, incapables de commander, ne savent que montrer une obéissance servile, tandis que les autres, incapables de se soumettre à aucun pouvoir légitime, ne savent exercer qu'une autorité despotique.

---

1. Lisez φιλαρχοῦσι au lieu de φυλαρχοῦσι.

§ 6. La cité ne se compose donc plus que de maîtres et d'esclaves, et non d'hommes libres, les uns étant pleins de mépris pour leurs concitoyens, les autres, pleins de jalousie : sentiments qui sont fort éloignés de la bienveillance et du caractère de sociabilité qui font le vrai citoyen. Car la bienveillance est la condition de toute sociabilité : aussi n'aime-t-on pas à faire route avec ses ennemis. La cité veut être composée, autant qu'il se peut, de citoyens égaux et semblables : c'est ce qui ne se trouve guère que dans les situations moyennes. Il est donc nécessaire que l'Etat le plus heureux soit l'Etat composé de ces éléments qui en forment, je le répète, la base naturelle.

§ 7. Les citoyens de cette classe sont précisément ceux qui se maintiennent et se conservent le mieux ; car ils ne désirent point le bien d'autrui comme les pauvres, et ils ne sont point, comme les riches, un objet d'envie et de jalousie. Leur vie est aussi moins environnée de périls, parce qu'ils ne sont point tentés de nuire à personne, et que personne ne cherche à leur nuire. On ne peut donc qu'approuver ce vœu du poète Phocylide [1] :

> La médiocrité nous comble tous de biens ;
> Je veux vivre au milieu de mes concitoyens.

§ 8. Il est donc évident que la communauté civile la plus parfaite est celle qui existe entre les citoyens d'une condition moyenne, et qu'il ne peut y avoir d'Etats bien administrés que ceux où la classe moyenne est nombreuse et plus puissante que les autres, ou du moins plus puissante que chacune d'elles ; car elle peut faire pencher la balance en faveur du parti auquel elle se joint, et, par ce

---

1. Phocylide de Milet, poète gnomique. Il vivait à la fin du sixième siècle avant J.-C.

moyen, empêcher que ni l'une ni l'autre n'obtiennent une supériorité sensible. C'est donc un très grand bonheur que les citoyens ne possèdent qu'une fortune médiocre et suffisante pour leurs besoins. Car toutes les fois que les uns ont d'immenses richesses, et que les autres n'ont rien, il en résulte ou la pire des démocraties ou une oligarchie effrénée, ou une tyrannie insupportable, produit nécessaire des deux excès opposés. En effet, la tyrannie naît ordinairement de la démocratie la plus effrénée, ou de l'oligarchie, au lieu que, parmi des citoyens qui vivent dans une condition moyenne, ou très voisine de la médiocrité, ce danger est beaucoup moins à craindre. Nous en dirons ailleurs la raison, quand nous traiterons des révolutions qui arrivent dans les gouvernements.

§ 9. On peut se convaincre encore d'une autre manière que l'État où les citoyens vivent dans la médiocrité est le mieux administré et le plus heureux. En effet, c'est le seul qui soit exempt de troubles et de séditions. Partout où la classe moyenne est nombreuse, il y a beaucoup moins de séditions et de dissensions que dans les autres gouvernements. La raison qui fait que les grands États sont moins exposés aux troubles, c'est que la classe moyenne y est nombreuse. Au contraire, dans les petits Etats, il arrive facilement que la masse entière des citoyens se divise en deux parties, parce qu'ils sont presque tous riches ou pauvres, et qu'il ne reste presque plus rien pour la classe moyenne. C'est la classe moyenne qui assure aux démocraties une stabilité et une durée que n'a pas l'oligarchie. Elle est plus nombreuse et elle parvient plus facilement aux honneurs dans la démocratie que dans l'oligarchie. Mais si la multitude des pauvres devient excessive, sans que la classe moyenne augmente dans la même proportion, le déclin arrive, et l'État ne tarde pas à périr.

§ 10. Ce qui prouve la vérité de cette assertion, c'est

que les meilleurs législateurs appartiennent à la classe
moyenne : témoins, Solon[1], comme le prouvent ses
poésies; Lycurgue[2], qui n'était pas roi, Charondas[3] et,
pour ainsi dire, la plupart des autres. On voit donc clairement pourquoi la plupart des gouvernements sont
démocratiques ou oligarchiques. Comme la classe moyenne
y est souvent peu nombreuse, quels que soient ceux qui
l'emportent, riches ou pauvres, il arrive toujours que
ceux qui sortent de la classe moyenne attirent et
entraînent avec eux la forme du gouvernement, de sorte
qu'il en résulte nécessairement une démocratie ou une
oligarchie.

§ 11. Il y a plus : par l'effet des dissensions et des
luttes qui s'élèvent entre le peuple et les riches, quel que
soit celui des deux partis qui parvient à triompher de
l'autre, il n'en profite pas pour établir un gouvernement
égal et dans l'intérêt de l'un comme de l'autre, mais il
s'empare de la domination qui est le prix de sa victoire,
et alors les uns établissent une démocratie, les autres
une oligarchie. Aussi, entre les deux peuples[4] qui ont successivement commandé à toute la Grèce, comme chacun
d'eux ne considérait que la constitution qui existait chez
lui, l'un s'est constamment appliqué à établir la démocratie dans tous les États, et l'autre à y établir l'oligar-

---

1. Voici les vers de Solon :

Πολλοὶ γὰρ πλουτοῦσι κακοί, ἀγαθοὶ δὲ πένονται.
'Αλλ' ἡμεῖς αὐτοῖς οὐ διαμειψόμεθα
Τῆς ἀρετῆς τον πλοῦτον· ἐπεὶ το μὲν ἔμπεδον ἀεί.
Χρήματα δ'ἀνθρώπων ἄλλοτε ἄλλος ἔχει.

La législation de Solon date de l'année 593 avant J.-C.
2. Celle de Lycurgue remonte à l'année 866.
3. Charondas, législateur de Catane, Rhegium et Thurium
vivait 600 ans avant J.-C.
4. Les Athéniens et les Lacédémoniens.

chie, en vue seulement de ses propres intérêts, et non pas des intérêts communs à tous.

§ 12. C'est pour toutes ces raisons qu'il n'a jamais existé une forme moyenne de gouvernement, une véritable république, ou du moins elle n'a existé que bien rarement et chez un bien petit nombre de peuples. Car il ne s'est rencontré qu'un seul homme[1], parmi ceux qui anciennement ont eu l'autorité sur leurs concitoyens, qui ait conçu la pensée de leur donner une telle constitution. Les hommes ont depuis longtemps contracté l'habitude de ne pas pouvoir supporter l'égalité ; au contraire, ils ne cherchent qu'à commander ou à se résigner au joug de ceux qui ont le pouvoir. On voit donc clairement, par toutes ces considérations, quel est le meilleur gouvernement, et pourquoi il est le meilleur.

§ 13. Parmi les autres constitutions (puisque nous reconnaissons plusieurs sortes de démocratie et d'oligarchie), il n'est pas difficile de voir quelle est celle qu'il faut mettre au premier rang, et celle à laquelle il faut assigner le second, en suivant le même mode d'examen. Car celle qui se rapproche le plus de la meilleure doit nécessairement être préférable, et celle qui s'éloigne davantage du juste milieu, doit être plus mauvaise, à moins qu'il ne s'agisse d'en juger dans un cas déterminé. Je dis dans une hypothèse donnée, parce que, bien que telle autre constitution soit souvent préférable, rien n'empêche qu'une constitution différente de celle-là puisse être plus avantageuse à certains États.

1. On ne sait pas au juste quel homme Aristote a voulu désigner. On suppose Thésée : roi d'Athènes : Théopompe, roi de Lacédémone : Clisthène, citoyen puissant d'Athènes : Gélon, roi de Syracuse : Phaléas, de Chalcédoine ; enfin Pittacus, l'un des sept sages de la Grèce.

CHAPITRE X

§ 1. Un sujet qui se rattache immédiatement à celui que nous venons de traiter, c'est l'examen des qualités et des conditions de la constitution qui convient à la nature et au caractère de tel ou tel peuple. On doit considérer d'abord le principe général qui s'applique à tous les gouvernements. Il faut que la partie de la cité qui veut le maintien de la constitution soit plus puissante que celle qui ne le veut pas. Tout État se compose de deux éléments : qualité et quantité. J'entends par qualité la liberté, la richesse, l'instruction, la noblesse, et, par quantité, la supériorité du nombre dans le peuple.

§ 2. Cependant il peut arriver que la qualité se rencontre dans la seconde des deux parties dont se compose une cité, et la quantité dans la première. Par exemple, il est possible que les hommes sans noblesse soient plus nombreux que les nobles, ou les pauvres plus nombreux que les riches, mais que pourtant ils ne l'emportent pas autant, sous le rapport de la quantité, qu'ils sont inférieurs sous celui de la qualité ; il faut donc comparer entre eux ces divers avantages. Partout donc où la multitude des pauvres l'emporte suivant la proportion dont nous venons de parler, il doit naturellement s'y trouver une démocratie, et chaque espèce de démocratie doit s'y établir selon la supériorité numérique de chaque classe du peuple. Par exemple, si c'est la multitude des laboureurs qui est la plus nombreuse, ce sera la première espèce de démocratie qui s'y rencontrera ; si c'est celle des artisans et des mercenaires, on y trouvera la dernière espèce, et il en sera de même pour les espèces intermédiaires.

§ 3. Mais partout où la classe des riches et des hommes distingués l'emporte plus sous le rapport de la qualité, qu'elle n'est inférieure sous celui de la quantité, là doit s'établir l'oligarchie ; et pareillement chaque espèce d'oligarchie, selon le genre de supériorité qui distingue la classe oligarchique. Cependant le législateur doit toujours admettre dans le gouvernement les hommes de la classe moyenne ; c'est en effet cette classe de citoyens qu'il doit avoir en vue, si les lois qu'il établit sont oligarchiques ; et si elles sont démocratiques, c'est encore à la classe moyenne qu'il doit les adapter.

§ 4. Lorsque la classe moyenne l'emporte par le nombre sur les deux classes extrêmes ou sur l'une d'elles seulement, il peut en résulter un équilibre durable pour le gouvernement. Car il n'y a pas lieu de craindre que jamais les riches et les pauvres conspirent contre la classe intermédiaire, puisque jamais les uns ne consentiront à se savoir asservis par les autres. S'ils cherchent la condition la plus convenable à la masse entière des citoyens, ils n'en trouveront pas d'autre que celle-là. Car ils ne s'accorderont jamais à exercer tour à tour le pouvoir à cause de la défiance où ils sont les uns à l'égard des autres, tandis que partout l'homme qui inspire le plus de confiance est l'arbitre ; or, ici l'arbitre, c'est celui qui appartient à la classe moyenne. Plus le mélange sera complet, plus le gouvernement sera durable.

§ 5. La plupart des législateurs qui veulent faire des gouvernements aristocratiques ont le double tort de trop accorder aux riches et de tromper le peuple. Car il faut qu'avec le temps les biens illusoires finissent par produire un mal véritable. L'ambition des riches ruine plus d'États que l'ambition du peuple.

§ 6. Les artifices par lesquels on cherche à la rendre dupe de prétextes spéciaux sont au nombre de cinq et se rapportent aux assemblées générales, aux magistratures, aux tribunaux, au service militaire et aux exercices du gymnase. Et d'abord relativement aux assemblées générales, on trompe le peuple lorsque, tous les citoyens ayant le droit d'y assister, on n'impose une amende qu'aux riches qui s'en exemptent, ou du moins, lorsqu'on les soumet à une amende beaucoup plus forte ; relativement aux magistratures, quand on ne permet pas à ceux qui ont un revenu déterminé de s'en affranchir, en affirmant leur excuse par serment, tandis qu'on le permet aux pauvres relativement aux fonctions judiciaires ; quand on fait payer une amende aux riches qui négligent de les remplir, tandis qu'on en exempte les pauvres, ou bien quand l'amende est forte pour les uns, et faible pour les autres, comme dans les lois de Charondas.

§ 7. Dans quelques républiques, tous ceux qui se sont fait inscrire sur les registres publics ont le droit de délibérer dans l'assemblée générale et de siéger dans les tribunaux ; mais s'ils n'exercent pas leurs droits, après s'être fait inscrire, ils sont condamnés à de fortes amendes ; ce qui a pour but tout à la fois d'empêcher les citoyens pauvres de se faire inscrire à cause de l'amende dont ils sont menacés, et de les exclure tant des assemblées générales que des tribunaux, parce qu'ils ne sont pas inscrits sur les registres.

Les lois qui concernent le droit d'avoir des armes ou de suivre les exercices du gymnase sont établies dans les mêmes vues : il est permis aux pauvres de n'avoir point d'armes, et l'on condamne les riches à l'amende, s'ils négligent de s'en procurer. Ceux-là ne sont soumis à aucune peine, s'ils se dispensent des exercices du gymnase, et ceux-ci sont condamnés pour le même fait, afin que les riches, par crainte de l'amende, aient soin de s'exercer, et que les pauvres, n'ayant rien à craindre, négligent de

se procurer un si grand avantage ; tels sont les artifices
de la législation oligarchique.

§ 8. Mais dans les démocraties, on a recours à d'autres
artifices en sens contraire ; on donne un salaire aux citoyens pauvres, quand ils assistent aux assemblées générales ou quand ils siègent dans les tribunaux, et l'on n'impose point d'amende aux riches, quand ils y manquent. Il
est donc facile de voir que, si l'on veut faire de ces institutions un juste mélange, il faut réunir celles qui sont
admises de part et d'autre, et accorder un salaire aux
pauvres, tandis qu'on imposera une amende aux riches.
Car, c'est là le moyen de faire participer tous les citoyens
au gouvernement, tandis que, de l'autre manière, ce n'est
plus que le gouvernement de l'une des deux parties. D'un
autre côté, il faut que la république ne se compose que
de citoyens qui ont des armes ; mais, quant à la quotité
du cens, il n'est guère possible de déterminer d'une manière absolue ce qu'elle doit être, et on ne doit la fixer
qu'après avoir considéré quelle est la plus grande exten-
sion qu'elle puisse atteindre, afin que ceux qui participent au gouvernement soient en plus grand nombre que
ceux qui n'y prennent aucune part.

§ 9. Car les pauvres, même lorsqu'ils sont exclus des
emplois publics, sont assez disposés à se tenir au repos,
si on ne les outrage pas, et si on ne les dépouille
pas du peu qu'ils possèdent. Mais cela n'est pas facile, car
il n'arrive pas toujours que les hommes qui sont à la tête
du gouvernement aient un caractère doux et bienveillant.
Ordinairement, quand on est en guerre, les citoyens pauvres montrent peu d'ardeur pour la défense du pays, si
on ne pourvoit pas à leur subsistance et qu'on les laisse
dans le dénûment ; mais si on leur fournit des vivres, ils
ne demandent pas mieux que de s'exposer aux dangers.

§ 10. Du reste, il y a des pays où, pour être citoyen, il

suffit de faire partie de l'armée ou d'en avoir fait partie.
A Malée [1], tout homme qui portait ou qui avait porté les
armes jouissait du droit de cité; le magistrat n'était
choisi que parmi ceux qui appartenaient à l'armée. Et
chez les Grecs, la première république, qui s'établit après
l'abolition de la royauté [2], n'était composée que de guerriers. Dans l'origine même, l'armée n'avait que des cavaliers; c'est la cavalerie qui faisait la force de l'armée et
qui décidait du succès des batailles. Sans discipline, l'infanterie n'est pas d'un grand secours; dans ces temps
anciens, on n'avait ni l'expérience, ni la tactique nécessaires pour se servir de l'infanterie avec avantage, en
sorte que toute la force était dans la cavalerie.

§ 11. Mais lorsque les États se furent agrandis, et que
l'infanterie eût pris un plus grand développement, le
gouvernement admit un plus grand nombre de citoyens à
prendre part aux affaires. C'est pour cela que nos ancêtres
appelaient démocratie ce que nous appelons aujourd'hui
république. Ces anciens gouvernements étaient vraiment
des oligarchies et des royautés; la faiblesse de la population
empêchait la classe moyenne d'être nombreuse : une poignée d'hommes, sans classes [3] distinctes, consentait plus
aisément à supporter le joug de l'obéissance.

Nous avons donc fait connaître pourquoi il y a plusieurs
sortes de républiques, et pourquoi, outre celles dont nous
avons parlé, il y en a encore d'autres, car on distingue

1. Promontoire du Péloponèse, aujourd'hui cap Saint-Ange
dans la presqu'île de Morée.

2. La royauté fut abolie à Athènes après la mort de Codrus,
1132 avant J.-C.

3. La base de tous les gouvernements anciens était la division des citoyens en tribus, cantons, curies, etc. L'ordre qui
régnait dans ces différentes sections contribuait, autant que les
lois mêmes, au maintien du gouvernement. Les lois de Moïse,
de Lycurgue, de Solon, de Numa et de Servius Tullius en
sont la preuve.

plusieurs sortes de démocraties, et il en est de même des autres formes. Nous avons fait voir aussi leurs différences, et à quelles causes elles sont dues. Enfin nous avons fait connaître quelle est la meilleure constitution, au moins le plus généralement, et quelle est, parmi les autres, celle qui convient à tel ou tel peuple en particulier.

CHAPITRE XI

§ 1. Revenons maintenant à ces différentes formes d'une manière générale et séparément, en remontant pour chacune d'elles au principe qui lui est propre. Il y a dans tout gouvernement trois parties dont le sage législateur doit consulter l'intérêt et la convenance particulière. Quand elles sont bien constituées, le gouvernement est bon nécessairement, et les différences qui existent entre ces parties constituent les gouvernements divers. L'une de ces trois parties est chargée de délibérer sur les affaires publiques; la seconde est celle qui exerce les magistratures, et, à cette occasion, il faut régler quelles sont celles qu'on doit établir, quelle doit être leur autorité spéciale, et comment il faut élire les magistrats. La troisième est celle qui rend la justice. La partie délibérante décide souverainement de la guerre, de la paix, de l'alliance, de la rupture des traités, fait les lois, prononce la peine de mort, l'exil, la confiscation, et vérifie les comptes de l'État.

§ 2. Il faut nécessairement que toutes ces décisions soient attribuées à tous les citoyens, ou seulement à quelques-uns, par exemple, à un magistrat unique ou bien à plusieurs magistrats; ou celles-ci aux uns, celles-là aux autres; ou quelques-uns à tous, et quelques autres, à un

certain nombre de citoyens. Au reste, ce qui est essentiellement conforme à l'esprit de la démocratie, c'est d'accorder à tous le droit de prononcer sur tout ; c'est là
l'égalité à laquelle le peuple aspire sans cesse.

§ 3. Cependant il y a plusieurs manières de donner à
tous les citoyens la décision des affaires : l'une est de les
appeler à prononcer à tour de rôle, et non tous à la fois.
et c'est là ce que veut la République de Téléclès[1] de Milet.
Dans d'autres gouvernements, les délibérations se font
dans les réunions des magistrats ; mais les fonctions publiques de tout genre sont confiées à tous les citoyens tour
à tour, et les diverses tribus, jusqu'aux plus petites divisions, sont appelées à toutes les magistratures, jusqu'à ce
que tous les citoyens y aient pris part. D'ailleurs, il n'y a
d'assemblée générale de tout le peuple que lorsqu'il
s'agit de faire des lois, ou de régler les affaires du gouvernement, ou de proclamer les ordonnances des magistrats.

§ 4. Une autre manière encore, c'est de faire délibérer
la masse des citoyens pour l'élection des magistrats, pour
la vérification des comptes, pour les décisions à prendre
sur la guerre ou les traités d'alliance, et de s'en rapporter,
pour tous les autres objets, aux magistrats préposés, quels
qu'ils soient, c'est-à-dire à ceux que la nécessité a fait
élire pour leur expérience.

§ 5. Une quatrième manière, c'est de soumettre toutes
les affaires aux délibérations de tout le peuple réuni, de
ne pas laisser aux magistrats le pouvoir de prendre une
décision sur quoi que ce soit, et de réduire leurs fonctions à préparer les décisions de l'assemblée générale.
C'est là le dernier degré de la démocratie, telle qu'elle
existe de nos jours, correspondant, comme nous l'avons

---

1. Manque absolu de renseignements sur Téléclès.

dit, à l'oligarchie despotique et à la monarchie tyrannique. Tels sont les différents modes du gouvernement
démocratique.

§ 6. Quand la décision de toutes les affaires appartient
à quelques citoyens seulement, il y a oligarchie ; cependant il s'y trouve aussi plusieurs différences, car, lorsqu'ils sont éligibles sous la condition d'un cens déterminé
et peu considérable, lorsqu'ils sont en assez grand nombre à cause de la modicité du cens, et qu'au lieu de rien
changer à ce qui est prescrit par la loi, ils s'y conforment,
et que tout homme qui possède le revenu exigé peut prendre part au gouvernement, c'est bien une oligarchie,
mais elle se rapproche de la république par le caractère de
modération qui y règne. Lorsque tous ne participent pas
aux délibérations, mais lorsque ceux qui sont choisis gouvernent selon la loi, comme dans le cas précédent, c'est
encore un gouvernement oligarchique. Mais lorsque ceux
qui ont le droit exclusif de délibérer se choisissent
entre eux, que le fils succède à son père, et qu'ils sont
maîtres de faire des lois à leur gré, nécessairement un
pareil ordre de choses est ce qu'il y a de plus oligarchique.

§ 7. Si quelques citoyens statuent seulement sur certaines choses, comme la paix et la guerre, en même temps
que tous statuent sur les comptes qui doivent être rendus
à l'État, et si les magistrats, nommés par le sort ou par
l'élection, prononcent sur les autres affaires, c'est ce qu'on
appelle aristocratie ou république. Mais si des magistrats
nommés par voie d'élection prononcent sur quelques
affaires, tandis que ceux qui ont été tirés au sort ont à
juger d'autres questions ; si les magistrats sont tirés au
sort indistinctement parmi tous les citoyens, ou seulement
dans une classe choisie ; enfin, s'ils sont tous nommés par
élection et par la voie du sort, le gouvernement est en

partie aristocratique, et républicain, en partie, purement républicain. Telles sont donc les variétés qu'introduit dans les constitutions l'organisation du corps délibérant, et la manière dont chaque gouvernement est administré est conforme aux différences que nous avons signalées.

§ 8. Dans la démocratie, surtout dans celle qui paraît être la plus digne de ce nom, je veux dire la démocratie où le peuple est maître, même des lois, il serait avantageux, dans l'intérêt des délibérations, de faire ce qu'on fait dans les oligarchies pour les tribunaux. On y prescrit des amendes contre ceux qu'on veut voir assidus comme juges, afin qu'ils rendent la justice, tandis que dans les démocraties, on accorde une rétribution aux pauvres : il serait, dis-je, avantageux de faire la même chose pour les assemblées générales. Car il y aura plus de sagesse dans les délibérations, quand tous y prendront part, quand le peuple délibérera avec les citoyens les plus distingués, et ceux-ci avec la multitude. Il y aurait aussi de l'avantage à n'admettre aux délibérations que des citoyens qu'on élirait ou qu'on tirerait au sort, également dans toutes les classes. Enfin, il serait utile, dans le cas où le nombre des hommes du peuple surpasserait de beaucoup celui des hommes instruits et habiles dans la science du gouvernement, ou de ne pas accorder de rétribution à tous, mais seulement à autant de pauvres qu'il y aurait de riches, ou bien de faire désigner par le sort une certaine quantité de pauvres, qui seuls prendraient part aux délibérations.

§ 9. D'un autre côté, dans les gouvernements oligarchiques, il faudrait, ou choisir dans le peuple quelques citoyens qui seraient admis aux délibérations, ou bien, en constituant, comme dans quelques républiques, une magistrature composée de ceux qu'on appelle rapporteurs ou gardiens des lois, ne mettre en délibération que les affaires sur lesquelles ils auraient préparé leur rapport. Car, de cette manière, le peuple aura part aux délibérations, sans pouvoir abolir aucune partie essentielle de la constitution. On pourrait encore n'accorder au peuple que le droit d'approuver les lois qui lui sont proposées, sans qu'il puisse introduire dans la législation rien de contraire. Enfin, on pourrait aussi donner à tous les citoyens voix consultative, en laissant aux magistrats la décision définitive.

§ 10. Il faudrait aussi faire tout le contraire de ce qui a lieu dans les républiques. Quand le peuple absout, il faut que sa décision soit souveraine, et non quand il condamne ; mais il faut alors que l'affaire soit renvoyée aux magistrats. C'est précisément tout l'opposé de ce qui se passe dans les républiques. La minorité est souveraine pour absoudre, et non pour condamner ; dans ce dernier cas, l'affaire est toujours renvoyée à la décision du plus grand nombre.

CHAPITRE XII

§ 1. En voilà assez pour faire connaître ce que c'est que le corps délibérant, c'est-à-dire le véritable souverain de l'État. La question relative à la division des magistratures tient immédiatement à celle que nous venons de traiter ; car cette partie de la constitution des États présente aussi de nombreuses différences, soit sous le rapport du nombre des magistratures diverses, soit sous celui de l'étendue des pouvoirs, ou de la durée des fonctions. Les uns veulent qu'elles ne se prolongent pas plus de six mois, d'autres moins encore ; ceux-ci veulent que les magistratures soient annuelles, ceux-là, qu'elles durent plus longtemps. Enfin, faut-il qu'elles soient à vie, ou pour un temps très long, ou ne faut-il ni l'un ni l'autre ? Peut-on y appeler plusieurs fois les mêmes personnes, ou vaut-il mieux que la même personne ne soit pas chargée deux fois des mêmes fonctions, mais une fois seulement.

§ 2. Quant à la composition même des magistratures. il y a encore à considérer quels en seront les membres, par qui ils seront nommés et comment. Car il faut qu'on puisse avoir des idées précises sur toutes ces choses, qu'on sache de combien de manières elles peuvent se faire, et qu'ensuite on puisse adapter à chaque mode de gouvernement les conditions particulières qui lui sont avantageuses. Il n'est pas facile non plus de déterminer ce qu'il faut entendre par magistratures. L'association politique a besoin de plusieurs sortes de chefs, et c'est pour cela qu'il ne faut pas considérer comme magistrats tous ceux qui sont élus par la voix des suffrages ou qui sont désignés par le sort, comme les prêtres d'abord, car on doit reconnaître que leurs fonctions sont autre chose que celles des magistrats civils. Ajoutons-y les chorèges[1] et les hérauts avec les ambassadeurs qui sont nommés par voie d'élection.

§ 3. Parmi les fonctions publiques, il y en a qui sont toutes politiques, en vue d'un ordre spécial de faits, et qui s'étendent sur le corps entier des citoyens, comme le général d'armée, quand on est en guerre, ou bien sur une portion seulement des citoyens, comme les fonctions d'inspecteur des femmes[2] ou des enfants[3]. D'autres fonctions ont rapport à l'économie, car souvent on élit des préposés au mesurage des grains. Enfin, l'État a des emplois tout à fait serviles, et quand il est riche, ce sont des esclaves qui en sont chargés. Surtout, pour parler

1. Ceux qui faisaient la dépense des chœurs de danse ou de musique.
2. Gynéconome.
3. Pædonome.

d'une manière absolue, il ne faut appeler magistratures
que les fonctions qui donnent le droit de délibérer sur
certains objets, de juger et d'ordonner ; ce dernier point
surtout est celui qui caractérise davantage l'autorité. Au
reste, cela ne fait rien, pour ainsi dire, dans l'usage
ordinaire ; car on n'est pas bien d'accord sur le sens
qu'il faut attacher au mot de magistrat, mais sa véritable
signification peut être l'objet de quelque autre recherche
plus étendue.

§ 4. Quelles sont les magistratures et quel doit être
leur nombre, pour que la cité existe ? Combien y en a-t-il
qui, sans être nécessaires, sont cependant utiles dans un
État bien réglé ? Voilà des questions assez difficile à résoudre pour toute espèce de gouvernement, et surtout pour
les petits États. Car, dans les grands, il est possible et il
faut qu'une magistrature s'applique à un seul objet ;
il est possible qu'un grand nombre de citoyens s'achemi-
nent vers les fonctions publiques, parce qu'il y a foule ;
de telle sorte que les uns attendent longtemps pour y
parvenir, et que les autres n'y arrivent qu'une fois.
Au reste, chaque fonction est mieux remplie par les soins
d'un homme spécial que par celui qui se mêle d'un
grand nombre d'affaires.

§ 5. Dans les petits États, au contraire, on est obligé
de réunir bien des attributions diverses dans quelques
mains seulement. Le petit nombre des habitants ne permet pas facilement au corps des magistrats d'être nombreux. D'ailleurs, qui trouverait-on pour les remplacer ?
Cependant, les petits États ont quelquefois besoin des
mêmes magistratures que les grands ; seulement, ceux-ci
sont souvent dans le cas d'y avoir recours tandis que cette
nécessité ne se fait guère sentir à ceux-là qu'après un
long espace de temps. Voilà pourquoi rien n'empêche de
confier plusieurs fonctions à un même homme, pourvu

qu'elles ne s'entravent pas les unes les autres. La pénurie des citoyens assimile les emplois publics à ces instruments à double fin qui servent en même temps de lances et de flambeaux.

§ 6. Si donc nous pouvons dire combien il faut d'emplois nécessaires dans tout État, et combien il doit y en avoir qui, sans être indispensables, constituent cependant un besoin, il sera plus facile, quand on le saura, de déterminer quels sont ceux qu'il convient de réunir sous une même magistrature. Il convient aussi de ne pas ignorer quels sont, suivant les lieux, les cumuls de fonctions qui doivent embrasser la surveillance de plusieurs objets, et quelles sont les choses sur lesquelles une seule et même magistrature doit avoir une autorité absolue ; par exemple, si c'est l'inspecteur du marché qui doit y faire la police et si ce doit être ailleurs un autre agent public, ou partout le même ; si les fonctions doivent être distinguées par rapport à la chose ou aux personnes ; c'est-à-dire si un magistrat unique doit être chargé de la police, ou s'il en faut encore un autre pour les enfants et pour les femmes.

§ 7. Sous le rapport des gouvernements, on peut demander s'il y a quelque différence relativement à chacun d'eux dans les magistratures de même genre, ou s'il n'y en a aucune ; si dans la démocratie, dans l'oligarchie, dans l'aristocratie et dans la monarchie, ce sont les mêmes autorités qui ont le pouvoir absolu, quoique n'étant pas représentées par des hommes égaux ni semblables, mais complètement différents et dissemblables, puisque dans l'aristocratie se trouvent les citoyens sages et éclairés, dans l'oligarchie les riches, et dans la démocratie les hommes libres ; enfin, s'il y a des différences essentielles entre les magistratures, de telle sorte qu'il y ait des cas où elles se ressemblent, et d'autres où elles diffèrent,

puisque ici il convient qu'elles aient de l'étendue, et que
là elles soient restreintes.

§ 8. Ajoutons à cela qu'il y en a qui ont un caractère
spécial et particulier ; telle est, par exemple, l'institution
des rapporteurs [1], qui n'est pas démocratique ; au contraire, c'est la délibération, c'est-à-dire la discussion
publique, qui est essentiellement démocratique. Cependant, il est nécessaire qu'il y ait quelque commission de
ce genre, qui soit chargée de préparer le sujet de la délibération pour ménager le temps du peuple et lui laisser
les loisirs dont il a besoin. Si cette commission se compose de peu de personnes, ce sera une institution oligarchique ; mais il n'est jamais possible qu'elle soit nombreuse, en sorte qu'elle est bien réellement oligarchique.
Au reste, partout où le sénat et la commission existent,
les rapporteurs ont plus de pouvoir que les simples membres du sénat ; car le sénat est une institution populaire,
et la commission chargée des rapports est une institution
oligarchique.

§ 9. Le pouvoir du sénat se détruit encore dans les
démocraties où le peuple assemblé traite de toutes les
affaires. C'est ce qui arrive lorsque le peuple jouit d'une
certaine aisance ou qu'on lui accorde une indemnité toutes les fois qu'il assiste aux délibérations ; alors le loisir
qui est assuré aux citoyens leur permet de se réunir souvent et de juger toutes les affaires par eux-mêmes. L'inspection sur l'éducation des enfants et sur la conduite des
femmes, ainsi que les autres fonctions de ce genre qui
donnent une autorité pleine et absolue, sont des institutions aristocratiques, qui n'ont rien de démocratique. En
effet, comment empêcher les femmes des pauvres de sortir de chez elles? Elles n'ont rien non plus d'oligarchique;

---

1. Ceux qui étaient chargés de préparer les sujets de délibération.

car les femmes des chefs de l'oligarchie vivent dans le luxe. Mais en voilà assez sur ce sujet, pour le moment.

§ 10. Essayons maintenant de remonter aux principes sur lesquels se fonde l'établissement des magistratures. Or, leurs divers caractères dépendent de trois éléments, dont les combinaisons doivent nécessairement donner tous les modes possibles de magistratures. Ces trois éléments sont : premièrement, ceux qui nomment aux magistratures, ensuite ceux qui sont nommés, enfin le mode de nomination. Mais chacun de ces éléments admet trois différences : ou ce sont tous les citoyens qui nomment, ou seulement quelques-uns; ensuite, tous peuvent être élus ou seulement quelques-uns, à des conditions particulières de cens, de naissance, de vertu ou de tout autre avantage de ce genre, comme à Mégare, où l'on n'admettait aux magistratures que ceux qui avaient émigré et qui étaient revenus en combattant contre le peuple; en troisième lieu, la nomination peut se faire par la voie de l'élection ou par celle du sort.

§ 11. Ces conditions de nomination peuvent, d'un autre côté, se combiner deux à deux, je veux dire, celle qui exige le concours de quelques-uns seulement ou de tous ; celle qui admet aux honneurs quelques citoyens seulement, ou qui les admet tous; enfin, celle qui se fera par la voie de l'élection ou du sort. Chacune de ces combinaisons admet à son tour quatre modes d'exécution : tous les citoyens peuvent prendre les magistrats entre tous par la voie de l'élection ou par celle du sort ; ils peuvent les prendre entre tous successivement et en plusieurs parties distinctes, par exemple, par tribus, par bourgs, par phratries, jusqu'à ce que l'on ait fait le tour de toutes les classes de citoyens, ou bien on peut toujours prendre les magistrats dans la masse du peuple tout entier ; et tantôt de l'une de ces deux manières, tantôt de l'autre. Il y a encore d'autres cas : si tous les citoyens prennent les magistrats entre tous les membres de la cité par la voie de l'élection ou par celle du sort, ou bien entre quelques-uns seulement par élection ou en consultant le sort, ou bien encore en partie par une de ces deux voies, en partie par l'autre, je veux dire, parmi tous les citoyens par la voie de l'élection ou par la voie du sort. Voilà donc douze modes de nomination, indépendamment des combinaisons deux à deux [1].

§ 12. Parmi tous ces modes de nomination, il y en a deux qui sont démocratiques, c'est lorsque tous peuvent prendre les magistrats dans la totalité des citoyens, soit par élection, soit par voie du sort, ou par ces deux moyens à la fois, lorsque certains magistrats sont nommés par le sort, et d'autres par le choix des citoyens. Au contraire, quand tous les citoyens ne concourent pas à la nomination des magistrats, quand ceux-ci sont pris soit entre tous, soit dans une partie seulement, par élection ou par voie du sort, ou par les deux voies en même temps, ou bien quand certaines magistratures sont accessibles à tous, et d'autres à quelques-uns seulement, par les deux procédés à la fois, c'est-à-dire le sort pour les unes, et l'élection pour les autres, c'est une institution républicaine. Si une classe de citoyens prend les magistrats dans la masse du peuple, soit par élection, soit par la voie du sort, ou des deux manières, c'est-à-dire par l'élection pour certaines magistratures, et par la voie du sort pour d'autres, c'est une institution oligarchique ; mais elle est encore plus oligarchique quand on emploie les deux manières.

§ 13. Prendre certains magistrats dans la totalité des citoyens, et d'autres, seulement dans une certaine classe,

---

1. Gœttling, qui s'est efforcé de rendre tout ce paragraphe intelligible, a eu raison de mettre entre crochets, comme inadmissible, le mot δύο avant συνδυασμῶν.

ou bien en nommer quelques-uns par élection, et d'autres
par le sort, voilà une institution républicaine, mais qui se
rapproche de l'aristocratie. Lorsque quelques-uns seulement ont le droit de nommer entre tous, et que les magistratures sont données par le sort ou par les deux procédés, le sort pour les unes et l'élection pour les autres,
l'institution est oligarchique, mais elle est encore plus
oligarchique, si elle emploie les deux moyens. Si la nomination se fait entre tous pour certaines magistratures, et
entre quelques-uns seulement pour certaines autres, soit
par l'élection, soit par la voie du sort, le mode est à la fois
aristocratique et républicain. Quand la nomination et
l'éligibilité sont réservées à quelques-uns seulement, le
système est oligarchique, s'il n'y a pas d'égalité entre les
citoyens, soit que d'ailleurs on emploie le sort ou les deux
modes en même temps ; mais si les électeurs nomment
sur la totalité des citoyens, l'institution n'est plus oligarchique. Le droit de nomination accordé à tous avec l'éligibilité pour quelques-uns est aristocratique. Tel est donc le
nombre des modes de nomination aux magistratures, et
c'est ainsi qu'ils se divisent dans les différentes formes de
gouvernement. Il sera facile de voir ce qui peut être
avantageux à telle ou à telle forme, comment il convient
d'organiser les constitutions et, en même temps, quel
degré de puissance il convient de donner aux magistratures. J'entends par ce degré d'autorité que telle magistrature est chargée souverainement des revenus de l'Etat,
et telle autre de sa défense. Car il y a une grande différence entre l'autorité qui donne le commandement de
l'armée, et celle qui prononce dans les tribunaux sur les
transactions entre particuliers.

CHAPITRE XIII

§ 1. Des trois parties constitutives de chaque État, il ne nous reste plus à parler que des tribunaux[1]. Pour en connaître l'organisation, nous emploierons la méthode que nous avons déjà suivie. Les tribunaux peuvent varier entre eux à trois points de vue différents : les personnes, la nature des causes, le mode de la nomination des juges. Il s'agit de savoir, quant aux personnes dont les tribunaux sont composés. si elles sont prises parmi tous les citoyens ou seulement dans une certaine classe; quant à la nature des causes, quelles sont les différentes espèces de tribunaux; enfin, quant à la nomination des juges, s'ils sont désignés par l'élection ou par le sort. Commençons par déterminer le nombre des différentes espèces de tribunaux. Elles sont au nombre de huit : le tribunal qui juge les agents comptables ; celui qui prononce sur les délits publics ; celui qui appelle à lui toutes les causes où la constitution[3] est intéressée ; celui qui décide entre les simples particuliers et les magistrats, dans les cas où il y a contestation au sujet des peines qui ont été prononcées ; celui qui s'occupe des procès relatifs aux transactions entre particuliers, et qui ont quelque importance ; de plus le tribunal pour les étrangers, et celui qui connaît des accusations de meurtre.

1. Voyez dans ce livre, chap. XI, § I.
2. Δημόσια ἀδικήματα, concussion, infidélité dans les finances, dans la gestion d'une tutelle.
3. Γραφὴ παρανόμων, attentat contre les lois en général; le cas le plus grave était de tenter de changer la forme du gouvernement et d'abolir la démocratie.

§ 2. Les espèces de ce dernier genre, soit que le jugement de toutes les espèces soit soumis aux mêmes juges,
soit qu'on ait des tribunaux particuliers pour chacune
d'elles, sont le meurtre de dessein prémédité, le meurtre
involontaire, le meurtre avoué et reconnu par son auteur,
mais avec des motifs qu'il croit légitimes ; enfin, il y a une
quatrième espèce de ce genre, quand l'auteur d'un meurtre
après s'être exilé volontairement, vient répondre aux
allégations de ceux qui s'opposent à ce qu'il puisse rentrer
dans sa patrie. Le tribunal qui siège dans le quartier
appelé Phréatte[1] à Athènes, connaît, dit-on, de ces sortes
de causes. Mais il est toujours arrivé que ces causes se
sont présentées fort rarement, même dans les grandes
cités. Quant aux procès des étrangers. il y en a de deux
sortes : entre étrangers ou bien entre étrangers et
citoyens. Outre les sept tribunaux dont nous venons de
parler, il y en a encore un huitième qui juge les petites
transactions entre particuliers, quand elles n'ont que la
valeur d'une drachme à cinq drachmes, ou un peu plus :

---

1. Pausanias, dans son Itinéraire de la Grèce, livre Attiques,
s'exprime ainsi : Ἔστι δὲ τοῦ Πειραιῶς πρὸς θαλάσσῃ Φρεαττύς·
ἐνταῦθα οἱ πεφευγόντες, ἣν ἀπέλθοντας ἕτερον ἐπιλάβῃ σφας ἔγκλημα,
πρὸς ἀκροωμένους ἐκ τῆς γῆς ἀπὸ νεὼς ἀπολογοῦνται.
Il y a dans le Pirée auprès de la mer, un endroit appelé
Phréattus, du mot φρέαρ, puits. Quand un meurtrier, exilé volontairement, était accusé d'un autre meurtre et qu'il voulait
se justifier, il se rendait sur un vaisseau, vis-à-vis du Φρεαττύς,
et de là, sans oser débarquer, il plaidait sa cause devant les
juges assis sur le rivage pour l'entendre.
Pollux, dans l'Onomasticon (l. VIII, p. 120), donne la même
explication que Pausanias.
On trouve dans Giphanius, l'un des plus savants commentateurs allemands d'Aristote, qu'il y avait, à Athènes, cinq tribunaux différents pour les causes de meurtre : Areopagus,
Delphinium, Palladium, Phreattium et Prytaneum.
Camerarius voit un locatif dans le mot Φρεαττοῖ comme dans
les mots Μεγαροῖ et Πυθοῖ, cités ailleurs.

car il faut aussi que ces contestations soient jugées ; mais elles ne sont pas du ressort d'un grand tribunal.

§ 3. Nous n'en dirons pas davantage sur le tribunal chargé des causes de meurtre ni sur le tribunal des étrangers. Disons maintenant quelque chose de la justice civile ; car, lorsqu'elle n'est pas bien rendue, il survient des dissensions et de graves désordres dans l'État, Il faut nécessairement que tous les citoyens soient appelés par le sort ou par l'élection à juger tous les sujets de contestation dont nous avons fait l'énumération, ou que tous y soient appelés par le sort pour certains cas, et par l'élection pour d'autres cas : ou bien il faut que pour certaines causes déterminées, les juges soient en partie élus, en partie tirés au sort, Voilà donc quatre modes distincts. Il y en aura autant si l'on n'admet à siéger dans les tribunaux qu'une partie des citoyens : car, dans cette portion destinée à fournir des juges pour toutes les causes, les juges seront nommés, soit par élection, soit par voie du sort, ou l'on élira ceux qui devront juger certaines causes ou l'on tirera au sort ceux qui devront juger d''autres causes, ou bien certains tribunaux chargés d'un même genre de causes seront composés de juges élus et de juges tirés au sort. Voilà donc autant de modes qui correspondent à ceux dont nous venons de parler.

§ 4. Enfin, on peut encore combiner ces conditions deux à deux : c'est-à-dire, d'une part, la condition qu'on appellera tous les citoyens à juger, ou seulement une partie des citoyens. On peut aussi réunir les deux modes à la fois, par exemple, si les membres d'un même tribunal étaient pris, les uns dans la masse des citoyens, les autres dans une certaine classe ; et cela, ou par voie du sort, ou par élection, ou des deux manières à la fois. Voilà tous les modes possibles pour l'organisation de tribunaux. Et d'abord, parmi ces modes, on peut regarder comme

démocratiques ceux où tous les citoyens sont appelés à
prononcer sur toutes les affaires. En second lieu, ceux où
quelques-uns jugent toutes les causes sont oligarchiques.
En troisième lieu, ceux où les juges sont pris en partie
dans la totalité des citoyens, et en partie dans une certaine classe sont à la fois aristocratiques et républicains.

LIVRE SEPTIÈME

De l'organisation de la démocratie. — Quelle en est la meilleure forme. — Précaution que le législateur doit prendre
dans l'organisation de la démocratie. — Ce qu'il faut faire
pour consolider l'oligarchie. — Des diverses magistratures.

CHAPITRE PREMIER

§ 1. Nous avons parlé des différences qui existent dans
l'assemblée délibérante ou le souverain, du nombre et de
la nature de ces différences, des ordres divers de magistratures, de l'organisation des tribunaux qui convient
à chaque forme de gouvernement, enfin de la stabilité et
de la chute des États, en indiquant les sources et les causes
qui amènent l'une et l'autre. Mais comme il y a plusieurs
espèces de démocratie, et qu'il en est de même des autres
formes de gouvernement, il ne sera pas hors de propos
d'examiner s'il n'y a pas encore quelque chose à dire sur
ce sujet, et de faire connaître le mode d'organisation le plus
approprié et le plus avantageux à chaque forme.

§ 2. Il faut aussi examiner les combinaisons de tous
les divers modes dont nous avons parlé ; car, en les combinant deux à deux, il en résulte des changements de
forme, qui font de l'aristocratie une oligarchie, ou qui,
dans les républiques, renforcent le principe démocratique.

J'entends par combinaisons deux à deux, qu'il convient d'examiner, et auxquelles on n'a pas jusqu'ici fait attention, les cas, par exemple, où le corps délibérant et l'élection des magistrats sont organisés dans le sens de l'oligarchie, tandis que les tribunaux sont organisés dans le sens de l'aristocratie, ou tel autre cas, pourvu que toutes les parties du gouvernement ne soient point établies selon le même système.

§ 3. On a dit précédemment quelle sorte de démocratie convient à telle ou telle sorte de peuple ; et de même pour les diverses espèces d'oligarchie et les autres formes de gouvernement, à quels hommes chacune d'elles est plus convenable, mais il faut encore montrer d'une manière évidente quel est le meilleur gouvernement pour les États, et surtout comment il faut établir ce gouvernement ou tel autre. Examinons rapidement cette question. Et d'abord parlons de la démocratie ; ce sera le moyen de faire voir clairement ce qui regarde la forme de gouvernement opposée, celle qu'on appelle ordinairement l'oligarchie.

§ 4. Il faut faire entrer dans cette recherche tout ce qui est essentiellement populaire et tout ce qui semble être une conséquence de la démocratie. Car de toutes ces combinaisons doivent nécessairement sortir les diverses espèces de démocratie, et la preuve qu'il y en a plus d'une sorte, toutes différentes entre elles. Deux causes expliquent la variété de ces démocraties : la première, dont on a déjà parlé, c'est qu'un peuple se compose de plusieurs classes diverses, les agriculteurs, les artisans et les mercenaires. Si l'on combine le premier de ces éléments avec le second et le troisième avec les deux autres, il en résultera une démocratie plus ou moins bonne, mais essentiellement différente.

§ 5. La seconde cause, dont nous voulons parler à pré-

sent, c'est que les conséquences qui résultent de la démocratie, et qui semblent appartenir spécialement à cette
espèce de gouvernement, déterminent, selon la manière
dont elles sont combinées, différentes espèces de démocratie ; l'une, en effet, réunit un plus petit nombre de ces
conséquences, l'autre un plus grand nombre, tandis que
telle autre les réunit toutes. Il importe de les connaître
toutes, si l'on veut établir une forme nouvelle ou réformer une forme ancienne. Les fondateurs d'État cherchent
à réunir tout ce qu'il y a de propre et de particulier
au système qu'ils adoptent, mais ils s'égarent en agis-
sant ainsi, comme on l'a déjà remarqué précédemment, en traitant des causes de la ruine des États,
et des moyens de les conserver. Examinons maintenant
les principes sur lesquels les différents systèmes se fon-
dent, les moyens dont ils ont l'habitude de faire usage et le
but qu'ils se proposent.

§ 6. Le principe fondamental du gouvernement démocratique est la liberté ; car on dit que c'est la
seule espèce de gouvernement où les citoyens jouissent de la liberté : la liberté, dit-on, est le but où
aspire toute démocratie. Or, un des caractères essentiels de la liberté, c'est que les citoyens obéissent et
commandent alternativement ; car le droit ou la justice, dans un État populaire, consiste à observer l'égalité en nombre, et non pas celle qui se règle sur le
mérite. D'après cette idée du juste, il faut nécessairement
que la souveraineté réside dans la masse du peuple, et
que ce qu'il a décrété soit définitivement arrêté comme
le droit ou le juste par excellence, puisqu'on prétend que
tous les citoyens ont des droits égaux, Il en résulte que,
dans les démocraties, les pauvres ont plus d'autorité que
les riches puisqu'ils sont en plus grand nombre et que
leurs décrets ont force de loi. Voilà donc un signe carac-

téristique de la liberté : telle est la définition que tous les partisans de l'État populaire donnent de la république.

§ 7. Un autre caractère, c'est de vivre comme on veut, car, c'est, dit-on, le résultat de la liberté, s'il est vrai que la marque distinctive de l'esclave soit de ne pas vivre comme bon lui semble. Tel est le second caractère de la démocratie. De là vient qu'on n'y consent jamais à obéir à qui que ce soit, si ce n'est à tour de rôle, et c'est ce qui contribue à établir la liberté fondée sur l'égalité.

§ 8. D'après ces principes et cette définition de l'autorité, voici quelles sont les institutions populaires : c'est que toutes les magistratures soient électives par tous, et parmi tous les citoyens ; que tous aient autorité sur chacun, et chacun, à son tour, sur tous ; que les magistratures soient données par la voie du sort, au moins toutes celles qui n'exigent ni expérience, ni habileté dans un art ; que les magistratures ne soient point adjugées d'après la quotité du cens, ou au moins d'après la plus petite quotité possible ; que le même citoyen ne puisse jamais exercer deux fois la même magistrature, ou au moins un petit nombre de fois, et qu'il n'y ait que peu de magistratures dans ce cas, à l'exception des emplois militaires ; que toutes les fonctions publiques, ou le plus grand nombre possible, soient de courte durée ; que tous les citoyens soient appelés à juger dans les tribunaux ; que les juges soient pris dans toutes les classes et prononcent sur les affaires de toute nature, sur le plus grand nombre, sur les plus graves et les plus importantes, comme sont les comptes rendus par les magistrats responsables, les affaires générales de l'État et les contrats civils ; enfin que la décision de toutes les affaires, ou au moins des plus importantes, dépende souverainement de l'assemblée générale des citoyens, et non d'aucune magistrature, si ce n'est dans les cas les plus rares.

§ 9. La plus populaire des magistratures, c'est un sénat ou un conseil général, partout où l'État n'a pas le moyen de donner une indemnité pour la présence aux assemblées; mais là où le salaire existe, le sénat perd bientôt son autorité, car le peuple, riche de son salaire, appelle à lui les jugements de toute espèce, comme on l'a dit dans le livre précédent. Une autre institution très populaire, c'est d'accorder le salaire à tous les fonctionnaires, aux membres de l'assemblée générale, aux tribunaux, aux emplois de toute espèce, ou du moins, aux magistratures, aux tribunaux, au sénat, aux assemblées qui décident en dernier ressort des affaires, ou aux fonctionnaires qui sont obligés de prendre leurs repas [2] en commun. Enfin, de même que l'oligarchie a pour caractère les privilèges accordés à la naissance, à la richesse, à l'éducation, ainsi le gouvernement populaire doit avoir, au contraire, pour caractère distinctif la préférence que l'on y donne à l'obscurité de la naissance, à la pauvreté et aux professions mécaniques.

§ 10. Il faut encore que nulle magistrature n'y soit perpétuelle, et dans le cas où on laisserait subsister quel-

1. Il y avait à Athènes deux conseils, Βουλαι, dont l'un était permanent. Le nombre des membres de ce conseil était indéterminé. Ils étaient nommés à vie par les autres magistrats et tenaient leurs assises sur la colline de Mars. On l'appelait pour cette raison conseil supérieur, ἡ ἄνω βουλή. Il jugeait les causes de meurtre et il avait la surveillance générale de l'État.

L'autre, composé de cinq cents sénateurs, dont les fonctions étaient seulement annuelles, décidait de toutes les affaires du gouvernement. Schneider fait remarquer que c'est sans doute de ce dernier conseil qu'Aristote parle ici, comme d'une institution essentiellement démocratique.

2. A Athènes, la tribu qui avait la présidence du conseil, ἡ πρυτανεύουσα φυλή, était nourrie dans le Prytanée, aux dépens du public, afin qu'elle pût vaquer aux affaires sans aucune interruption. La salle où se prenaient les repas était appelée θόλος, salle voûtée.

qu'une de celles qui existaient autrefois avant la révolution démocratique, il faut en diminuer graduellement la
puissance, et attribuer au sort toutes celles qui étaient
électives. Telles sont les institutions communes à toutes
les démocraties. Mais la constitution qui est regardée
comme la plus essentiellement démocratique ou populaire
résulte du droit que l'on appelle ordinairement démocratique, et qui consiste dans l'égalité absolue entre tous les
citoyens. L'égalité veut que les pauvres n'aient pas plus
de pouvoir que les riches, qu'ils ne soient pas seuls souverains, mais que tous le soient au nom de l'égalité et en
proportion du nombre, et ce n'est qu'à cette condition
qu'on peut dire que l'égalité et la liberté sont garanties
à l'État.

§ 11. Mais, ensuite, la difficulté est de savoir comment
on parviendra à établir cette égalité. Faut-il répartir entre
mille citoyens la quotité du cens exigé de cinq cents et
donner aux mille un pouvoir égal à celui des cinq cents?
Ou bien ne faut-il pas considérer l'égalité sous ce rapport,
mais faire cette répartition, et, après avoir pris un nombre égal d'individus entre les mille et les cinq cents, leur
confier la suprême direction des élections et des tribunaux? Est-ce cette forme de gouvernement qui est la plus
juste et la plus conforme au droit populaire, ou bien est-ce
plutôt celle où l'on considère essentiellement la multitude? Car, ce que les partisans de la démocratie appellent
juste et légitime, c'est ce qui a été résolu par le plus grand
nombre. Au contraire, les partisans de l'oligarchie ne
trouvent juste que ce qui est conforme à l'opinion de ceux
qui sont les plus riches, parce qu'ils prétendent que c'est
le degré des richesses qui doit donner le droit de prendre
une décision définitive sur les affaires publiques.

§ 12. Cependant l'inégalité et l'injustice se trouvent
dans l'un et l'autre système, car, si c'est la volonté du

petit nombre qui décide, il y aura tyrannie, puisque, s'il se trouve un seul individu qui possède plus de biens que les autres riches, il aura seul, en vertu du droit oligarchique, le droit de commander. Mais si c'est la volonté du plus grand nombre, pris arithmétiquement, qui fait la loi, la majorité ne manquera pas de s'approprier, par des confiscations injustes, les biens des riches et des plus faibles, comme on l'a dit précédemment. Pour trouver une égalité sur laquelle les partisans de l'un et de l'autre système puissent être d'accord, il faut la chercher dans la définition qu'ils donnent les uns et les autres du droit politique, puisqu'ils prétendent que la volonté du plus grand nombre des citoyens doit être souveraine.

§ 13. Admettons ce principe, mais pourtant, que cela ne soit pas d'une manière absolue. Or, puisque la cité se compose de deux ordres de citoyens, les riches et les pauvres, que la décision du plus grand nombre soit souveraine dans l'un et l'autre des deux ordres ; mais, s'ils prennent des résolutions contraires, que ce soit la volonté du plus grand nombre et de ceux qui ont le revenu le plus considérable, qui l'emporte. Supposons dix riches et vingt pauvres : six riches ont émis une opinion, quinze pauvres ont émis une opinion contraire ; les quatre riches qui restent se sont joints aux quinze pauvres, et cinq pauvres aux six riches. Si l'on fait des deux côtés l'addition de la fortune des parties composantes, je dis que ceux, quels qu'ils soient, dont la fortune l'emporte, doivent avoir la souveraineté.

§ 14. Mais s'ils se trouvent égaux de part et d'autre, il faut considérer ce partage de votes comme rentrant dans la classe de ce genre : par exemple, lorsqu'il y a partage entre les membres de l'assemblée générale des citoyens ou entre ceux du tribunal ; alors on est forcé de recourir à la voie du sort, ou à quelque autre moyen semblable. Du reste, quelle que soit la difficulté de trouver la vérité sur ces questions d'égalité et de droit, il est cependant plus facile d'y réussir que de modérer, par de sages conseils, la foule de ceux qui peuvent donner cours à leur ambition, car les hommes qui sont dans une condition inférieure aspirent incessamment à l'égalité et à la justice, tandis que ceux qui sont les plus forts n'y songent en aucune manière.

CHAPITRE II

§ 1. La meilleure des quatre démocraties est la première dans l'ordre que nous avons marqué en les décrivant dans les livres qui précèdent : elle est même la plus ancienne de toutes. J'entends la première d'après la division ordinaire des classes dont le peuple se compose. La meilleure classe est celle des laboureurs, et il est possible d'établir une démocratie partout où le peuple vit de la culture des terres ou du soin des troupeaux. Comme il n'est pas très riche, il a peu de loisirs, et ne saurait par conséquent se réunir souvent en assemblée pour délibérer ; et d'un autre côté, comme il manque de beaucoup de choses nécessaires, on voit chaque citoyen vaquer à ses travaux sans désirer le bien d'autrui, mais chacun trouve plus de plaisir à cultiver sa terre qu'à s'occuper du gouvernement ou à exercer l'autorité, surtout lorsque les magistratures ne sont pas une source de profits considérables. En effet, la plupart des hommes sont plus avides de gains que d'honneurs.

§ 2. La preuve, c'est qu'on supportait les anciennes tyrannies et qu'aujourd'hui encore on supporte les oligarchies toutes les fois qu'elles n'empêchent pas les citoyens de se livrer à leurs travaux et qu'elles ne leur enlèvent pas

les fruits qu'ils en retirent ; car alors les uns s'enrichis-
sent promptement et les autres sortent de la pauvreté.
D'ailleurs, le droit de choisir les magistrats et de leur
faire rendre compte de leur gestion suffit pour satisfaire
l'ambition de ceux qui peuvent en avoir. Et même, en
supposant qu'ils ne prennent aucune part aux élections,
mais que le droit d'élire appartienne à quelques hommes
pris tour à tour dans toutes les classes, le peuple, pourvu
qu'il soit appelé à délibérer dans les occasions importantes,
comme à Mantinée, s'en contente ordinairement. C'est là
ce qu'on doit considérer aussi comme une espèce de
démocratie, telle qu'autrefois elle exista à Mantinée[1].

§ 3. Voilà pourquoi il est avantageux à l'espèce de
démocratie dont nous avons déjà parlé, et il est même
assez ordinaire d'abord d'admettre tous les citoyens à
l'élection des magistrats, à l'administration de la justice
et au jugement des fonctionnaires responsables ; ensuite
de soumettre les hauts emplois à l'élection et au cens
proportionnellement à l'importance même des emplois,
ou bien encore, en négligeant la condition du cens, de ne
les confier qu'à ceux qui sont capables de les remplir. Une
telle forme de gouvernement ne saurait manquer d'être
excellente ; car les fonctions publiques y seront toujours
remplies par les citoyens les plus éminents, avec le consentement du peuple, qui dès lors ne sera nullement jaloux
des hommes de mérite. Nécessairement aussi cette combi-

1. Telle est l'origine du gouvernement représentatif, qui
n'est pas une invention toute moderne. On voit ici deux degrés d'élection bien marqués, les délégués de délégués. Cette
forme de gouvernement commence à paraître vers la deuxième
année de la 102ᵉ Olympiade, environ 387 ans avant J.-C.
Schneider suppose, d'après Aristote, que ce gouvernement aurait été en vigueur chez les Mantinéens même avant la
98ᵉ olympiade, lorsqu'après la destruction de leur ville par
Agésilas, roi de Sparte, ils furent obligés d'habiter les bourgs
ou villages qui formaient leur territoire.

naison satisfera les hommes distingués et recommandables
car ils ne seront point obligés d'obéir à des gens d'une
condition inférieure, et ils gouverneront avec équité,
parce qu'ils sont responsables de leur gestion devant des
citoyens d'une autre classe.

§ 4. Il est important de rendre le pouvoir dépendant,
et de ne pas souffrir que ceux qui en disposent agissent au
gré de leur caprice, car la possibilité de faire tout ce qu'on
veut empêche de résister aux mauvais penchants de la
nature humaine. De cette manière, on obtient nécessairement l'un des résultats les plus précieux dans les républiques : c'est que le pouvoir se trouve entre les mains
des hommes éclairés et presque infaillibles, sans oppression
et sans avilissement pour le peuple. Voilà donc la meilleure
démocratie, et d'où vient cette supériorite ? Des mœurs
mêmes et du caractère du peuple.

§ 5. Pour donner à un peuple le goût de l'agriculture,
il y a parmi les anciennes lois de la plupart des cités
certaines dispositions qui sont toutes fort utiles, comme
d'interdire à tous les citoyens de posséder une étendue[1]
de terres qui excède une certaine mesure, ou bien d'en
posséder à une distance déterminée de la citadelle et de
la ville. C'était encore autrefois une loi fondamentale
dans plusieurs Etats de ne permettre à personne
d'aliéner[2] l'héritage paternel[3]. La loi dite d'Oxilus[4], qui
défend à chaque citoyen d'emprunter avec hypothèque

---

1. La loi Licinia défendait à tout citoyen romain de posséder plus de 500 arpents de terre.

2. Comparer le vi° ch., § 10, du second livre.

3. Quelques commentateurs d'Aristote substituent πατρῴους
à πρώτους.

4. Aucun autre écrivain ne fait mention de cette loi d'Oxilus,
et l'on ignore absolument les dispositions qu'elle contenait.
Pausanias seul, l. V, ch. III et IV, dit quelques mots de ce
personnage, qui avait régné anciennement sur les Eléens.

sur la terre qu'il possède, peut avoir aussi quelque influence du même genre.

§ 6. Aujourd'hui, si l'on veut opérer des réformes, il faut avoir recours même à la loi des Aphytéens [1], qui est très utile pour l'objet dont nous parlons. Malgré leur grand nombre et le peu d'étendue de leur territoire, ils sont tous laboureurs ; c'est qu'ils ne soumettent pas au cens la totalité des possessions, mais ils divisent le territoire en un assez grand nombre de parts pour que le cens même des plus pauvres dépasse la quotité légale.

§ 7. Après les peuples agriculteurs, ceux qui sont le plus dignes d'estime sont les peuples pasteurs, qui vivent du produit de leurs troupeaux, car leur manière de vivre a beaucoup d'analogie avec celle des laboureurs. Ils ont beaucoup d'habitudes qui les rendent propres aux travaux de la guerre ; leurs corps sont endurcis à la fatigue et capables de supporter toutes les intempéries des saisons. Mais presque tous les autres peuples, chez lesquels il s'est établi des gouvernements démocratiques, sont de beaucoup inférieurs à ceux-ci, et la vertu n'a rien de commun avec les occupations ordinaires des artisans, des marchands et des mercenaires. D'ailleurs, l'habitude de courir les marchés et les rues de la ville dispose cette partie de la population à se réunir en assemblée générale avec une sorte de facilité; tandis que les laboureurs, vivant dispersés dans la campagne, ne se rencontrent pas et n'éprouvent pas le même besoin de réunion.

§ 8. Quand les terres à cultiver sont situées à une grande distance de la ville, il est toujours facile d'éta-

---

1. Xénophon, dans ses Helléniques, l. V, ch. III, § 19, fait mention d'une ville de Thrace habitée par les Grecs, sous le nom d'Aphytis. Héraclide de Pont parle des Aphytéens comme d'un peuple recommandable par ses habitudes de justice et de modération.

blir une excellente démocratie ou république, car alors
la plupart des citoyens sont obligés d'avoir leurs habitations à la campagne. Il en résulte que la tourbe des
gens qui se livrent au trafic ne peut pas, dans les démocraties ainsi composées, faire des assemblées générales
sans le concours de la population rurale. Nous venons
donc de montrer comment il faut s'y prendre pour établir la première et la meilleure démocratie. On voit comment il faut organiser les autres espèces ; elles dégénèrent
fatalement de leur modèle selon les différentes classes du
peuple, jusqu'à cette classe dégradée qu'il faut toujours
tenir à part.

§ 9. Comme cette forme dernière de la démocratie
admet tous les citoyens au gouvernement des affaires,
tout État n'est pas capable de la supporter, et il n'est pas
facile de la faire durer longtemps, quand elle n'est pas
fondée sur les mœurs et sur les lois. D'ailleurs nous
avons indiqué précédemment la plupart des causes qui
contribuent ordinairement à la corruption de cette forme
de gouvernement et des autres formes. Pour établir cette
démocratie et pour rendre le peuple puissant, ceux qui
sont à la tête du gouvernement comprennent ordinairement parmi les citoyens le plus grand nombre d'individus qu'ils peuvent, et ils donnent le droit de cité non
seulement aux enfants légitimes, mais encore aux
bâtards d'un côté ou de l'autre, je veux dire du côté du
père ou de la mère, car tous les éléments sont bons
pour former un tel peuple.

§ 10. Telles sont les manœuvres employées ordinairement par les démagogues. Cependant il faut n'admettre
de nouveaux citoyens qu'autant que le besoin l'exige
pour que la multitude ait la prépondérance sur les riches
et sur la classe moyenne ; il ne faut pas aller au delà.
S'ils excèdent la mesure, ils ne manquent pas de rendre

la foule encore plus indisciplinable et d'exaspérer davantage les classes élevées, déjà si impatientes du joug de la démocratie. C'est ce qui fut cause de la révolution arrivée à Cyrène [1]; on ne remarque pas d'abord un faible mal, mais quand il s'accroît, il devient plus sensible et frappe tous les yeux.

§ 11. On peut encore regarder comme favorables à l'établissement de la démocratie les moyens auxquels eurent recours Clisthène [2], quand il voulut fortifier la démocratie à Athènes, et tous ceux qui fondèrent le pouvoir populaire à Cyrène. Ainsi, il faut multiplier le nombre des tribus et des phratries, substituer aux sacrifices particuliers un petit nombre de fêtes religieuses célébrées en commun, et imaginer tous les moyens possibles pour mêler les citoyens les uns avec les autres, et pour dissoudre toutes les associations antérieures.

§ 12. Et même toutes les ruses des tyrans semblent trouver place dans la démocratie, par exemple, la désobéissance des esclaves (chose peut-être avantageuse jusqu'à un certain point), l'insubordination des femmes et des enfants, et la tolérance qui laisse à tous les citoyens la liberté de vivre comme chacun l'entend. A cette condition, bien des gens prêteront main forte au gouvernement, car il est plus doux de vivre sans règle que d'avoir une conduite sage et réservée.

1. Capitale de la Cyrénaique ou Pentapole en Libye. Hérodote (l. IV, ch. CLII) entre dans quelques détails sur l'histoire de cet État, qui fut d'abord gouverné par des rois. Schneider suppose que l'événement auquel Aristote fait allusion est postérieur à l'expulsion du dernier roi de Cyrène, dans le IVᵉ siècle avant J.-C.

2. Clisthène porta à dix le nombre des tribus d'Athènes, l'an 509 avant J.-C., établit l'ostracisme et favorisa le pouvoir du peuple au détriment de l'oligarchie. Aristote en a déjà parlé, l. III, ch. I, § 10.

CHAPITRE III

§ 1. Pour le législateur et pour ceux qui veulent fonder un gouvernement démocratique, la tâche la plus laborieuse n'est pas de l'établir, et ce n'est pas la seule : il s'agit surtout de pourvoir à sa conservation. Car il n'est pas bien difficile qu'une forme de gouvernement, quelle qu'elle soit, dure deux ou trois jours. Voilà pourquoi il faut s'attacher à combiner tous les moyens propres à en garantir la stabilité, d'après les considérations que nous avons présentées précédemment sur les causes qui contribuent à la ruine ou à la conservation des États ; prendre des précautions contre celles qui les affaiblissent; adopter toutes les lois, écrites ou non écrites, qui se rapportent aux principes sur lesquels repose le salut de l'État, et ne pas s'imaginer que ce qui donne à une république un caractère plus prononcé dans le sens de la démocratie ou de l'oligarchie est en réalité le principe essentiellement populaire ou oligarchique, mais que c'est tout ce qui peut lui assurer la plus longue durée.

§ 2. Cependant les démagogues de nos jours, pour capter la faveur populaire, font ordonner d'énormes confiscations par les tribunaux. C'est pour cela que ceux qui sont dévoués à ce système de gouvernement doivent s'opposer à cet abus, en établissant par une loi que le produit des confiscations prononcées n'appartiendra pas au peuple et ne sera pas appliqué à des objets d'utilité publique, mais qu'il sera consacré au culte des dieux. De cette manière, ceux qui veulent commettre une injustice ne se tiendront pas moins sur leurs gardes, puisqu'ils seront également punis, et la multitude sera moins empressée de condamner les accusés, quand elle n'aura aucun

profit à en attendre. Il faut encore rendre les procès
publics aussi rares qu'il est possible, et mettre un frein à
l'audace des délateurs, en prononçant de fortes amendes
contre ceux qui hasardent des accusations mal fondées.
Car ce n'est pas contre les gens du peuple que ces accusations sont dirigées, mais contre les citoyens les plus distingués. Il importe que tous les citoyens soient attachés et
dévoués au gouvernement, ou du moins qu'ils ne regardent
pas comme ennemis les hommes qui ont le plus d'influence.

§ 3. Comme le peuple est très nombreux dans les démocraties de la dernière espèce, et qu'il est difficile de réunir
les citoyens en assemblée générale s'ils ne sont pas payés,
les intérêts des riches sont gravement compromis, quand
l'État ne possède point des revenus[1]. Car il faut nécessairement y suppléer par des contributions forcées[2] et par
des confiscations prononcées par des tribunaux corrompus :
ce qui a perdu déjà un grand nombre de gouvernements
démocratiques. Lors donc que l'État n'a pas de revenus,
il faut que les assemblées générales soient rares et que les
tribunaux soient composés d'un grand nombre de juges,
mais que leurs séances ne durent que peu de jours. Ce
système présente deux avantages : d'abord les riches n'ont
pas à craindre d'être surchargés de dépenses puisque ce ne
sont pas les riches, mais les pauvres qui remplissent les
fonctions de juges; ensuite la justice est mieux rendue. En
effet, les riches ne veulent pas quitter leurs affaires pendant plusieurs jours de suite, ils ne consentent à les quitter
que pour un temps bien limité.

§ 4. Dans une république qui a des revenus, il ne faut
pas faire ce que font aujourd'hui les démagogues, c'est-
à-dire distribuer aux pauvres l'excédent des dépenses, en
y prenant aussi leur part. Ceux-ci ont à peine reçu le

---

1. Πρόσοδος, revenu ordinaire et fixé par les lois.
2. Εἰσφορά, revenu extraordinaire et forcé.

secours qui leur revient, qu'ils retombent dans les mêmes besoins ; faire des largesses aux pauvres , c'est verser dans un tonneau percé. Cependant le législateur vraiment dévoué au peuple doit pourvoir à ce que la multitude ne soit pas dans une indigence excessive, car c'est là une des causes qui perdent la démocratie. Il faut, au contraire, imaginer tous les moyens qui peuvent assurer au peuple une aisance durable. Dans l'intérêt même des citoyens aisés, il faut faire une masse générale de l'excédent des revenus de l'État, l'accumuler et la répartir ensuite entre les pauvres, surtout si la part qui leur revient peut servir à l'acquisition de quelque coin de terre, ou du moins peut former un capital pour monter un petit commerce ou un train de culture. S'il n'est pas possible de donner à tous en même temps, il faut faire la distribution par tribu ou par toute autre section du peuple, et tour à tour. Mais alors les citoyens aisés doivent contribuer aux frais de toutes les réunions nécessaires, puisqu'ils se trouvent affranchis des dépenses superflues.

§ 5. C'est par un procédé à peu près semblable que le gouvernement de Carthage[1] est parvenu à s'attirer l'affection du peuple ; car lorsqu'il envoie successivement des hommes tirés de la classe du peuple dans les villes de la république pour les administrer, il leur donne les moyens de s'enrichir. Les citoyens de la classe élevée et tous ceux qui sont aussi distingués par leur sagesse que par leur fortune feront bien aussi de prendre les pauvres sous leur protection et de les tourner vers le travail, en leur fournissant des capitaux. Il est bien aussi d'imiter la coutume des Tarentins[2] : en accordant aux pauvres la jouissance commune des propriétés, ils concilient au gouvernement

---

1. Voyez l. II, ch. ɪ, § 1.
2. Heyne, dans ses Opuscula Academica, t. II, a réuni tous les témoignages des anciens écrivains sur les Tarentins.

l'affection du peuple. De plus, les magistratures qu'ils ont établies sont de deux sortes : les unes sont données par la voie du sort, et les autres par les suffrages; le sort ouvre au peuple la carrière des honneurs, et l'élection donne à l'État de bons administrateurs. On peut arriver à ce résultat, en partageant la même magistrature en deux parties, dont l'une sera donnée par la voie du sort et l'autre par l'élection. Telles sont donc les différentes manières d'organiser les démocraties.

CHAPITRE IV

§ 1. D'après toutes ces considérations, il est facile de voir quelles sont les institutions qui conviennent aux oligarchies, car il faut établir pour chaque espèce d'oligarchie des institutions contraires à celles de chaque espèce de démocratie correspondante, en opposant celle des oligarchies qui est la première et la mieux organisée, à la première espèce de démocratie, c'est-à-dire à celle qui se rapproche le plus de la forme de gouvernement appelée république. Il faut y établir deux sortes de cens exigibles : l'un plus considérable et l'autre moins. Le cens moins considérable sera pour ceux qui pourront être appelés aux magistratures d'une nécessité indispensable; le cens le plus élevé sera celui des citoyens qui devront remplir les charges les plus importantes. Celui[1] qui possédera la quotité exigée par le cens le plus élevé aura le droit de prendre part aux affaires de l'État, et

---

1. Nous avons suivi le texte adopté par Didot, Schneider et Susemihl : Τῷ τε κτωμένῳ τὸ τίμημα μετέχειν ἐξεῖναι τῆς πολιτείας, τοσοῦτον εἰσαγομένους τοῦ δήμου πλῆθος.....

L'édition de Leipzig, ordinairement si correcte, a mutilé cette phrase au point de la rendre inintelligible.

l'on aura soin d'introduire dans cette classe un assez grand nombre d'individus pris dans la masse du peuple pour qu'elle ait la majorité sur la classe qui n'aura pas ce droit. On aura surtout pour principe de n'associer au gouvernement que ce qu'il y a de mieux dans la classe du peuple.

§ 2. De la même manière, il suffit d'élargir un peu les bases du système oligarchique pour obtenir la forme qui se rapproche le plus de la première espèce. Quant à celle qui correspond à la dernière espèce de démocratie, et qui est la plus violente et la plus tyrannique des gouvernements oligarchiques, c'est la plus mauvaise, et, à ce point de vue, celle qui demande le plus de précautions. Les corps bien constitués pour la santé, ou les navires bien construits pour la navigation et pourvus d'habiles marins, supportent les plus rudes atteintes, sans qu'il y ait danger qu'ils périssent ; mais les corps maladifs, les navires déjà avariés et montés par des matelots sans expérience, ne peuvent pas même supporter les moindres accidents. Il en est de même des constitutions politiques, plus elles sont mauvaises, plus elles demandent de précautions.

§ 3. En général, les démocraties doivent leur salut à l'abondance de la population ; le nombre y remplace le droit du mérite, tandis qu'il est évident qu'une oligarchie ne peut subsister que par l'effet d'un ordre constant et régulier. Or, comme la masse du peuple se compose de quatre divisions : les laboureurs, les artisans, les marchands, les mercenaires ; et comme la classe des hommes de guerre comprend aussi quatre divisions : la cavalerie, les hoplites, l'infanterie légère, la marine, c'est dans les pays dont la disposition naturelle est favorable aux manœuvres de la cavalerie qu'il convient le mieux d'établir une oligarchie fortement constituée ; car la sûreté des habitants y dépend de cette partie de l'armée, et il n'y a

que les grands propriétaires qui puissent nourrir des chevaux. L'oligarchie du second degré convient aux pays qui
ont beaucoup d'hoplites, parce que l'infanterie pesam-
ment armée se compose de riches plutôt que de pauvres.
Enfin, la démocratie convient exclusivement à un peuple
qui ne peut fournir que des soldats armés à la légère ou
des matelots.

§ 4. Aussi, dans les États où les hommes qui appartiennent à ces deux divisions sont très nombreux, il
arrive souvent que, lorsqu'il s'élève une sédition, ils
montrent peu d'ardeur dans le combat. Pour obvier à cet
inconvénient, il faut y appliquer le remède qu'emploient
les généraux expérimentés, quand ils mêlent à la cavalerie et aux hoplites un nombre proportionné de soldats
armés à la légère. C'est là ce qui, dans les séditions,
donne souvent l'avantage au peuple sur les riches, parce
que l'infanterie légère peut se battre avantageusement
avec la cavalerie et le corps des hoplites.

§ 5. Le gouvernement oligarchique qui lève cette
troupe dans la classe du peuple fournit donc des armes
contre lui-même. Il faut, selon la division naturelle des
âges, la jeunesse et la virilité, que les fils des riches
soient formés pendant leur adolescence aux manœuvres
et aux évolutions de l'infanterie légère, et qu'au sortir de
la jeunesse, ils soient exercés aux travaux de la guerre,
comme de véritables athlètes. Surtout, il faut donner à la
multitude une part dans les affaires du gouvernement,
soit, comme on l'a déjà dit, à la condition du cens ; soit,
comme cela se pratique à Thèbes, en accordant ce privilège à ceux qui ont cessé depuis un certain temps d'exercer aucune profession mécanique [2] ; soit enfin, comme à
Marseille [2], en désignant les citoyens dignes de remplir

---

1. L. III, ch. III, § 4.
2. L. VIII, ch. v, § 2.

les magistratures, qu'ils fassent partie du gouvernement ou qu'ils soient en dehors. Il faut encore imposer certaines dépenses aux magistratures les plus élevées que l'on ne peut gérer qu'en vertu de droits politiques, afin que le peuple se console de ne pas pouvoir prétendre à ces magistratures, et qu'il pardonne à ceux qui ont l'autorité, puisqu'ils paient en quelque sorte ce privilège.

§ 6. Il convient aussi que les magistrats qui entrent en charge fassent de magnifiques sacrifices et qu'ils élèvent quelque monument, afin que le peuple, en prenant part aux banquets des sacrifices et en voyant la ville splendidement décorée de monuments et d'édifices, aime à voir aussi le gouvernement s'affermir et se consolider. D'ailleurs, les riches laisseront ainsi autant de témoignages durables de leur munificence. Cependant ce n'est pas là ce qui a lieu aujourd'hui dans les gouvernements oligarchiques ; c'est précisément tout le contraire. Les magistrats s'y montrent plus avides de profits que d'honneur ; aussi peut-on dire avec raison que ces gouvernements ne sont que de petites démocraties réduites à quelques gouvernants. Telle est donc la manière dont il faut établir les démocraties et les oligarchies.

CHAPITRE V

§ 1. La suite[1] de la discussion nous conduit naturellement à déterminer avec soin ce qui regarde les magistratures : leur nombre, leur nature et leurs attributions,

---

1. Conring, Schlosser et Schneider supposent ici une lacun où Aristote exposait l'organisation des deux principales formes de gouvernement, l'aristocratie, la démocratie, et peut-être même la monarchie.

comme nous l'avons déjà dit précédemment [1]. Il y a des magistratures qui sont d'une nécessité indispensable, et sans lesquelles un État ne saurait subsister ; il y en a d'autres qui servent au bon ordre et à la décence, sans lesquelles un État ne saurait être bien administré. Outre cela, elles doivent être en moins grand nombre dans les petits États, et plus nombreuses dans les grands, comme nous l'avons encore fait remarquer. Enfin, il faut savoir quelles sont les magistratures qui peuvent être cumulées et celles qui ne le peuvent pas.

§ 2. Or, un des premiers soins et des plus indispensables est celui qui regarde la police des marchés ; il faut qu'il y ait une magistrature chargée d'y veiller, de connaître des transactions entre citoyens et de faire observer la décence avec le bon ordre. Il y a nécessité dans presque toutes les villes d'avoir des marchés pour la vente et pour l'achat, afin que les citoyens puissent subvenir à leurs besoins réciproques ; c'est le moyen le plus immédiat qu'un État puisse avoir de se suffire à lui-même, et c'est la cause qui a déterminé les hommes à se réunir en société.

§ 3. Une autre fonction qui tient de bien près à celle dont nous venons de parler, c'est la surveillance des propriétés publiques et particulières, pour maintenir le bon ordre ; c'est en même temps l'entretien et la réparation soit des édifices qui se dégradent, soit des chemins publics, le règlement des limites qui séparent les propriétés, afin de prévenir les sujets de plaintes ; enfin tous les autres objets de ce genre. C'est précisément cette magistrature qu'on appelle ordinairement astynomie (police de la ville). Elle comprend plusieurs parties distinctes, que l'on confie dans les villes les plus populeuses à divers employés,

---

1. L. VI, ch. XII, § 1 et suivants.

comme les architectes spéciaux pour les remparts, les inspecteurs des fontaines et les surveillants des ports.

§ 4. Il y a encore une autre surveillance nécessaire et du même genre, puisqu'elle porte sur les mêmes objets ; mais elle s'étend sur le pays environnant et hors de la ville. Les uns donnent à ces fonctionnaires le nom d'agronomes (inspecteurs de la campagne), les autres celui d'hylores (conservateurs des forêts). Ces emplois sont donc au nombre de trois. D'autres fonctionnaires sont ceux à qui l'on apporte le produit des revenus publics, qui en ont la garde et sont chargés de les répartir entre chaque service de l'État. On les appelle receveurs et trésoriers. D'autres magistrats sont chargés de l'enregistrement, des contrats entre particuliers et des jugements rendus par les tribunaux. C'est encore entre leurs mains qu'on doit déposer la déclaration des poursuites et les actions juridiques que l'on veut intenter. Il y a même des pays où cette magistrature se partage entre plusieurs branches, mais elle n'en a pas moins, à elle seule la suprême autorité sur toutes les attributions que je viens d'annoncer. On appelle ces fonctionnaires hiéromnémons (conservateurs des archives sacrées), épistates (présidents), mnémons (archivistes), ou on les désigne par d'autres dénominations analogues.

§ 5. Après cela vient la fonction la plus nécessaire et presque la plus pénible, celle qui regarde l'exécution des jugements rendus, le solde des amendes inscrites sur les registres de l'État, et la garde des prisonniers. Elle est pénible à cause de l'extrême aversion qui s'attache à ceux qui en sont chargés. Aussi, lorsqu'elle n'est pas largement rétribuée, trouve-t-on peu d'individus qui consentent à l'accepter, et lorsqu'ils finissent par y consentir, ils ont bien de la peine à se conformer exactement aux lois. Mais elle est nécessaire, parce qu'il ne sert à rien de

17.

prononcer des jugements sur les droits, s'ils ne sortent leur plein et entier effet. Et s'il est impossible que la société civile existe sans jugements, elle ne saurait non plus exister quand les condamnations à une amende ou à toute autre peine restent sans exécution.

§ 6. Aussi vaut-il mieux que ces fonctions ne soient pas attribuées à une magistrature unique, mais qu'elles soient remplies par des magistrats appartenant à d'autres tribunaux, qu'on essaye de les diviser de la même manière, selon la nature des condamnations inscrites sur les registres, et que les peines soient appliquées par d'autres magistrats, les plus récentes, par exemple, par ceux qui sont entrés en charge plus récemment. Enfin, il vaut mieux que, lorsque des magistrats établis depuis longtemps ont prononcé une sentence, elle soit exécutée par d'autres magistrats; par exemple, que les inspecteurs de la ville exécutent les jugements prononcés par les inspecteurs du marché, et que l'exécution des jugements rendus par ceux-ci soit remise à d'autres magistrats. Car, moins les exécuteurs des jugements inspireront d'aversion, plus l'exécution sera facile et prompte. Si les mêmes magistrats jugent et exécutent le jugement, ils excitent contre eux une double haine; si les mêmes magistrats sont chargés de toutes les affaires, ils deviennent l'objet de la haine générale.

§ 7. Dans plusieurs pays, on sépare l'emploi de garder les prisonniers et celui d'exécuter les jugements, comme à Athènes où la prison est gardée par ceux qu'on appelle les onze. Voilà pourquoi il est bon que ces deux sortes de fonctions soient séparées, et il faut imaginer pour cela un expédient quelconque, car l'une n'est pas moins nécessaire que l'autre. Il en résulte que les hommes convenables repoussent cette fonction, et pourtant il y a quelque danger à la confier à des gens sans honneur, qu'il faudrait surveiller eux-mêmes plutôt que de les charger de surveiller les autres. Il ne faut donc pas attribuer cet emploi à une magistrature unique et toujours la même ; mais lorsqu'il y a une classe de jeunes gens et de gardes, il faut y prendre ces fonctionnaires et même les prendre tour à tour dans les autres magistratures.

§ 8. On doit donc placer ces emplois au premier rang, comme étant les plus nécessaires. Il en est d'autres encore qui ne sont pas moins indispensables et qui ont quelque chose de plus imposant, car ils exigent d'un côté un mérite reconnu et de l'autre la confiance des citoyens. Ce sont, par exemple, ceux qui regardent la sûreté de la ville, et, en général, tous ceux qui se rapportent au service militaire. En temps de paix comme en temps de guerre, il faut des hommes préposés à la garde des portes et des remparts, au recensement et au classement des citoyens.

§ 9. Il y a des pays où ces différentes fonctions sont réparties entre un grand nombre de citoyens ; il y en a d'autres où ces fonctionnaires sont moins nombreux ; par exemple, dans les petits États, un seul magistrat les remplit toutes. Tels sont les stratèges et les polémarques. D'ailleurs, s'il y a de la cavalerie, de l'infanterie légère, des archers ou des matelots, on donne quelquefois à chacun de ces corps des chefs particuliers, qui prennent les noms de navarques, hipparques, taxiarques, et les subdivisions de ces corps sont appelées triérarchies, lochagies et phylarchies, et ainsi de toutes les parties de ces divers ordres de fonctions. Mais la totalité de ces emplois est comprise sous une seule espèce : qui est l'inspection des services militaires.

§ 10. Mais comme certaines magistratures, pour ne pas dire toutes, ont le maniement des deniers publics, il faut nécessairement qu'il y ait une autre autorité pour recevoir et apurer les comptes, sans qu'elle soit elle-

même chargée d'aucun autre soin. Les magistrats qui
l'exercent s'appellent contrôleurs, examinateurs, vérifica-
teurs, inspecteurs. Outre toutes ces magistratures, la plus
puissante en définitive, à laquelle souvent appartiennent
la proposition et la promulgation des lois, est celle qui
préside les assemblées de la multitude dans les États où
le peuple est souverain. Il faut en effet une magistrature
suprême pour convoquer le souverain en assemblée.
Dans la plupart des États, les membres qui composent
cette juridiction, sont appelés magistrats préparateurs,
parce qu'ils préparent les délibérations ; mais, dans les
États démocratiques, on leur donne plutôt le nom de
sénateurs. Telles sont à peu près toutes les magistratures
politiques,

§ 11. D'autres magistrats ont dans leurs attributions ce qui regarde le culte des dieux : ce sont les
prêtres et les inspecteurs chargés d'entretenir les édifices
sacrés, de réparer ceux qui tombent en ruines, et de
prendre soin de tout ce qui tient à la religion. Cette
magistrature est quelquefois confiée à une seule personne
comme dans les petits États, et quelquefois partagée en
plusieurs attributions distinctes du sacerdoce et confiées à
des architectes spéciaux, à des inspecteurs des temples,
et à des trésoriers des revenus sacrés. Enfin, après cette
magistrature, il y a encore la présidence de tous les
sacrifices publics que la loi ne place pas sous l'autorité
des prêtres ordinaires ; ce sont les dieux du foyer national
qui confèrent eux-mêmes cette haute dignité, et ceux
qui en sont revêtus on les appelle archontes, rois ou
prytanes.

§ 12. Telles sont donc les magistratures indispen-
bles pour ces différents objets. En résumé, elles se rapportent à la religion, à la guerre, aux revenus et aux dépenses
de l'État, aux marchés, à la police de la ville, des ports

et de la campagne, ensuite aux tribunaux, aux transactions entre particuliers, à l'enregistrement, à l'exécution des peines, à la garde des condamnés, à l'examen et à la vérification des comptes pour les magistrats responsables, enfin aux assemblées du corps qui est appelé à délibérer sur les affaires générales de l'État.

§ 13. Dans les cités où l'on a plus de loisirs, où règne plus d'abondance, et où l'on attache une grande importance au maintien du bon ordre, on établit des magistratures chargées de surveiller la conduite des femmes et des enfants, la tenue des gymnases et l'exécution des lois. Il y a, en outre, des intendants des jeux gymnastiques, des fêtes de Bacchus et de tout autre genre de spectacle. Quelques-unes de ces magistratures ne sont pas démocratiques, par exemple, la surveillance des femmes et des enfants, comme on peut le voir, parce que les pauvres, n'ayant point d'esclaves, se servent de leurs femmes et de leurs enfants comme de domestiques. Des trois magistratures suprêmes, auxquelles certains peuples nomment par élection, je veux dire les conservateurs des lois, les magistrats qui préparent les lois, et les sénateurs, la première convient à l'aristocratie, la seconde à l'oligarchie, et la troisième à l'aristocratie. Nous avons traité sommairement de tous les ordres de fonctions publiques [1]. . . . .

1. Le commentateur Conring pense que, dans la partie qui nous manque, Aristote parlait des tribunaux, des jugements et des républiques mixtes.

LIVRE HUITIÈME

ARGUMENT ANALYTIQUE

Des révolutions et des changements occasionnés par des séditions dans les États républicains. — Causes générales. —
Elles naissent, non pour de petites choses, mais de petites
choses. — Des révolutions dans les démocraties, les oligarchies et les aristocraties. — Moyens de les prévenir toutes.
Des dangers auxquels la monarchie est exposée. — Moyens
de la sauver. — De la tyrannie. — Système de Platon sur
les révolutions, tel qu'il l'expose lui-même dans la République.

CHAPITRE PREMIER

§ 1. Nous avons épuisé à peu près toutes les parties
du sujet que nous avons entrepris de traiter. Il nous
reste maintenant à examiner quel est le nombre et la
nature des causes qui produisent les révolutions des
États; quelles sont les dégénérations propres à chaque
espèce de gouvernement; quelles modifications produit
le changement d'une forme donnée; enfin, quels peuvent
être, en général, les moyens de salut pour tous les gouvernements, et, en particulier, pour chacun d'eux.

§ 2. D'abord il faut reprendre le principe : un grand
nombre de sociétés politiques ont été formées par des
hommes qui, tous, adoptèrent les idées de justice et d'é-
galité proportionnelle, mais qui se trompèrent sur ce

point, comme nous l'avons dit précédemment[1]. En effet, la démocratie est venue de ce que les hommes, parce qu'ils sont égaux, à certains égards, croient l'être absolument en tout; car, étant tous également libres, ils s'imaginent qu'il y a entre eux égalité absolue. L'oligarchie vient de ce que les hommes, n'étant pas égaux les uns aux autres, sous quelque rapport, supposent qu'il y a entre eux inégalité absolue.

§ 3. Il suit de là que les uns, sous le prétexte qu'ils sont égaux, prétendent avoir à tout un droit égal; et que les autres, se croyant inégaux, aspirent à obtenir davantage, car, qui dit plus, dit inégal. Il y a donc dans ces gouvernements un fonds de justice, mais il y a une erreur capitale qui leur est commune. C'est pour cette raison que les uns et les autres excitent des séditions, quand ils ne jouissent pas des droits politiques dans la proportion[2] à laquelle ils prétendent. Ceux qui pourraient avec le plus de justice exciter des séditions, et qui ne le font jamais, seraient sans doute les hommes d'une vertu éminente, car c'est surtout pour eux, ou plutôt c'est pour eux seuls que l'inégalité absolue est raisonnable. Cependant, il y a des citoyens qui, ayant sur les autres l'avantage d'une illustre naissance, se croiraient déshonorés, à cause de cette inégalité même, s'ils acceptaient l'égalité sous un rapport quelconque : le vulgaire entend par nobles ceux qui ont reçu de leurs ancêtres vertu et richesses.

§ 4. Telles sont les causes générales des révolutions ; telles sont leurs sources, et voilà pourquoi elles ont lieu de deux manières. Quelquefois les citoyens se révoltent contre le gouvernement, afin de changer la constitution

---

1. L. III, ch. vi, § 1.
2. Lisez : κατὰ τὴν ὑπόληψιν ἣν ἑκάτεροι τυγχάνουσιν ἔχοντες...
(Didot, Schneider, Susemihl.)

établie en une autre forme : par exemple, la démocratie en oligarchie, ou l'oligarchie en démocratie, ou celles-ci en république et en aristocratie ou réciproquement. D'autres fois, ce n'est pas contre la forme établie qu'on se révolte, mais en consentant à la laisser subsister, les mécontents veulent eux-mêmes gouverner, comme on le voit dans l'oligarchie ou la monarchie.

§ 5. Quelquefois même ce n'est que pour le plus ou le moins : ainsi, on veut que le principe de l'oligarchie soit plus concentré ou plus relâché pour la démocratie quand on veut la fortifier ou l'affaiblir. Il en est de même des autres formes de gouvernement, quand on a l'intention de leur donner plus ou moins de force. Il arrive aussi que la révolution attaque seulement quelque partie de la constitution, comme pour établir ou abolir une magistrature. C'est ainsi, dit-on, qu'à Lacédémone, Lysandre[1] conspira pour abolir la royauté, et le roi Pausanias[2] pour abolir la magistrature des Ephores.

§ 6. A Epidamne[3], le gouvernement ne s'est changé

1. Le vainqueur d'Ægos-Potamos s'empara d'Athènes et il y établit le gouvernement des trente tyrans. Tout puissant alors dans sa patrie, il se préparait, dit-on, à l'asservir, quand il fut tué dans un combat livré par les Spartiates aux Thébains devant Haliarte, la première année de la 96e olympiade, 396 ans avant J.-C.

2. Pausanias, fils du roi Cléombrote, gouverna le royaume pendant la minorité de Plistarque, fils de Léonidas. Il eut une grande part à la victoire de Platée, délivra les villes grecques d'Asie, prit Cypre et Byzance, mais il ternit sa gloire en voulant asservir sa patrie. Il écouta les propositions de Xerxès, qui lui offrait la main de sa fille et la royauté de la Grèce. Dénoncé au sénat, il fut livré aux éphores qu'il avait voulu abolir, convaincu de trahison et condamné à mort. Il se réfugia dans un temple de Minerve, dont les portes furent aussitôt murées et où il mourut de faim, 477 ans avant J.-C.

3. Epidamne, ville de l'Illyrie ancienne, appelée pl. stard Dyrrachium, aujourd'hui Durazzo, chez les Taulanti i, sur l'Adriatique, vis-à-vis de Brindes en Italie. C'était le port le plus fréquenté pour passer de Grèce en Italie.

qu'en partie ; car à la place des philarques (chefs de tribu), on a établi un sénat. Tous les magistrats qui font partie du gouvernement sont obligés de se rendre à l'assemblée générale qu'on appelle héliée ¹, lorsqu'on y recueille les suffrages pour l'établissement de quelque nouvelle magistrature. C'était aussi une institution oligarchique que l'existence d'un archonte, ou chef perpétuel, dans cette république ; partout l'inégalité produit des révolutions, lorsque ceux qui ne sont point privilégiés n'obtiennent pas quelque dédommagement proportionnel. En effet, une royauté perpétuelle, établie sur des citoyens égaux, détruit l'égalité, et, en général, le rétablissement de l'égalité est le but de toutes les révolutions.

§ 7. Il y a deux sortes d'égalité : l'égalité en nombre et l'égalité proportionnelle. J'appelle égalité en nombre ce qui est identique et égal sous le rapport de la quantité et de la grandeur ; j'appelle égalité proportionnelle l'identité de rapport. Par exemple, trois surpasse deux, et deux surpasse un en nombre égal ; mais quatre surpasse deux, et deux surpasse un en proportion égale, car deux est une partie de quatre, et un est une partie de deux, c'est-à-dire la moitié. Or, les citoyens, en s'accordant à regarder comme juste l'égalité absolue, ne s'accordent plus sur l'égalité proportionnelle, comme on l'a dit précédemment ; les uns, parce que, s'ils sont égaux en quelque chose, ils s'imaginent devoir l'être en tout ; les autres, parce que, s'ils ont quelque juste avantage, ils prétendent à tous les genres de privilèges.

§ 8. Voilà pourquoi il y a essentiellement deux sortes de gouvernement, la démocratie et l'oligarchie ; car la noblesse et la vertu ne sont le partage que d'un petit nombre ; les qualités contraires se trouvent dans le plus

---

1. Dans toutes les républiques doriennes, cette assemblée générale des citoyens s'appelait ἁλιαία, attiquement ἡλιαία.

grand nombre. Nulle part on ne verra cent individus qui soient nobles et vertueux, mais partout une masse de pauvres sans noblesse et sans vertu. Il y a d'ailleurs de l'inconvénient à établir l'une ou l'autre égalité d'une manière absolue, comme on le voit par les résultats ; car aucune de ces constitutions n'est durable. C'est qu'il est impossible, lorsqu'on part d'un principe erroné, qu'il n'en résulte pas à la fin quelque grave inconvénient. Aussi faut-il admettre, dans certaines choses, l'égalité en nombre, et, dans d'autres, l'égalité en proportion.

§ 9. Toutefois, la démocratie est plus stable et moins exposée aux révolutions que l'oligarchie, car dans les oligarchies, la discorde peut naître ou des querelles des oligarques entre eux ou de leurs querelles avec le peuple ; au lieu que, dans les démocraties, il n'y a de soulèvements que contre l'oligarchie. Le peuple ne s'insurge jamais contre lui-même, ou du moins ces insurrections n'ont point d'importance. Outre cela, une république administrée par des hommes de la classe moyenne s'approche plus de la démocratie que celle où un petit nombre d'hommes dispose de l'autorité ; et c'est de tous les gouvernements de ce genre celui qui a le plus de stabilité.

CHAPITRE II

§ 1. Puisque nous examinons quelles sont les circonstances d'où naissent les changements et les révolutions dans les États, il faut voir d'abord quels en sont les principes et les causes. Or, il y en a trois, dont il faut déterminer les caractères. Il convient d'observer quel état de choses produit les révolutions, pourquoi elles naissent, et, en troisième lieu, quels sont les principes des troubles et des séditions parmi les citoyens. On peut regarder, en général, comme cause principale de la disposition à un changement, celle dont nous avons déjà parlé : ceux qui aspirent à l'égalité se révoltent, s'ils viennent à s'imaginer que, malgré l'égalité de leurs droits, ils sont inférieurs à une certaine classe de privilégiés ; et les partisans de l'inégalité et du privilège troublent la paix, s'ils supposent qu'ils n'ont, dans le pouvoir, qu'une part égale ou moindre.

§ 2. De telles prétentions sont quelquefois justes, et quelquefois elles sont injustes, parce que les séditions ont lieu, de la part de ceux qui sont dans une situation inférieure, pour obtenir l'égalité ; et de la part de ceux qui sont égaux, pour arriver à la supériorité. Telle est donc, comme nous l'avons dit, la disposition d'esprit qui donne lieu aux troubles. Les motifs de ces troubles sont ordinairement l'intérêt et les honneurs, ou, au contraire, la perte de ces deux choses, puisque c'est pour échapper eux-mêmes à une flétrissure et à une perte d'argent, ou pour en garantir leurs amis, que les citoyens se révoltent.

§ 3. Les causes et les principes de ces mouvements politiques, qui amènent les dispositions dont nous venons de parler, et les désirs que nous avons signalés, sont au nombre de sept, et quelquefois il y en a davantage. Nous venons d'en indiquer deux, mais les causes n'agissent pas toujours de la même manière ; par exemple, les citoyens s'irritent les uns contre les autres par des motifs d'intérêt et d'ambition personnelle, non qu'ils veuillent acquérir eux-mêmes des richesses et des honneurs, mais parce qu'ils les voient obtenus par d'autres, tantôt à juste titre, et tantôt sans aucun droit. Il faut y joindre l'outrage, la crainte, la supériorité, le mépris, l'accroissement disproportionné de quelque partie de l'Etat, et,

sous d'autres rapports, la brigue, la négligence, l'inatten-
tion (qui laisse grandir les petites choses), la différence
des mœurs.

§ 4. Il est facile de voir quelle influence ont la violence et la cupidité parmi ces causes, et comment elles
amènent toujours des révolutions. Lorsque ceux qui
exercent le pouvoir se livrent à toute sorte de violences
et qu'ils satisfont leur cupidité, les citoyens se révoltent
entre eux contre les magistrats et contre les gouvernements, qui leur donnent le pouvoir de commettre de
pareils outrages. Au reste, la cupidité des magistrats se
satisfait, tantôt aux dépens des particuliers, tantôt aux
dépens de l'État. On voit également ce que peuvent les
honneurs, et comment ils deviennent les causes de soulèvements. Ceux qui sont privés de distinctions s'indignent
de voir que d'autres y arrivent, et ils se révoltent. Il y a
injustice sous ce rapport, toutes les fois qu'on obtient les
dignités sans y avoir droit, ou qu'on en est privé sans
l'avoir mérité. La supériorité produit le même effet, lorsqu'un seul ou plusieurs ont une prépondérance trop
grande pour l'État ou pour la force du gouvernement,
car il en résulte ordinairement ou la monarchie ou l'oligarchie.

§ 5. C'est pour cela qu'on a établi l'ostracisme dans
quelques États, comme à Argos et à Athènes. Cependant
il faut prévenir dès leur début les supériorités de ce
genre, plutôt que de les laisser se former et d'avoir à y
remédier plus tard. La crainte cause des séditions, lorsque
les coupables redoutent un châtiment, et que, dans la
prévision d'un attentat contre leur liberté, les citoyens
veulent le prévenir avant qu'il soit commis. C'est ainsi
qu'à Rhodes les citoyens les plus distingués se liguèrent
contre le peuple, pour se soustraire aux procès intentés
contre eux.

§ 6. Le mépris est aussi une cause de révolution, par exemple, dans les oligarchies, lorsque la majorité, exclue de toute participation au gouvernement, finit par sentir qu'elle est la plus forte ; et dans les démocraties, lorsque les riches en sont venus à mépriser le désordre et l'anarchie. C'est ce qui arriva à Thèbes, où la démocratie fut abolie après la bataille d'Œnophyte [1], à cause de la mauvaise administration du peuple ; à Mégare [2], où le désordre et l'anarchie avaient été cause d'une défaite; à Syracuse, avant la tyrannie de Gélon [3] ; enfin, à Rhodes [4], avant la révolution où l'avantage est aux riches.

1. Ville de Béotie, où les Athéniens battirent les Béotiens. Cette bataille, où Myronides commandait l'armée des Athéniens, se livra dans la quatrième année de la 80° olympiade, 458 ans avant J.-C.

2. Théagène, chef du parti populaire, accusa les riches de favoriser le parti des Lacédémoniens contre les Athéniens et les fit chasser de la ville. Alors les exilés se firent soutenir par Brasidas, général des Lacédémoniens, qui parvint à se rendre maître de Mégare. Le parti oligarchique s'empara du gouvernement et publia par un décret l'oubli du passé. C'était une ruse. Les démocrates rentrèrent. On ordonna une revue. Tous les chefs du parti populaire s'y rendent; mais les nouveaux magistrats avaient des troupes cachées, qui se présentent au signal donné. Ils font sortir des rangs cent citoyens des plus attachés au parti populaire, forcent le peuple de délibérer sur le champ, et après cette vaine formalité qu'ils appellent jugement, ils les mettent à mort comme légalement condamnés. L'oligarchie, dit Thucydide, se maintint longtemps à Mégare depuis cette époque. Les Athéniens furent si indignés de cette révolution qui avait détruit la démocratie, qu'ils portèrent la peine de mort contre tout Mégarien qui mettrait le pied sur leur territoire.

3. Les géomores (propriétaires des terres), persécutés par le peuple de Syracuse, eurent recours au crédit et à la puissance de Gélon qu'ils se donnèrent pour chef. (Hérodote, l. VII, ch. CLV.)

4. Rhodes se détacha quatre fois de l'alliance qu'elle avait conclue avec les Athéniens. 1° Les Rhodiens vaincus par les Lacédémoniens, qui favorisaient l'oligarchie, furent obligés de se détacher de l'alliance des Athéniens la 1re année de la

§ 7. Il arrive aussi des révolutions, quand quelque partie de l'État prend un accroissement disproportionné. Le corps est composé de parties qui doivent s'accroître dans une proportion régulière, pour que l'harmonie subsiste ; sinon, il se dégrade lorsque, par exemple, le pied a quatre coudées, et le reste du corps, deux palmes seulement ; et même il pourrait quelquefois prendre la forme d'un autre animal, si cet accroissement disproportionné se faisait, non seulement sous le rapport de la quantité, mais encore sous celui de la qualité. De même, un État se compose de parties, dont quelqu'une s'accroît souvent à notre insu, par exemple, la classe des pauvres dans les démocraties et dans les républiques.

§ 8. Cela arrive aussi quelquefois par l'effet d'événements fortuits, comme à Tarente [1], peu après la guerre

92e olympiade, 412 avant J.-C. ; 2° la seconde défection des Rhodiens eut lieu en même temps que celle d'autres îles, Chio, Cos et Byzance, pendant la 93e olympiade, lorsque les Athéniens furent défaits par les Lacédémoniens à la bataille d'Ægos-Potamos, 405 ans avant J.-C. ; 3° la lutte des principaux citoyens de Rhodes contre les plébéiens, soutenus les uns par les Lacédémoniens, les autres par les Athéniens, fut renouvelée avec des succès variés la 1re année de la 96e olympiade, 396 ans avant J.-C., et la 2° année de la 97e olympiade, 390 ans avant J.-C. ; 4° la quatrième défection fut suivie de la guerre sociale : les principaux Rhodiens y avaient été poussés non seulement par les violences de Charès, général athénien, mais encore par les promesses de Mausole, roi de Carie, qui les avait irrités contre les Athéniens. Quand la guerre fut allumée, Mausole envoya des secours à Rhodes et autres villes alliées, Chio, Cos et Byzance, 356 ans avant J.-C. Après la guerre sociale et la mort de Mausole, les principaux citoyens de Rhodes, soutenus par Arthémise, sœur et épouse de Mausole, attaquèrent le peuple et s'emparèrent du pouvoir en 355. Le peuple, opprimé par les grands, demanda du secours aux Athéniens : Démosthène prononça un discours célèbre pour les engager à l'accorder.

1. Cette bataille, qui eut lieu la 4e année de la 76e olympiade, est racontée au long par Diodore de Sicile, liv. II

médique, où la république fut changée en démocratie,
parce qu'un grand nombre de citoyens riches et puissants
avaient péri dans une bataille gagnée par les Japyges;
à Argos, après le massacre des citoyens par le Lacédémonien Cléomène [1], dans la journée du sept, on fut obligé
d'admettre au droit de cité un certain nombre de serfs ; à
Athènes, après les pertes épouvées par l'infanterie, le
nombre des citoyens de la classe élevée se trouva fort
diminué, parce qu'une levée considérable les obligea de
servir à leur tour pendant la guerre du Péloponèse [2]. C'est
ce qui arrive aussi dans les démocraties, mais moins :
quand le nombre des riches s'accroît et que les fortunes
particulières augmentent, le gouvernement devient
oligarchique ou tout à fait arbitraire.

§ 9. La brigue, même sans dissensions, suffit quelquefois pour amener le changement de la constitution ; à
Xérée [3], par exemple, on abandonna l'élection pour la voie
du sort, parce qu'on élisait toujours ceux qui étaient désignés par la cabale. La négligence est aussi une cause
de révolution, lorsqu'on laisse arriver aux principales

ch. LII, et Hérodote, liv. VII, ch. CLXX, parle du désastre
qu'éprouvèrent les Tarentins à cette époque.

1. Hérodote, l. VI, c. LXXVI, raconte en détail l'expédition
de Cléomène contre Argos. Cette victoire remonte à la
64e olympiade, 524 avant J-.C. Voyez aussi Pausanias, l. II,
c. XX.

2. L'occasion de la guerre du Péloponèse fut la rupture qui
éclata entre Corcyre et Corinthe, sa métropole; mais la véritable cause fut la rivalité qui existait entre Athènes et Sparte.
Athènes avait pris parti pour Corcyre, et Sparte pour Corinthe.
Les Lacédémoniens avaient pour alliés les Corinthiens, les
Étoliens, les Phocidiens, les Locriens, les Béotiens et tous les
peuples du Péloponèse, à l'exception des Achéens et des Argiens; les Athéniens avaient dans leur parti les Acarnaniens,
Naupacte, Platée, Corcyre, les villes de Thrace et de Thessalie,
toutes les côtes de l'Asie et de l'Hellespont. Sparte était la
plus forte sur terre, Athènes sur mer

3. Hérée, ville de l'Arcadie.

magistratures ceux qui ne sont pas amis du gouvernement : comme à Orée[1], où l'oligarchie fut abolie, lorsque Héracléodore, devenu archonte, changea l'oligarchie en république et en démocratie. Il faut quelquefois peu de chose pour une révolution : je dis peu de chose, parce que souvent il s'introduit dans l'ordre légal une altération grave, que pourtant on ne remarque pas, lorsqu'on a coutume de négliger les petites circonstances. A Ambracie[2], le cens exigé pour les charges était peu de chose, et on finit par les obtenir sans rien payer, comme si peu de chose était bien près ou ne différait pas de rien.

§ 10. La différence d'origine est aussi une cause de révolution, jusqu'à ce que le mélange des races se soit bien opéré, car une cité ne se forme pas d'une multitude quelconque, ni dans un temps quelconque. Voilà pourquoi ceux qui ont admis comme citoyens les étrangers domiciliés ou les colons, ont été, pour la plupart, exposés à des séditions, comme les Achéens qui s'étant réunis aux Trézéniens fondèrent Sybaris. Devenus les plus forts, les Achéens chassèrent les Trézéniens, et plus[3] tard les Sybarites durent expier ce crime. A leur tour, les Sybarites[3] eurent des dissensions[4] avec les Thuriens[5] qu'ils avaient admis. Comme ils voulaient avoir la plus grande partie du territoire, sous prétexte qu'il leur appartenait en propre, ils furent chassés eux-mêmes. A Byzance[3], les étrangers qui furent convaincus de conspiration furent obligés de quitter le pays après la perte d'une bataille.

1. Orée, colonie athénienne dans l'Etolie.
2. Ville d'Epire et colonie de Corinthe.
3. Sybaris, ville de l'Italie méridionale, sur les bords du Crathis, qui a son embouchure dans le golfe de Tarente; Thurium, ville grecque, de Lucanie, voisine de Sybaris.
4. Répétez ἐστασίασαν, placé quelques lignes plus haut.
5. On ne sait rien d'ailleurs de ce qui est dit ici des Byzantins et des Antisséens de l'île de Lesbos.

§ 11. Les Antisséens aussi, ayant reçu dans leur ville
les exilés de Chio, en vinrent à une bataille avec eux et les
chassèrent. Les Zanchéens[1] furent chassés eux-mêmes
par les Samiens qu'ils avaient reçus chez eux. Les Apol-
loniates[2], sur les bords du Pont-Euxin eurent à subir une
sédition, parce qu'ils avaient permis à des étrangers
d'habiter leur ville; et les Syracusains, après l'abolition
de la tyrannie, et, en récompense du droit de cité qu'ils
avaient accordé à des étrangers et à des mercenaires,
furent obligés d'en venir à une bataille. A Amphipolis, la
plupart des citoyens furent chassés par les Chalcidiens[3]
qu'ils avaient reçus comme des concitoyens. Dans les oligarchies, la multitude se révolte, parce qu'elle regarde
comme une injustice de ne pas partager les privilèges
auxquels l'égalité lui donne droit, comme il a été dit précédemment; et, dans les démocraties, ce sont les hommes
distingués qui se révoltent, parce qu'ils n'ont qu'une part
égale à celle des autres citoyens, quoiqu'ils ne leur soient
pas égaux.

§ 12. La position topographique est aussi une cause
de troubles, lorsque le sol n'est pas bien disposé, pour
que la cité soit une; ainsi, à Clazomène[4], les habitants de
Chytrum étaient ennemis des habitants de l'île; il en est

1. Zancle est l'ancien nom de Messine, ville de Sicile, voyez
Hérodote, l. VI, c. xxiii.
2. Apollonie, colonie ionienne. Voyez plus bas, c. v, § 7,
même livre.
3. Voyez plus bas, même livre, c. v, § 6.
4. Ville située sur la côte de l'Ionie, à l'entrée du golfe de
Smyrne. Chytrum ou Chytrium, faubourg de Clazomène, était
situé sur le continent, tandis que la ville était dans une île.
Strabon dit que Chytrum était renommé par ses bains, l. XIV,
p. 614. Pausanias parle aussi des bains de Chytrum, l. *Achaïca*,
c. v. A l'époque de l'invasion des Perses, une foule d'Ioniens
se réfugièrent dans une petite île située près de Chytrum et y
fondèrent une ville puissante.

de même des habitants de Colophon et des Notiens[1]. Enfin, à Athènes, ceux qui habitent le Pirée sont plus partisans de la démocratie que les habitants de la ville. Dans les guerres, la traversée de canaux même très étroits suffit pour séparer et diviser les phalanges d'une même armée. Ainsi toute différence locale peut amener une différence morale. Cependant, le plus puissant motif de désunion, c'est la vertu et le vice, la richesse et la pauvreté, avec d'autres causes encore, plus ou moins influentes, parmi lesquelles il faut compter celle dont je viens de parler.

CHAPITRE III

§ 1. Ainsi donc les révolutions ont lieu, non pas pour des petites choses, mais par des petites causes; leur objet a toujours de l'importance. Les plus petites causes, quand elles touchent les maîtres de l'État, deviennent très graves; c'est ce qui arriva à Syracuse dans les anciens temps : le gouvernement fut changé à l'occasion d'une querelle d'amour qui éclata entre deux jeunes magistrats. L'un d'eux fit un voyage; l'autre profita du moment pour gagner l'affection d'un jeune homme que son collègue aimait. A son tour, le premier, pour se venger, attira chez lui la femme de son rival. Tous les magistrats prirent parti pour l'un ou pour l'autre, et il en résulta une dissension générale.

§ 2. Voilà pourquoi il faut bien prendre garde à ces commencements, quelque faibles qu'ils soient, et s'appliquer à terminer par une sage conciliation les différends qui peuvent éclater entre les chefs de l'État et les citoyens

---

1. Notium, place plus voisine de la mer que Colophon, était dans la dépendance de cette ville, Thucydide, l. III, c. xxxiv.

puissants; car c'est dans le principe qu'est la faute : le commencement, comme on dit, est la moitié du tout, de sorte qu'une petite erreur qui s'y trouve influe proportionnellement sur tout le reste. En général, les dissensions des principaux citoyens entraînent la cité tout entière : c'est ce qu'on vit à Hestiée[1], après la guerre médique, dans la querelle qu'eurent deux frères, à l'occasion de l'héritage de leur père. L'un était pauvre : voyant que l'autre ne déclarait pas la fortune de son père, et le trésor qu'il avait trouvé, il ameuta contre lui les gens du peuple, et celui-ci, qui avait une grande fortune, entraîna les riches dans sa querelle.

§ 3. A Delphes, une querelle survenue à l'occasion d'un mariage devint le principe des séditions qui éclatèrent dans la suite ; le fiancé, ayant été frappé de quelque présage fâcheux, pendant qu'il s'était rendu à la maison de celle qu'il devait épouser, se retira sans vouloir la prendre. Pour se venger de cet outrage, les parents glissèrent parmi ses effets quelques vases sacrés, pendant qu'il était occupé à faire un sacrifice, et ils le firent condamner à mort comme sacrilège. A Mytilène[2], une sédition, occasionnée par de riches héritières, fut la cause de tous les malheurs qui suivirent, et de la guerre contre les Athéniens, dans laquelle Pachès s'empara de la ville. Timophanes, un des riches citoyens de ce pays, avait laissé deux filles. Doxander les demanda pour ses fils : repoussé dans sa demande, il souleva contre sa patrie les Athéniens dont il était le proxène[3].

§ 4. De même, à Phocée, le mariage d'une riche héritière suscita une querelle entre Mnacée[4], père de Mnéson,

1. Ville d'Eubée. Voyez Diodore de Sicile, l. XV, p. 349.
2. Les uns écrivent en grec Μυτιλήνην, les autres Μιτυλήνην, et en français, Mytilène et Mitylène.
3. Chargé d'affaires.
4. Voyez dans Diodore de Sicile, l. XVI, c. xxiii.

et Euthycrate, père d'Onomarque, et ce fut la cause de la guerre sacrée que les Phocéens eurent à soutenir. A Épidamne [1] aussi, ce fut un mariage qui amena une révolution. Un citoyen avait fiancé sa fille à un jeune homme. Le père de celui-ci, qui occupait une magistrature, condamna à une amende le père de la jeune fille, lequel, se regardant comme outragé, souleva en sa faveur tous ceux qui n'avaient pas de droits politiques.

§ 5. Le gouvernement peut aussi se changer en oligarchie, en démocratie ou en république, lorsque quelque magistrature ou quelque classe de l'État reçoit des honneurs exagérés ou prend trop d'accroissement. Ainsi le sénat de l'Aréopage, qui s'était fait une grande réputation [2] pendant la guerre médique, sembla exercer l'autorité avec trop de rigueur. A leur tour, les gens du peuple qui servaient sur mer ayant principalement contribué à la victoire de Salamine, et, par elle, à la suprématie des Athéniens, qui était due à leur puissance navale, songèrent à fortifier la démocratie. A Argos, les nobles, qui s'étaient fait beaucoup d'honneur dans la journée de Mantinée [3]; où ils avaient remporté un avantage décisif sur les Lacédémoniens, entreprirent d'abolir le gouvernement pupulaire.

§ 6. A Syracuse [4], le peuple, qui avait remporté la victoire dans la guerre contre les Athéniens, changea la

1. Ancien nom de Dyrrachium, aujourd'hui Durazzo, port célèbre de l'Illyrie ancienne.

2. Cette circonstance donna au gouvernement d'Athènes une tendance aristocratique, à laquelle Périclès substitua des institutions plus conformes à la démocratie.
Voyez encore le deuxième livre de la Politique, c. ix, § 2.

3. La bataille de Mantinée, où périt Epaminondas, fut livrée la deuxième année de la 104e olympiade, 362 ans avant J-.C.

4. Ce changement s'opéra par une loi que porta Dioclès, le plus ardent ennemi des Athéniens, en vertu de laquelle les magistratures, dont les citoyens pauvres avaient été exclus au-

république en démocratie. A Chalcis[1], le peuple massacra
le tyran Phoxus[2] avec les nobles, et il s'empara du pouvoir.
De même à Ambracie, c'est encore le peuple qui chassa le
tyran Périandre[3] avec l'aide des conjurés et qui finit par
s'attribuer toute l'autorité.

§ 7. En général, il ne faut pas ignorer que tous ceux
qui augmentent la puissance de leur patrie, magistrats,
simples particuliers, tribus, citoyens d'une classe quelconque de la cité, deviennent des causes de sédition : ceux
qui sont jaloux de leur gloire commencent la sédition, ou
bien eux-mêmes, fiers de leur supériorité, ne veulent plus
reconnaître d'égaux. Les États sont encore troublés, lorsque les classes de citoyens qui semblent opposées sont
égales entre elles, par exemple, les riches et le peuple, et
que la classe intermédiaire est peu nombreuse ou même
qu'elle n'existe pas du tout. Car si l'une quelconque des
classes opposées a une grande supériorité et qu'elle soit
évidemment plus forte, l'autre n'ose rien hasarder. Voilà
pourquoi les hommes supérieurs en vertu n'excitent
presque jamais de troubles, car ils sont peu nombreux
en comparaison de la multitude. Tels sont donc, en
général, les principes et les causes des révolutions et des
changements qui arrivent dans tous les gouvernements.

§ 8. Il y a des révolutions qui sont produites par la
force et d'autres par la ruse. La force se montre ou dès
le principe à l'instant même, ou elle amène plus tard la

paravant, devaient être réparties, par la voie du sort, entre
tous les citoyens indistinctement. (Diodore de Sicile, l. XIII,
c. XXXIV.)

1. Capitale de l'île d'Eubée.

2. Le tyran Phoxus n'est connu que par ce passage d'Aristote.

3. On croit que Périandre, tyran d'Ambracie, dans l'Épire,
était parent de Périandre, tyran de Corinthe, qui régna d'a-
bord avec sagesse et fut admis au nombre des sept sages.

contrainte; la ruse peut agir de deux façons. Quelquefois, après avoir commencé par séduire les citoyens, on change avec leur consentement la constitution de l'État, et ensuite on les contient malgré eux par la force. C'est ainsi que du temps des quatre cents [1], on trompa le peuple d'Athènes, en publiant que le roi de Perse fournirait de l'argent pour la guerre contre les Lacédémoniens; mais, après le succès de ce mensonge, les imposteurs essayèrent de conserver le pouvoir. Quelquefois aussi, on obtient du peuple un premier consentement qu'on renouvelle ensuite ; l'obéissance volontaire maintient et perpétue le gouvernement. En général, les causes que nous avons énumérées produisent des révolutions dans toutes les formes de gouvernement.

CHAPITRE IV

§ 1. Il faut maintenant observer ce qui résulte de ces causes, en les appliquant à chaque gouvernement en particulier. Ce qui contribue surtout aux révolutions dans les démocraties, c'est l'insolente perversité des démagogues : à force de diffamer les riches particuliers, ils les obligent à se liguer entre eux, et alors la crainte générale unit ceux qui sont le plus divisés, tandis que, dans les affaires de la république, ces mêmes démagogues irri-

---

1. Le conseil des 400 fut établi à Athènes en 411 av. J.-C., pour remplacer l'assemblée du peuple. Les quatre cents devinrent bientôt de vrais tyrans; ils s'entourèrent de satellites, supprimèrent le sénat et refusèrent le rappel d'Alcibiade et des autres bannis. Ayant laissé les Lacédémoniens battre la flotte athénienne et enlever l'Eubée, ils perdirent tout crédit : l'armée, qui stationnait à Samos, se révolta contre eux, prit pour chef Alcibiade, et le peuple d'Athènes les chassa. Ils avaient exercé le pouvoir pendant quatre mois.

tent sans cesse la multitude, ainsi qu'on peut l'observer dans un grand nombre d'États.

§ 2. Par exemple, à Cos [1], le gouvernement démocratique fut changé lorsque certains démagogues, devenus tout à fait pervers, forcèrent les riches à se coaliser. Il en fut de même à Rhodes [2] : les chefs du peuple employaient les revenus publics en gratifications accordées aux pauvres, et empêchaient qu'on ne payât aux triérarques ce qui leur était dû; mais ceux-ci furent obligés, par suite de procès continuels qu'on leur intentait, de se révolter et d'abolir la démocratie. Elle fut aussi abolie à Héraclée [3] par la faute des démagogues, peu de temps après que cette colonie eut été fondée. Les citoyens les plus distingués, se voyant en butte aux injustices, sortirent de la ville; mais ensuite ils se réunirent pour y rentrer, et ils abolirent le gouvernement populaire.

§ 3. C'est à peu près de la même manière que la démocratie fut abolie à Mégare. Les chefs du peuple bannissaient un grand nombre de citoyens distingués, afin de pouvoir confisquer leurs biens ; jusqu'à ce que ces exilés, qui étaient devenus très nombreux, rentrèrent dans la ville, vainquirent le peuple dans une bataille, et établirent le gouvernement oligarchique. La même chose arriva aussi à Cumes [4], où Thrasymaque abolit la démocratie. Au reste, si l'on y fait attention, on verra des changements à peu près du même genre, qui se produisent dans d'autres Etats par les mêmes causes. Pour se rendre agréables au peuple, les chefs révoltent les citoyens distingués par

I. Hérodote, l. VII, c. CLXIII.

2. Ce passage explique le chapitre Ier, § 5, dans ce même livre de la Politique.

3. Il s'agit ici d'Héraclée, ville du Pont.

4. On ne connaît pas les événements auxquels l'auteur fait ici allusion. On ne sait même pas de laquelle des villes de Cumes il est question.

les injustices qu'ils commettent à leur égard, soit en partageant les terres, soit en épuisant le trésor par des dépenses publiques trop considérables, ou bien en calomniant les riches pour avoir l'occasion de confisquer leurs biens.

§ 4. Mais, dans les anciens temps, où le même individu était démagogue et chef militaire, ces révolutions amenaient la tyrannie : en effet, la plupart des anciens tyrans furent des chefs populaires. Ce qui fait que ces usurpations avaient lieu à cette époque et qu'elles n'ont plus lieu aujourd'hui, c'est qu'alors les démagogues étaient pris parmi ceux qui étaient déjà revêtus de l'autorité militaire, parce qu'on n'était pas encore fort habile dans l'art de la parole. Au contraire, aujourd'hui que l'éloquence a fait des progrès, ceux qui sont capables de parler en public obtiennent, à la vérité, un grand crédit sur le peuple ; mais, sans aucune expérience des choses de la guerre, ils ne conspirent pas, ou du moins on n'a vu en ce genre que des entreprises qui n'avaient aucune importance.

§ 5. Il y avait autrefois plus de tyrannies qu'à présent, parce que l'on confiait à quelques citoyens des magistratures très importantes, comme la prytanie [1] à Milet, où le prytane disposait du plus grand pouvoir. D'un autre côté, comme les villes n'étaient pas fort grandes, et que le peuple, occupé aux travaux de la culture, habitait dans les champs, les chefs du peuple, lorsqu'ils étaient guerriers, aspiraient à la tyrannie. Ils réussissaient tous dans leurs desseins par suite de la confiance que leur accordait le

---

1. La Prytanie était, chez les anciens Grecs, la magistrature la plus importante. Plutarque compare les fonctions de prytane chez les Khodiens à celle de béotarque chez les Thébains et à celle de stratège chez les Athéniens. *Præcept. politic.*, p. 1113.

peuple, et cette confiance était toujours motivée par la haine qu'ils ressentaient contre les riches. C'est ainsi qu'à Athènes, Pisistrate, en hostilité ouverte contre les habitants de la plaine [1] ; à Mégare [2], Théagène, ayant égorgé les troupeaux des riches, qu'il avait surpris paissant le long du fleuve ; et Denys [3], en accusant Daphnéus et les citoyens opulents de Syracuse, s'élevèrent à la tyrannie, s'appuyant sur l'inimitié du peuple, qui les croyait de son parti.

§ 6. Mais la démocratie, quand elle est établie depuis longtemps, peut s'altérer et prendre la forme qu'on lui a vue dans ces dernières années. Car partout où les magistratures sont électives, mais sans condition de revenu exigible, et lorsque c'est le peuple qui nomme aux places, ceux qui ambitionnent les honneurs, afin d'acquérir du crédit auprès de la multitude, amènent les choses au point de la rendre maîtresse même des lois. Le moyen de remédier à cet inconvénient, ou du moins de le rendre moins grave, c'est de faire nommer les magistrats par les tribus, et non par le peuple tout entier. Telles sont les causes qui produisent à peu près tous les changements auxquels les démocraties sont exposées.

1. Les habitants de l'Attique se divisaient en trois classes : le littoral, la plaine et la montagne.

2. Aristote fait aussi mention de cet usurpateur dans sa Rhétorique, l. I, c. II. L'Athénien Cylon, qui fut mis à mort pour avoir tenté de s'emparer de la tyrannie, était gendre de ce Théagène.

3. C'était un général de l'armée de Syracuse; Denys le fit assassiner, 496 ans avant J.-C. Voyez Diodore de Sicile, l. XIII, c. XCI.

CHAPITRE V

§ 1. Deux causes principales, éminemment remarqua-
bles, donnent lieu aux révolutions dans les gouvernements
oligarchiques : l'une, quand les chefs opriment le peuple, car alors il accepte le premier défenseur qui vient à
son aide ; l'autre, et c'est la plus fréquente, lorsque ce
libérateur sort des rangs mêmes de l'oligarchie, comme à
Naxos [1], Lygdamis [2], qui finit par devenir tyran des
Naxiens.

§ 2. Les autres dissensions peuvent avoir des causes
diverses. Tantôt la révolution se fait par les riches eux-
mêmes, qui n'ont aucune part aux magistratures, lorsque
les pouvoirs sont concentrés entre les mains d'un petit
nombre, comme à Marseille [3], à Istros [4], à Héraclée [5], et dans
d'autres cités. Ceux qui n'avaient aucune part au pouvoir
excitèrent des troubles jusqu'à ce qu'ils eussent fait
admettre aux honneurs, d'abord les aînés des familles,
ensuite les frères plus jeunes. Car il y a des pays où l'autorité n'est point exercée en même temps par le père et
par le fils, et d'autres où elle ne l'est point par deux
frères. Dans ces pays, l'oligarchie prit une forme plus
approchante de la république ; mais à Istros, elle finit par
se changer en démocratie, et à Héraclée, le nombre des

1. Naxos, l'une des Cyclades.
2. Athénée raconte, l. VII, p. 348, comment ce Lygdamis
se mit à la tête des Naxiens pour venger l'insulte que des
jeunes gens avaient faite à un citoyen qui jouissait d'une
grande popularité.
3. Strabon, l. IV, p. 171, dit que, de son temps, le gouvernement était encore oligarchique.
4. Ville de l'Istrie, à l'est de l'Adriatique.
5. Il s'agit encore d'Héraclée du Pont.

membres du gouvernement, qui était moins considérable auparavant, fut porté à six cents.

§ 3. A Cnide[1], l'oligarchie fut changée, à l'occasion d'une dissension survenue entre les citoyens les plus riches, parce que peu d'entre eux étaient admis aux charges publiques, le fils en étant exclu, si le père en exerçait une, comme on vient de le dire, et parce que, parmi les frères, il n'y avait que l'aîné qui pût arriver à une magistrature. Le peuple prit fait et cause pour les riches, se choisit un chef parmi eux, les attaqua, eut l'avantage et resta maître du pouvoir ; car ce qui est divisé est toujours faible.

§ 4. A Erythrée[2], pendant l'oligarchie des Basilides, et malgré la sagesse avec laquelle elle gouvernait, le peuple, indigné de se voir sous le joug d'un si petit nombre, changea la forme du gouvernement. Les révolutions oligarchies sont produites par les oligarchies elles-mêmes, et quelquefois par l'empressement que d'ambitieux démagogues mettent à chercher la faveur populaire. La démagogie est de deux sortes, même dans les gouvernements oligarchiques, car le démagogue se rencontre parmi oligarques, quand même ils seraient très peu nombreux. Ainsi, parmi les trente tyrans, à Athènes, Charichlès[4] les domina tous en les flattant, et, parmi les quatre cents, Phrynicus[3] domina ses collègues de la même manière.

§ 5. Ou bien ceux qui appartiennent à l'oligarchie

---

1. Cnide, ville de Carie, dans la Doride, sur la côte méridionale de l'Asie Mineure, était une colonie de Sparte.

2. Ville d'Ionie, était une colonie athénienne. Sépulvéda, commentateur d'Aristote, dit qu'Androclus, fils de Codrus, qui était roi d'Athènes, fonda Éphèse, régna sur plusieurs villes de l'Asie, et que ses descendants furent appelés Basilides. Schneider cite les opinions de quelques commentateurs, et, comme presque toujours, il ne décide rien.

3. Voyez Xénophon, Héllén., l. II, c. III.

4. Voyez Thucydide, l. VIII, c. LXVII.

flattent la multitude et s'en rendent maîtres, comme à
Larisse[1], où ceux qu'on appelle gardiens[2] des citoyens,
recherchaient la faveur du peuple, parce que c'était lui qui
les nommait. C'est ce qui arrive dans toutes les oligarchies où les magistrats ne sont pas tirés de la classe qui
nomme aux places, mais où les magistratures ne peuvent
être données qu'aux hommes qui possèdent une grande
fortune ou qui appartiennent à certaines associations, tandis que le droit d'élire appartient aux soldats ou au peuple ; on put le voir à Abydos[3]. Enfin, cela arrive aussi
lorsque ceux qui composent les tribunaux ne font pas
partie du gouvernement, car alors, cherchant à capter la
faveur populaire par leur manière de rendre la justice, ils
parviennent à changer la Constitution, comme on le vit
à Héraclée, ville du Pont.

§ 6. Lorsque quelques citoyens cherchent à concentrer
le pouvoir de l'oligarchie dans un plus petit nombre,
l'Etat est encore troublé, car les partisans de l'égalité sont
forcés de recourir à l'appui du peuple. Il arrive encore
des révolutions dans l'oligarchie, lorsque quelques-uns
des chefs ont dépensé leur fortune en vaines profusions,
car ils désirent des changements, et ils aspirent à la
tyrannie pour eux-mêmes, ou ils la préparent pour un
autre, comme fit Hipparinus[4] à l'égard de Denys, à Syra-

1. Larisse, ville de Thessalie.
2. Πολιτοφύλακες. Aristote s'est déjà servi de ce mot, l. II,
c. v. Ἀνάγκη γὰρ ἐκ τῶν τὰ ὅπλα ἐχόντων καθίστασθαι καὶ
στρατηγοὺς καὶ πολιτοφύλακας καὶ τὰς κυριωτάτος ἀρχὰσ ὡς
εἰπεῖν. Il semble donc que les gardiens des citoyens avaient
le même pouvoir pendant la paix, que les stratèges pendant
la guerre.
3. Abydos, colonie des Milésiens, avait un gouvernement
oligarchique et des espèces de corporations appelées hétéries,
dont Aristote fait encore mention un peu plus loin.
4. Cet Hipparinus était frère d'Aristomaque, femme de
Denys l'Ancien, et il commanda avec lui l'armée de Syracuse.

cuse. A Amphipolis, un certain Cléotimus introduisit des
colons de Chalcis[1], et quand ils furent arrivés, il les souleva contre les riches. A Egine, celui qui avait été l'auteur de la trahison[2], par laquelle Charès s'en empara,
entreprit, pour un semblable motif, de changer la forme
du gouvernement.

§ 7. Quelquefois donc les oligarques ruinés cherchent
à exciter des troubles, d'autres fois ils volent le trésor
public, ce qui amène des discordes parmi eux, ou la
révolte des citoyens contre ces brigandages, comme à
Apollonie dans le Pont. Une oligarchie où l'union règne
entre les citoyens résiste assez par elle-même au changement; témoin le gouvernement de Pharsale[3]; quoique les
chefs y soient en petit nombre, ils y conservent une
grande autorité sur le peuple, parce qu'ils se conduisent
avec une haute sagesse.

§ 8. L'oligarchie est quelquefois détruite, lorsqu'il se
forme dans son sein une autre oligarchie ; c'est-à-dire
lorsque le nombre des gouvernants étant peu considérable, tous ne sont pas admis aux grandes magistratures.
C'est ce qu'on vit autrefois à Elis : la république y étant

Voyez Diodore de Sicile, l. XVI, p. 436, et Plutarque, Vie
de Dion, p. 134, éd. de Coraï.

1. C'est le même fait que celui auquel Aristote fait allusion
plus haut, c. II, § 11.

2. Hérodote, l. VI, c. LXXXVIII, nous apprend que le personnage qu'Aristote ne fait que désigner ici, s'appelait Nico-
dromus.

3. L'éloge qu'Aristote fait de ce gouvernement est confirmé
par ce que dit Xénophon dans ses Helléniques, l. VI, c. I, que
seule, entre les villes de la Thessalie, Pharsale parvint à
échapper à la domination de Jason, tyran de Phères. Le même
auteur raconte, à cette occasion, le noble désintéressement
d'un citoyen nommé Polydamas. Les factions qui divisaient
l'Etat, prirent Polydamas pour arbitre, et purent lui confier la
garde de la citadelle et du trésor public, sans que leur liberté
courût le moindre risque.

gouvernée par un petit nombre de citoyens, tout dépendait de quelques sénateurs, parce que les quatre-vingt-dix membres du Sénat étaient nommés à perpétuité, et que l'élection se faisait d'une manière tout à fait arbitraire [1], comme celle des gérontes à Lacédémone.

§ 9. Il peut arriver des révolutions dans les oligarchies, en temps de guerre comme en temps de paix : pendant la guerre, parce que la défiance qu'on a du peuple oblige à employer des troupes mercenaires ; alors celui à qui l'on en confie le commandement s'empare souvent de la tyrannie, comme Timophane [2] à Corinthe, et, si les

1. Il y a dans le texte grec δυναστευτικὴν. Voyez ci-dessus, l. VI, c. v, § 1, la note sur le mot δυναστεία. Cette leçon a paru suspecte à quelques éditeurs. Peut-être néanmoins rend-elle assez bien la pensée d'Aristote qui veut dire, ce me semble, que le mode d'élection dont il parle, n'avait rien de sensé ni de réfléchi, mais n'exprimait que la faveur, souvent irréfléchie, de la multitude, et son caprice du moment, car les sénateurs de Sparte étaient nommés par acclamation : les candidats traversaient la place publique ; des hommes placés dans un lieu d'où ils ne pouvaient voir personne, tenaient compte du bruit qu'ils entendaient chaque fois qu'un candidat traversait la place. L'acclamation qu'ils jugeaient la plus forte, décidait en faveur du candidat qui y avait donné lieu. C'est ce mode d'élection qu'Aristote appelle tout à fait puéril, l. II, c. vi, § 18. Au reste, on ne sait presque rien de cette république des Eléens. Thucidide n'en dit que quelques mots, l. V, c. xlvii, et Plutarque semble indiquer, dans les Précep. Polit., le fait auquel Aristote fait ici allusion. Il dit qu'un certain Phormion, ayant restreint chez les Eléens le pouvoir de l'oligarchie, comme avait fait Ephialte à Athènes, acquit à la fois de la gloire et de la puissance.

2. Il était frère du célèbre Timoléon, le libérateur de Syracuse. Nommé général des troupes étrangères que Corinthe avait prises à sa solde, il gagna ces mercenaires et s'empara de la tyrannie. Son frère, au désespoir, employa inutilement tous les moyens possibles pour l'engager à rendre la liberté à sa patrie. Alors Timoléon se rend chez Timophane avec son beau-frère et un ami. Tous trois renouvellent leurs instances. Timophane persiste et finit par des menaces. Timoléon fait un signe, détourne la tête, et ses deux amis massacrent le tyran.

chefs sont nombreux, ils se créent pour eux-mêmes la tyrannie. Quelquefois, dans la crainte de pareils événements, on donne quelque part d'autorité à la multitude, dans la nécessité où l'on est de se servir du peuple. En temps de paix, la défiance des oligarques, à l'égard les uns des autres, les détermine à livrer la garde de l'État à des soldats étrangers, sous un chef qui n'est d'aucun parti, et qui devient quelquefois maître des deux factions opposées ; c'est ce qu'on vit à Larisse, sous le commandement de Samus de la famille des Alenades[1], et, à Abydos, aux temps des hétéries[2], dont l'une était celle d'Iphiade.

§ 10. Les révolutions arrivent aussi à la suite des violences que les oligarques exercent les uns contre les autres pour des mariages ou des procès[3]. Nous avons donné précédemment des exemples de ce premier genre ; on peut y joindre celui de la république d'Erétrie, où l'autorité oligarchique des chevaliers fut détruite par Diagoras, qui avait été offensé au sujet d'un mariage. Il s'éleva une sédition à Héraclée, à l'occasion d'un jugement du tribunal, et à Thèbes, pour une cause d'adultère. La punition était juste, mais la sentence avait été rendue par esprit de parti ; à Héraclée, contre Evétion[4] ; à Thèbes, contre Archias[5]. En effet, leurs ennemis portèrent la

Corinthe applaudit à cette action, mais Timoléon ne cessa de se reprocher le meurtre de son frère. Il se retira des affaires et ne sortit de sa retraite qu'après vingt ans, pour aller renverser la tyrannie de Denys à Syracuse. Plutarque, Vie de Timoléon, et Voyage du jeune Anacharsis, c. IX, p. 109.

1. Alenas, descendant d'Hercule, fut tyran de Larisse. Il est le chef d'une famille puissante, les Alenades, qui fut dépossédée par Philippe, père d'Alexandre.

2. Voyez dans ce même chapitre, § 5.

3. L. V, c. III, § 3, et c. IV, § 2.

4. Evétion ou Eurytion, citoyen d'Héraclée, personnage inconnu.

5. Archias, commandant de Thèbes pour les Spartiates.

fureur au point de les faire condamner à être attachés à un pieu, au milieu de la place publique.

§ 11. Beaucoup d'oligarchies se sont perdues par l'excès de leur despotisme et ont été détruites par des membres du gouvernement même, qui avaient été offensés par quelque injustice, comme les oligarchies de Cinde[1] et de Chios[2]. Quelquefois aussi les révolutions, dans la république proprement dite et dans l'oligarchie, sont l'effet de circonstances imprévues, lorsqu'on arrive aux fonctions de sénateur, de juge, et aux autres magistratures, d'après un cens déterminé. Or, comme la quotité exigée d'abord, eu égard aux convenances du moment, avait été calculée de manière que, dans l'oligarchie, peu de citoyens eussent part au gouvernement, et dans la république, les citoyens seulement de la classe moyenne, il arrive souvent que, par suite de l'abondance produite par une longue paix ou par d'autres circonstances favorables, les propriétés, tout en restant les mêmes, acquièrent une valeur plus que doublée, de sorte que tous les citoyens arrivent à tous les emplois. Tantôt ce changement s'opère par degré, insensiblement, et tantôt d'une manière plus rapide.

§ 12. Telles sont donc les causes de dissensions et de révolutions dans les oligarchies. J'ajouterai qu'en général, les démocraties et les oligarchies ne se changent pas toujours en gouvernements d'une forme opposée, mais quelquefois en d'autres espèces du même genre. Ainsi les démocraties et les oligarchies, fondées sur les lois,

---

Ayant reçu au milieu d'un festin une lettre qui l'instruisait du complot de Pélopidas, il en différa la lecture en disant : « A demain les affaires sérieuses. » Il fut égorgé la nuit même par les conjurés, 278 ans avant J.-C.

1. Voyez plus haut, dans ce même chapitre, § 3.

2. Chios soutint plusieurs guerres contre les Lacédémoniens, les Athéniens et les Perses.

se changent en gouvernements absolus, ou réciproquement.

CHAPITRE VI

§ 1. Dans les gouvernements aristocratiques, les révo lutions viennent d'abord de ce que les honneurs sont le partage d'un petit nombre de citoyens; ce qui, je le répète, est une cause de trouble aussi pour les oligarchies, puisque l'aristocratie est une sorte d'oligarchie, car le pouvoir, dans l'une et dans l'autre, est entre les mains d'un petit nombre, non pas pourtant pour le même motif, quoique l'aristocratie semble être pour cette raison une oligarchie. Mais il est nécessaire qu'il en soit ainsi lorsqu'il y a un grand nombre de citoyens qui peuvent avoir des prétentions égales sous le rapport de la vertu, comme à Lacédémone ceux qu'on appelait Parthéniens car ils avaient une naissance égale à celle des autres citoyens ; mais ayant été surpris dans une conspiration, ils furent envoyés à Tarente pour fonder une colonie.

§ 2. Il en est encore ainsi lorsque des citoyens puissants, qui ne le cèdent à personne sous le rapport du mérite, sont outragés par des hommes placés au-dessus d'eux, comme Lysandre[2], qui fut offensé par les rois de

1. On nomma ainsi de jeunes Lacédémoniens nés, pendant la première guerre de Messénie, du commerce des jeunes femmes de Sparte, παρθένοι, avec des jeunes gens qui avaient quitté le camp momentanément, pour empêcher que l'Etat ne pérît faute de citoyens. Méprisés par leurs compatriotes, les Parthéniens conspirèrent avec les Ilotes; ils furent découverts et forcés de quitter Sparte. Ils allèrent, sous la conduite de Phalante, s'établir sur la côte orientale de l'Italie et y bâtirent Tarente, 707 ans avant J.-C.

2. Agésilas devait le trône à Lysandre, qui l'avait fait préférer à Leotychide, l'héritier légitime, parce que, disait-on, ce

Lacédémone ; ou lorsqu'un homme courageux est exclu des honneurs, comme Cinadon [1] qui, sous le règne d'Agésilas, ourdit un complot contre les Spartiates ; et aussi, lorsque les uns sont dans une excessive opulence, et les autres dans une extrême pauvreté, comme on le vit à Lacédémone à l'époque de la guerre de Messénie. C'est ce que prouve encore le poème de Tyrtée [2], intitulé Eunomia, car plusieurs de ceux qui avaient souffert des malheurs de la guerre demandaient un partage des terres. Enfin, la même chose arrive encore lorsqu'un citoyen est devenu puissant, et peut le devenir davantage, au point de se rendre maître absolu, comme il paraît que l'était à Lacédémone Pausanias [3], qui avait commandé l'armée dans la guerre médique, et Hannon [4] à Carthage.

§ 3. Ce qui détruit surtout les républiques et les aris-

---

prince était fils d'Alcibiade, qui avait séduit sa mère. Mais Agésilas, jaloux des grandes actions et de la gloire de Lysandre, chercha, par tous les moyens, à l'humilier. Pendant la guerre, il ne lui donna aucun commandement, et le fit seulement commissaire des vivres. Lorsqu'on venait à lui pour une affaire de subsistance : « Adressez-vous, répondait-il à Lysandre, mon boucher. » — Plutarque et Cornelius Nepos ont écrit la vie de Lysandre.

1. Ce fait est rapporté par Xénophon, Helléniq., liv. III, c. III.

2. Tyrtée, poète athénien, du 8e siècle avant J.-C. Pendant la deuxième guerre de Messénie, les Lacédémoniens avaient, sur l'ordre de l'oracle, demandé des secours aux Athéniens. Ceux-ci leur envoyèrent, comme par dérision, le poète Tyrtée, qui était boiteux et borgne ; mais ce poète sut, par ses chants belliqueux, animer les Spartiates à tel point qu'ils finirent par remporter la victoire. En récompense, Tyrtée fut reconnu citoyen de Sparte ; on lisait ses poésies à l'armée rassemblée. Nous n'avons de lui que trois fragments ; il ne nous reste absolument rien du poème qui a pour titre Eunomia.

3. L'histoire de Pausanias est bien connue ; voyez sa vie dans Cornelius Nepos.

4. Voyez Plutarque, *Précep. politiq.*, p. 14, et Justin, l. XXI, c. IV.

tocraties, c'est la violation du droit politique tel que la
constitution le reconnaît ; c'est-à-dire lorsqu'il ne se
trouve pas dans la république un mélange convenable de
démocratie et d'oligarchie, et que, dans l'aristocratie, ces
éléments ne sont pas combinés avec le mérite, surtout les
deux premiers, la démocratie et l'oligarchie. Car c'est à
cette combinaison que s'attachent principalement les
républiques et la plupart des gouvernements aristocratiques.

§ 4. La fusion de ces trois éléments est précisément
ce qui fait la différence entre les aristocraties et les républiques proprement dites, et c'est par là que les unes sont
plus durables, et les autres moins. On appelle aristocraties, les gouvernements qui ont plus de tendance vers l'o-
ligarchie, et républiques, ceux qui inclinent à la démocratie. Celles-ci sont plus stables que les autres, car il y a
plus de force dans le plus grand nombre, et on s'y contente mieux de l'égalité ; mais ceux qui jouissent d'une
grande opulence, si la constitution leur accorde la supériorité politique, deviennent insolents et avides.

§ 5. En général, quelle que soit la tendance du gouvernement, voici les changements qu'elle détermine par
suite des intérêts particuliers qui s'y débattent : la république dégénère en démocratie et l'aristocratie en oligarchie ; ou bien le changement se fait en sens opposé, par
exemple, de l'aristocratie en démocratie, car les plus pauvres citoyens, comme étant victimes de l'injustice, entraînent l'État en sens contraire ; mais la république se
change en oligarchie. Il n'y a rien de durable que ce qui
est fondé sur l'égalité proportionnelle, et qui conserve à
chacun la jouissance de ce qui lui appartient.

§ 6. Le changement dont je viens de parler eut lieu à
Thurium : le cens élevé que l'on exigeait pour entrer dans
la carrière des honneurs fut abaissé ; les magistratures

furent multipliées, et, comme les principaux citoyens
avaient accaparé tous les biens-fonds, contrairement au
vœu de la loi, parce que le caractère trop oligarchique du
gouvernement leur permettait de s'enrichir à leur gré, le
peuple, s'étant aguerri dans les combats, devint plus fort
que les soldats qui devaient protéger l'État, jusqu'à ce
qu'enfin ceux qui possédaient trop abandonnèrent les ter-
rains qui excédaient la juste mesure.

§ 7. De plus, comme tous les gouvernements aristocratiques sont en même temps oligarchiques, les principaux citoyens y acquièrent plus facilement une fortune
excessive. C'est pour cela qu'à Lacédémone les propriétés
tombent en un petit nombre de mains et qu'il est plus
facile aux riches de faire ce qui leur plaît et de contracter
des alliances avec qui ils veulent. Ainsi encore le mariage
de Denys[1] causa la ruine de la république des Locriens, ce
qui ne serait pas arrivé dans une démocratie ni même
dans une aristocratie sagement tempérée. Ce sont surtout
les aristocraties qui, par des altérations insensibles,
éprouvent de grands changements, parce que dans toutes
les républiques, en général, comme nous l'avons déjà dit,
la cause des révolutions agit quelquefois insensiblement,
car lorsqu'une fois on a négligé quelqu'une des choses qui
influent sur le gouvernement, il est ensuite plus facile que
de nouveaux changements plus importants puissent s'opérer jusqu'à ce qu'enfin tout l'édifice soit ébranlé.

---

1. Diodore de Sicile, l. XIV, c. XLIV, raconte le double
mariage contracté par Denys l'ancien, dans le même jour,
avec Doris, qui appartenait à l'une des plus puissantes familles de Locres, et avec Aristomaque, Syracusaine, sœur de
Dion. Mais on ne sait pas comment ce mariage fut cause de la
ruine de l'État des Locriens. Seulement on voit dans Strabon,
. VI, p. 29, et dans Athénée, l. XII, p. 541, que Denys le
eune exerça chez les Locriens une tyrannie révoltante, dont
tirèrent, dans la suite, la plus cruelle vengeance.

§ 8. C'est ce qui arriva encore dans la république de Thurium[1]. Il y avait une loi qui ne permettait d'exercer les fonctions de général que pendant cinq ans. Quelques jeunes gens qui, devenus habiles dans l'art militaire, avaient beaucoup de crédit auprès des soldats, et qui, dans leur mépris pour les hommes placés à la tête des affaires, s'imaginaient qu'ils viendraient facilement à bout de leur dessein, entreprirent d'abolir cette loi, afin de pouvoir conserver toujours le commandement ; ils voyaient d'ailleurs que le peuple était très disposé à leur donner ses suffrages. Ceux des magistrats qui, sous le nom de conseillers, devaient s'occuper de cette affaire, et qui d'abord avaient résolu de s'opposer au changement, y consentirent dans la persuasion que ceux qui voulaient abolir cette loi ne toucheraient pas au reste du gouvernement. Mais lorsqu'ils voulurent dans la suite s'opposer à de nouvelles propositions, ils furent impuissants, et la république fut ainsi transformée en un gouvernement arbitraire dans les mains de ceux qui avaient introduit ces innovations.

§. 9. Au reste, toutes les républiques peuvent être renversées, soit par des causes intérieures, soit par des causes extérieures, lorsqu'il se trouve dans leur voisinage ou même au loin, quelque gouvernement opposé qui dispose de la force. C'est ainsi que les Athéniens abolissaient partout l'oligarchie et les Lacédémoniens la démocratie. Telles sont à peu près les causes des changements et des séditions qui arrivent dans les gouvernements.

---

1. Thurium, ville grecque de la Lucanie, sur la frontière du Brutium, bâtie en 444 avant J.-C. par une colonie d'Athéniens près des ruines de Sybaris.

CHAPITRE VII

§ **1.** Il convient à présent de parler des moyens de salut, tant généraux que particuliers, pour chaque forme de gouvernement. Et d'abord il est clair que, si nous connaissons les causes de leur dépérissement, nous devons connaître aussi les causes qui les conservent. Le contraire produit toujours le contraire ; or, le dépérissement est le contraire de la conservation. Dans les républiques sagement tempérées, ce qu'il faut surtout observer, c'est de ne point déroger à la loi et d'éviter d'y porter même une légère atteinte.

§ **2.** L'illégalité s'introduit quelquefois sans qu'on s'en aperçoive, comme les petites dépenses souvent répétées dérangent les fortunes. La dépense paraît insensible parce qu'elle ne se fait pas tout à la fois. L'esprit se fait illusion en pareil cas ; c'est le sophisme connu : Si chaque partie est petite, le tout aussi est petit. Cela est vrai quelquefois, mais pas toujours, car le tout ou l'ensemble n'est pas toujours petit, quoiqu'il soit composé de parties qui sont petites. Il faut donc avant tout se mettre en garde contre ces commencements et se défier des sophismes habilement présentés pour tromper la multitude, car ils se réfutent d'eux-mêmes par les faits. Au reste, nous avons dit précédemment quels sont ces sophismes[1] des gouvernements.

§ **3.** Il faut de plus considérer qu'il y a non seulement des aristocraties, mais encore des démocraties qui se conservent, non par leur principe même de stabilité, mais par le bon emploi que les magistrats font des ressources

---

1. L. IV, c. x, § 6.

de la république, tant au dedans qu'au dehors. Ils ont
grand soin de ne pas commettre d'injustices envers ceux
qui ne participent point au pouvoir, d'appeler aux magistratures ceux qui se distinguent par leurs talents, de ne
pas priver les ambitieux de toute participation aux hon-
neures, et la multitude de toute espèce de profit, enfin
de mettre une sorte d'affabilité et de popularité dans leurs
relations les uns à l'égard des autres, car cette égalité
que les partisans du régime populaire exigent en faveur
de la multitude est non seulement juste, mais elle est
encore utile parmi les hommes du même rang.

§ 4. Si donc les membres de l'oligarchie sont nombreux,
il est utile que plusieurs des institutions qui la régissent
soient populaires, comme de borner à six mois l'exercice
des magistratures, afin que tous les oligarques égaux
entre eux, puissent y parvenir. Car du moment qu'ils
sont égaux, ils forment, pour ainsi dire, un peuple ; aussi
s'élève-t-il souvent des démagogues parmi eux, comme
on l'a déjà dit[1]. D'ailleurs, l'oligarchie et l'aristocratie
sont moins sujettes à tomber dans l'arbitraire, car lorsqu'on n'a l'autorité que pour peu de temps, il n'est pas
aussi facile d'intriguer, que lorsqu'on la possède longtemps.
C'est pour cela que, dans les oligarchies et dans les aristocraties, il se forme souvent des tyrans. Dans les unes
et dans les autres, ce sont toujours les citoyens les plus
considérables qui aspirent à la tyrannie : ici les démagogues, là les hommes puissants, ou bien ce sont les magistrats les plus élevés, lorsqu'ils conservent longtemps
le pouvoir.

§ 5. Les États se conservent quelquefois, non seulement
parce que les causes qui pourraient les renverser sont
éloignées, mais aussi parce qu'elles sont imminentes, car

1. Même livre, c. VI, § 5.

alors la crainte fait qu'on s'occupe davantage des affaires publiques. Il faut que les magistrats qui ont à cœur le salut de l'État ménagent de temps à autre des sujets d'alarme à leurs concitoyens, afin que ceux-ci, comme des sentinelles de nuit, gardent fidèlement le poste qui leur a été assigné pour la défense de la république, et qu'ils ne le trahissent jamais ; il faut que les magistrats regardent comme proche le danger éloigné. On doit aussi prévenir, par les moyens dont la loi dispose, toute rivalité, toute dissension, et retenir à temps ceux qui ne sont pas encore engagés dans la querelle, avant qu'ils n'y prennent part eux-mêmes. Mais il n'appartient pas à un homme ordinaire de reconnaître dès l'origine le mal naissant ; c'est le privilège de l'homme politique.

§ 6. Quant au changement produit dans l'oligarchie et dans la république par la quotité des revenus, lorsqu'il arrive que, le cens restant le même, la richesse en numéraire s'est accrue, il est utile de comparer l'état présent des fortunes à l'état passé, chaque année, par exemple, si c'est l'époque prescrite par la loi pour le recensement, et, tous les trois ans, ou tous les cinq ans, dans les États plus considérables. Alors, suivant que l'on trouve une somme plusieurs fois moindre ou plus considérable qu'auparavant, relativement au cens établi pour les magistratures, il faut ou le diminuer ou l'augmenter par une loi : le diminuer, si le résultat est moindre, et l'augmenter proportionnellement à l'accroissement de la richesse, si le résultat est plus considérable.

§. 7. Car, dans les oligarchies et dans les républiques où l'on n'agit pas ainsi, il arrive qu'il s'établit bientôt, ici l'oligarchie, là le gouvernement arbitraire ; ou bien la république se change en démocratie, et l'oligarchie devient ou république ou état populaire. Une règle générale dans la démocratie, dans l'oligarchie, dans la monarchie et dans toute espèce de gouvernement, c'est que personne ne puisse agrandir sa fortune outre mesure, et qu'on s'applique plutôt à n'établir que des magistratures peu considérables, lorsqu'elles doivent durer longtemps, ou de peu de durée, quand elles sont considérables. En effet elles se corrompent promptement, et il y a bien peu d'hommes capables de supporter la prospérité. S'il a été impossible d'organiser le pouvoir d'après cette règle, il faut avoir soin de ne pas le retirer tout à la fois, comme on l'avait donné, mais par degré.

§ 8. Surtout, il faut, conformément à la loi, empêcher un citoyen de devenir très puissant par son influence, ses amis, sa fortune, ou l'envoyer étaler son luxe à l'étranger. Mais, comme les innovations s'introduisent aussi par les mœurs des simples particuliers, il est bon qu'il y ait quelque magistrature chargée de surveiller les citoyens dont le genre de vie n'est pas conforme au système du gouvernement, c'est-à-dire à la démocratie dans le gouvernement populaire, à l'oligarchie dans le gouvernement oligarchique, et ainsi de suite pour chacune des autres formes de gouvernement. Il est bon aussi, pour les mêmes causes, de se mettre en garde contre ceux qui coulent leurs jours au sein du bonheur et de la prospérité; le remède du mal, c'est de mettre la direction des affaires et les magistratures aux mains des partis opposés, à mesure qu'ils se succèdent les uns aux autres : j'entends par ces partis opposés, les hommes distingués et la foule, les riches et les pauvres. Il faut s'appliquer à mêler la multitude des pauvres avec la classe des riches, ou bien à augmenter la classe moyenne ; car c'est elle qui peut concilier les dissentiments qui naissent de l'inégalité.

§ 9. Mais ce qu'il y a de plus important dans toute espèce de gouvernement, c'est que tout soit réglé par les lois et par l'ensemble des institutions, de manière qu'il ne soit pas possible aux magistrats de faire des profits. C'est ce qu'il faut surtout observer dans les gouvernements oligarchiques ; car la multitude ne s'indigne pas autant de se voir exclue des fonctions publiques (elle est[1] heureuse au contraire, si on lui permet de vaquer à ses propres affaires), qu'elle ne s'irrite à la pensée que les magistrats peut-être pillent les deniers publics ; car alors on a à se plaindre de deux choses, de n'avoir part ni aux honneurs ni au profit.

§ 10. Cependant il y aurait une manière d'unir la démocratie et l'aristocratie, ce serait de faire en sorte que les citoyens distingués et la multitude eussent des deux côtés ce qu'ils peuvent désirer. Le droit pour tous d'arriver aux magistratures est un principe démocratique ; n'admettre aux magistratures que les citoyens distingués, c'est un principe aristocratique. Or, c'est ce qui se fera, lorsqu'il ne sera pas possible de s'enrichir dans les emplois, car les riches ne voudront pas les exercer sans profit, mais ils aimeront mieux s'occuper de leurs affaires particulières ; et les riches le pourront, parce qu'ils n'ont aucun besoin de s'enrichir aux dépens du public. Il en résultera que les pauvres deviendront riches, parce qu'ils s'occuperont de leurs travaux, et que les hommes distingués n'auront pas à obéir aux premiers venus.

§ 11. Pour que le trésor public ne soit pas dilapidé, il faut que le dépôt des fonds soit fait en présence de tous les citoyens ; que des états en soient remis aux communautés, aux centuries et aux tribus ; et que la loi décerne des honneurs à ceux qui auront exercé leurs charges avec désintéressement. Mais dans les démocraties, il faut ménager les riches, et non seulement ne point avoir

---

1. Si l'on met entre parenthèse le membre de phrase, ἀλλὰ καὶ χαίρουσιν, ἐάν τις ἐᾷ πρὸς τοῖς ἰδίοις σχολάζειν, la phrase entière devient aussi simple que claire.

recours au partage des terres, mais pas même à celui des produits : ce qui se pratique, sans qu'on s'en aperçoive dans quelques États. Il vaut mieux interdire aux riches, même quand ils voudraient s'en charger, les dépenses publiques, qui seraient considérables, sans être utiles, comme les représentations théâtrales, les courses aux flambeaux, et autres frais [1] du même genre.

§ 12. Mais, dans l'oligarchie, il faut avoir beaucoup d'égards à la classe pauvre, et lui laisser la jouissance de tous les emplois lucratifs ; et si quelqu'un des riches outrage les pauvres, il faut le punir plus sévèrement que s'il s'agissait d'insultes entre les riches eux-mêmes. Les héritages ne doivent pas se faire par donation, mais par droit de naissance, et le même individu ne peut recueillir qu'un seul héritage ; de cette manière il y aura plus d'égalité dans les fortunes, et les pauvres arriveront en plus grand nombre à l'aisance.

§ 13. Il importe aussi, dans la démocratie et dans l'oligarchie, d'assurer pour la répartition de tous les autres emplois, l'égalité et même l'avantage à ceux qui ont la moindre part au gouvernement, aux riches dans la démocratie, aux pauvres dans l'oligarchie, excepté pour les magistratures suprêmes de l'État, qui ne doivent être confiées qu'à ceux qui jouissent tous ou du moins en plus grand nombre, de leurs droits politiques.

§ 14. Trois qualités sont nécessaires aux citoyens qui sont destinés à remplir les magistratures suprêmes, d'abord un attachement sincère au gouvernement établi, ensuite une capacité très grande pour toutes les affaires dont elles s'occupent, et en troisième lieu, une vertu et une justice

---

1. C'est probablement cet endroit que Cicéron a eu en vue. *De Officiis*, l. II, c. xvi, lorsque, après avoir blâmé l'opinion de Théophraste, grand admirateur de ces profusions, il lui oppose le jugement qu'en porte Aristote.

qui conviennent à la forme du gouvernement ; car si le
droit n'est pas le même dans toutes les espèces de gouvernement, faut aussi que les notions de justice soient
différentes Mais, lorsque toutes ces qualités ne se trouvent pas réunies dans le même homme, on est embarrassé
pour choisir. Par exemple, si un citoyen a des talents militaires, et qu'en même temps il soit vicieux et suspect à
son gouvernement, ou si celui qui est juste et dévoué à
son gouvernement ; n'a[1] point de talents militaires,
comment faut-il faire le choix ?

§ 15. Il paraît qu'il faut considérer deux choses : la qualité qui, généralement, est plus commune parmi les hommes, et la qualité qui est plus rare. Voilà pourquoi, dans le
commandement des armées, il faut avoir égard à l'expérience plutôt qu'à la vertu, car le talent militaire est plus
rare que la vertu. Mais, pour la garde du trésor et pour
l'intendance, c'est tout le contraire ; il y faut plus de
vertu que n'en a le commun des hommes, au lieu que
tout le monde peut en avoir la science. On pourrait
demander quel besoin on a de la vertu, lorsque le talent
de l'administration se trouve réuni, car ces deux qualités suffiront pour rendre des services à l'État. Ou bien
serait-ce qu'il est possible que les hommes qui ont ces
deux qualités aient aussi des vices ? De même que, tout
en possédant la science et en s'aimant eux-mêmes, ils ne

---

1. Dans le membre de phrase qui commence par ces mots :
ὁ δὲ δίκαιος καὶ φίλος, Didot n'ajoute rien au texte grec de
l'édition Tauchnitz, mais la traduction latine qu'il place en
regard, intercale ces mots : *rei tamen militaris imperitus;*
Schneider intercale, ἀστρατήγητος δὲ ; M. Barthélemy-Saint-
Hilaire, μὴ στρατηγικός δὲ ; Susemihl met entre parenthèse la
même intercalation : (μὴ στρατηγικός δὲ). Tous les commentateurs sont parfaitement d'accord, sinon pour les mots, du
moins pour le sens; il en résulte que cette phrase d'Aristote,
comme tant d'autres, paraît altérée.

servent pas toujours leurs propres intérêts, n'est-il pas possible aussi que rien n'empêche quelques-uns d'entre eux de sacrifier de la même manière l'intérêt public?

§ 16. En général, tout ce que nous citons dans les lois comme étant utile aux gouvernements tend à leur conservation. Le point fondamental à observer, comme nous l'avons dit souvent, c'est de faire en sorte que la partie des citoyens qui veut le maintien de l'État soit plus forte que celle qui veut sa perte. De plus, il ne faut pas perdre de vue ce juste milieu, méconnu aujourd'hui des républiques qui s'écartent de leurs principes. Car il y a bien des institutions, en apparence démocratiques ou oligarchiques, qui ruinent les démocraties et les oligarchies.

§ 17. Ceux qui s'imaginent avoir trouvé la base unique de tout gouvernement, poussent les conséquences à l'excès et ils ignorent que si le nez, tout en s'écartant de la ligne droite, qui est la plus belle, pour devenir aquilin ou camus, conserve encore une partie de sa beauté et de son agrément; cependant, si l'on poussait cette déviation à l'excès, d'abord on ôterait à cette partie la juste mesure qu'elle doit avoir, et l'on finirait par faire en sorte qu'il n'y aurait plus la moindre apparence[1] de nez par suite de l'excès ou du manque de proportion. Il en est de même de toute autre partie du corps. Cette comparaison s'applique aussi aux autres gouvernements.

§ 18. Il est possible qu'une oligarchie ou une démocratie, bien qu'elles n'aient pas la constitution la plus parfaite, soient assez bien organisées pour se maintenir; mais si on exagère le principe de l'une ou de l'autre, d'abord on rendra le gouvernement plus mauvais et enfin

---

1. Aristote se sert encore de cette comparaison dans sa Rhétorique, l. I, c. iv.

il n'y aura plus même l'ombre de gouvernement. Il faut donc que le législateur et l'homme d'État sachent quelles sont les institutions populaires qui peuvent sauver ou perdre la démocratie, et quelles sont les institutions oligarchiques qui peuvent en faire autant pour l'oligarchie. Car ni l'un ni l'autre de ces gouvernements ne peut être et subsister qu'avec des riches et une multitude de pauvres : mais quand l'égalité dans les fortunes s'est établie, il faut nécessairement que la forme du gouvernement change, et en abolissant les lois relatives à la prééminence des classes, on abolit le gouvernement lui-même.

§ 19. C'est une faute politique qui se commet dans les oligarchies et dans les démocraties; ce sont les démagogues eux-mêmes qui la commettent dans les démocraties où la multitude est maîtresse des lois. En combattant contre les riches, ils divisent toujours l'État en deux partis opposés. Il faut, au contraire, avoir toujours l'air de parler pour les riches, et dans les oligarchies, il faut[1] que les oligarques semblent parler en faveur du peuple. Les oligarques doivent aussi prêter des serments tout contraires à ceux d'aujourd'hui, car voici le serment que chacun d'eux prête maintenant dans quelques cités : Je

---

1. Opposons à l'absurde serment des oligarques celui que prêtaient tous les jeunes Athéniens dans la chapelle d'Agraule, lorsque, parvenus à leur vingtième année, ils étaient enrôlés parmi les défenseurs de l'Etat : « Je ne déshonorerai point mes armes; je n'abandonnerai point le compagnon, quel qu'il soit, près duquel je me trouverai placé dans les rangs; je défendrai les temples, les choses saintes, soit seul, soit avec un grand nombre d'autres; je ne trahirai point ma patrie, et je travaillerai à la rendre plus grande et plus glorieuse; je me conformerai aux sentences des juges; j'obéirai aux lois établies, et à celles que le peuple aura sanctionnées; si quelqu'un ose désobéir à ces lois ou les enfreindre, je ne le souffrirai pas; mais je les défendrai, soit seul, soit de concert avec tous. »

serai[1] toujours ennemi du peuple et je conseillerai ce que je saurai lui être nuisible. Il faut faire comprendre et feindre tout le contraire, en disant à haute voix dans le serment : je ne serai pas injuste envers le peuple.

§ 20. Au reste, dans tout ce que nous avons dit, le point le plus important pour la stabilité des États, et que tous négligent aujourd'hui, c'est que l'éducation[2] soit appropriée à la forme du gouvernement : car les lois les plus utiles, celles qui sont sanctionnées par l'approbation unanime de tous les citoyens, ne serviront de rien, si les mœurs et l'éducation ne sont pas conformes aux principes de la constitution, c'est-à-dire populaires, si les lois sont populaires, et oligarchiques si les lois sont oligarchiques. Si un seul citoyen n'est pas maître de ses passions, c'est que l'État lui ressemble.

§ 21. Une éducation nationale n'est pas celle qui apprend à faire ce qui plaît aux partisans de l'oligarchie ou de la démocratie, mais celle qui enseigne à faire tout ce qui pourra assurer aux uns la durée de l'oligarchie, aux autres la durée de la démocratie. De nos jours, les enfants de ceux qui sont à la tête des gouvernements oligarchiques vivent dans la mollesse et dans les délices, tandis que les enfants des pauvres s'exercent aux travaux et s'endurcissent à la fatigue : il en résulte que ceux-ci sont plus enclins à tenter des nouveautés, et plus capables d'y réussir.

§ 22. D'un autre côté, dans les démocraties qui semblent avoir la constitution la plus démocratique, il existe un état de choses tout opposé à celui qui serait avanta-

---

1. Voyez Pollux, l. VIII, § 105 ; et Stobée, Serm. XLI, p. 243.

2. Aristote a si bien compris l'importance politique de l'éducation, qu'il lui a consacré une partie du 4e et du 8e livre de cet ouvrage.

geux ; cela vient de ce qu'on définit mal la liberté. On croit que les véritables caractères de la démocratie sont la souveraineté de la multitude et la liberté. Le droit, c'est l'égalité et l'expression de la volonté du peuple, c'est la souveraineté : la liberté et l'égalité consistent à faire ce qu'on veut : de telle sorte que, dans de pareilles démocraties, chacun vit [1] à sa fantaisie et au gré de son caprice, comme dit Euripide [2]. C'est là une erreur funeste; car il ne faut pas croire que ce soit une servitude de conformer sa vie aux besoins de l'Etat, mais un moyen de salut [3]. Telles sont donc, pour le dire en peu de mots, les causes de révolution et de ruine pour les républiques: tels sont les moyens qui peuvent les conserver et les affermir.

CHAPITRE VIII

§ 1. Il nous reste aussi à examiner, pour la monarchie, les causes de révolutions et les moyens de salut. Du reste, les observations que nous avons faites au sujet des républiques sont presque entièrement applicables aux royautés et aux tyrannies. La royauté a quelque rapport avec l'aristocratie, et la tyrannie est un mélange de l'oligarchie et de la démocratie portées à leur dernier degré. Voilà

1. Nous suivons ici le texte de Didot et de Schneider, ζῇ, en non ζῆν.

2. Suppliantes, v. 438.

3. Cicéron a dit, dans son discours Pro Cluentio, c. LIII : « Legum ministri magistratus, legum interpretes judices, legum denique idcirco omnes servi sumus, ut liberi esse possimus. »

Les magistrats sont les ministres des lois, les juges sont les interprètes des lois; en un mot, nous sommes tous esclaves des lois, afin de pouvoir vivre libres.

pourquoi elle est pour les sujets le plus funeste des systèmes, parce qu'elle est composée de deux gouvernements, et qu'elle réunit les écarts et les vices de l'un et
de l'autre.

§ 2. Des causes diamétralement opposées donnent
naissance à chacune de ces deux monarchies. La royauté
a été établie pour soutenir la classe aisée contre les entreprises de la multitude, et dans cette classe, on nomme
roi l'homme le plus distingué [1] par sa vertu, la noblesse de
ses actions ou parce qu'il appartient à une famille qui réunit ces titres de gloire. Le tyran, au contraire, est pris
dans le sein du peuple et de la multitude; on l'oppose aux
hommes puissants, afin que le peuple n'ait rien à souffrir
de leurs violences. Les faits le prouvent avec évidence.

§ 3. La plupart des tyrans sont sortis, on peut le dire,
de la classe des démagogues. Ils s'étaient attiré la confiance du peuple, à force de calomnier les hommes puissants. Quelques-unes de ces tyrannies se sont formées
ainsi dans des États déjà parvenus à un certain degré d'accroissement; d'autres, avant celles-là, remontent à des
rois qui avaient violé les lois de leur patrie, et qui aspiraient à un pouvoir trop despotique; d'autres avaient été
fondées par des hommes que le choix de leurs concitoyens avaient appelés aux magistratures suprêmes, dans ces
temps reculés où les peuples donnaient à longue échéance
es hautes fonctions publiques et les théories [2]. Enfin,
l

1. Le texte grec dit : l'homme le plus distingué par la supériorité de vertu, ou d'actions provenant de la vertu, ou par
la supériorité d'une famille telle.

2. Plutarque, dans la Vie de Demetrius Poliorcète, roi de
Macédoine, explique fort bien quelles étaient les fonctions des
Théores : Θεωροὶ Πυθῶδε καὶ Ὀλυμπίαζε τὰς πατρίους θυσίας
ὑπὲρ τῶν πόλεων ἀπάγονται ἐν ταῖς Ἑλληνικαῖς ἑορταῖς. On
donnait aussi le même nom à ceux qui étaient envoyés pour
consulter l'oracle d'Apollon.

ces tyrannies se sont aussi établies dans des gouvernements oligarchiques, où l'on choisissait un citoyen pour lui confier, à lui seul, l'autorité souveraine que donnent les magistratures les plus élevées.

§ 4. Grâce à ces ressources, tous les tyrans ont pu facilement venir à bout de leurs desseins; ils n'avaient qu'à le vouloir, puisqu'ils avaient, les uns, le pouvoir attaché à la dignité de roi, et les autres la considération qui tenait à leur magistrature; témoins Phidon [1] à Argos, et d'autres ailleurs, qui établirent leur tyrannie sur une royauté qui existait déjà; tous les tyrans d'Ionie et Phalaris [2], qui d'abord n'avaient été revêtus que d'une simple magistrature; Panætius [3] à Léontium, Cypselus [4] à Corinthe, Pisis-

1. Phidon, tyran d'Argos vers 860 avant J.-C., était un tyran fort audacieux et fort habile. Il inventa, dit-on, la balance, et fit frapper à Egine la première monnaie d'argent. Il ne faut pas confondre ce Phidon, tyran d'Argos, avec Phidon, législateur de Corinthe, dont il est question dans le livre II, c. III, § 7.

2. Phalaris, tyran d'Agrigente, originaire d'Astypalée en Crète, fut chassé de sa patrie à cause de ses projets ambitieux, vint se fixer à Agrigente, s'y empara du pouvoir vers 566 avant J.-C. Il voulut aussi asservir la ville d'Himère; le poète Stésichore, qui était lui-même d'Himère, détourna ses compatriotes de s'allier avec le tyran Phalaris, et c'est à son sujet qu'il composa le célèbre apologue de l'Homme et du Cheval qu'Horace, Phèdre et La Fontaine ont mis en vers après lui. La cruauté de Phalaris le rendit tellement odieux qu'il fut lapidé par ses sujets.

3. Panætius, philosophe stoïcien, né à Rhodes, vers 190 av. J.-C. Il étudia d'abord à Athènes sous Antipater de Tarse, puis vint à Rome, y ouvrit une école qui fut fréquentée par P. Scipion, retourna à Athènes pour remplacer dans la chaire du Portique son maître Antipater. C'est là qu'il mourut presque nonagénaire. Il a composé un traité des Devoirs, qui a fourni le fond des Offices de Cicéron; un livre des Sectes, où il soumettait à la censure les diverses doctrines philosophiques; des traités de la Divination, de la Providence, de la Tranquillité d'âme. Il en reste à peine quelques fragments.

4. Cypselus, tyran de Corinthe, régna avec modération pen-

trate[1] à Athènes, Denys[2] à Syracuse, et d'autres qui furent tous démagogues avant d'être tyrans.

§ 5. La royauté a donc, comme nous l'avons dit, les mêmes bases que l'aristocratie ; car elle se fonde sur le mérite, sur la vertu personnelle, sur la naissance, ou sur les bienfaits, ou sur tous ces avantages réunis à la puissance. Tous ceux qui ont été les bienfaiteurs des villes et des nations, ou qui ont pu l'être, ont obtenu cette noble récompense ; les uns, par leurs vertus guerrières, en préservant le peuple de la servitude, comme Codrus[3] ; les autres, en l'affranchissant comme Cyrus[4] ; d'autres,

dant 30 ans, de 657 à 627 avant J.-C., laissa le pouvoir à son fils Périandre et fut ainsi la souche de la race des Cypsélides, qui régna 73 ans à Corinthe.

1. Pisistrate, tyran d'Athènes, était parent de Solon. Il usurpa en 561 avant J.-C., fut chassé par Mégaclès en 560, rappelé par ce même Mégaclès en 556. Renversé de nouveau en 552, il se retira dans l'île d'Eubée. Il réussit encore une fois, en 538, à ressaisir l'autorité et sut depuis la conserver par sa modération. Il la transmit à ses deux fils, Hipparque et Hippias, lorsqu'il mourut en 528.

2. Denys, surnommé l'Ancien ou le Tyran, fils d'un Syracusain obscur. Il fut d'abord soldat et se fit proclamer par l'armée en 405 avant J.-C., à l'âge de 25 ans. Il repoussa les Carthaginois qui avaient envahi la Sicile, mais il laissa prendre la ville de Géla et les Syracusains se révoltèrent contre lui. Il parvint à étouffer la révolte, reprit l'avantage sur l'ennemi, lui enleva successivement Enna, Catane, Léontium, Messine, Taurominium, Sélinonte, porta même ses armes en Italie, prit Locres, Crotone, et ravagea jusqu'aux côtes de l'Étrurie. En butte à de nombreuses conspirations, il devint inquiet, soupçonneux, cruel, odieux à ses sujets jusqu'à sa mort, en 368, après 38 ans de règne. Il recherchait les philosophes, appelait Platon à sa cour, protégeait les poètes et faisait lui-même de mauvais vers.

3. Codrus, dernier roi d'Athènes, de 1160 à 1132. Ayant appris de l'oracle que, dans la guerre que les Doriens faisaient aux Athéniens, l'avantage resterait à celui des deux peuples dont le chef serait tué, il se dévoua volontairement pour les siens en se jetant au milieu de la mêlée.

4. Cyrus, roi de Perse. Il était fils de Cambyse et de Man-

en devenant les fondateurs d'un État, ou en l'agrandissant par des conquêtes, comme les rois des Lacédémoniens, des Macédoniens et des Molosses[1].

§ 6. Le roi veut et doit être le protecteur de ses sujets ; il protège les riches propriétaires contre les injustices, et le peuple contre les outrages. Au contraire, comme on l'a dit plusieurs fois, la tyrannie n'a jamais en vue le bien général, si ce n'est pour son utilité particulière. Le but que se propose le tyran, c'est le plaisir ; le roi n'a en vue que l'honneur. Voilà pourquoi l'un aspire plus à augmenter ses richesses, et l'autre sa gloire. La garde d'un roi est composée de citoyens; dans celle d'un tyran, je ne vois que des étrangers.

§ 7. Au reste, il est évident que la tyrannie réunit à la fois les vices de la démocratie et ceux de l'oligarchie. Elle tient de l'oligarchie son but principal, qui est la richesse ; car c'est là le seul moyen qui puisse garantir au tyran la fidélité de ses satellites et la durée de ses plaisirs. La tyrannie tient aussi de l'oligarchie ses défiances envers le peuple, et c'est pour cela qu'on a soin de lui enlever les armes. Molester la multitude, chasser les citoyens de la ville, les disperser de tous côtés, c'est le système commun à l'oligarchie et à la tyrannie. D'un autre côté, elle a de commun avec la démocratie, de faire une guerre continuelle aux riches, de leur nuire par toute

---

dane, fille d'Astyage, roi des Mèdes. Il vainquit Cyaxare II, fils d'Astyage, rendit l'indépendance à la Perse, qui depuis longtemps était sous la domination des Mèdes, 560 avant J.-C., et gouverna les deux pays,

1. Molosses, peuple d'Epire. Ce petit Etat fut constamment gouverné par des rois, descendants de Pyrrhus, fils d'Achille, qui régnèrent avec autant de gloire que de sagesse pendant 900 ans. Plutarque, dans la vie de Pyrrhus, roi d'Epire, nous apprend que, chaque année, il y avait une assemblée générale, où le roi et le peuple s'engageaient par serment à se conformer aux lois.

sorte de moyens secrets ou déclarés, de les condamner à
l'exil comme des rivaux et comme des ennemis du pouvoir. Ce sont eux en effet qui trament incessamment des
complots ; les uns voulant exercer eux-mêmes l'autorité,
et les autres ne voulant pas être asservis ; de là, le conseil donné à Thrasybule[1] par Périandre[2], et ce nivelle-
ment des épis qui s'élevaient au-dessus des autres, pour
lui faire entendre qu'il devait faire périr tous les citoyens
qui dominaient.

§ 8. On doit donc reconnaître que le principe et les
causes des révolutions qui arrivent dans les républiques et
dans les monarchies, sont, comme nous l'avons dit, à peu
près les mêmes. La crainte, les injustices et le mépris
déterminent souvent les sujets à conspirer contre les
monarchies, et, en fait d'injustices, c'est surtout l'outrage
qui les y détermine, et quelquefois les spoliations individuelles. D'ailleurs, le but est le même d'un côté et de
l'autre, dans la tyrannie et dans la monarchie ; la grandeur des richesses et l'éclat des honneurs sont l'objet de
l'ambition des monarques et de l'ambition de tous.

§ 9. On conspire quelquefois contre la personne des
princes, et quelquefois contre leur pouvoir. Les conspirations contre la personne ont pour causes les outrages, et,
comme il y en a de plusieurs espèces, chacune d'elles
devient une cause particulière de ressentiment. Or, la
plupart de ceux qui éprouvent du ressentiment, conspirent pour se venger et non pour s'emparer du pouvoir.
Tel fut le sort des fils de Pisistrate[3]. Ils avaient outragé la
sœur d'Harmodius, qui ressentit vivement cette injure :

1. Général athénien, dont Cornelius Nepos a écrit la
Vie.
2. Périandre, tyran de Corinthe. Voyez, dans ce même livre, c. VIII, § 4.
3. Voyez l. VIII, c. VIII, § 4.

Harmodius voulut venger sa sœur, et Aristogiton défendre Harmodius. Une conspiration renversa Périande [1], tyran d'Ambracie, parce que, dans une orgie où il buvait avec ses mignons, il leur demanda s'ils le rendraient bientôt père.

§ 10. La conspiration [2] de Pausanias [3] contre Philippe II, roi de Macédoine, vint de ce que ce prince l'avait laissé outrager impunément par Attalus. Celle de Derdas contre Amyntas le Bref [4] eut lieu, parce que celui-ci s'était vanté d'avoir eu la fleur de sa jeunesse. L'Eunuque [5] attenta à la vie d'Evagoras, roi de Chypre, parce que le

1. Périandre, tyran d'Ambracie, dont il a déjà été question dans ce même livre, c. III, § 6.

Il ne faut pas confondre Périandre, tyran d'Ambracie, avec Périandre, tyran de Corinthe. Aristote nous fait connaître le conseil de Périandre de Corinthe à Thrasybule, l. III, c, VIII, § 3; la durée de son règne à Corinthe et ses rares qualités, l. VIII, c. IX, § 22.

2. Pausanias, seigneur de la cour de Philippe, n'ayant pu obtenir la punition d'un outrage qu'il avait reçu d'Attalus, se vengea sur le roi lui-même et l'assassina en plein théâtre en 316 avant J.-C. Il fut aussitôt pris et mis à mort. On croit qu'il n'était que l'instrument d'Olympias, qui venait d'être répudiée.

3. A l'article ἡ il faut ajouter ἐπιβούλευσις, sous-entendu qui se trouve renfermé implicitement dans le verbe ἐπεβούλευσαν, placé en tête de la phrase précédente.

4. Amyntas le jeune, ou second du nom, fut le père de Philippe et l'aïeul d'Alexandre. Derdas était un seigneur macédonien, prince d'Elimée, qui rendit de grands services à Amyntas par sa valeur et son habileté. Il était aimé d'Eurydice, femme d'Amyntas, qui avait formé le projet de mettre son amant sur le trône. Mais le roi fut averti du complot par sa fille, qui lui révéla en même temps les amours de sa mère. Cette conspiration fut étouffée. Amyntas mourut dans un âge avancé. Justin, l. VII, c. IV; Xénophon, Hist. gr., l. V; Plutarque, Vie d'Alexandre, c. X.

5. C'est Nicoclès, surnommé l'Eunuque. Il assassina Evagoras, l an 374 avant J.-C., comme le rapporte Aristote. Cet Evagoras était l'ami de Conon, le fidèle allié d'Athènes, dont Isocrate a fait un si bel éloge.

fils de ce prince lui avait enlevé sa femme, pour s'en
venger, l'Eunuque tua Evagoras. L'histoire est pleine de
conspirations contre des monarques qui s'étaient couverts
de souillures.

§ 11. Telle fut celle de Cratæus [1] contre Archélaüs dont
la familiarité lui déplaisait toujours, de telle sorte qu'un
prétexte moins grave suffit pour le décider. Malgré la
promesse que ce prince lui avait faite, il ne lui avait donné
aucune de ses deux filles. Mais, par suite de sa défaite
dans la guerre contre Sirrha [2] et Arrhabée [3] il donna l'aînée
au roi d'Elimée [4] et la plus jeune au fils d'Amyntas, dans
l'espérance que ce prince et le fils de Cléopâtre [5] ne songe-
raient jamais à l'inquiéter. Le véritable motif de Cratæus fut l'indignation que lui faisaient éprouver les
indignes amours du roi Archelaüs.

§ 12. Hellanocrate [6] de Larisse entra aussi dans la
conspiration de Cratæus pour la même cause. Comme
Archélaüs, qui avait abusé de sa jeunesse, ne remplissait
pas la promesse qu'il lui avait faite de le rétablir dans sa
patrie, celui-ci s'imagina que l'intimité du roi, loin de
prouver pour lui un véritable attachement, n'avait d'autre
but que de l'outrager. Parrhon [7] et Héraclide [8], tous deux
d'Aenos [9] tuèrent Cotys [10] pour venger la mort de leur père,

1. Cratæus était l'un des courtisans d'Archélaüs, roi de
Macédoine.
2. Sirrha, gendre d'Arrhabée.
3. Arrhabée, roi d'Elimée.
4. Elimée, Etat voisin de la Macédoine.
5. Cléopâtre, épouse d'Archélaüs.
6. Hellanocrate n'est connu que par ce passage.
7. Parrhon, ou plutôt Python, comme l'appelle Diogène de
Laërte, 1. III, § 46. Après le meurtre de Cotys, il se réfugia à
Athènes. On le félicitait de son courage. «Je ne suis, dit-il, que
l'instrument dont les dieux se sont servis pour punir un tyran.»
8. Héraclide, inconnu.
9. Aenos, ville de Thrace, à l'embouchure de l'Hèbre.
10. Cotys, tyran d'Aenos.

et Adamas[1] abandonna le parti de ce même Cotys qui l'avait outragé et lui avait fait subir la mutilation dans son enfance.

§ 13. Il y en a beaucoup aussi qui, irrités des mauvais traitements et des coups qu'ils avaient reçus, ont tué ou du moins ont tenté de tuer, pour leur vengeance, bien des magistrats suprêmes et bien des monarques avec leurs dynasties. Ainsi, à Mitylène, Mégaclès, avec ses amis, extermina les Penthalides, qui parcouraient les rues en frappant les citoyens à coups de massue; et, depuis, Smerdis[2] tua Penthilus[3] qui l'avait battu et qui avait ordonné à sa femme de le traîner par terre. Décamnichus[4] devint le chef de la conspiration contre Archélaüs[5], et fut le premier à exciter les conjurés, parce que ce prince l'avait livré au poëte Euripide pour être battu de verges; et Euripide était irrité contre Décamnichus pour une plaisanterie que celui-ci avait faite sur la mauvaise haleine du poëte.

§ 14. Un grand nombre d'autres personnages ont été assassinés ou exposés à des conjurations, pour de semblables causes. Mais la crainte produit aussi de pareils effets; elle est une cause de désordres et de troubles dans les monarchies aussi bien que dans les républiques. Ainsi

1. Adamas, inconnu. Tout cet endroit est extrêmement obscur; il ne contient guère que des allusions à cette partie de l'histoire de la Macédoine. Nous n'avons que des renseignements fort imparfaits; souvent même nous en sommes complètement privés. D'ailleurs, les recherches des plus savants commentateurs ne rendent pas le texte plus intelligible.

2. On n'a pas d'autres détails sur Smerdis.

3. On appelle ainsi les descendants de Penthilus, fils d'Oreste, qui formèrent l'oligarchie de Mitylène. Le mot Penthalides a été changé en celui de Penthilides, plus régulier sans doute, mais qui n'est point autorisé par les manuscrits.

4. Décamnichus n'est pas autrement connu.

5. Voyez plus haut, dans ce même chapitre, § II.

Artaban [1] assassina Xerxès dans la crainte de se voir accusé auprès du roi de ce qu'il n'avait pas fait pendre Darius, quoiqu'il en ait reçu l'ordre ; mais Artaban avait espéré d'abord que le roi userait d'indulgence ou qu'il ne se souviendrait pas de ce qu'il avait dit pendant un festin. D'autres conspirations ont été produites par le mépris, comme celle qui coûta la vie à Sardanapale, qu'un de ses officiers [2] avait vu filant au milieu de ses femmes, si toutefois ceux qui font ce récit disent la vérité ; mais si le fait n'est pas vrai pour Sardanapale, il pourrait bien l'être pour quelque autre. Dion [3] aussi conspira par mépris contre Denys le Jeune, lorsqu'il vit que tous les citoyens avaient le même sentiment et qu'il était dans un état continuel d'ivresse.

§ 15. Le mépris porte même quelquefois des amis à conspirer, parce qu'ils s'imaginent que la confiance dont ils jouissent fermera les yeux sur leurs complots. Ceux aussi qui croient pouvoir s'emparer de l'autorité conspirent en quelque sorte par mépris ; car, dédaignant le danger, et se fiant sur leur puissance, ils tentent facilement des entreprises. Tels sont ceux qui commandent les armées des monarques : par exemple Cyrus [4], à l'égard d'Astyage, dont il méprisait la manière de vivre et l'autorité, parce que l'une était pleine de mollesse et l'autre sans énergie ; et le Thrace Seuthès à l'égard d'Amadocus [5], dont il était

1. Artaban, Hyrcanien, capitaine des gardes de Xerxès, assassina ce prince et imputa son crime au fils aîné du roi qu'il fit condamner. Artaxerce, frère de ce dernier, allait aussi devenir sa victime ; mais, ayant découvert le piège, il tua lui-même Artaban (472 avant J.-C.).

2. Arbacès tua Sardanapale vers l'an 759 avant J.-C.

3. Dion, gendre de Denys l'Ancien, fut exilé par Denys le Jeune, rentra dans Syracuse avec les mécontents, saisit la puissance souveraine en 354 et fut assassiné par l'Athénien Calippe, qu'il avait comblé de ses bienfaits.

4. Voyez Hérodote (Clio), c. cxxx.

5. Amadocus, roi de Thrace, détrôné et tué par Seuthès.

le général. D'autres ont plusieurs motifs pour conspirer, le mépris et la cupidité, comme Mithridate [1] contre Ariobarzane [2]. Ces considérations agissent principalement sur les hommes d'un caractère hardi, qui jouissent d'une grande réputation militaire auprès des monarques. Le courage qui possède de puissants moyens d'action devient de l'audace, et ces deux qualités font naître la pensée de conspirer, parce que le succès paraît facile.

§ 16. Quant à ceux que l'ambition engage dans de telles entreprises, ils s'y déterminent par d'autres motifs que ceux que nous avons énumérés. Ils n'entreprennent rien contre les tyrans, comme le font quelques-uns, en vue des grandes richesses et des grands honneurs qui leur appartiennent; ceux que dirige l'amour de la gloire ne veulent jamais courir de dangers à ce prix. Ceux-là conspirent pour les motifs que nous avons indiqués; mais ceux-ci ont le même mobile qu'ils auraient en se jetant dans toute autre entreprise qui pourrait leur donner un nom illustre; quand ils attaquent les tyrans, ce n'est pas à la monarchie qu'ils aspirent, c'est à la gloire.

§ 17. Mais il y a bien peu d'hommes qui soient capables d'avoir un tel mobile dans leurs entreprises ; car il faut qu'aucun souci de leur propre vie, en cas d'insuccès, ne vienne à les inquiéter, mais qu'ils aient toujours présente à l'esprit cette pensée de Dion, qui ne peut guère entrer dans des âmes vulgaires. Il se mit à la tête de quelques soldats contre Denys en disant que, quel que dût être le succès de son entreprise, il serait content, et que, pourvu seulement qu'il pût toucher la terre avant de mourir, cette mort lui paraîtrait honorable.

§ 18. La tyrannie, comme toute autre espèce de gou-

---

1. Voyez Xénoph., Cyrop,, l. VIII, c. VIII.
2. Ariobarzane, roi de Cappadoce et de Pont.

vernement, peut être renversée par une cause extérieure :
c'est lorsqu'il se trouve un État voisin qui soit fondé sur
un principe opposé, et qui en même temps soit plus puissant ; car il est clair que la volonté se joindra à l'opposition des principes, et, aussitôt qu'on le peut, on fait toujours ce que l'on veut. Les États fondés sur des principes
contraires sont ennemis, comme la démocratie est enne-
mie de la tyrannie, ou comme le potier est ennemi du
potier, suivant l'expression d'Hésiode [1] ; en effet, le dernier degré de la démocratie, c'est la tyrannie. La royauté
et l'aristocratie ont aussi des principes de gouvernement
opposés : c'est pour cela que les Lacédémoniens [2] abolirent un très grand nombre de tyrannies, comme le firent
aussi les Syracusains [3], dans le temps qu'ils avaient un
bon gouvernement.

§ 19. La tyrannie peut aussi se renverser elle-même,
lorsque ceux qui ont quelque part au pouvoir sont désu-
nis. C'est ce qui arriva autrefois à la tyrannie de Gélon [4],
et c'est ce qui arrive aujourd'hui à celle de Denys. Thrasybule, frère d'Hiéron, s'était fait le flatteur du fils de
Gélon et le plongeait dans une vie de voluptés afin d'avoir
seul toute l'autorité, tandis que ses proches conspiraient,
non pas tant pour abolir la tyrannie que pour renverser
l'autorité de Thrasybule ; mais les citoyens et le peuple,
jugeant l'occasion favorable, formèrent [5] une conspiration
générale et chassèrent à jamais les tyrans. Quant à Dion [6],

1. Les Œuvres et les Jours, v. 25.
2. Voyez plus haut, dans ce même livre, c. vi, § 9. où il est
dit que les Lacédémoniens renversaient les démocraties.
3. Lorsqu'ils eurent chassé le tyran Thrasybule, comme le dit
Diodore de Sicile, l. IX, c. lxviii.
4. On n'a, d'ailleurs, aucun autre renseignement sur ce fils
de Gélon, ni sur le complot des parents de Thrasybule.
5. Κατ' αὐτῶν, d'eux-mêmes, de leur propre mouvement.
6. Dion fut assassiné, en 354, par l'Athénien Calippe, dont il
avait été le bienfaiteur.

qui fit la guerre à Denys, son parent, en se servant de
l'appui du peuple, il périt lui-même après avoir chassé le
tyran.

§ 20. Des deux motifs qui amènent le plus souvent les
conspirations contre les tyrannies, je veux dire la haine
et le mépris, il faut toujours qu'il y en ait un qui s'attache
aux tyrans, c'est la haine. Cependant le mépris est la
cause de la chute d'un grand nombre de ces gouvernements. Ce qui le prouve, c'est que la plupart de ceux qui
se sont arrogé le souverain pouvoir ont su le conserver,
et que tous ceux, pour ainsi dire, qui le reçoivent par
héritage, ne tardent pas à le perdre. Car, vivant au milieu des délices, ils deviennent bientôt méprisables, et
donnent de fréquentes occasions de conspirer contre
eux.

§ 21. Au reste, on doit regarder la colère comme une
partie de la haine, car elle produit jusqu'à un certain
point des actions semblables. Souvent même elle est plus
active que la haine ; car on conspire avec une ardeur plus
continue, quand on est entraîné par une passion qui
ne permet pas le libre usage de la raison, et c'est surtout l'outrage qui fait qu'on se laisse aller à la colère.
Telle fut, par exemple, la cause qui fit abolir la tyrannie
des Pisistratides[1] et bien d'autres tyrannies. Cependant la
haine est plus redoutable encore; la colère arrive toujours avec un sentiment de douleur, qui ne lui permet
guère de réfléchir, tandis que la haine n'est pas accompagnée de ce sentiment pénible. Pour nous résumer, toutes
les causes que nous avons assignées d'un côté à l'oligarchie excessive et extrême, et de l'autre au dernier degré
de la démocratie, doivent être appliquées aussi à la tyrannie, puisque l'oligarchie et la démocratie ne sont, entre

---

1. Voyez plus haut dans ce même livre, c. VIII, § 4.

plusieurs mains, que des espèces diverses de la tyrannie.

§ 22. La royauté est beaucoup moins exposée à être détruite par des causes extérieures : aussi est-elle de longue durée, mais elle porte en elle-même la plupart des causes d'altération. Elle peut périr de deux manières : l'une, lorsque ceux qui partagent l'autorité royale sont divisés ; l'autre, lorsqu'ils essaient de gouverner d'une manière trop tyrannique et qu'ils veulent étendre leur pouvoir en violant les lois. Aujourd'hui il ne se forme plus guère de royautés[1], ou s'il s'en forme encore, ce sont plutôt des monarchies et des tyrannies, parce que la royauté est un pouvoir librement consenti et jouissant de prérogatives plus élevées. Mais de nos jours, presque tous les hommes se valent, et aucun d'eux n'a une supériorité assez marquée pour rivaliser avec la grandeur et l'importance de la dignité royale, de telle sorte qu'on ne donne plus son assentiment à une royauté et que, si quelqu'un emploie la ruse ou la violence pour commander, on le regarde aussitôt comme un tyran.

§ 23. Lorsque la royauté est fondée sur la naissance, on doit ajouter aux causes qui peuvent entraîner sa chute le mépris[2] où tombent la plupart des rois et l'abus insolent qu'ils font d'un pouvoir qui n'est pas la tyrannie mais la dignité royale. La ruine d'un pareil gouvernement est toujours facile, car le roi cessera de régner aussitôt qu'on le voudra ; mais le tyran reste toujours, même quand on ne le veut plus. Telles sont donc les causes de la ruine des monarchies, sans parler d'autres causes à peu près semblables.

---

1. Βασιλεῦς, roi légitime ; μοναρχός, monarque, sans autre loi que sa volonté, mais sans abus ; τύραννος, qui abuse du pouvoir. Voyez livre III, c. x, §. 7.

2. Comparez cette déclaration formelle contre l'hérédité à celle qu'Aristote a déjà faite, l. III, c. x, § 9.

CHAPITRE IX

§ 1. En général, les États monarchiques se conservent par des moyens contraires et spéciaux à chacun d'eux : la royauté, par exemple, par tout ce qui tend à la rendre plus modérée. Moins les attributions souveraines d'un pouvoir quelconque sont étendues, plus il doit avoir de chances de durée. Les rois eux-mêmes deviennent moins despotes, se rapprochent davantage de l'égalité par leurs mœurs et sont moins en butte à l'envie de leurs sujets. Voilà ce qui explique la longue durée de la royauté chez les Molosses[1]. Elle se maintint à Lacédémone parce que, dès l'origine, elle fut partagée entre deux rois et qu'ensuite Théopompe[2] modéra le pouvoir par diverses institutions, notamment par l'établissement du tribunal des éphores. Car en diminuant la puissance royale, il en augmenta la durée, en sorte qu'au lieu de l'amoindrir, il la rendit en quelque sorte plus grande. C'est aussi, dit-on, ce qu'il répondit à sa femme qui lui demandait s'il n'avait pas honte de ne laisser à ses fils qu'une royauté moindre que celle qu'il avait reçue de son père : « Non, certes, dit-il, car je la leur transmets[3] plus durable. »

§ 2. Les tyrannies se maintiennent par deux moyens tout à fait opposés, dont l'un nous est connu par la tradi-

1. Voyez livre VIII, c. VIII, § 5.
2. L'éphorie, loin d'être une institution de Lycurgue, comme quelques-uns l'ont prétendu à tort, était tout à fait contraire à l'esprit de sa législation. Cette magistrature fut établie 70 ans environ après Lycurgue par le roi Théopompe. Aristote en a déjà parlé, l. II, c. VI, § 14.
3. Plutarque rapporte le même fait dans la vie de Lycurgue, c. VII. Lampridius, dans la vie d'Alexandre Sévère, dit que ce prince fit une semblable réponse à sa mère.

tion, et dont l'autre est mis en usage par la plupart des tyrans. On prétend que ce fut Périandre[1] de Corinthe qui trouva un grand nombre de ces secrets politiques; on peut aussi en voir beaucoup d'exemples dans la monarchie des Perses. Ce sont, nous l'avons déjà dit, tous les moyens que la tyrannie emploie pour conserver sa puissance, comme de réprimer ceux qui ont quelque supériorité, de faire mourir les hommes qui ont des sentiments généreux, de ne permettre ni les repas en commun, ni les associations d'amis, ni l'instruction, ni rien de pareil, d'éviter toutes ces habitudes qui sont propres ordinairement à faire naître la grandeur d'âme et la confiance, de ne tolérer ni assemblées ni aucune des réunions où les hommes occupent leurs loisirs, et de tout faire au contraire pour que les citoyens soient autant que possible inconnus les uns aux autres, car ce sont principalement les relations habituelles qui amènent la confiance réciproque.

§ 3. On oblige aussi les citoyens à faire acte de présence et à vivre pour ainsi dire sur le seuil de leurs portes, afin de mieux savoir ce qu'ils font et de les habituer à la bassesse des sentiments par ce continuel esclavage. Ces moyens et autres semblables usités chez les Perses et chez les barbares, sont propres à la tyrannie, car ils peuvent tous produire le même effet. Il faut aussi tâcher de savoir tout ce qui se dit et se fait parmi les sujets, avoir des espions, comme à Syracuse les femmes appelées potagogides[2], envoyer, à l'exemple d'Hiéron[3], des gens pour tout écouter dans les réunions et dans les assemblées; car on parle avec moins de liberté lorsqu'on craint d'être entendu par de pareilles gens, et quand on

1. Voyez plus haut, même livre, c. VIII, §§ 4 et 10.
2. Ποταγωγίδας est une forme dorienne pour προσαγωγίδας.
3. Hieron succéda à son frère Gélon vers 78, régna 11 ans et fit fleurir les lettres et les beaux arts.

se permet de parler, le tyran peut moins l'ignorer.

§ 4. Il faut encore pousser les citoyens à se calomnier mutuellement, mettre aux prises les amis avec les amis, irriter le peuple contre les hommes puissants et exciter les riches les uns contre les autres. Une autre ressource de la tyrannie, c'est d'appauvrir les sujets, afin que la garde ne coûte rien à nourrir et que les citoyens obligés de travailler et de vivre au jour le jour n'aient pas le loisir de conspirer. On en voit un exemple dans les pyramides[1] de l'Egypte, dans les offrandes consacrées à Delphes par les Cypsélides[2], dans la construction du temple de Jupiter olympien[3] par les Pisistratides[4], et dans les grands ouvrages que Polycrate[5] fit exécuter à Samos. Tous ces travaux ont le même but et le même résultat, d'appauvrir les sujets en les occupant.

§ 5. Les contributions sont encore un nouveau moyen, comme on le vit sous le règne de Denys[6] à Syracuse, où dans l'espace de cinq ans toute la fortune publique entra dans le trésor. Le tyran est aussi disposé à faire la guerre afin que les sujets n'aient point de loisirs et qu'ils sentent incessamment le besoin qu'ils ont d'un chef militaire. Si la royauté est sauvée par le dévouement de ses défenseurs, la tyrannie se maintient surtout par la défiance qu'elle a

1. Hérodote, l. II, c. cxxiv, semble porter le même jugement.

2. Voyez dans ce même livre, c. viii, § 4.

3. Vitruve et Pausanias parlent de ce temple de Jupiter olympien. Il avait 760 mètres de tour.

4. L. VIII, c. viii, § 4.

5. Polycrate, tyran de Samos, régna de 535 à 524 avant J.-C. Il soumit plusieurs îles de la mer Egée, défit les Milésiens venus au secours de Lesbos, et devint assez puissant pour qu Amasis, roi d'Egypte, et Cambyse, roi de Perse, recherchassent son alliance. Pendant qu'il méditait la conquête de l'Ionie, il fut pris par Orétès, gouverneur de Sardes, pour Cambyse et mis en croix.

6. Voyez dans ce même livre, c. viii, § 4.

contre ses amis. Tous les sujets veulent la chute du tyran, mais elle dépend principalement de ses amis.

§ 6. Les vices de la démocratie portés au dernier degré se retrouvent dans la tyrannie : domination des femmes dans l'intérieur des familles afin qu'elles dénoncent leurs maris ; licence des esclaves afin qu'ils dénoncent leurs maîtres. Les femmes et les esclaves ne conspirent pas contre les tyrans, et pourvu qu'on les laisse vivre à leur gré, ils sont naturellement bienveillants pour les tyrannies et pour les démocraties. Le peuple[1] veut aussi parfois être monarque ; et voilà pourquoi le flatteur est en grande estime auprès du peuple et auprès du monarque : auprès du peuple, on trouve le démagogue, qui est le flatteur du peuple ; auprès des tyrans, ceux qui leur font bassement la cour (ce qui est une œuvre de flatterie). Voilà pourquoi la tyrannie aime les méchants, du moment qu'elle aime la flatterie, ce vice auquel ne s'abaisse jamais un homme qui porte un cœur libre. Les hommes de bien aiment ou du moins ils ne flattent pas. Du reste, on se sert des méchants pour faire le mal : un clou[2] chasse l'autre, comme dit le proverbe.

§ 7. Il entre aussi dans le caractère du tyran de ne pas se plaire dans la société des hommes qui ont de la gravité et qui tiennent à la liberté, car le tyran a la prétention d'être le seul qui possède ces avantages. Celui donc qui affecte de montrer des sentiments de dignité et de liberté enlève au tyran sa supériorité et sa puis-

---

1. Aristophane : les *Chevaliers*, vers 1111.

2. Eustathe, citant ce proverbe (Iliad., p. 104) dit : « Κατὰ παροιμίαν ἐν Πολιτείαις κειμένην. » C'est une erreur. Πολιτεῖαι était le titre du grand ouvrage d'Aristote sur les Constitutions, ouvrage dont Neumann a réuni les fragments sous le titre de « Rerum publicarum reliquiæ. » La Politique d'Aristote a toujours porté le titre de Πολιτικα, et non de Πολιτεῖαι.

sance, et dès lors il en est haï comme un rival qui le dépouille de son prestige. Il entre aussi dans les usages du
tyran d'admettre à sa table et à son intimité de chaque
jour des étrangers plutôt que des citoyens, parce que les
uns sont ses ennemis et que les autres n'ont point de
prétentions à son pouvoir. Ces manœuvres et d'autres du
même genre appartiennent à la tyrannie et la maintiennent ; il n'y manque aucun degré de perversité.

§ 8. On peut, en quelque sorte, ramener toutes ces
manœuvres à trois espèces, car il y a trois choses que
la tyrannie se propose : d'abord l'avilissement des
sujets ; celui qui a une âme basse et pusillanime
ne sera jamais tenté de conspirer ; ensuite la défiance
des citoyens les uns à l'égard des autres, car la tyrannie ne peut pas être renversée tant qu'il ne se
trouve pas des hommes qui ont entre eux une confiance
réciproque, et telle est la raison pour laquelle le tyran
fait la guerre aux hommes de bien comme pouvant nuire
à son autorité, non seulement parce qu'ils ne veulent
pas être gouvernés despotiquement, mais encore parce
qu'ils ont confiance en eux-mêmes, obtenant ainsi la
confiance des autres et qu'ils sont incapables de se trahir
eux-mêmes et de trahir les autres ; enfin, la troisième
chose que poursuit la tyrannie, c'est l'impossibilité d'a-
gir, car personne n'entreprend l'impossible, et par conséquent on n'entreprend pas même d'abolir la tyrannie
quand on n'en a pas le pouvoir.

§ 9. Ce sont là les trois buts où visent les desseins des
tyrans, car on peut ramener à ces trois objets les procédés
de la tyrannie : la défiance entre les citoyens, l'impossibilité d'agir, la bassesse[1] des sentiments. Tel est donc le

1. Schneider, Coraï et Gœttling supposent que cette répé-
tion, presque littérale de ce qui a été dit un peu plus haut,
n'est qu'une glose marginale insérée mal à propos dans le

premier des moyens à employer pour sauver les tyrannies.

§ 10. L'autre moyen emploie des procédés presque
entièrement opposés à ceux que nous venons de décrire[1]. Il faut le prendre dans ce qui est une sorte de
corruption de la royauté. Le moyen de détruire la
royauté, c'est de la rendre plus tyrannique ; le moyen de
conserver la tyrannie, c'est de la rendre plus royale en
ayant bien soin de conserver la puissance afin de commander aux citoyens, non-seulement s'ils y consentent,
mais encore s'ils n'y consentent pas ; négliger ce point,
c'est renoncer à la tyrannie. Mais il faut que ce point essentiel soit bien assuré, comme étant la base de l'existence du tyran ; quant au reste, le tyran doit faire certaines choses et paraître vouloir en faire d'autres, imi-
tant parfaitement en cela le gouvernement royal.

§ 11. Premièrement, il doit paraître s'intéresser au
bien public et ne point faire de ces dons et de ces dépenses qui irritent la multitude lorsqu'elle voit que l'on
s'empare du fruit de ses travaux, de ses labeurs et de ses
privations, pour le prodiguer à des courtisanes, à des
étrangers et à des artistes. Il doit rendre compte de ce
qu'il reçoit et de ce qu'il dépense, comme l'ont déjà fait
plusieurs tyrans. Avec une pareille administration, on
paraîtra plutôt l'économe que le tyran du peuple. Il ne
faut pas craindre de jamais manquer d'argent puisqu'on
est maître de l'État.

§ 12. D'ailleurs, il est plus avantageux au tyran qui

texte ; mais peut-être Aristote pensait-il qu'il y a des vérités
qu'on ne saurait trop répéter.

1. Ce passage répond à ce qui a été dit précédemment dans
ce même livre. c. viii, § 2. Au reste, les mêmes vues que présente ici Aristote, et à peu près les mêmes idées, sont indi-
quées dans la lettre de Platon aux parents de Dion. (Epist. VIII,
p. 157, Bipont).

fait une absence à l'étranger d'en agir ainsi, que de laisser des trésors accumulés, parce que ceux qui en ont la garde sont moins tentés d'entreprendre quelque changement dans l'État. En effet, les gardiens du trésor sont plus à craindre pour le tyran qui se déplace, que les citoyens ; ceux-ci voyagent aussi, ceux-là restent. Il faut de plus que les contributions et toutes les impositions soient commandées par des motifs évidents d'économie, et que, s'il y a lieu, elles soient appliquées aux frais de la guerre. En un mot, le tyran doit se montrer comme le gardien et le trésorier de la richesse publique, au lieu de la considérer comme la sienne propre.

§ 13. Il doit avoir en public un air plutôt grave que sévère ; au lieu d'imprimer la terreur à ceux qui sont admis devant lui, il doit plutôt leur inspirer le respect. A vrai dire, cela n'est pas facile, quand il se rend méprisable. Voilà pourquoi, lors même qu'il négligerait les autres vertus[1], il doit s'appliquer du moins à la science du gouvernement et donner de lui-même l'opinion qu'il y est habile. Il faut encore qu'il s'abstienne lui-même d'outrager aucun de ses sujets de l'un ou l'autre sexe, et qu'il en empêche tous ceux dont il est entouré. Les femmes qui lui appartiennent doivent être disposées de la même manière à l'égard des autres femmes, car les insolences des femmes ont perdu plus d'une tyrannie.

§ 14. En fait de plaisirs et de jouissances des sens, il faut faire tout le contraire de ce que font aujourd'hui plusieurs tyrans. A peine le soleil est-il levé qu'ils se livrent à leurs voluptés, et cela pendant plusieurs jours de suite ; ils veulent même avoir des témoins pour leur faire admirer le bonheur et la félicité dont ils jouissent. On doit, au contraire, se modérer autant que possible sur

---

1. Voir le *Prince*, de Machiavel, c. xviii.

ce point, ou, du moins, éviter les regards de la foule. Ce
n'est point l'homme sobre qui se laisse mépriser et qu'on
surprend facilement, c'est l'homme ivre; ce n'est point
celui qui veille, c'est celui qui dort.

§ 15. Le tyran fera presque tout le contraire de ces
vieilles[1] maximes dont nous avons parlé précédemment;
il doit s'appliquer à orner et à embellir la ville, comme
s'il en était l'administrateur et non le tyran. Il faut aussi
et surtout qu'il se montre sans cesse pénétré de respect[2]
pour les dieux, car les citoyens craignent moins d'éprouver quelque injustice de la part des tyrans lorsqu'ils pensent que celui qui a autorité sur eux honore la religion et
qu'il songe à rendre aux dieux le culte qui leur est
dû. Ils sont moins portés à conspirer contre lui, lorsqu'ils
voient qu'il a les dieux pour alliés; mais il doit se montrer pieux sans superstition. Il faut aussi qu'il accorde des
honneurs à ceux qui se distinguent dans un genre quelconque, de telle manière qu'ils ne croient pas qu'ils rece-
vraient de plus belles récompenses de la part des citoyens, si les citoyens étaient indépendants. Le tyran
lui-même distribuera ces récompenses, tandis que les châtiments seront infligés par d'autres magistrats et par les
tribunaux.

§ 16. Une précaution utile à la conservation d'une
monarchie quelconque, c'est de n'agrandir jamais la puissance d'un citoyen tout seul, mais, si la chose est inévitable, d'élever plusieurs citoyens à la fois, car ils s'obser-
veront les uns les autres. Dans le cas où l'on voudrait
rendre un citoyen puissant, que ce ne soit pas un de ces
hommes d'un caractère audacieux; car un esprit rempli
d'audace est toujours prêt à tout entreprendre. Si l'on

---

1. Voyez, dans ce chapitre même, le paragraphe 3 et les
paragraphes suivants.
2. Voyez le *Prince*, c. XVI.

croit devoir dépouiller quelqu'un de ses privilèges, il faut le faire par degrés, au lieu de lui enlever tout d'un coup le pouvoir dont il est revêtu.

§ 17. On doit encore s'abstenir de toute espèce d'outrages[1], de deux surtout : des châtiments corporels et des offenses à la pudeur de la jeunesse. On doit surtout s'en abstenir à l'égard de ceux qui ont de l'ambition et de la noblesse dans les sentiments. Les hommes avides d'argent ont bien de la peine à supporter les torts qui sont faits à leur fortune ; mais les ambitieux et les hommes d'honneur s'indignent de tout ce qui blesse leur dignité. Il faut donc ne pas employer de pareils châtiments, ou au moins leur donner l'apparence d'une correction paternelle et non d'un acte de mépris. Quant aux relations avec la jeunesse, il faut qu'elles aient du moins l'amour pour excuse, et qu'on n'y voie pas l'abus de la puissance. En général, tout ce qui a l'apparence du déshonneur doit se racheter par une réparation plus grande que l'offense.

§ 18. Parmi les hommes qui attentent à la vie du tyran, les plus redoutables, ceux contre lesquels il est le plus nécessaire de se tenir en garde, sont précisément ceux qui ne craignent point de sacrifier leur propre vie pour avoir la sienne. Voilà pourquoi il convient de ménager, autant que possible, les hommes qui croient avoir été insultés, eux ou ceux qui leur sont chers ; car on est prodigue de sa vie, quand on conspire par ressentiment, comme l'a remarqué Héraclite[2], lorsqu'il dit qu'il est dif-

---

1. Voyez Montesquieu, l. XII, c. xviii.
2. Héraclite d'Éphèse, philosophe de l'école d'Ionie, florissait vers l'an 500. Il occupa une haute magistrature dans son pays ; mais victime d'une injustice, il se retira sur une montagne et s'y laissa mourir de faim. Il disait que toutes choses sont dans un écoulement perpétuel, que tout devient et que rien ne demeure. Il reconnaissait une raison universelle que

ficile de combattre la colère, parce qu'elle fait le sacrifice de la vie.

§ 19. Comme les cités se composent de deux classes, les pauvres et les riches, il faut qu'elles pensent que c'est le gouvernement qui veille à leur salut et que c'est lui qui empêche que l'une n'éprouve des injustices de la part de l'autre. Quelle que soit celle des deux classes qui l'emporte, elle doit s'attacher et se dévouer au gouvernement, afin que le tyran se trouve dans une position telle qu'il ne soit obligé, ni de donner la liberté aux esclaves, ni de désarmer les citoyens [1], car l'un des deux partis, en se joignant au gouvernement, suffit pour soutenir l'autorité contre ceux qui voudraient la détruire.

§ 20. Il est inutile d'entrer à part dans tous ces détails, le but est évident : c'est que le tyran doit paraître, aux yeux de ses sujets, non point un tyran, mais un administrateur, un roi, un homme qui ne fait pas ses propres affaires, mais qui surveille et qui ne permet que la modération en toute chose, sans aucun excès. Il doit admettre dans sa société les hommes distingués et gagner par sa popularité l'affection de la multitude. Il en résulte nécessairement que l'autorité est plus belle et plus digne d'envie, quand elle s'exerce [2] sur des hommes meilleurs et moins avilis : elle excite moins la haine et la crainte et son règne est plus durable. En un mot, il est utile au tyran d'avoir des mœurs et des vertus, ou, au moins,

---

tous les hommes reçoivent par une sorte d'aspiration. Il mourut à l'âge de 60 ans.

1. A ce portrait du tyran, par Aristote, il faut comparer celui qu'a fait Platon lui-même à la fin du 8ᵉ livre et au commencement du 9ᵉ livre de la *République*.

2. Lisez, dans le texte grec, τῷ βελτιόνων ἄρχειν, et non pas τὸ βελιόνον ἄρχειν··· Bekker, Didot, Schneider, Susemihl ont raison contre l'édition de Leipzig, ordinairement si exacte.

d'être à moitié vertueux, de n'être pas tout à fait méchant, mais à moitié méchant.

§ 21. Au reste, parmi tous les gouvernements, l'oligarchie et la tyrannie sont les moins durables, car la
tyrannie d'Orthagoras[1] et de ses enfants à Sicyone est
celle qui a subsisté le plus longtemps. Elle a duré cent
ans, et, ce qui en est cause, c'est qu'ils traitaient leurs
sujets avec une grande modération et qu'ils soumettaient
la plupart des choses aux lois. Clisthène[2] avait des talents
militaires qui le firent respecter ; d'ailleurs, ils savaient
tous se concilier l'attachement du peuple par le soin avec
lequel ils veillaient à ses intérêts. Aussi dit-on que Clisthène fit présent d'une couronne au juge qui lui avait
refusé le prix de la victoire, et quelques-uns racontent
que la statue assise sur la place publique représente les
traits de ce juge indépendant. On dit aussi que Pisistrate
consentit à se défendre devant l'aréopage, à l'occasion
d'un procès qui lui était intenté.

§ 22. Vient encore la tyrannie des Cypsélides[3], à Corinthe : elle dura soixante-treize ans et six mois. En effet,
Cypsélus régna trente ans, Périandre[4] quarante-quatre

---

1. Orthagoras, de la famille des Alcméonides, s'empara du
pouvoir à Sicyone vers 676 ans avant J.-C. Les auteurs où
l'on peut trouver quelques renseignements sur cette histoire
des tyrans de Sicyone, d'ailleurs assez peu connue, sont
Plutarque, Vie d'Aratus, c. II, et XIII ; de Sera numinis
vindicta, édition Wyttenbach, pages 28 et 44 ; Hérodote, l. V,
c. LXVII, et l. VI.

2. Clisthène, de la famille des Alcméonides, fils de Mégaclès et aïeul de Périclès, fut un des plus célèbres descendants
d'Orthagoras, se mit à la tête du parti démocratique, chassa
Hippias en 510, fut lui-même exilé par les intrigues d'Isago-
ras, chef du parti aristocratique, que soutenait Cléomène, roi
de Sparte, rentra bientôt et devint très puissant. Il modifia la
législation de Solon, créa dix nouvelles tribus et augmenta le
sénat de cent membres.

3. Cypsélides, même livre, c. VIII, § 4.

4. Périandre, tyran de Corinthe, de 621 à 584 avant J.-C.,

ans, et Psammétichus, fils de Gordius, trois ans. Ce qui maintint la tyrannie de Cypsélus maintint aussi celle de Périandre : le premier était démagogue, et il ne voulut jamais de garde autour de sa personne; le second avait le caractère d'un tyran, mais avec des talents militaires.

§ 23. La troisième tyrannie est celle des Pisistratides [1], à Athènes; mais elle ne fut pas continue, car Pisistrate fut obligé de s'exiler deux fois pendant la durée de son règne, en sorte que, dans l'espace de trente-trois ans, il n'en régna que dix-sept. Quant aux autres tyrannies, celle d'Hiéron [2] et Gélon [3], à Syracuse, ne subsista pas longtemps, mais seulement dix-huit ans, car Gélon, après avoir régné sept ans, mourut dans la huitième année, Hiéron régna dix ans, et Thrasybule [4] fut renversé

succéda à son père Cypsélus. Il gouverna d'abord avec sagesse, et fit fleurir les lettres et les arts. Mais ensuite il se rendit odieux par sa défiance, ses vexations et ses cruautés, et mourut dans un âge avancé. Périandre ne manquait pas d'instruction : il mit en vogue quelques maximes qui l'ont fait admettre au nombre des sept sages.

1. Voyez la note c. VIII, § 4, dans ce même livre.

2. Gélon, tyran de Sicile, de 491 à 478 avant J.-C., s'empara du pouvoir à Géla et le transporta à Syracuse. Il allait secourir la Grèce envahie par Xerxès, quand les Carthaginois, à l'instigation de ce prince, attaquèrent la Sicile. Gélon les battit près d'Himère et leur imposa, pour condition de paix, l'abolition des sacrifices humains. Il aurait abdiqué sans les instances de ses sujets.

3. Hiéron, tyran de Géla et de Syracuse, succéda à son frère Gélon, régna onze ans, soumit Agrigente et secourut la ville de Cumes contre les Etrusques. Il fut d'abord cruel, mais ensuite il rendit son peuple heureux, fit fleurir les lettres et les arts, appela à sa cour les poètes Bacchylide, Epicharme, Simonide, Pindare, Eschyle, et remporta lui-même plusieurs couronnes dans les jeux de la Grèce. C'est lui que chante Pindare dans ses Olympiques.

4. Thrasybule, frère d'Hiéron, qui était tyran de Syracuse.

au bout de onze mois. En général, la plupart des tyrannies ont duré peu de temps. Telles sont à peu près les causes de destruction et de conservation pour tous les gouvernements, républicains ou monarchiques.

CHAPITRE X

§ 1. Dans la république de Platon, Socrate parle aussi des révolutions, mais il n'en parle pas bien, car il ne fait pas connaître proprement le changement qui peut arriver dans sa république qu'il regarde comme la première et la meilleure forme de gouvernement. Il prétend, en effet, qu'elles viennent de ce que rien ne peut durer éternellement, mais que tout doit changer dans une période donnée et que ces résolutions dont la racine 'augmentée d'un tiers plus cinq donne deux harmonies, ne commencent qu'au moment où le nombre de cette figure a été élevé au cube, attendu qu'alors la nature produit des êtres vicieux et tout à fait incorrigibles. Peut-être n'a-t-il pas tort, car il est possible qu'il se trouve des individus qui ne puissent jamais devenir vertueux. Mais pourquoi la révolution conviendrait-elle plutôt à cet État que

1. La plupart des commentateurs ont fait des efforts pour comprendre ce point de doctrine platonicienne. Schneider a recueilli un grand nombre de passages relatifs à cet endroit de la Politique, sans pouvoir arriver à quelque chose d'intelligible. Au reste, Polybe, dans le 6e livre de son Histoire, Cicéron, De Divinat, l. II, et Tacite, Annal., l. III, c. LV, font allusion à cette doctrine des révolutions, que Platon a puisées dans les études mystiques de Pythagore sur les nombres. « Ce qui paraît ici le plus probable, dit M. Barthélemy Saint-Hilaire, c'est que ces multiplications successives doivent produire le nombre 5,040, qui a une haute importance dans la théorie politique de Platon, et qui marque sans doute la grande période des révolutions. »

Socrate nous représente comme parfait? Pourquoi lui serait-elle plus spéciale qu'à tous les autres États et à toute autre chose de ce monde?

§ 2. Quoi ! dans l'intervalle du temps où il dit que tout change, les choses qui n'ont pas commencé à exister en même temps subissent néanmoins cette révolution? Et un être né la veille même de ce bouleversement y est compris comme les autres? Outre cela, on peut demander pourquoi sa république parfaite devient dans cette révolution le gouvernement lacédémonien. Car il arrive souvent que les gouvernements prennent une forme tout à fait contraire à celle qu'ils avaient, plutôt qu'une forme voisine. Le même raisonnement peut s'appliquer à toutes les autres révolutions ; car Socrate prétend qu'un gouvernement comme celui de Lacédémone se change successivement en oligarchie, puis en démocratie, et enfin en tyrannie. Cependant les révolutions se font aussi en sens inverse, comme de la démocratie en oligarchie, et plus encore en monarchie.

§ 3. Enfin Socrate ne dit pas si la tyrannie doit subir quelque révolution ; il ne dit pas non plus si elle ne doit pas en subir, pour quelle raison et en quelle forme de gouvernement ce changement aura lieu. C'est qu'il ne lui aurait pas été facile d'en dire la cause, car il n'y a rien là qui soit déterminé. Suivant lui, cette république parfaite doit, elle aussi, revenir à sa première forme ; ce serait le seul moyen d'arriver à cette révolution continuelle, à ce cercle dont il parle. Cependant la tyrannie se change aussi en tyrannie, comme à Sicyone où l'autorité de Myron[1] passa aux mains de Clisthène. Elle se change aussi en oligarchie, comme la tyrannie d'Antiléon[2], à

---

1. Myron, l'un des descendants d'Orthagoras. Voyez même livre, c. IX, § 21.

2. Antiléon, personnage inconnu.

Chalcis; et aussi en démocratie, comme la domination de Gélon[1] à Syracuse ; enfin, en aristocratie, comme celle de Charilaüs[2], à Lacédémone, et comme on le vit à Carthage[3].

§ 4. L'oligarchie se change aussi en tyrannie, comme on le vit autrefois dans la plupart des républiques de la Sicile ; Panœtius[4] à Léontium, Cléandre[5] à Géla, Anaxiliaüs[6] à Rhèges, élevèrent leurs tyrannies sur les ruines de l'oligarchie. On pourrait en citer bien d'autres exemples. Il est absurde de croire que l'oligarchie naît de l'avidité ou bien de la cupidité mercantile de ceux qui exercent les charges publiques, et non pas de l'opinion des hommes à grandes fortunes, qui pensent qu'il n'est pas juste que ceux qui possèdent n'aient pas plus de droits politiques que ceux qui ne possèdent rien. Dans plusieurs gouvernements oligarchiques, il n'est pas permis de s'enrichir par le commerce : la loi le défend, et cependant, à Carthage, qui est un État démocratique, on s'enrichit par le commerce, sans que l'État ait jamais éprouvé une révolution.

1. Voyez même livre, c. IX, § 23.

2. Charilaüs, roi de Sparte, de 898 à 809 avant J.-C., fils d'Eunome et neveu de Lycurgue. Il n'était pas encore né quand son père mourut. Lycurgue gouverna pendant sa minorité et donna des lois aux Spartiates. Charilaüs combattit les Argiens et les Tégéates ; il fut pris par les Tégéates.

3. « Ceci, dit M. Barthélemy Saint-Hilaire, est tout à fait en contradiction avec ce qu'Aristote a soutenu l. II, c. VIII, § 1, et ce qu'il dira plus bas, dans ce chapitre, § 4. » Il faudrait probablement ici Χαλκηδόνι et non Χαρκηδόνι; on sait que ces deux mots ont été souvent confondus.

4. Voyez même livre, c. VIII, § 4.

5. Cléandre, tyran de Géla, existait vers le temps de la guerre médique. Voyez Hérodote, l. VII, c. CLIV.

6. Anaxilaüs, ou Anaxilas, tyran de Rhèges, vivait dans le même temps que Cléandre. Il était Messénien d'origine. Voyez Strabon, l. IV, p. 253 ; Pausanias, l. IV, c. XXIII et l. V, c. XXVI ; Diodore de Sicile, l. II, c. XLVIII et LXXVI.

§ 5. Il est encore étrange de prétendre que l'oligarchie ait deux cités, celle des riches et celle des pauvres.
Est-ce là une condition plus particulière au gouvernement de Sparte, ou bien à tout autre gouvernement,
où tous les citoyens ne possèdent pas des fortunes égales,
où ils né sont pas tous également vertueux ? En supposant
même qu'aucun citoyen ne soit devenu plus pauvre qu'auparavant, l'oligarchie ne se change pas moins en démagogie, si les pauvres deviennent plus nombreux, et la
démagogie, en oligarchie, si la classe riche devient plus
puissante que le peuple, selon que les uns négligent leurs
intérêts et que les autres s'y appliquent. Parmi un grand
nombre de causes qui peuvent amener des révolutions,
Socrate n'en énonce qu'une seule, c'est que les citoyens
s'appauvrissent par le dérèglement de leurs mœurs et par
leur facilité à recevoir des prêts usuraires, comme si, dès
le principe, tous ou au moins le plus grand nombre
avaient été riches.

§ 6. C'est une erreur. Quand des citoyens distingués
perdent leur fortune, ils cherchent à changer l'ordre de
choses qui existe, mais lorsque ce sont d'autres qui se
sont ruinés, il n'en résulte rien de grave, et alors le gouvernement ne se change pas davantage en démocratie ou
en tout autre forme de gouvernement. Mais s'ils ne sont
pas admis aux honneurs, s'ils sont exposés à l'injustice et
à l'outrage, ils excitent des séditions et changent le gouvernement, quand même ils n'auraient point perdu leur
fortune[1].... parce qu'ils sont en état de faire tout ce

1. Ici, il y a évidemment une lacune : les idées ne se suivent plus. On est autorisé à penser qu'Aristote, après avoir
achevé de développer ses idées sur les causes des révolutions
qui peuvent avoir lieu dans les gouvernements oligarchiques et
les changer en démocraties, ajoutait quelques réflexions sur
les changements possibles dans cette dernière forme, à la-

qu'ils veulent ; c'est cet état de choses que Socrate regarde comme l'effet d'une trop grande liberté. Au milieu de toutes ces formes diverses d'oligarchie et de démocratie, Socrate parle des révolutions que chacune d'elles peut éprouver, comme s'il n'y en avait qu'un seule....

quelle semble se rapporter la phrase incomplète qui suit immédiatement. Il paraît même que ce livre n'a pas été conservé entièrement, et qu'il y manque encore la réfutation de l'opinion de Socrate, qui a été énoncée dans la première phrase.

TABLE DES MATIÈRES

LIVRE PREMIER

LIVRE II

LIVRE V

LIVRE VI

LIVRE VII

LIVRE VIII

FIN DE LA TABLE

000-81. — Saint-Ouen (Seine). — Imprimerie JULES BOYER.

Bi.

Il faut garde
fo. rouge

www.ingramcontent.com/pod-product-compliance
Lightning Source LLC
Chambersburg PA
CBHW072004270326
41928CB00009B/1539